Bridge
Maintenance Technology

桥梁养护技术

王国民 著

人民交通出版社股份有限公司
China Communications Press Co.,Ltd.

内 容 提 要

本书主要介绍桥梁养护技术，分为桥梁检查与检测、桥梁维修与加固两篇。上篇包括桥梁检测基本方法、桥梁荷载试验、桥梁技术评定等。下篇包括桥梁维修方法、加固设计和方法，以及桥梁维修加固质量控制等。

本书可供公路桥梁养护技术人员使用，还可作为相关公路桥梁管理人员和高等院校公路桥梁专业师生学习参考书。

图书在版编目(CIP)数据

桥梁养护技术 / 王国民著. —北京 ：人民交通出版社股份有限公司，2018.3

ISBN 978-7-114-14553-7

Ⅰ. ①桥… Ⅱ. ①王… Ⅲ. ①桥—保养 Ⅳ. ①U445.7

中国版本图书馆 CIP 数据核字(2018)第 030569 号

书　　名：桥梁养护技术
著 作 者：王国民
责任编辑：卢俊丽　张江成
责任校对：宿秀英
责任印制：张　凯
出版发行：人民交通出版社股份有限公司
地　　址：(100011)北京市朝阳区安定门外外馆斜街 3 号
网　　址：http://www.ccpress.com.cn
销售电话：(010)59757969，59757973
总 经 销：人民交通出版社股份有限公司发行部
经　　销：各地新华书店
印　　刷：北京市密东印刷有限公司
开　　本：787 × 1092　1/16
印　　张：20.25
字　　数：500 千
版　　次：2018 年 3 月　第 1 版
印　　次：2018 年 3 月　第 1 次印刷
书　　号：ISBN 978-7-114-14553-7
定　　价：98.00 元
(有印刷、装订质量问题的图书由本公司负责调换)

前言

Foreword

本书系根据我国公路桥梁养护技术最新成果编写而成，将当前公路桥梁养护工作中的检查检测与维修加固两部分工作统一为“养护技术”，借以发挥其在解决实际工作过程中各自独立但又相辅相成的作用。

本书除绪论外分为上、下两篇。上篇介绍桥梁的检查与检测，共有五章，包括桥梁检查；桥梁检测；桥梁上、下部结构，桥面系及附属设施检查与检测；桥梁结构安全监测系统；桥梁结构安全评估。下篇介绍桥梁的维修与加固，共有六章，包括桥梁维修与加固概述、桥梁维修、桥梁加固设计、桥梁加固方法、桥梁抗震加固、桥梁维修加固质量控制。

在编写本书过程中，中交公路规划设计院有限公司冯良平、马骙、胡斌和武汉二航特种路桥工程有限责任公司吴中鑫等人提出了不少宝贵意见，并提供了相应资料，谨此一并致谢。另外，本书在编写过程中，从桥梁网、豆丁网等网络上获取了相应的资料，对本书采用文献的所有作者一并致谢。

由于本人水平有限，书中难免会有不足之处，诚请广大读者批评指正。

著　者

2017 年 10 月

目录

Contents

绪论……1

第一节　我国桥梁建设与养护发展历程……1

第二节　桥梁养护概念与管理……3

上篇　桥梁检查与检测

第一章　桥梁检查……7

第一节　桥梁检查的分类……7

第二节　桥梁检查的基本原则与规定……9

第三节　桥梁检查内容……11

第二章　桥梁检测……17

第一节　桥梁检测概述……17

第二节　桥梁检测常用方法……18

第三节　桥梁荷载试验……33

第三章　桥梁结构及附属设施检查与检测……59

第一节　桥梁上部结构检查与检测……59

第二节　桥梁下部结构检查与检测……65

第三节　桥面系及附属设施检查……66

第四章　桥梁结构安全监测系统……67

第一节　概述……67

第二节　监测内容与测点布置……70

第三节　数据采集处理与管理……73

第四节　数据分析安全预警及评估……75

第五节　建立大数据库和 BIM 模型……80

第五章　桥梁结构安全评估……83

第一节　混凝土类构件病害分析……83

第二节　钢桥及构件病害分析……86

第三节　桥梁构件缺损评定……88

第四节　桥梁技术状况评定…… 112
第五节　桥梁承载能力评定…… 127
第六节　桥梁安全与养护状况评定…… 132

下篇　桥梁维修与加固

第一章　桥梁维修与加固概述…… 159
第二章　桥梁维修…… 162
第一节　桥面系维修与更换…… 162
第二节　伸缩缝维修与更换…… 164
第三节　支座维修与更换…… 167
第四节　混凝土表面缺陷的处治…… 169
第五节　钢桥维修…… 174
第六节　斜拉桥维修…… 177
第七节　悬索桥维修…… 178
第三章　桥梁加固设计…… 180
第一节　加固设计概述…… 180
第二节　增大截面加固法…… 184
第三节　粘贴钢板加固法…… 188
第四节　粘贴纤维复合材料加固法…… 192
第五节　体外预应力加固法…… 195
第六节　改变结构体系法…… 199
第四章　桥梁加固方法…… 202
第一节　梁桥加固…… 202
第二节　拱桥加固…… 212
第三节　斜拉(悬索)桥加固…… 233
第四节　钢桥及钢—混组合结构桥梁加固…… 275
第五节　桥梁下部结构加固…… 280
第五章　桥梁抗震加固…… 303
第六章　桥梁维修加固质量控制…… 305

参考文献…… 315

绪　论

第一节　我国桥梁建设与养护发展历程

一、我国公路桥梁建设发展历程

桥梁事业的发展是随着人类社会发展而前进的，其发展推动了人类社会进步与人文交流。目前，我国在桥梁建设方面取得了举世瞩目的成就，一批结构新颖、技术难度高的大跨径悬索桥、斜拉桥和拱桥相继建成，各种结构形式应有尽有。据不完全统计，目前世界建成的跨度1000m以上的悬索桥有28座，中国就占11座；已建成和在建的跨度600m以上的斜拉桥有21座，中国占17座；已建成的跨度420m以上的拱桥有12座，中国占9座。这些成就标志着我国桥梁建设技术已达到世界先进水平，迈入了世界桥梁建设强国之列。目前我国桥梁建设正处在集桥梁设计、建造技术创新与发展和建养并举的新时期。

我国桥梁建设大致经历了两个阶段：

第一阶段是新中国成立后，我国在"一五"和"二五"期间修建了不少重要桥梁，桥梁建设取得了迅速发展。1955年，在苏联专家的帮助下，我国建设了第一座跨越长江的大桥——武汉长江大桥。该桥采用了新型管柱基础和先进的钢梁制造和架设技术，上层为公路桥，下层为双线铁路桥，于1955年动工修建，1957年10月建成通车。1969年我国自行设计、建造了第二座跨越长江的大桥——南京长江大桥。

第二阶段是我国桥梁建设呈现跨越式发展的重要阶段，从1978年至今天。在这个阶段，我国相继建成了许多大跨径桥梁。1991—1997年在黄浦江上相继建成了南浦、杨浦和徐浦三座斜拉桥。1995年在湖北黄石、安徽铜陵分别修建了跨越长江的连续刚构桥和预应力混凝土斜拉桥，标志着我国公路桥梁建设进入了新的历史时期。2001年建成了主跨628m的斜拉桥——南京长江二桥，2003年建成了当时世界跨度第二的钢结构拱桥——上海卢浦大桥，2008年建成的主跨1088m的斜拉桥——苏通大桥，同年建成了世界上第一长度的跨海大桥——杭州湾大桥，2009年12月建成了主跨1650m（位居世界悬索桥第二）的浙江舟山西堠门大桥，2012年建成了主跨1176m的钢桁加劲梁悬索桥——矮寨大桥，港珠澳跨海大桥也正在建设中。

二、桥梁养护管理存在不足

我国虽然已经建设为数众多的桥梁，但在桥梁的养护管理方面还有很多不足和亟待解决的技术和管理问题,特别是20世纪90年代前建设的桥梁,由于设计、施工、材料缺陷以及超载运输等,桥梁的结构出现不同程度的损伤,存在承载能力普遍偏低的问题,且大约有2.0%的半永久性桥梁,近400万km农村公路中的桥梁损伤。2000年以前修建的预应力混凝土斜拉桥、吊杆式拱桥,也普遍存在拉索和吊杆防腐层老化损坏,钢束和锚头锈蚀等现象,锚固区的构造、拉索抗风雨等方面的欠合理,以及拉索和吊杆易疲劳破坏现象。据不完全统计,在我国公路网中,各类危桥数量约8万座,占桥梁总数约10%,这些危桥将直接影响交通安全运行和人民生命财产安全。

目前我国桥梁养护管理存在以下五个方面的不足:

一是对大桥养护管理的认识不到位。目前大桥的管理隶属与方式多样化,主要有交通、市政和经营性管理三种模式。管养的主体不同,其对管理与养护的认识度就不同,存在着重建设、轻养护的现象,导致出现了重庆綦江彩虹桥、辽宁盘锦田庄台辽河大桥、江苏常州武进区运村公路大桥、四川攀枝花倮果金沙江大桥等桥梁的坍塌。

二是超载现象严重。超载是导致桥梁损伤的重要原因,是桥梁管理单位面临的重大问题。超载导致许多桥梁发生垮塌,如2011年4月12日新疆库尔勒市孔雀河大桥塌陷,2011年5月吉林省长春市东荣大桥桥面坍塌,2011年7月15日浙江省杭州市钱塘江三桥引桥发生垮塌,2012年8月24日黑龙江省哈尔滨市阳明滩大桥引桥被4辆重载货车压塌,2015年6月19日粤赣高速公路广东河源城南匝道桥被4辆大货车压垮。

三是桥梁管理技术人员缺乏,养护设备投入少,日常检查难以开展。

四是有些大桥存在"先天不足",重点部位在日常检查中难以检查到。从20世纪90年代开始,我国在主要河流上相继建成许多特大型桥梁,这些桥梁有许多为超大跨径和创新体系,受当时认知和技术水平的客观制约,使得这些带有"养护先天性缺陷"的特大型桥梁在日常检查时难以到达关键构件部位,不能及时检查发现病害。

五是我国桥梁养护技术发展的历史不长,市场管理尚在初始阶段,缺少有效的制度和措施保证,桥梁养护专业团队数量少,养护技术参差不齐,从业人员技术能力较低,检测技术落后于新结构、新材料的发展,难以准确判断病害性质与危险程度,难以对病害进行精确处理。

三、桥梁养护技术发展历程

从20世纪80年代后期开始,桥梁病害的现状渐渐被重视,并着手探索桥梁养护技术,在基础理论、应用技术、成果转化与推广等方面取得了一系列成就。

2004年以前,是我国在公路桥梁养护方面进行探索、总结和归纳阶段。在这个阶段,开展了桥梁养护制度、养护方法和检查手段的研究,同时在桥梁承载能力鉴定、荷载试验等方面进行了系统研究,并于1988年颁布了《公路旧桥承载能力鉴定方法》。

2004—2008年为第二阶段。在这个阶段中,着重开展了桥梁耐久性状况和承载力检测评定、大跨径桥梁加固及加固新材料应用等方面的研究,相继颁布了《公路桥涵养护规范》(JTG HT—2004)、《公路桥梁加固设计规范》(JTG/T J22—2008)和《公路桥梁加固施工技术规范》(JTG/T J23—2008)等规范标准,形成了我国桥梁养护技术与管理的理论。同时,原交通部于2007年下发的《公路桥梁养护管理工作制度》,是我国桥梁养护管理工作的纲领性文件,明确了桥梁养护管理单位、桥梁养护工程师的责任,确定了桥梁检查与评定、养护工程管理以及技术档案等工作内容及要求。

2009—2016 年为第三阶段。在此阶段，公路桥梁养护在理论、结构体系、养护等技术等领域有重大突破，相继颁布了《公路桥梁技术状况评定标准》(JTG/T H21—2011)、《公路桥梁承载能力检测评定规程》(JTG/T J21—2011)和《公路桥梁荷载试验规程》(JTG/T J21-01—2015)等规范。特别是交通运输部于 2013 年下发的《关于进一步加强公路桥梁养护管理的若干意见》，提出了责任划分、信息公开、资金保障、养护工程师、例行检查、分类处置、技术档案管理、年度报告、定期培训、挂牌督办等十项制度，对于规范我国公路桥梁养护工作具有重要意义。

与此同时，我国桥梁的监测技术也相继发展。近年来，传感测试、计算机和信号处理等技术的不断发展，推动了桥梁安全监测系统的发展，并取得了一定成功经验。如：1995—1998 年，同济大学开发了基于 GIS 平台的上海市桥梁管理系统；2000 年，建立了福建海沧大桥养护管理系统(BMMS)；交通部公路科学研究所开发了南京长江二桥综合管理系统。除此之外，还有大佛寺长江大桥健康监测系统、东海大桥健康监测系统、南京长江三桥养护管理系统、文晖大桥健康监测与评估管理系统等，都是针对大跨度桥梁开发的管理系统。随着桥梁结构安全监测的重要性日益凸显，2016 年颁布了《公路桥梁结构安全监测系统技术规程》(JT/T 1037—2016)，我国公路桥梁结构由一般性监测发展到全智能监测，在桥梁结构安全性监测方面迈上新台阶。

未来，在桥梁加固维修设计与施工以及监测等方面需要加大科研投入，进一步完善加固设计与施工的规范以及监测技术。在此基础上，有必要编制适合我国桥梁检查、加固设计与施工的桥梁养护技术操作指南，使我国桥梁养护技术“百尺竿头，更上一层”。

第二节　桥梁养护概念与管理

桥梁养护是一项综合性很强的包含技术与管理双层次的工作，是涉及桥梁结构、检测技术、材料和设备以及桥梁缺陷处置等诸多方面的科学技术。因此，桥梁养护是桥梁的保养与维修加固的总称，也就是说桥梁养护是指为保证桥梁正常使用而进行的经常性检查、保养、维修与加固，以及突发事件处置的活动，它包括检查与检测、维修与加固两大部分。

桥梁养护工作的核心是以“技术先进、安全可靠、适用耐久、经济合理”为中心，以“预防为主，安全至上”为主要工作方针，运用科学的思维、方法、手段研究桥梁养护管理的方法与技术手段，构建“程序、标准、创新、精细”的桥梁养护管理体系。其管理体系的目标包括以下五个方面：

(1)桥梁养护工作规范化。按照原交通部《公路桥梁养护管理工作制度》(交公路发〔2007〕336 号)的要求，明确“统一管理、分级负责”的基本管理体制，确定管理与养护工作的流程。其工作流程是：桥养单位负责人→总工程师(桥梁工程师)→养护科→专业养护单位(中标单位)，各项指令逐级指示，明确职责，层层签订责任书。

(2)桥梁养护工作标准化。强化现代管理意识，制定工作目标、质量标准、考核标准、评定标准，力求每一个工作环节标准化、制度化，使管理养护工作按照规定标准实施。

(3)桥梁养护工作现代化。强化观念创新、机制创新、管理创新、养护创新,建立适应新形势下日常养护与定期养护的专业化新模式,不断提高管理与养护水平,可将经常性检查与定期检查通过招标的方式委托有资质的专业养护单位承担,从而达到养护管理工作专业化。

(4)桥梁养护精细化。强化精心决策、精心管理、精打细算,细化目标、细分责任。标准要高,目标要明确,指标要量化,任务要分解,工序要环环相扣,使各项工作做到精益求精,一丝不苟,达到精细化管理、精细化养护。

(5)完善桥梁检查制度。严格执行《公路桥涵养护规范》(JTG H11—2004),落实《公路桥梁养护管理工作制度》(交公路发〔2007〕336 号),制定桥梁养护中长期规划并建立桥梁管理系统,制定符合不同类型又结合自身特点的桥梁养护手册。

先建桥,后养桥,到建养并举的发展之路,是我们认知桥梁、建设桥梁到建养并举的必由之路。当前,我国桥梁建设事业经历了前两个阶段,现正朝着第三阶段快速发展。因此,我们要树立起建养并举的理念,从桥梁设计、施工阶段就开始着手制定桥梁养护规定,明确工作要求与养护措施,进一步完善监测系统和检测技术,建立一支具有检测和设计能力的专业团队,承担长大桥梁的专业养护,使我国桥梁养护技术达到世界一流水平。

上篇

桥梁检查与检测

第一章 桥 梁 检 查

桥梁检查是我们把脉桥梁病害的基石,是对桥梁安全与养护状况评价的一项基础性工作,我们必须严格按《公路桥涵养护规范》(JTG H11—2004)(以下简称《养护规范》)和《公路桥梁养护管理工作制度》(交公路发〔2007〕336 号)(以下简称《养护制度》),扎实做好桥梁检查工作。

本章主要依据《养护规范》和《养护制度》,阐述桥梁检查的分类、基本原则与规定和检查主要工作内容与方法。

第一节 桥梁检查的分类

目前,养护规范将桥梁检查分为经常检查、定期检查、特殊检查三个等级。但对于特大型桥梁、结构复杂桥梁或称长大桥梁,其桥梁养护检查应增加一次检查,即在这类长大桥梁竣工后一年内应对桥梁进行一次全面性的外观检查和关键部件的检测,以全面了解桥梁实体基本技术状况,为今后该桥梁养护提供基础性、客观性的技术支撑。因此,我们可以将第一次检查称为首次检查,故对于特大型或结构复杂的长大桥梁,桥梁养护的检查应划分为四个等级:首次检查、经常检查、定期检查和专项检查。在四个等级检查当中,首次检查是基础,经常检查和定期检查为常态,专项检查为重点。

1. 首次检查

首次检查是指对新建的长大桥梁在竣工验收后的一年内进行的第一次全面检查与检测的活动。桥梁竣工验收后或桥梁全面加固改造后,应进行首次检查。在桥梁竣工验收后,结合相关技术档案、交竣工检查资料、施工人员口述和现场检查等进行首次检查,详细分析桥梁各项技术状况、标示桥梁已存缺陷和损伤、指出关键结构构件、提出养护注意事项。

首次检查的项目包括:定期检查项目和专项检查项目。对于交工中已经检查的项目可直接采用其检查原始数据。一般应进行荷载试验,以综合评定桥梁的总体安全技术状况。

2. 经常检查

经常检查是指在一年中,检查人员定期或不定期以直接目测为主,配合简单工具量测,对桥梁结构进行观察的行为。经常检查又称日常检查或例行检查。它分为日常巡视和经常巡查。

1)日常巡视

日常巡视是指每周内不少于5个工作日在白天或晚间实施的对桥梁进行巡视的一种活动,它分为日巡视和夜巡视。日巡视主要是在白天进行,而夜巡视主要是在发生有损桥梁安全时采取的一种特别的巡视措施,其目的是保证桥梁在不利条件下的结构安全。

日常巡视时检查人员以步行为主、乘车为辅的方式进行巡视,主要采用目测方法,并辅以简单设备(如望远镜、照相机、摄像机,以及扳手、铲子、锉刀等常用工具)来进行检查和记录。对步行易到达的部位都应检查到位,对步行不易到达的部位可借助望远镜等工具进行查看。观察的重点部位是梁体、索塔端部、拉(吊)索系统外观与下锚头部位、索夹与系杆、拱桥上部结构、支座、阻尼器、墩台外观及基础、桥面护栏、伸缩缝以及安全标志等。

2)经常巡查

经常巡查是指每月不少于1次对桥梁进行巡查的一种例行巡视的行为。通过对桥梁的桥面系、结构部件、附属设施及大桥保护区域内的施工作业等进行的经常性检查,以便能够及时发现损伤并及时采取保养与维修措施。经常巡查周期应根据桥梁技术状况和构件的重要性综合确定。

经常检查需当场填写经常巡检记录表,包括"日巡视记录表"和"夜巡视记录表",并登记所检查项目的病害性质、大小和危险程度,提出相应的小修保养措施。每月对日常巡视记录进行汇总。

3. 定期检查

定期检查是指桥梁检查人员将目测与仪器检查相结合,按照规定的检查周期,对桥梁主体结构及其附属构造物的技术状况进行定期跟踪的全面检查,评定桥梁技术状况等级,为桥梁结构提供安全保证所进行的一种活动。它是以桥梁管养单位内的专职桥梁养护工程师为主制订的年度定期检查计划实施的一种行为,应根据桥梁结构类型、养护等级确定桥梁定期检测的内容,并进行技术状况评定。

一般性桥梁定期检查的周期一般不低于每三年一次,而对于特大、特别重要、特殊结构的桥梁以及达到较安全类、危险类桥梁(或为三、四、五类技术状况的桥梁),每年需检查一次,并包括一些承重构件的专项检查内容。

定期检查应根据桥梁养护工程师所制订的年度检查计划实施,检查过程中应配备如照相机、摄像机、裂缝观测仪、各种探伤仪器、数据记录仪器、缆索机器人、无人机等常用工具,达到相应的结构部位,进行详细的检查与检测。此外,对于安装安全监测系统的桥梁,应根据结构安全监测系统的结构变形、荷载、环境因子等实时监测参数,结合常规测试所取的参数,综合分析桥梁结构的安全技术状态。

定期检查,一般根据桥梁的结构从下往上顺序进行检查:首先检查下部结构状况,其次检查上部结构的外观,然后检查支座、箱梁内部,最后检查桥面系部分。其基本要求是:

(1)核对桥梁数据档案的相关基本信息,即在检查结构缺损状况过程中,检查人应进行现场校核,校对桥梁结构的基本数据是否与实际相符。

(2)对桥梁各构件外观进行详细检查,并记录发现病害的部位、类型、性质、范围、数量和程度等,并在定期检查过程中,跟踪检查已存病害的发展情况。

(3)定期检查中所发现的损伤的位置和严重程度均应在检查报告中准确描述。对梁体、索塔、吊索、系杆、拱桥上部结构、墩台基础等重要部件和部位进行详细描述。

(4)每次定期检查后,都应对该桥梁进行技术状况评定,分析损坏原因,提出维修或进一步检测建议。对难以判断损坏原因和程度的部件,提出专门检验要求;对损坏严重、危及安全运行的危险桥梁,提出暂时限制交通的建议。

(5)根据桥梁的技术状况,确定下次检查时间。

定期检查资料包括桥梁检查清单、桥梁基本状况卡片等,检查人员应当场填写桥梁经常检查记录表,如"桥梁定期检查数据表",记录各部件缺损状况。

4. 专项检查

专项检查是指特定事件发生时,在定期检查基础上为查清桥梁结构的病害原因、构件破损程度、承载能力、抗灾能力,对桥梁技术状况进行鉴定而进行的专项检查工作。特定事件包括:桥梁已产生病害,桥梁遭受洪水、流冰、滑坡、地震、风灾、漂流物或船舶撞击,超重车辆通过,载有危险品的车辆自行通过等。专项检查主要根据桥梁破损状况和性质,采用适当的仪器设备,以及通过现场检测、试验等特殊手段和科学分析方法,查明桥梁病害原因、缺损程度和承载能力,检算与分析桥梁整体受力,对构件材料耐久性进行分析评估,依据《公路桥梁技术状况评定标准》(JTG/T H21—2011)(以下简称《技术评定标准》)确定桥梁的技术状况,以便进行有效养护。目的在于找出缺损的明确原因、程度和范围,分析缺损所造成的后果以及潜在缺陷可能给结构带来的危险,为进一步评定桥梁的耐久性和承载能力以及确定加固维修工作的实施提供依据。在定期检查中难以判明损坏原因及程度,定为较安全的桥梁都应进行专项检查。检查时应根据桥梁类型、破损状况,采用专用仪器设备,结合现场察看、试验等手段和方法,查明病害原因、破坏程度和结构安全性能,确定桥梁是否达到危险类。

凡运营10年以上的长大桥梁,或进行过中度或重度等级维修的桥梁,都应开展专项检查,对桥梁进行系统性评估。

第二节 桥梁检查的基本原则与规定

一、桥梁检查的基本原则

(1)桥梁管养单位应建立健全桥梁养护检测管理制度,建立养护管理系统。

(2)新建的特大型桥梁竣工运营一年内需进行首次检查。对于一般桥梁,定期检查周期不得超过三年。在首次检查、经常检查、定期检查和专项检查过程中,管养单位应根据相关规范要求及实际检查需要选用合适可靠的检查深度。

(3)对于桥梁技术状况在三类以上的桥梁,每年必须定期检查一次;定期检查一般安排在有利于检查的气候条件下进行,应与首次检查时间相对应。对于大跨径悬索桥、斜拉桥、拱桥应进行周期性检查,并宜辅以结构安全监测系统进行实时、在线监测,及时发现桥梁病害及结构所处环境的变化,系统掌握其结构安全状况。

(4)对于长大桥梁应每10年为一周期,进行一次全面的定期检查和专项检查,简称"定+

专检查”。

(5)检测应综合考虑桥梁的规模、设计要求、运营要求和桥址条件,合理选择检测内容和方法。

(6)对于定期检查和专项检查中发现的病害,要全面分析病害类型、产生的原因以及病害的发展趋势,系统、全面评估桥梁结构的安全性。

(7)检测及技术状况评定等有关技术文件,应按统一格式完整地归入桥梁养护技术档案。

(8)应及时将检测数据输入桥梁管养系统或 BIM 系统。

二、桥梁检查的基本规定

(1)桥梁养护管理单位应配备桥梁养护工程师,专门负责桥梁检测与评定的组织实施和监督管理工作,对桥梁检测与评定结果进行复核确认,并进行必要统计分析。

(2)检查分为首次检查、经常检查、定期检查和专项检查。其中,经常检查宜由桥梁养护管理单位自行组织实施,首次检查、定期检查和专项检查应委托专业检测单位实施。桥梁管养单位应根据特大型桥梁运营安全状况,有针对性地开展专项检查。对在定期检查中难以判明损坏原因及程度,技术状况为较安全、危险类(四类或五类)的桥梁,拟通过加固手段提高或维持荷载等级时,都应进行专项检查。

(3)桥梁实施首次检查或定期检查后,检测单位应对桥梁综合技术状况进行评定。桥梁实施专项检查或荷载试验后,检测单位应根据《公路桥梁承载能力检测评定规程》(JTG/T J21—2011)(以下简称《承载能力评定规程》)对桥梁承载能力或抗灾能力进行评定。对于安装监测系统的桥梁,应定期进行结构安全状况评定。

对新建的特大型桥梁应在竣工验收交付使用后一年内进行首次检查,并对斜拉(悬吊)系统、索塔、系杆、拱桥上部结构等结构进行三次检测(即常温、最高温度和最低温度条件下的检测),对钢筋混凝土结构结合面的胶结情况以及对结构及表面的缺陷进行全面处置后的情况进行一次全面检查,以确保桥梁的耐久性。

桥梁遭受洪水、流冰、滑坡、地震、雷击、风灾、漂流物或船舶撞击、飞行物撞击、火灾、爆炸、有害化学物污染、超重车辆通过等异常情况而导致受损或有可能受损时,应进行专项检查。

(4)桥梁检测单位应根据《公路养护安全作业规程》(JTG H30—2015)相关要求,结合自身管理实际、工程特点及道路运营情况等编制交通组织方案、安全保证措施和安全应急预案,规范检测行为,确保桥梁检测期间车辆、行人安全通行,技术人员、仪器设备等不受损害。

(5)对于特大型桥梁,在通车运营阶段,宜安装桥梁结构安全监测系统。管养单位应积极采用桥梁超限报警系统以及地震、灾害性天气等预警系统,逐步实现养护管理的信息化、智能化。

(6)经常检查中发现桥梁重要部件存在明显缺陷时,应及时提交相关检查与建议报告。

(7)桥梁管养单位应建立健全桥梁技术档案管理制度,大力推广应用桥梁管理系统,及时更新桥梁技术数据，保证桥梁技术档案真实完整，实现电子化管理。桥梁技术档案应包括桥梁基础资料、管理资料、检查资料、养护维修资料、特殊情况资料等。特别重要的特大型桥梁应建立符合自身特点的电子档案管理系统和养护管理系统。

第三节　桥梁检查内容

一、首次检查内容

首次检查主要是根据桥梁交竣工资料，针对桥梁交工验收中存在的问题和整改情况进行检查，对桥梁上部结构、下部结构（可观察部分）和桥面系及附属设施的外观进行检查，对桥梁重要部件进行必要的检测，如测定斜拉桥的斜拉索索力，并对重要部件的检测状况与竣工资料进行核对，将资料录入"桥梁基础资料表格"中。

检查工作的主要内容：首先，收集桥梁设计、施工、监理、施工监控等资料，建立桥梁养护数据库系统；其次，对桥梁承重构件和部位进行编号和设置二维码，将基本数据输入桥梁管理系统或 BIM 系统；最后，对桥梁进行外观检查与必要的检测。根据桥梁结构特点，如对斜拉（悬吊）系统、索塔、系杆、主拱、钢桁架的上下主桁梁或钢箱梁焊缝等上部结构进行三次检测（即常温、最高温度和最低温度条件下的检测），为今后分析桥梁结构状况提供基本数据。

二、经常检查内容

经常检查主要包括对桥面系、上部结构、下部结构和附属设施的技术状况进行日常巡视检查，日常巡视可根据巡视时间分为日巡视和夜巡视。

（1）日巡视

日巡视需要记录巡视填表时的时间、温度、天气状况、风力、能见度等，观察路面铺装有无明显病害，护栏和栏杆是否完好，桥面积水情况（下雨时和下雨后重点检查），标志和标线是否清晰，结构有无明显异常（如拉索的异常振动），有无其他可见的影响正常行车的明显病害和障碍物，主要设备是否正常工作（如供配电设施、除湿设备、监测系统等）。安装监测系统的桥梁，还宜通过监测系统获得的信息判断结构是否出现超过预设警戒范围的异常状况。

（2）夜巡视

夜巡视主要巡视夜间大桥照明系统及航空（海）指示灯是否正常工作，夜间行车的标志、标线是否缺损、失效，行车道范围内是否有障碍物，结构是否明显异常（如拉索剧烈振动）。重点是巡视路灯损坏情况、反光标志标线脱落和污损等损伤。

经常检查内容包括以下 16 个部分：

（1）沥青桥面铺装：是否平整，有无裂缝、局部坑槽、积水、波浪、碎边。

（2）桥面排水设施：是否良好，桥面泄水管、泄水槽等是否堵塞和破损。

（3）伸缩缝是否卡死，变形是否正常，连接部分有无松动、脱落、局部破损等病害，橡胶条是否老化和破损。

（4）桥面附属设施：人行道（检修道）、分隔带、缘石、栏杆、护栏等有无撞坏、变形、断裂、缺件、涂装失效、锈蚀等。

（5）总体结构：观察桥梁结构有无异常变形、异常的竖向振动、横向摆动、拉索异常振动及其他异常情况。

（6）主梁：根据桥梁状况，目视检查是否出现撞击变形，适当抽查焊缝是否开裂、螺栓连接是否松动或缺失、混凝土裂缝是否发展、箱梁内是否有积水等。

（7）吊杆（拉索）：目视检查吊杆（拉索）外观是否开裂和老化，锚固区的密封设施是否完好，有无积水和渗水痕迹，密封橡胶树脂等有无老化和开裂等。

（8）桥墩、桥塔：是否受到船只或漂流物撞击而受损。

（9）桥塔内的拉索锚具、护套是否漏油、渗水，减震装置是否正常工作。

（10）基础：是否因撞击或冲刷导致损坏、外露、悬空、下沉等，是否有生物侵蚀。

（11）支座：是否有明显异常。

（12）全桥外观涂装：检查主塔、主梁等结构内外涂装是否存在涂装脱落、钢材锈蚀等病害（含混凝土结构表面涂装和钢结构表面涂装）。

（13）除湿系统：检查除湿机是否正常工作，除湿空间的密封性是否良好。

（14）全桥内部供配电系统是否正常工作，线路设备槽是否存在潮湿、积水、渗水等病害。

（15）桥梁监测系统是否正常工作，线路设备槽是否存在潮湿、积水、渗水等病害。

（16）检查永久观测点及标志点的状况。

三、定期检查内容

定期检查内容包含经常性检查内容，并在此基础上增加一些检测内容，综合评定桥梁技术状况，其工作流程见图1-1-1，具体内容见表1-1-1。

桥梁定期检查内容

表1-1-1

项目	分类	外　观	平面位置	垂　直
检查	上部结构	梁、拱、塔裂缝，钢筋有无锈蚀，钢构件有无损伤、吊杆（拉索）有无锈蚀，吊杆或索力变化情况	塔顶位移情况，支座是否损坏、错位	落梁、梁下挠
	下部结构	桥墩是否破损，锚碇室有无开裂、破损、渗水	墩台及基础、锚碇室有无滑动、倾斜	墩台及基础沉降、冲刷情况
	桥面系	桥面铺装层有无裂缝、破碎、坑槽等，栏杆护栏有无撞坏、断裂等，排水系统情况	纵、横坡是否顺适	
检测	精密仪器测定和试验			

1. 桥面系及附属部分检查

（1）桥面铺装层检查包括：纵、横坡是否顺适，有无脱皮露骨、集料松散、泛油、严重的裂缝

(网裂、纵横裂缝)、破碎、坑槽、洞穴、波浪、防水层漏水；钢桥面铺装层有无车辙、推移、隆起等病害。

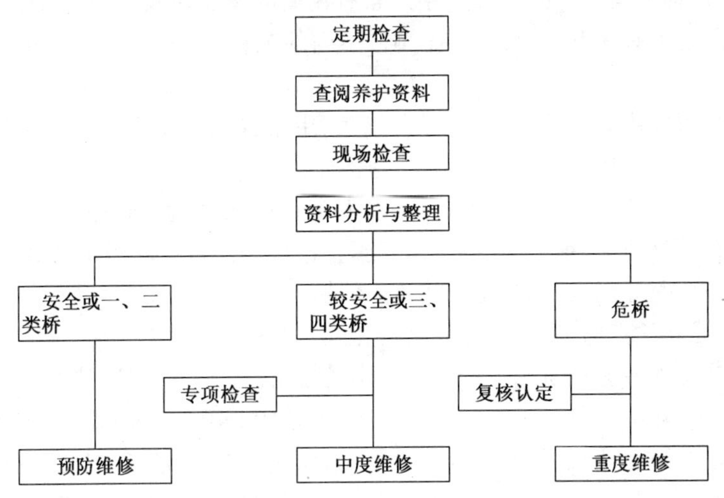

图 1-1-1　定期检查工作流程图

(2)伸缩装置：是否有异常变形、松动、破损、脱落、漏水，是否嵌入杂物，是否造成明显的跳车。

(3)栏杆、护栏：有无撞坏、断裂、错位、松动、缺件、锈蚀、剥落等。

(4)人行道、缘石：是否完整、有无破损。

(5)排水设施：桥面、桥头引道排水是否顺畅，泄水口、收水口、泄水管是否完好，是否破坏、损伤、脱落、堵塞。

(6)灯具、标志：是否损坏、老化、失效，是否需要更换。

2. 上部结构检查

(1)索塔。检查索塔高程、塔柱倾斜度；索塔的爬梯、检查门、工作电梯是否可靠安全，塔内的照明系统是否完好；检查是否有积水、混凝土裂缝、索塔锚固区是否有裂纹等。

(2)主梁。检查主梁桥面高程及梁体纵向位移；混凝土结构表面色泽有无异常，涂装有无脱落、碳化程度，混凝土的强度、缺损、剥落、裂缝、露筋、钢筋锈蚀等情况；钢箱梁涂装劣化程度和焊缝情况，正交异性钢桥面板内表面焊缝有无肉眼可见的裂纹、有无生锈痕迹等情况。

(3)钢构件(钢桁架)。钢构件是否存在扭曲变形、局部损伤；铆钉和螺栓有无松动、脱落或断裂，连接钢板是否有滑动错位；焊缝和母材有无裂纹和开裂；涂装层是否粉化、脱落、开裂，构件表面是否锈蚀；上承钢板梁、下承钢板梁联结杆件和上下承钢板联结杆与纵横联结板处有无裂纹。

钢梁裂纹的检查重点部位：钢料边缘、钉孔周围、铆钉松动处、焊缝有裂纹处附近母材；杆件断面变化处、削弱处、弯曲部分、应力集中部分；纵梁与横梁、主梁与横梁联结处；承受反复应力杆件的连接处；单剪铆钉处；经过烘烤、锤击、整直，特别是用电焊法修理加固过的地方；含磷过多、抗冲击韧性较差的钢料；焊接梁横向竖加劲肋上下端焊趾处；受拉杆件或部位对接焊缝处基材;平纵联、横联联结处焊缝附近基材等部位。

(4)主缆、吊杆(拉索)。主缆、吊杆和拉索的防护层是否破损、老化和漏水;索鞍是否工作正常,有无锈蚀、辊轴歪斜、卡死等现象;主缆索有无局部变形现象。锚碇及锚杆是否有异常的拔动滑移,锚碇混凝土有无开裂、渗水,锚(洞)室内的锚杆、主索锚固段和散索鞍等部件是否锈蚀、断裂。

吊杆、拉索的两端锚固部位,包括索端及锚头、主梁锚固构造有否浸水、锈蚀和开裂,吊杆上端与主缆联结的索夹(箍)紧固螺栓有否松弛和锈死。

拉索锚固区周围混凝土是否开裂,斜拉索索套管有无裂缝,缠包带或 PE 防护套是否破损,螺旋线是否有脱离现象;钢护筒、钢管与索套管连接处是否松动脱落、锈蚀、渗水,筒内防水垫圈是否老化失效、潮湿积水;锚具是否渗水、锈蚀。

索体线形有无异常变形,索力有无异常变化。

(5)支座。支座组件是否完好、清洁,有无断裂、错位、脱空;支座垫石是否开裂、缺损;活动支座是否灵活,实际位移量是否正常,固定支座的锚销是否完好;盆式橡胶支座的固定螺栓是否剪断,螺母是否松动,钢盆外露部分是否锈蚀,防尘罩是否完好;组合式钢支座是否干涩、锈蚀,固定支座的锚栓是否紧固,销板或销钉是否完好;摆柱支座各组件相对位置是否准确,受力是否均匀;辊轴支座的辊轴是否出现不允许的爬动、歪斜。

3. 下部结构检查

(1)墩台及基础有无滑动、倾斜、下沉,台背填土有无沉降或挤压隆起;混凝土墩台及帽梁有无风化、开裂、剥落、露筋等;石砌墩台有无砌块断裂、通缝脱开、变形,砌体泄水孔是否堵塞,防水层是否损坏。

(2)基础是否发生不允许的冲刷或淘空现象,扩大基础的地基有无侵蚀,桩身有无冲刷磨损、颈缩、露筋,混凝土有无破损,必要时对深水基础应派潜水员潜水检查,利用多波束对水下地形进行检测。

(3)检查锚室内的湿度,锚碇及锚杆有无异常拔动、滑移,锚碇混凝土有无开裂、渗水现象,散索鞍座和锚杆固定处界面的混凝土是否存在开裂和裂纹,锚室及地下连续墙(深井)的混凝土表面有无裂缝、渗水、风化剥落、露筋、空洞、钢筋锈蚀以及龟裂现象。

4. 定期检查描述规则

(1)桥区划分,确定主桥、引桥,明确编号的方向及方位。

(2)确定各构件的编号。

(3)确定构件的缺损位置,可以用右侧面、左侧面、上面、底面等来描述损坏出现的具体面。

(4)对于构件任一面上的损坏位置,可以用“跨中”“支点处”“中部”“端部”“顶部”“底部”等详细描述。

(5)发现的裂缝除在记录表上记录外,还应在现场构件上进行标记,标记的内容包括:时间、裂缝的长度、宽度、深度以及裂缝与水平的倾角等。裂缝起讫端,符号为“$\underline{\uparrow}$”,下横线为起点,尖头指向尾端。

(6)在记录表上应记录时间、气温、天气状况等基本情况,记录构件缺损大小、范围、数量、性质和发展趋势,以及下步工作的建议。

5. 定期检查报告内容

(1)检查报告内容包括定期检查工作基本情况、工作内容、检查与检测工具、存在的病害以及过去所完成的小修保养情况。

(2)历次(年)的经常检查、定期检查和专项检查,以及小修保养、中修、大修及专项工程等综合情况。

(3)原始数据包括人工检查(测)数据和监测系统数据的原始数据(包括检查方法、检查过程,及其他与检查相关的资料),典型缺陷和病害的照片(或录像)及说明。

(4)缺陷状况的描述应采用专业标准术语,并配合病害照片或录像资料等,说明缺陷的部位、类型、性质、范围、数量和程度等。

(5)分析病害的成因,并根据《技术评定标准》进行技术评定,得出结论,总结存在的问题。

(6)如需进行专项检查时,报告中应阐述需要检测的项目及理由,并提出可能需要大中修以及需要限制交通或中断交通的建议。

(7)今后经常检查、定期检查和专项检查的工作计划及其理由和依据。

(8)附定期检查记录表格和照片。

四、专项检查内容

1. 专项检查的基本要求

专项检查是根据定期检查和突发事件所产生的损伤而进行的专项检查,符合下列条件之一者都应作专项检查:

(1)定期检查中难以判明损坏原因及程度的构件或整体结构。

(2)全桥综合技术状况为三类、四类者,或者全桥结构安全等级为危险、较安全等级。

(3)在桥梁寿命期,应每10年对桥梁进行一次专项检测,并对桥梁进行安全等级评价。

(4)实施专门检查前,负责检查的桥梁工程师应充分收集资料,包括设计资料(设计文件、计算所用的程序、方法和计算结果)、竣工图、材料试验报告、施工记录、历次桥梁定期检查和专项检查报告,以及历次维修资料等。

(5)桥墩水下检查是专项检查中对水下构件的重要检查项目,当涉及水下结构的检查评估时,应根据需要选用合适的水下检查方法。水下检查分为水下总体检查和水下详细检查。水下总体检查是对水下所有可检查构件的粗略检查,由检查人员通过目视和水下摄像机,对水中结构进行外观检查;水下详细检查应由专业潜水员完成。上述水下检查方法只在清水且流速很小的水域中才能实施。

专项检查应根据桥梁的破损状况和性质,采用仪器与目视相结合的原则,进行水下检查、无损试验、取样试验、现场荷载试验等,以获得氯离子含量、钢筋锈蚀电位、混凝土电阻率、裂缝深度、碳化程度、裂纹等数据,并结合桥梁综合技术状况进行桥梁的适应性评定,形成评定结论。

2. 专项检查主要内容

根据桥梁使用和养护情况,结合定期检测的结果,专项检查重点内容详见表1-1-2。

桥梁专项检查项目表

表 1-1-2

项目	分类	洪水	滑坡	地震	船舶(物)撞击	超重	火灾或爆炸
检查	上部结构	栏杆损坏或落梁	桥台推出而断裂	落梁、支座损坏、错位	被撞构件及联结部位破坏、支座破坏	梁、拱、桥面板裂缝，支座损坏	梁、拱、桥面板开裂，栏杆损坏，吊杆(拉索)损坏
	下部结构	桥墩及基础沉降或倾斜	桥台推出、胸墙破坏	沉陷、倾斜位移、抗震墩破坏	墩台位移、墩柱倾斜或混凝土破损或开裂	墩台裂缝、沉陷	
检测	水文测量、桥梁动静载试验、精密仪器测定和室内试验						

(1)构件材料强度。

(2)钢筋直径、间距、保护层厚度及锈蚀状况。

(3)混凝土碳化与开裂情况。

(4)钢构件涂层、钢板母材和焊缝开裂。

(5)拉索索力与断丝检测，吊杆、锚头和吊杆(拉索)接头检测。

(6)特殊支座和索杆检查。

(7)桥墩外观破损状况，对于能见度大于1.5m且水流速小于0.3m/s的清水河段，可进行水下探摸和水下摄影，判定桥墩外观情况。

(8)对于桥区河段上游河势发生变化或水中含砂量减少的桥梁，应进行桥墩河床冲刷测量。

(9)结构整体性能、功能状况鉴定：结构承载能力(强度、刚度和稳定性)鉴定，桥梁抗洪能力的鉴定等。

以上检测内容仍不能满足要求时，应根据实际需要适当增加其他无损检测内容。

3.专项检查报告

(1)概述检查的一般情况，包括桥梁的基本情况、检查的组织、时间、背景和工作过程等。

(2)目前桥梁技术状况的描述，包括现场调查、试验与检测项目及方法、检测数据与分析结果和桥梁技术状况评价等级。

(3)详细阐述检查部位的损坏程度及原因，并提出结构部位和总体的维修与加固改造的建议方案。

(4)技术状况评定。桥梁专项检查应根据需要对桥梁承载能力进行评定，将桥梁的实际承载能力与现行设计荷载标准的荷载效应进行比较，反映结构能否达到设计承载能力要求。对桥梁某些重要构件或受损严重构件的损害状况、耐久性能、疲劳性能等进行评定。

第二章　桥梁检测

第一节　桥梁检测概述

桥梁检测分为桥梁建设施工质量的检测与桥梁运营期间的结构安全性检测两部分。前者主要是针对桥梁建设期间的施工监控中的检测、桥梁结构状态整体性能的荷载试验,以及施工过程中的成品、半成品质量的控制检测。后者主要是针对现役桥梁的结构安全性、结构实体材料,如混凝土的碳化、钢筋的锈蚀、裂缝的大小程度等实体材料的性能进行检测,判定其安全性和耐久性;对桥梁进行动静载试验,检验桥梁的结构承载能力和动力特性,通过对桥梁结构的检测,判定桥梁的结构安全。

桥梁检测的内容较多,主要涉及以下八个方面:

(1)表面检测。主要是对混凝土表面缺陷、破损以及钢构件锈蚀裂纹进行检测,采用激光传感器检测裂缝的分布,采用数字相机、热像仪以及超声波检测裂缝的宽度及深度,采用玻璃纤维传感器和超声波、雷达检测开裂的趋势和内部缺陷等。

(2)应力和变形。主要是利用激光检测变形,利用加速传感器和光纤传感器检测桥体结构的振动和应力。

(3)强度和刚度。分别利用超声波、芯样试压和拉拔试验来检测混凝土强度和弹性模量。

(4)混凝土碳化或风化程度。主要是通过钻芯取样检测碳化深度、氯化深度以及酸侵蚀深度。

(5)渗透性。主要是通过现场渗透试验检测渗透性。

(6)钢筋锈蚀。主要是采用半电位法检测锈蚀位置和程度。

(7)钢板裂纹。主要是采用浸蚀法和探伤仪检测。

(8)结构整体性能状况。主要是通过动静载试验检验。

根据以上检测内容,我们可以将检测大致分为以下两个方面:

(1)桥梁结构材料缺损状况检测

桥梁结构材料缺损状况检测,主要包括对桥梁结构材料的物理、化学、力学性能三大指标的检测,它是我们对桥梁结构材料缺损原因分析与判断的基本依据。

(2)桥梁结构整体性能检测

桥梁结构整体性能检测主要是采用动静载试验的方法,对桥梁结构的整体性能、功能状况进行鉴定,即对桥梁结构的强度、刚度和稳定性进行检验。

本章主要介绍桥梁结构材料缺损状况检测的常用方法和动静载试验。

第二节　桥梁检测常用方法

在役桥梁结构材料检测数据包括：桥梁几何尺寸、构件材质强度、钢筋和钢材锈蚀、混凝土氯离子含量、混凝土电阻率、拉索（吊杆）索力、桥梁墩台与基础变位等。

一、混凝土强度检测方法

桥梁结构混凝土强度常规检测方法包括：

（1）无损检测法：回弹法、超声波法、超声回弹综合法等；

（2）半（微）破损检测法：拔出法、钻芯法、射击法等；

（3）破损检测法：钻芯法。

目前桥梁检测常用回弹法、超声回弹综合法、取芯法、回弹结合取芯法等测定混凝土强度。

（一）回弹法检测混凝土强度

1. 原理

回弹法是用回弹仪的弹簧驱动重锤，通过弹击混凝土表面，测出重锤被反弹回来的距离（高度），以回弹值作为与强度相关的指标，来推定混凝土强度的一种方法。

2. 步骤及方法

（1）测区、测点的选择

①单个检测时，应在每个构件上均匀布置测区；批量检测时，应随机抽取并使所选构件具有代表性，抽检数量不得少于同批构件总数的 30%，且构件数量不应少于 10 个。

②测区宜选在使回弹仪处于水平方向检测的混凝土浇筑侧面。当不满足这一要求时，可使回弹仪设置在非水平方向上的构件表面或底面。

③相邻两测区的间距不应大于 2m，测区离构件端部或施工缝边缘的距离不宜大于 0.5m，且不宜小于 0.2m。

④测区宜选在构件的可测表面上并均匀分布，在构件的重要部位及薄弱部位应避开预埋件。

⑤测区宜选在构件的两个基本对称的测试面上。当不对称时，也可布置在一个可测面上，且应均匀分布。

⑥测区的面积不宜大于 $0.04m^2$。

⑦测区表面应清洁、平整、干燥，不应有疏松层、浮浆、涂层、油垢、蜂窝、麻面等。

⑧测点宜在测区范围内均匀分布，相邻两测点的净距一般不小于 20mm。测点距外露钢筋、预埋铁件等的距离不宜小于 30mm。测点不应在气孔和外露石子上。

⑨同一测点只能弹击一次，每个测区应记取 16 个回弹值。

（2）测区平均回弹值的计算

计算回弹值时，应从该测区的 16 个回弹值中，分别去除 3 个最大值和 3 个最小值，剩余的

10 个回弹值按下式计算：

$$R_m = \frac{\sum_{i=1}^{n} R_i}{10} \tag{1-2-1}$$

式中：R_m——测区平均回弹值，精确至 0.01；

R_i——第 i 个测点的回弹值。

非水平方向检测时，按下式进行修正。

$$R_m = R_{m\alpha} + R_{a\alpha} \tag{1-2-2}$$

式中：$R_{m\alpha}$——非水平状态测试的平均回弹值；

$R_{a\alpha}$——按表 1-2-1 查出的回弹修正值。

非水平状态检测时的回弹修正值表　　表 1-2-1

$R_{a\alpha}$	检测角度（°）							
	向上				向下			
	90	60	45	30	−30	−45	−60	−90
20	−6.0	−5.0	−4.0	−3.0	2.5	3.0	3.5	4.0
25	−5.5	−4.5	−3.8	−2.8	2.3	2.8	3.3	3.8
30	−5.0	−4.0	−3.5	−2.5	2.0	2.5	3.0	3.5
35	−4.5	−3.8	−3.3	−2.3	1.8	2.3	2.8	3.3
40	−4.0	−3.5	−3.0	−2.0	1.5	2.0	2.5	3.0
45	−3.8	−3.3	−2.8	−1.8	1.3	1.8	2.3	2.8
50	−3.5	−3.0	−2.5	−1.5	1.0	1.5	2.0	2.5

注：表中的数值可用内插法求得，精确至 0.1。

水平方向检测混凝土顶、底面时，按下式修正：

$$R_m = R_m^t + R_a^t \tag{1-2-3}$$

$$R_m = R_m^b + R_a^b \tag{1-2-4}$$

式中：R_m^t、R_m^b——水平方向检测混凝土顶底面时的平均回弹值，精确至 0.01；

R_a^t、R_a^b——顶、底面回弹修正值，按表 1-2-2 取值。

不同浇筑面的回弹修正值表　　表 1-2-2

项目	R_m^t 或 R_m^b						
	20	25	30	35	40	45	50
R_a^t	2.5	2.0	1.5	1.0	0.5	0	0
R_a^b	−3.0	−2.5	−2.0	−1.5	−1.0	−0.5	0

注：表中的数值可用内插法求得，精确至 0.1。

（3）测区混凝土强度的确定

构件混凝土强度推定值 $f_{cu,e}$ 按下列公式确定：

①当构件测区数大于 10 个时：

$$f_{cu,e} = m_{f_{cu}^c} - 1.645 s_{f_{cu}^c} \tag{1-2-5}$$

$$m_{f_{cu}^{c}}=\frac{\sum_{i=1}^{n}f_{cu,i}^{c}}{n},\qquad S_{f_{cu}^{c}}=\sqrt{\frac{\sum_{i=1}^{n}(f_{cu,i}^{c})^{2}-n(m_{f_{cu}^{c}})^{2}}{n-1}}$$

式中：$m_{f_{cu}^{c}}$——测区混凝土强度换算值的平均值，精确至0.1MPa；

n——单个检测构件时，取一个构件的测区数；对批量检测时，取所有被抽检测区数之和；

$S_{f_{cu}^{c}}$——测区混凝土强度换算值的标准差，精确至0.1MPa。

②当构件测区数少于10个时：$f_{cu,e}=f_{cu,min}^{c}$。

③当测区强度值出现小于10MPa值时：$f_{cu,e}<10\text{MPa}$。

④当批量检测时，按式(1-2-5)计算。

（二）超声回弹综合法检测混凝土强度

1.原理

超声回弹综合法是采用超声仪和回弹仪，在混凝土的表面进行测试，利用超声波穿透内部的声速值和试件表面硬度的回弹值来推算测区结构混凝土强度的方法。一般而言，声波在混凝土传播速度越快，其强度就越高。

2.测量步骤及要求

(1)当构件只有两个相邻表面可测时，采用角测法测量，每个测区布置3个点。

(2)当构件被测部位只有一个可检测面时，可采用平测方法测量混凝土的声速，每个测区布置3个测点。

(3)布置超声平测点时，超声测距宜采用350～450mm。平测时修正后的混凝土声速值按下列公式计算：

$$v_{\alpha}=\frac{\lambda}{3}\sum_{i=1}^{3}\frac{I_i}{t_i-t_0}\tag{1-2-6}$$

式中：v_{α}——修正后平测时混凝土声速代表值(km/s)；

I_i——平测第i个测点的超声测距(mm)；

t_i——平测第i个测点声时读数(μs)；

λ——平测声速修正系数，对测或斜测时为1，对测与平测时$\lambda=V_d/V_p$，V_d为对测声速，V_p为平测声速。

(4)当被测构件不具备对测与平测的对比条件时，宜选取有代表性的部位，以一定间距逐点测量再用回归方法求出声速值。

(5)当在混凝土的顶面或底面测试时，测区声速值按下式确定：

$$V=1.034v\tag{1-2-7}$$

3.混凝土强度确定

混凝土强度按下式计算：

当粗集料为卵石时

$$f_{cu,i}^{c}=0.0056v_{ai}^{1.439}R_{ai}^{1.769}\tag{1-2-8}$$

当粗集料为碎石时

$$f_{cu,i}^{c}=0.0162v_{ai}^{1.656}R_{ai}^{1.410} \tag{1-2-9}$$

式中：$f_{cu,i}^{c}$——第 i 个测区混凝土抗压强度换算值（MPa），精确至0.1MPa。

（三）钻芯法检测混凝土强度

1. 定义

钻芯法是指利用专用设备，从混凝土结构物中钻取芯样来测定混凝土抗压强度的一种方法。该方法还可以检测混凝土的裂缝、结构分层、孔洞和离析等情况，具有直观、准确的特点。

2. 使用原则

当发生下列情况之一时，可用钻芯法检测混凝土强度：

（1）怀疑试块抗压强度的测试结果时；

（2）因材料、施工或养护不当而发生混凝土质量问题时；

（3）混凝土遭受自然灾害、火灾、化学侵蚀时；

（4）需检测经多年使用的结构物中混凝土强度时。

3. 注意事项

（1）钻芯法适用于抗压强度不大于80MPa的普通混凝土抗压强度的检测，对于强度等级高于80MPa的混凝土、轻集料混凝土和钢纤维混凝土的强度检测，应通过专门的试验确定。

（2）钻取位置应选结构受力较小、具有代表性的位置。

（3）对于强度等级小于C10的混凝土，钻芯过程易破坏砂浆与集料的黏结力，测试结果不准的，不易采用钻芯法。

（4）对于使用多年的旧结构应尽量采用非破损检测技术，必须采用钻芯法时，对取样位置、取样数量等应严格控制。

（5）取样位置应避开主筋、预埋件和管线的位置，并尽量避开其他钢筋。

（6）钻取芯样后的构件应及时对孔洞进行修补。

4. 芯样钻取要求

（1）用钻芯法与非破损法综合测定强度时，应与非破损法取同一测区。

（2）按单个构件检测时，每个构件的芯样数不应少于3个，较小构件可取2个，但最小样本量不宜少于15个。

（3）芯样直径应为100mm，且不宜小于集料最大粒径的3倍，但采用小直径芯样时，其直径应为70～75mm，且不得小于集料最大粒径的2倍。

（4）芯样高度和直径之比宜为1.00。

5. 芯样混凝土强度

芯样强度的换算值按下列公式计算：

$$f_{cu,cor}=\frac{F_C}{A} \tag{1-2-10}$$

式中：$f_{cu,cor}$——芯样试件混凝土强度换算值（MPa）；

F_C——芯样试件抗压试验测得的最大压力(N);

A——芯样试件抗压截面面积(mm^2)。

6. 混凝土强度确定

检测批混凝土强度推定值按下列公式确定:

$$f_{cu,\theta1} = f_{cu,cor,m} - k_1 s_{cor} \tag{1-2-11}$$

$$f_{cu,\theta2} = f_{cu,cor,m} - k_2 s_{cor} \tag{1-2-12}$$

$$f_{cu,cor,m} = \frac{\sum_{i=1}^{n} f_{cu,cor,i}}{n} \tag{1-2-13}$$

$$S_{cor} = \sqrt{\frac{\sum_{i=1}^{n}(f_{cu,cor,i} - f_{cu,cor,m})^2}{n-1}} \tag{1-2-14}$$

式中:$f_{cu,cor,m}$——芯样混凝土强度平均值,精确至0.1MPa;

$f_{cu,cor,i}$——单个芯样混凝土强度值,精确至0.1MPa;

$f_{cu,\theta1}$——混凝土强度推定上限值,精确至0.1MPa;

$f_{cu,\theta2}$——混凝土强度推定下限值,精确至0.1MPa;

k_1、k_2——上、下限值系数,按表1-2-3取值;

S_{cor}——样本标准差,精确至0.1MPa。

上、下限值系数表　　表1-2-3

试件数	15	20	30	40	50	60	70	80	90	100
k_1(0,10)	1.22	1.27	1.33	1.37	1.40	1.42	1.43	1.44	1.45	1.46
k_2(0,10)	2.57	2.40	2.22	2.13	2.07	2.02	1.99	1.96	1.94	1.93

注:表中的数值可用内插法求得,精确至0.01。

(四)拔出法检测混凝土强度

1. 定义

拔出法是指利用专用设备,从混凝土结构物中拔取嵌入混凝土的锚固件来测定混凝土强度的一种方法。利用拔出法检测混凝土强度具有精度高、破损程度小、使用方便、适用广等特点。

2. 原理

在硬化的混凝土表面钻孔、磨槽、嵌入锚固件,使用拔出仪进行拔出试验,测定极限拔出力,并根据预先建立的拔出力与混凝土强度之间的相关关系检测混凝土强度,如图1-2-1所示。

3. 分类

拔出法按锚固件埋入混凝土时间先后顺序分为两种:一是在浇筑混凝土时预先埋入锚固件,待混凝土硬化后进行拔出试验,称为预埋拔出法;二是在硬化的混凝土构件上嵌入锚固件后进行拔出试验。

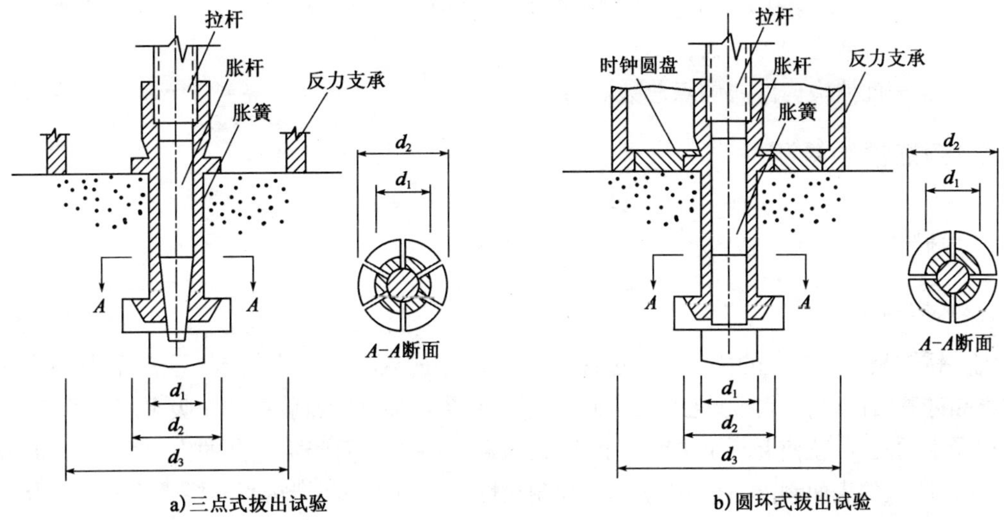

图 1-2-1　拔出法检测混凝土强度装置图

4. 测试要求

(1)单个构件检测时,应在构件上均匀布置 3 个测点。

(2)测点宜布置在构件混凝土成型的侧面,在构件受力较大及薄弱部位应布置测点,相邻两测点的间距不应小于 $10h$(h 为锚固深度),测点距构件边缘的距离不应小于 $4h$。

(3)测试面应平整、清洁、干燥,对饰面层、浮浆等应予清除,垂直度偏差不应大于 3°。

(4)钻孔直径应比规定值大 0.1mm,且不宜大于 1.0mm。

(5)钻孔深度应比锚固深度 h 深 20 ~ 30mm。

(6)环形槽深度 c 应在 3.6 ~ 4.5mm 之间。

5. 强度确定

混凝土强度的推定值按下列公式计算:

$$f_{cu,e1} = m_{f_{cu}^c} - 1.645 S_{f_{cu}^c} \tag{1-2-15}$$

$$f_{cu,e2} = \frac{1}{m}\sum_{j=1}^{m} f_{cu,min,j}^c \tag{1-2-16}$$

$$m_{f_{cu}^c} = \frac{1}{n}\sum_{i=1}^{n} f_{cu,i}^c \tag{1-2-17}$$

$$S_{f_{cu}^c} = \sqrt{\frac{\sum_{i=1}^{n}(f_{cu}^c)^2 - n(m_{f_{cu}^c})^2}{n-1}} \tag{1-2-18}$$

式中:$m_{f_{cu}^c}$——批抽检构件混凝土强度换算值的平均值,精确至 0.1MPa;

$f_{cu,min,j}^c$——第 j 个构件中的最小测区混凝土强度换算值,精确至 0.1MPa;

$f_{cu,i}^c$——对应于第 i 个测点的混凝土强度换算值;

$S_{f_{cu}^c}$——批抽检构件混凝土强度换算值的标准差,精确至 0.1MPa,当平均值小于 25MPa

时，$S_{f^{c}_{cu}}>4.5\text{MPa}$；当平均值不小于25MPa时，$S_{f^{c}_{cu}}>5.5\text{MPa}$；

m——批抽检的构件数；

n——批抽检构件的测点总数。

二、钢筋锈蚀检测

（一）概述

1. 钢筋锈蚀

钢筋锈蚀是一个复杂的化学反应过程，当混凝土中的碱浓度超过一定临界值后，材料中如微晶和隐晶硅等活性矿料就会起化学反应而生成一种凝胶，而这种凝胶往往是吸水膨胀的，一旦混凝土遭受水的浸入，就使混凝土中的钢筋表面的凝胶膨胀，从而产生过高的内应力，导致混凝土胀裂，使混凝土的表面剥落，直接影响结构物耐久性。钢筋锈蚀将严重影响桥梁的承载能力。

2. 检测原则

钢筋锈蚀检测主要的原则：钢筋锈蚀状况的检测范围应为主要承重构件或承重构件的主要受力部位，或根据一般检查结果表明钢筋可能存在锈蚀的部位。对外观检查发现梁（板）构件主要受力部分存在以下情况时，需进行钢筋锈蚀状况的检测：

（1）当发现构件主要受力部分主筋位置处存在沿梁纵向有水平裂缝时；

（2）当构件主筋位置处检查的碳化深度大于原设计混凝土保护层厚度时；

（3）根据检查表明钢筋有锈迹、锈胀等锈蚀迹象时。

3. 检测方法

钢筋锈蚀检测方法主要有：

（1）半电池电位检测法：是指利用混凝土中钢筋锈蚀的电化学反应引起的电位变化来判定钢筋锈蚀状态的方法。该方法虽然不能提供锈蚀速率的具体数据，但它是目前唯一可用于现有桥梁直接检测混凝土锈蚀程度的非破损技术。该检测技术设备简单，便于现场检测，在钢筋混凝土桥梁结构的耐久性评定中广泛应用。

（2）重量损失法与截面损失法。这两种方法都需要在桥梁构件上截取已锈蚀钢筋的试件进行检测（局部破损检测），缺点是仅能反映桥梁构件局部的锈蚀率。

下面着重介绍半电池电位检测法。

（二）半电池电位检测法

1. 测区与测点的选择

（1）钢筋锈蚀检测范围应为主要承重构件或承重构件的主要受力部位。但测区不应有明显的锈蚀胀裂、脱空或层离现象。

（2）在测区上布置间距一般为20cm×20cm的测试网格，每个网格节点为一测点，一般不宜少于20个测点。

（3）测点位置距构件边缘应大于5cm。当一测区内相邻测点的读数超过150mV时，通常应减小测点的间距。

2. 测试

(1)用钢丝刷、砂纸打磨测区混凝土表面,去除涂料、浮浆、污迹和尘土等,并用接触液将表面润湿。

(2)完成锈蚀电位测量仪与钢筋的连接。用铜/硫酸铜电极接电位仪表的正输入端,钢筋接电位仪表的负输入端。

(3)测点读数变动不超过2mV,可视为稳定。在同一测点,同一支参考电极重复测读的差异不应超过10mV;不同参考电极重复测读差异不应超过20mV。

3. 判定标准

(1)在对已处理的数据进行判读之前,按惯例将数据加以负号,绘制等电位图,然后进行判读。

(2)按照表1-2-4的规定判断混凝土中钢筋发生锈蚀的概率或钢筋正在发生锈蚀的锈蚀活动程度。

混凝土钢筋锈蚀电位评定标准表　　表1-2-4

电位水平(mV)	钢筋状况	评定标准
≥-200	无锈蚀活动性或锈蚀活动不确定	1
(-200,-300]	有锈蚀活动性,但锈蚀状态不确定,可能坑蚀	2
(-300,-400]	有锈蚀活动性,发生锈蚀概率大于90%	3
(-400,-500]	有锈蚀活动性,严重锈蚀可能性极大	4
<-500	构件存在锈蚀开裂区域	5

注:1. 量测时,混凝土结构或构件应是自然状态。

2. 表中电位水平为采用铜/硫酸铜电极时的量测值。

三、混凝土中氯离子含量测定

混凝土中氯离子是诱发钢筋锈蚀的重要因素,为了避免钢筋过早锈蚀,应严格控制混凝土原材料中氯离子的含量。氯离子含量的测定方法有两种:试验室化学分析法和滴定条法。滴定条法可在现场完成氯离子含量的测定。

1. 基本要求

(1)混凝土中的离子含量,可在现场按混凝土不同深度取样,测定结果需能反映氯离子在混凝土中随深度的分布特点,根据钢筋处混凝土氯离子含量判断引起钢筋锈蚀的危险性。

(2)氯离子含量测定应根据构件的工作环境条件及构件本身的质量状况确定测区,测区应能代表不同工作条件及不同混凝土质量的部位,测区宜参考钢筋锈蚀电位测量结果确定。

2. 测试步骤

(1)钻孔分层取样,并按一定深度间隔标记,将粉状试样烘干,称重,备好待测。

(2)取定量试样用蒸馏水自然浸泡,用磁力搅拌器搅拌均匀。

(3)连接电极、主机和计算机,打开操作软件。

(4)通过软件,用标定溶液标定电极。

(5)试样溶液中加入电极稳定液,用标定完的电极测量,单个试样测试时间为 2 ~3min。

(6)通过计算机将测量数据导出或储存。

3. 氯离子含量的评判标准

(1)氯化物浸入混凝土可引起钢筋的锈蚀,其锈蚀危险性受到多种因素的影响,如碳化深度、混凝土含水率、混凝土质量等,因此应进行综合分析。

(2)根据每一取样层氯离子含量的测定值,做出氯离子含量的深度分布曲线,判断氯化物是混凝土生成时已有的,还是结构使用过程中外界渗入及浸入的。

(3)可按表 1-2-5 的评判经验值确定混凝土中的氯离子引起钢筋锈蚀的可能性。

混凝土中氯离子含量评定标准表　　表 1-2-5

氯离子含量(占水泥含量的百分比)	钢 筋 状 况	评定标准
<0.15	很小	1
[0.15,0.40)	不确定	2
[0.40,0.70)	有可能诱发钢筋锈蚀	3
[0.70,1.00)	会诱发钢筋锈蚀	4
≥1.00	钢筋锈蚀活化	5

四、混凝土钢筋分布及保护层厚度检测

1. 原理

当混凝土内钢筋或其他金属物体在电磁场内会引起电磁场磁力线的改变,造成局部电磁场强度的变化,这种变化和金属大小与电磁场源中心距离存在一定的对应关系。根据这一原理,通过仪器探头测量并由仪表显示出磁场源与钢筋或金属物的对应关系,即可估测混凝土中钢筋的位置、深度和尺寸。

2. 技术要求

(1)仪器的测量范围应大于 120mm。

(2)被测钢筋直径范围应为 ϕ6 ~ ϕ50mm,并不少于符合钢筋规定的 12 个档次。

(3)按单个构件检测时,应根据尺寸大小,在构件上均匀布置,但每个测区不应少于 3 个。

(4)测区应均匀分布,相邻两测区的间距不宜小于 2m。

(5)构件上每测区应不少于 10 个测点,其间距应小于保护层测试仪传感器长度。

3. 钢筋分布与保护层厚度确定

(1)对于缺少资料及无法确定钢筋直径时,应首先测量钢筋直径,测量时宜测读 5 ~ 10 次,求其平均值即为该钢筋的直径。

(2)将保护层测试仪传感器在构件表面平行移动,当仪器显示值为最小时,传感器正下方即是所测钢筋的位置,其值即为该处保护层厚度。

(3)将传感器在原处左右转动一定角度,仪器显示最小值时传感器长轴线的方向即为钢

筋的走向。

4. 钢筋分布及保护层厚度评定

(1)根据下列公式确定混凝土保护层厚度平均值：

$$D_n = \frac{\sum_{i=1}^{n} D_{ni}}{n} \tag{1-2-19}$$

式中：D_{ni}——测点 i 混凝土保护层厚度，精确至 0.1mm；

n——检测构件或部位的测点数。

按照下式计算确定测量部位混凝土保护层厚度特征值：

$$D_{ne} = D_n - k_p s_D \tag{1-2-20}$$

式中：s_D——测点保护层厚度的标准差，$s_D = \sqrt{\frac{\sum_{i=1}^{n}(D_{ni})^2 - (D_n)^2}{n-1}}$；

k_p——合格判定系数值，按表 1-2-6 取值。

混凝土保护层厚度合格判定系数值表　　表 1-2-6

n	10~15	16~24	≥25
k_p	1.695	1.645	1.595

(2)保护层厚度评定标准

根据测量部位实测保护层厚度特征值 D_{ne} 与设计值 D_{nd} 的比值，混凝土保护层厚度的评定标度按表 1-2-7 确定。

钢筋保护层厚度评定标准表　　表 1-2-7

D_{ne}/D_{nd}	对钢筋耐久性影响	评定标准
>0.95	很小	1
(0.85,0.95]	不确定	2
(0.70,0.85]	有可能诱发钢筋锈蚀	3
(0.55,0.70]	会诱发钢筋锈蚀	4
≤0.55	钢筋锈蚀活化	5

五、混凝土碳化深度检测

碳化深度的检测是混凝土强度检测中需要进行的一项工作，它是通过在混凝土新鲜断面喷洒酸碱指示剂，观察指示剂颜色变化来确定混凝土碳化深度。一般在进行碳化深度时，应先进行保护层和锈蚀电位、电阻率的测量，然后进行碳化深度及氯离子含量的测量。技术要求及步骤如下：

(1)测区数不应小于 3 个，测区应均匀布置。

(2)取所有碳化深度测点测值的平均值作为该构件每测区的碳化深度值。

(3)每一测区应布置 3 个测孔，3 个测孔应呈“品”字排列，孔距根据构件尺寸大小确定，但应大于 2 倍孔径。

(4)测孔距构件边角的距离应大于2.5倍保护层厚度。

(5)钻孔结束后用圆形毛刷将孔中碎屑、粉末清除,露出混凝土新鲜面。

(6)将配制好的酚酞浓度为1% ~2%的酚酞指示剂喷到测孔壁上。

(7)用测深卡尺测量混凝土表面至酚酞变色交界处的深度,精度为1mm,测量不少于3次,取其平均值,并精确至0.5mm,作为该测点的混凝土碳化深度值。

(8)当酚酞指示剂从无色变为紫色时,混凝土未碳化;酚酞指示剂未改变颜色处的混凝土已经碳化。

六、超声法检测混凝土结构内部缺陷方法

超声波在混凝土中传播时,遇到混凝土内的有空洞、裂缝、不密实等缺陷时,超声波将会在缺陷界面上进行反射和绕射,可以根据这些现象用超声波仪器的声时、声程和频率等参数来差别缺陷存在和大小。超声法检测方法总体上有两类:第一类用厚度振动式换能器进行平面测试;第二类采用径向振动式换能器进行钻孔测试。

1.混凝土不密实区和空洞等检测

检测不密实区和空洞时,可采用平面测试法、钻孔或预埋管测法,其中钻孔或预埋管测法主要在新浇筑混凝土时采用,对于现役桥梁混凝土检测应采用平面测试法。运用超声波仪器,在构件的被测部位布置声波发、接装置,进行声时、波幅和频率的测量,来判断混凝土不密区、空洞位置以及表面损伤层的范围。

构件的被测部位应具有一对或两对相互平行的测试面,测试范围原则上应大于被怀疑的区域,同时应在同条件的正常混凝土区域进行对比测试。一般对比测点数不宜少于20个,测点间距一般在100~300mm。

当被测部位混凝土中某些测点的声学参数被判为异常值时,可结合异常测点的分布及波形状况,确定混凝土内部不密实区、空洞的位置和范围。

2.混凝土裂缝深度检测

混凝土裂缝深度检测有单面平测法、双面斜测法和钻孔对测法三种,下面仅介绍单面平测法。

在检测混凝土裂缝深度时,裂缝中应没有积水和其他能够传声的夹杂物,且裂缝附近混凝土应相当匀质。当结构的裂缝部位只有一个可测表面,估计裂缝深度不大于500mm时,可采用单面平测法。平测时应在裂缝的被测部位,以不同的测距,按跨缝和不跨缝布置测点进行检测。

(1)不跨缝测量:将T和R换能器置于裂缝附近同一侧,以T、R两个换能器内边缘间距(l_i')为100mm、150mm、200mm……依次移动,分别读取声时值,绘制时距关系图,如图1-2-2所示,或用回归分析法求出声时与测距之间的回归方程:

$$l_i = a + bt_i \tag{1-2-21}$$

每测点声波实际传播距离为:

$$l_i = l_i' + |a| \tag{1-2-22}$$

式中:l_i——第i点声波实际传播距离(mm);

l'_i——第 i 点的 R、T 换能器边缘间距(mm)；

a——时距图中斜直线截距(mm)。

混凝土声速值为：

$$u=(l'_n-l'_1)/(t'_n-t'_1) \tag{1-2-23}$$

$$u=b$$

式中：l'_n、l'_1——第 n 点和第 1 点的测距(mm)；

t'_n、t'_1——第 n 点和第 1 点读取的声时值(μs)；

b——回归系数。

(2)跨缝测量：如图 1-2-3 所示，将 T、R 换能器分别置于裂缝两侧，l'_i 取 100mm、150mm、200mm……，分别读取声时值，同时观察首波相位的变化。

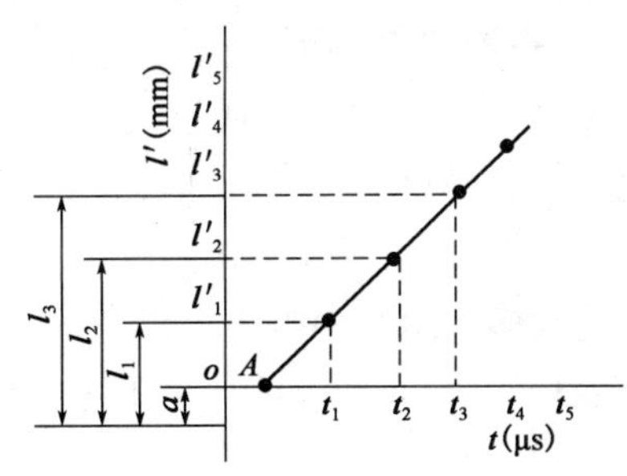

图 1-2-2　平测时距关系图

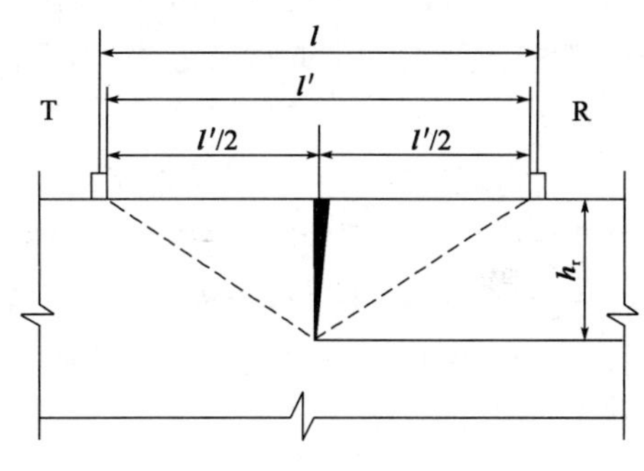

图 1-2-3　跨缝测深示意图

裂缝深度按下式计算：

$$h_{ci}=\frac{l_i}{2}\sqrt{\left(\frac{t_{ci}v}{l_i}\right)^2-1} \tag{1-2-24}$$

$$m_{hc}=\frac{1}{n}\sum_{i=1}^{n}h_i \tag{1-2-25}$$

式中：l_i——第 i 点的声波实际传播距离(mm)；

h_i——第 i 点计算的裂缝深度(mm)；

t_{ci}——第 i 点跨缝平测时的声时值(μs)；

m_{hc}——各测点计算裂缝深度的平均值(mm)；

n——测点数。

(3)裂缝深度确定原则。

当在某测距发现首波反相时，可用该测距及两个相邻测距的测量值按式(1-2-24)计算裂缝深度值，取此三点 h_{ci} 平均值作为该裂缝的深度值 h_c。

当未发现首波反相时，将按式(1-2-24)、式(1-2-25)计算 h_{ci} 及平均值 m_{hc}。将各测距与 m_{hc} 作比较，凡测距小于 m_{hc} 和大于 $3m_{hc}$ 的数据组，均应剔除，然后取余下 h_{ci} 的平均值作为该裂缝的深度值。

七、钢构件常用检测

钢结构构件一般分为外观检查和内部缺陷检测两种。外观检查主要是通过肉眼观察，借助标准样板、量规和放大镜等工具对钢构表面的焊缝、连接处等部位的表面缺陷和尺寸偏差进行检测。内部缺陷检测主要是利用超声波等检测仪器对钢构件内部可能存在的缺陷进行检测。钢材焊接质量、裂纹、高强螺栓拉力以及涂层状况等指标是钢构件的重要检测项目。

1. 构件表面缺陷检测

构件表面缺陷检测采用磁粉检测和液体渗透检测两种方法。

(1)磁粉检测法

磁粉检测法用于检测钢构件表面或近表面的裂纹以及其他缺陷,其效果比采用超声波或射线检测的灵敏度高而且操作简便、结果可靠。磁粉检测法对表面缺陷最灵敏,对表面以下的缺陷随埋藏深度的增加检测灵敏度下降。

磁粉检测法的基本原理及方法:当钢构件被磁化后,若在构件表面和近表面存在裂纹等缺陷时,便会在该处形成一磁场,当对该磁场撒放磁粉时便会在磁场周围形成有规则的聚集影像,这样就可以判断构件表面是否存在缺陷。一般情况下,用四氧化三铁或三氧化二铁作为磁粉,如果被检构件没有缺陷,则磁粉在构件表面均匀分布。当构件上有缺陷时,由于缺陷内含有空气或非金属,位于构件表面或近表面的缺陷处堆积比较多的磁粉而被显示出来,形成肉眼可看到的缺陷图像。为了提高检测灵敏度,可采用荧光磁粉,从而在紫外线照射下更容易观察到构件中存在的缺陷。

(2)液体渗透检测法

液体渗透检测法是一种检查构件或材料表面缺陷的方法,它不受材料磁性的限制,比探伤法的应用范围更加广泛。其原理:利用黄绿色的荧光渗透液或红色的着色渗透液对缝隙良好的渗透性,渗透清洗处理,放大缺陷痕迹,用目视法观察,对缺陷的性质和尺寸做出适当评价。液体渗透检测法应用于各种金属、非金属等材料的表面缺陷的检查。其优点是应用不受限制,原理简明易懂,检查方便,易掌握,显示缺陷直观,可以同时显示不同方向的各类缺陷。

2. 构件焊接检测

构件焊接质量主要用超声波等仪器进行检测。

(1)超声波探伤检查

用超声波仪器发出的超声波垂直射到被检测工件中,通过荧光屏的波形来判断被测工件中有无缺陷。若无缺陷时,则荧光屏上只能见到始波和底波,当有缺陷时屏幕就会有缺陷波。当工件中有缺陷时,可根据各波形之间的间距推断出缺陷深度 AQ,即各波形之间的间距之比等于所对应的工件中的长度之比求出。

$$AQ = \frac{AB}{A'B'} - A'Q' \tag{1-2-26}$$

式中:AQ——缺陷位置(深度);

AB——工件的厚度;

$A'B'$——始波与底波间距;

$A'Q'$——始波与缺陷波的间距。

(2)射线探伤检查

射线探伤是利用射线可穿透物质和在物质中有衰减的特性来推断缺陷的一种检测方法。射线可以分为X射线、γ射线和高能射线三种,常用的是X射线。运用X线透过工件后的射线强度变化来判断缺陷是否存在,具体可按《金属熔化焊焊接接头射线照相》(GB/T 3323—2005)中的探伤方法、步骤、评判依据进行缺陷评定。

3. 高强螺栓拉力检测

用手动扭矩扳手或专用定扭电动扳手检测高强螺栓实际拉力值与高强螺栓设计预拉力值的差值,来判断螺栓的紧固程度。

八、钢构件漆膜厚度检测

漆膜厚度检测一般有两种方式,即标杆千分尺法和磁性测厚仪法。下面简单介绍磁性测厚仪操作方法。

(1)将已涂漆的最低(或未涂漆的底板)处打磨并擦洗干净。

(2)将仪器探头放在底板上按下电钮,再按下磁芯,当磁芯跳开时,若指针不在零位,应旋动调零电位器使指针回到零位,重复数次。

(3)取标准厚度片放在调零用的底板上,再按上述步骤(2)操作。

(4)取距样板边缘不少于1cm的上、中、下三个位置进行测量。将探头在样板上,按下电钮,再按下磁芯,使之与被测漆膜完全吸合,此时指针缓慢下降,待磁芯跳开表针稳定后,即可读出漆膜厚度值。

(5)取各点厚度的算术平均值作为漆膜的平均值,精确度为2μm。

(6)测点要求:对主要表面面积 $<1\text{cm}^2$ 的试件,作1~3点测量;对 $1\text{cm}^2\leqslant$ 主要表面面积 $\leqslant 1\text{m}^2$ 的试件,在选择参比面内作3~5点测量;对主要表面面积 $\geqslant 1\text{m}^2$ 的试件,作9点10次测量,第1次与第10次测量点重合;钢桁梁梁底面积 $\geqslant 1\text{m}^2$ 的试件,故选用9点10次测量的方法。测点布置见图1-2-4。

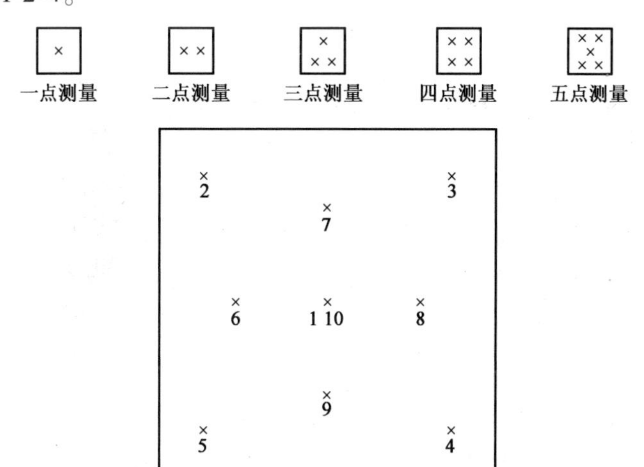

图1-2-4　9点10次测量测点分布示意图

九、索力检测

索力检测主要是指对斜拉索索力和吊杆杆力进行检测。斜拉索是斜拉桥的主要受力构件之一,它的受力状态是桥梁安全与正常使用的重要指标,监测与检测索力对于及时反映拉索的工作状态和调整拉索的结构内力极为重要。下面着重介绍斜拉索的索力检测。

目前斜拉索的索力监测常用方法有:压力传感器法、磁通量传感器法、光纤光栅智能筋法和频率法。除频率法外,其他三种都是预先设置监测,而频率法是对未预先设置索力监测传感设备的斜拉桥进行索力检测的常用方法。下面介绍频率法检测索力的方法。

1. 检测原理

频率法是依据索力与索的振动频率之间存在对应关系的特点,在已知索长度、两端约束情况、分布质量等参数时,将高灵敏度的拾振器绑在斜拉索上,拾取拉索在环境振动激励下的振动信号,经过滤波、信号放大、A/D 转换和频谱分析即可测出斜拉索的自振频率,进而由索力与拉索固有频率之间的关系获得索力的一种间接方法。

对于张紧的斜拉索,当其垂度的影响忽略不计时,无阻尼时的自由振动微分方程为:

$$EI\frac{\partial^4\omega}{\partial x^4} - F\frac{\partial^2\omega}{\partial x^2} + m\frac{\partial^2\omega}{\partial t^2} = 0 \tag{1-2-27}$$

式中:$\omega(x,t)$——斜拉索在 t 时刻垂直于索向的挠度;

EI——索的抗弯刚度;

t——时间;

F——索内拉力,假定沿索均匀分布,不随时间而变化;

m——索单位长度的质量。

经化简,索力计算公式为:

$$F = 4ml^2\left(\frac{f_n}{n}\right)^2 \tag{1-2-28}$$

式中:n——索固有频率的阶数(即拉索长度内的半波个数);

f_n——索的第 n 阶固有频率(s^{-1}),$f_n = nf_1$,f_1 为第一固有频率;

l——拉索的自由或挠曲长度。

在实际应用中,拉索的边界条件常常介于两端固定和两端铰支之间,其差别仅仅与拉索抗弯刚度有关。因此在通常情况下可以认为拉索两端为铰支,并通过调整拉索的长度来修正由于模型简化所造成的误差。

2. 检测

现场测量时可采集拉索的随机振动信号,也可采用人工激振法使拉索振动。用索力动测仪进行测量时一般用人工振动拉索,采集斜拉索的振动波形,然后通过谱分析获得该拉索振动的频域功率谱曲线,根据谱曲线的峰值分布,可采集到拉索的若干阶固有频率,再根据公式(1-2-28)求得索力。

第三节　桥梁荷载试验

桥梁荷载试验是指通过施加荷载方式对桥梁结构或构件的静、动力特性进行的现场测试，其目的就是通过加载试验，记录桥梁在荷载作用下的结构反应，为桥梁结构技术及承载能力评定和日后养护、维修与加固的决策提供科学依据和支持。

桥梁荷载试验包括静载试验和动载试验。静载试验是指通过在桥梁结构上施加与控制荷载等效的静态外加荷载，利用检测仪器设备测试桥梁结构控制部位与控制截面的力学效应的现场试验。动载试验是指测试桥梁结构或构件在动荷载激振和环境荷载作用下的受迫振动特性和自振特性的现场试验。荷载试验工作流程见图1-2-5。

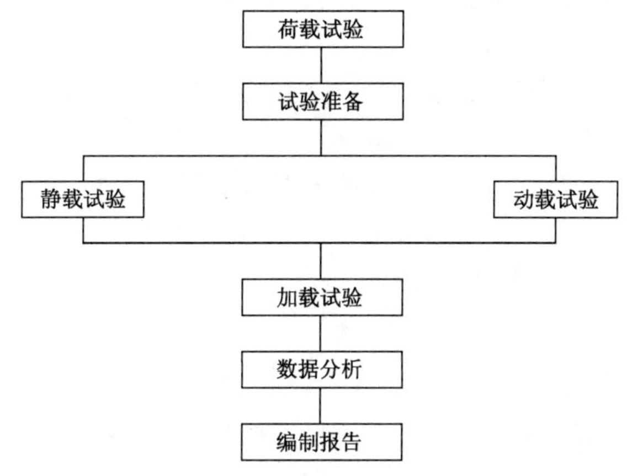

图1-2-5　桥梁试验流程图

一、试验条件

根据《公路桥梁荷载试验规程》(JTG/T J01—2015)(以下简称《荷载试验规程》)和《承载能力评定规程》相关规定，当出现以下情况之一时，需对桥梁进行荷载试验：

(1)桥梁主要承重构件的材料缺损严重影响结构的承载能力，桥梁技术状况等级被定为四、五类。

(2)桥梁的荷载等级需要提高。

(3)桥梁需要通过超重车辆。

(4)桥梁重大的加固改建后需要验收。

(5)当采用其他方法难以准确判断桥梁能否承受预定荷载时。

但是，对于一些特大型桥梁，当发生承重构件严重缺损，桥梁达到危险类或桥梁技术状况达到五类时，桥梁存在严重的施工质量隐患或施工质量不明确以及潜在落梁等情况时，都不应对桥梁进行静载试验。

二、试验程序及工作内容

荷载试验应按照试验准备、现场实施和试验结果分析三个阶段开展工作。

1. 试验准备阶段工作

(1)资料准备。收集设计资料、施工和监理资料、施工监控资料、竣工资料。

(2)现场调查。主要调查桥梁结构的总体尺寸,主要构件截面尺寸,主要部位的高程,桥面平整度,支座工作状况,材料的物理力学性能,结构物的裂缝、缺陷、损伤和钢筋锈蚀状况等。

(3)测试孔选择。对拟试验桥联(座)进行现场踏勘和外观检查,选择具有代表性桥孔作为测试孔,同时宜考虑便于支架搭设或检测车操作,加载方便,仪器设备连接容易实现等。

(4)方案编制。根据试验控制荷载作用下的结构内力、变位及结构基频等的理论计算结果,结合测试内容,按等效原则拟定试验荷载大小、试验工况、加载位置及方法,制订试验加载、测点布设及测试方案。

2. 现场实施阶段工作

(1)现场准备。包括试验测点放样、布置,荷载组织,现场交通组织及试验测试系统安装调试等。

(2)预加载试验。在正式实施加载试验前,应先进行预加载试验,检验整个试验测试系统工作状况,并进行调试。

(3)正式加载试验。按照预定的荷载试验方案进行加载试验,并记录各测点测值和相关信息。

(4)过程监控。监测主要控制截面最大效应实测值,并与相应的理论计算值进行分析比较,关注结构薄弱部位的力学指标变化、既有病害的发展变化情况,判断桥梁结构受力是否正常,再加载是否安全,确定可否进行下一级加载。

3. 试验结果分析阶段工作

(1)理论计算。按照实际施加状况情况对桥梁结构内力、应力(应变)和变形进行理论计算。必要时尚应对裂缝宽度、动力响应等进行分析。

(2)数据分析。对原始测试记录进行分析处理,提取有价值的信息。

(3)报告编制。根据理论计算和测试数据的对比分析,对试验结果做出判断与评价,形成荷载试验报告。

三、静载试验

1. 定义

将静止的荷载作用于桥梁上指定位置,运用仪器测试出桥梁结构的应变(应力)变位、裂缝、倾角和索(杆)力等参数,从而推断桥梁结构在荷载作用下的工作状态和使用能力,它是目前评估桥梁结构承载能力最成熟的一种检测方法。

2. 试验目的

静载试验首要目的是检验桥梁结构设计与施工的质量,对于一些新建的特大型桥梁在交竣工时一般应进行静载试验,来评定桥梁结构整体安全性。其次是验证桥梁结构设计理论和计算方法,直接了解结构承载情况,借以判断桥梁结构实际承载能力,对于桥梁使用某种新方法、新材料时也往往需要用荷载试验来获得数据。最后为桥梁养护、维修及加固改造提供基础技术资料。

3. 试验工况及截面基本要求

桥梁静载试验应按桥梁结构的最不利受力原则和代表性原则确定试验工况及测试截面。测试截面选择时,通常根据桥梁结构的内力包络图,并考虑应力分布,按最不利受力原则选定截面,然后拟定相应的试验工况。具体桥梁截面可按表1-2-8选定。

静载试验工况及测试截面 表1-2-8

桥型	试验工况	测试截面
简支梁桥	跨中截面主梁最大正弯矩工况	跨中截面
连续梁桥	①主跨支点位置最大负弯矩工况; ②主跨跨中截面最大正弯矩工况; ③边跨主梁最大正弯矩工况	①主跨(中)支点截面; ②主跨最大弯矩截面; ③边跨最大弯矩截面
悬臂梁桥	①墩顶支点截面最大负弯矩工况; ②锚固孔跨中最大正弯矩工况	①墩顶支点截面; ②锚固孔最大正弯矩截面
铰拱桥	①拱顶最大剪力(或正弯矩)工况; ②拱脚最大水平推力工况	①拱顶两侧1/2梁高(或拱顶)截面; ②拱脚截面
无铰拱桥	①拱顶最大正弯矩及挠度工况; ②拱脚最大负弯矩工况; ③跨中及近吊杆(索)最大拉力工况	①拱顶截面; ②拱脚截面; ③典型吊杆(索)
门式刚架桥	①跨中截面主梁最大正弯矩工况; ②锚固端最大或最小弯矩工况	①跨中截面; ②锚固端梁或立墙截面
斜腿刚架桥	①跨中截面主梁最大正弯矩工况; ②斜腿顶主梁截面最大负弯矩工况	①中跨最大正弯矩截面; ②斜腿顶中主梁截面或边主梁截面
T形刚构桥	①墩顶截面主梁最大负弯矩工况; ②挂孔跨中截面主梁最大正弯矩工况	①墩顶截面; ②挂孔跨中截面
连续刚构桥	①主跨墩顶截面主梁最大负弯矩工况; ②主跨跨中截面主梁最大正弯矩及挠度工况; ③边跨主梁最大正弯矩及挠度工况	①主跨墩顶截面; ②主跨最大正弯矩截面; ③边跨最大正弯矩截面
斜拉桥	①主跨中孔跨中最大正弯矩及挠度工况; ②主梁墩顶最大负弯矩工况; ③主塔塔顶纵桥向最大水平位移与塔脚截面最大弯矩工况	①中跨最大正弯矩截面; ②墩顶截面; ③塔顶截面(位移)及塔脚最大弯矩截面
悬索桥	①加劲梁跨中最大正弯矩及挠度工况; ②加劲梁$3L/8$截面最大正弯矩工况; ③主塔塔顶纵桥向最大水平位移与塔脚截面最大弯矩工况	①中跨最大弯矩截面; ②中跨$3L/8$截面; ③塔顶截面(位移)及塔脚最大弯矩截面

注:L为桥梁计算跨径。

加固或改造后的桥梁有下列情况之一时,应按下述原则增加试验工况和测试截面:

(1)采用增大边梁截面法进行改造后的多梁式梁(板)桥,宜根据结构对称性增加横桥向的偏载工况。

(2)采用置换混凝土进行改造的桥梁,宜在混凝土转换区域内增加测试截面,并确定相应的试验工况。目的是为了验证处置效果，了解新旧混凝土的协调变形能力及裂缝修补后的工作性能，在修补区域专门设置工况和测试截面。

(3)受力裂缝宽度超过设计规范限值且经过修补的结构构件，宜在典型裂缝位置增加测试截面，并确定相应的试验工况。

(4)对于加宽改造的桥梁，应增设横向联系试验工况。

4. 其他要求

(1)对于悬索桥、斜拉桥及高墩桥梁，应进行桥塔、墩的纵桥向位移测试。必要时，尚应进行主塔塔顶三维坐标测试。悬索桥、斜拉桥应进行加劲梁的竖向挠度及水平位移测试，加劲梁水平位移测点宜布置在梁端。悬索桥尚应进行主缆控制截面的三维坐标测试。

(2)加固或改建后的桥梁，宜根据情况增加下列测试内容：

①粘贴板(片)材加固后的桥梁的典型结合面处，新旧结构各自的应力(应变)及新增材料的最大应力(应变)。采用粘贴钢板(碳纤维板或碳纤维布)、增大截面、新增构件或置换构件对桥梁结构进行加固后，新旧结构之间的可靠黏结是保证二者共同受力的关键。新增构造与旧结构之间由于龄期、材料等差异，会产生裂缝或发生剥离，其程度往往会有随着外荷载的变化有所发展。通过静载试验手段测试新旧构件在同一位置的应力(应变)可以判断二者的协调变形和共同受力情况。

②新增构件、置换构件后桥梁的典型新旧构件结合面处最大应力(应变)。

③体外预应力法加固后桥梁的受弯构件体外预应力钢束的偏心距。通过体外预应力改造后的桥梁，体外预应力的偏心距对结构本身的应力及其极限承载能力影响较大，合理控制体外预应力钢束在运营过程中的偏心距大小及其变化幅度范围是保证改造措施合理的因素之一。

④新、旧结构典型截面的结合面开裂或剥离情况。

⑤斜拉桥部分拉索更换后的拉索及相邻3根索位置的截面应力(应变)情况。

5. 试验方案

静载试验方案一般包括测试截面、试验工况、测试内容、试验荷载、测点布置、试验过程控制和试验数据分析等内容。

(1)加载方案

加载方案最重要的工作是根据桥梁现有的状况进行结构分析计算，最大加载量与加载位置即要保证桥梁的绝对安全，又要准确测出桥梁的应变、位移、动力响应等参数值。静载试验可采用车辆加载或加载物(堆置铁块、预制块件、水箱等)直接加载，采用车辆加载时，宜采用三轴载重车辆。

(2)控制荷载

静力荷载试验效率是指某一控制截面在试验荷载作用下的计算效应与该截面对应的设计控制效应的比值。根据《公路桥梁荷载试验规程》(JTG/T J21-01—2015)的规定，静载试验荷载效率系数 η_q 宜介于 0.85 ~ 1.05 之间，一般要求采用较高的荷载试验效率时 η_q 宜介于 0.95 ~ 1.05 之间。静载试验效率按式(1-2-29)计算：

$$\eta_q = \frac{S_s}{S(1+\mu)} \tag{1-2-29}$$

式中：S_s——静载试验荷载作用下，某一加载试验项目对应的加载控制截面内力或位移的最大计算效应值；

S——控制荷载产生的同一加载控制截面内力或位移的最不利效应计算值；

μ——按规范取用的冲击系数值。

荷载试验中实际采用的试验荷载与控制荷载往往不同，为保证试验效果，通常采用控制截面的静载试验荷载效率进行控制。整体式结构的控制截面为整体截面，多梁（肋）式结构的控制截面是受力最不利梁（肋）的控制截面。中小跨径桥梁多为多梁（肋）式结构，是针对单梁（肋）按照横向分布理论进行的设计，荷载试验通常以内力效应最大的梁（肋）为试验加载控制对象，兼顾其他梁的荷载效率不超限。

（3）应变测点布置

荷载试验测点包括应变测点和位移（挠度）测点，分布在桥梁结构受力和变形较大的部位，如弯矩最大、挠度最大、主应力最大的部位。常见截面的单向应变测点布置见表 1-2-9。结构对称时，1/2 横截面的应变测点可减少，但不宜少于 2 个。

截面应变测点布置表　　表 1-2-9

<table>
<tr><th>构件名称</th><th colspan="2">主要截面类型</th><th>控制点布置要求</th></tr>
<tr><td rowspan="7">混凝土主梁</td><td rowspan="3">板式截面</td><td>整体式实心板</td><td>①板底面测点不宜少于 5 个，对称布置；
②侧面测点不宜少于 2 个</td></tr>
<tr><td>整体式实空板</td><td>①板底面测点不宜少于 5 个，对称布置；
②侧面测点不宜少于 2 个；
③腹板对应位置宜布置测点</td></tr>
<tr><td>装配式空心板</td><td>①每片板底面测点不宜少于 2 个；
②侧面测点不宜少于 2 个</td></tr>
<tr><td rowspan="4">梁式截面</td><td>混凝土 T 梁</td><td>①每片梁底面测点为 1 ~ 2 个；
②每片梁侧面测点不宜少于 2 个</td></tr>
<tr><td>π 形梁</td><td>①每片梁底面测点为 1 ~ 2 个；
②每片梁侧面测点不宜少于 2 个</td></tr>
<tr><td>分离式箱梁</td><td>①每片梁底面测点为 1 ~ 2 个；
②单腹板侧面测点不宜少于 2 个</td></tr>
<tr><td>整体式箱梁</td><td>①每箱室顶、底板不宜少于 2 个；
②单肋侧面测点不宜少于 2 个；
③箱梁外侧也可布置测点</td></tr>
<tr><td rowspan="3">钢箱梁及钢—混组合梁</td><td colspan="2">钢箱梁</td><td>①每箱室顶、底板不宜少于 3 个，且贴近腹板布置；
②每腹板测点不宜少于 3 个；
③加劲肋可有选择性布置测点</td></tr>
<tr><td rowspan="2">钢—混组合梁</td><td>π 形梁</td><td>①单纵梁顶、底板不宜少于 2 个；
②单纵梁侧面测点不宜少于 3 个；
③混凝土下缘测点不宜少于 5 个，对称布置</td></tr>
<tr><td>I 形梁</td><td>①顶、底面测点不宜少于 2 个；
②单侧面测点不宜少于 3 个</td></tr>
</table>

续上表

构件名称	主要截面类型		控制点布置要求
拱肋	钢筋混凝土	矩形、箱形	①顶、底面测点不宜少于2个； ②单侧面测点不宜少于3个
	钢管混凝土	各种肢形	不宜少于4个，对称分布；钢管与缀板连接处宜布置测点
桥墩	圆形		不宜少于4个，对称分布
	矩形、箱形		①横向桥向每侧不宜少于3个； ②纵桥向每侧不宜少于3个

位移测点的测值应能反映结构的最大变位及其变化规律。主梁竖向位移的纵桥向测点宜布置在各工况荷载作用下挠度曲线的峰值位置。

竖向位移测点的横向布置应充分反映桥梁横向挠度分布特征，整体式截面不宜少于3个，多梁式（分离式）截面宜逐片梁布置，测点布置见表1-2-10。

主梁竖向位移测点布置表　　表1-2-10

构件名称	主要截面类型		控制点布置要求
混凝土主梁	板式截面	整体式实心板	横桥向底面或桥面不宜少于3个
		整体式实空板	横桥向底面或桥面不宜少于3个
		装配式空心板	每片板底面不宜少于1个或桥面不宜少于3个
	梁式截面	混凝土T梁	每片梁底面不宜少于1个或桥面不宜少于3个
		π形梁	每片梁底面不宜少于1个或桥面不宜少于3个
		分离式箱梁	每片梁底面不宜少于1~2个或桥面不宜少于3个
		整体式箱梁	横桥向梁底面不宜少于3个或桥面不宜少于3个
钢箱钢混组合梁	钢箱梁		横桥向梁底面不宜少于5个或桥面不宜少于3个
	钢混组合梁		每片纵梁底面不宜少于1个或桥面不宜少于3个

（4）加载方法

正式加载之前应进行预加载。一般采用分级加载的第一级荷载或单辆试验车作为预加载。

试验荷载应分级施加，加载级数应根据试验荷载总量和荷载分级增量确定，可分成3~5级。当桥梁的技术资料不全时，应增加分级。重点测试桥梁在荷载作用下的响应规律时，可加密加载分级。加卸载过程中，应保证非控制截面内力或位移不超过控制荷载作用下的最不利值。

加载时间间隔应满足结构反应稳定的时间要求。应在前一级荷载阶段内结构反应相对稳定、进行了有效测试及记录后方可进行下一级荷载试验。当进行主要控制截面内力（变形）加载试验时，分级加载的稳定时间不应少于5min；对尚未投入运营的新桥，首个工况的分级加载稳定时间不宜少于15min。加卸载稳定时间取决于结构变形达到稳定所需的时间。同一级荷载内，结构最大变形测点在最后5min内的变形增量小于第一个5min变形增量的15%，或小于测量仪器的最小分辨值时，通常认为结构变形达到相对稳定。若因连接较弱或变形缓慢而造成测点观测值稳定时间较长，如结构的实测变形（或应变）值远小于计算值，一般应适当延长加载稳定时间。

试验过程中发生下列情况之一时，应停止加载，查清原因，采取措施后再确定是否进行试验：

①控制测点应变值已达到或超过计算值；

②控制测点变形（或挠度）超过计算值；

③结构裂缝的长度、宽度或数量明显增加；

④实测变形分布规律异常；

⑤桥体发出异常响声或发生其他异常情况；

⑥斜拉索或吊索（杆）索力增量实测值超过计算值。

6. 试验结果分析

（1）校验系数。

校验系数 η 应包括应变（或应力）校验系数及挠度校验系数，其值应按 $\eta = S_e/S_s$ 计算。常见桥梁结构试验的应变（或应力）、挠度校验系数应符合表 1-2-11 所示的常值范围。

常见桥梁结构试验校验系数常值　　表 1-2-11

桥梁类型	应变（或应力）校验系数	挠度校验系数
钢筋混凝土板桥	0.20～0.40	0.20～0.50
钢筋混凝土梁桥	0.40～0.80	0.50～0.90
预应力混凝土桥	0.60～0.90	0.70～1.00
圬工拱桥	0.70～1.00	0.80～1.00
钢筋混凝土拱桥	0.50～0.90	0.50～1.00
钢桥	0.75～1.00	0.75～1.00

同类桥型校验系数越小，结构的安全储备越大。校验系数过大或过小应从多方面分析原因：过大可能因为组成结构的材料强度或弹性较低，结构各部分连接性能较差，刚度较低等；过小可能因为材料的强度或弹性较高，桥面铺装及人行道等与主梁（肋）共同受力，拱上建筑与拱圈共同作用，计算理论或简化图式的影响等。试验时加载物的称量误差、仪表的观测误差等也对校验系数有一定影响。一般来说，新建桥梁的校验系数较小，旧桥的校验系数较大。校验系数超出常值范围时，通常结合动载试验成果进行综合分析判断。

（2）相对残余变形系数。

主要控制测点的相对残余变形（或应变）ΔS_p 越小，说明结构越接近弹性工作状况。ΔS_p 不宜大于 20%。当 ΔS_p 大于 20% 时，表明桥梁结构的弹性状态不佳，应分析原因，必要时再次进行荷载试验加以确定。

（3）对于常规结构，实测的结构或构件主要控制截面应变沿梁高分布符合平截面假定，实测的控制点变形或应变与荷载的关系曲线接近于直线，说明桥梁结构或构件处于弹性工作状况。

（4）试验中产生的新裂缝控制要求：新建桥梁其裂缝宽度不应超过《公路钢筋混凝土及预应力混凝土桥涵设计规范》（JTG D62—2012）（以下简称《混凝土桥涵设计规范》）规定的容许

值,卸载后其扩展宽度应闭合到容许值的1/3;在用桥梁的裂缝宽度不宜超过现行《承载能力评定规程》的规定。

四、动载试验

1. 定义

动载试验是指将动力荷载(行驶的汽车荷载等)作用于桥梁结构上,以便测出桥梁结构的某些动力特性,从而推断桥梁结构在动载作用下受冲击、振动影响的特性。

2. 试验目的

测定结构自振特性参数和动力响应值。自振特性参数包括结构的自振频率(自振周期)、阻尼比和振型。桥梁动力响应一般指桥梁在特定动荷载作用下的动应力、动挠度、加速度、动力放大系数、冲击系数。

桥梁动载试验应测试桥跨结构的自振频率和冲击系数。存在下列情形之一时,动载试验应增加测试桥跨结构的振型和阻尼比;必要时,尚应测试桥梁结构的动挠度和动应变,并掌握车辆振源特性:

(1)单跨跨径超过80m的梁桥、T形刚构桥、连续刚构桥和单跨跨径超过60m的拱桥、斜拉桥、悬索桥及其他组合结构桥梁。

(2)存在异常振动的桥梁。

(3)仅依据静载试验不能系统评价结构性能时。

3. 动载试验的激振方法

桥梁动载试验工况应根据具体的测试参数和采用的激振方法确定。激振方法可根据结构特点、测试的精度要求、方便性及现场实际情况确定,宜采用环境随机激振法、行车激振法和跳车激振法,也可采用起振机激振法或其他激振方法。

(1)环境随机激振法(脉动法)是指在桥面无任何交通荷载以及桥址附近无规则振源的情况下,通过测定桥梁由风荷载、地脉动、水流等随机激励引起的微幅振动来识别结构自振特性参数的方法。该方法需对采集的长样本信号进行能量平均,以便消除随机因素的影响。对悬索桥、斜拉桥等自振频率较低的桥型,为保证频率分辨率和提高信噪比,采集时间一般不小于30min。对小跨径桥梁,采集时间可以酌情减少。环境随即激振法更适合大跨柔性桥梁。

(2)行车激振法,是利用车辆驶离桥面后引起的桥梁结构余振信号来识别结构自振特性参数,对小阻尼桥梁效果较好。为提高信噪比,获取尽可能大的余振信号,可采用不同的车速进行多次试验,或在桥跨特征截面设置弓形障碍物进行激振(有障碍行车激振)。通常结合行车动力响应试验统筹考虑获取余振信号。

(3)跳车激振法,是通过让单辆载重汽车的后轮在指定位置从三角形垫块上突然下落对桥梁产生冲击作用,激起桥梁的振动。该方法更适用于其他方法不易激振的、刚度较大的桥梁,如石拱桥、中跨径梁式桥等。梁式桥采用跳车激振法时,一般进行车辆自重附加质量影响的修正。对跨径小于20m的简支梁桥,车辆自重的影响不可忽略。

(4)起振机激振法,是指利用起振机采用可控的定点正弦激励或正弦扫描激励使结构产生稳态振动。该方法测试精度高,但需要较为庞大的起振机设备,运输不方便,同时安装起振

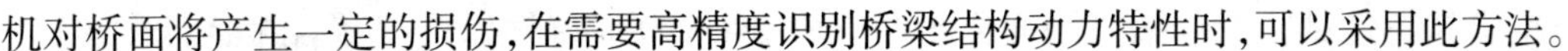

机对桥面将产生一定的损伤，在需要高精度识别桥梁结构动力特性时，可以采用此方法。

4. 桥梁动载试验的仪器设备

测振传感器、光线示波器、磁带记录仪、数字信号处理系统。

5. 测试截面及测点布置

桥梁动载试验的测试截面应根据桥梁结构振型特征和行车动力响应最大的原则确定。一般可根据桥梁结构规模按跨径 8 等分或 16 等分简化布置。桥塔或高墩，宜按高度分 3～4 个阶段分段布置。

对常见的简支梁桥及连续梁桥，根据具体情况可参照表 1-2-12 选择测试截面。

梁桥前 5 阶模态传感器布置方案表　　表 1-2-12

模态阶数	至少需要的传感器数			测点布设位置		
	简支梁	两等跨连续梁	三等跨连续梁	简支梁	两等跨连续梁	三等跨连续梁
1	1	2	3	L/2	L/4,3L/4	L/6,L/2,5L/6
2	2	4	6	L/4,3L/4	L/8，3L/8，5L/8，7L/8	L/12，L/4，5L/12，7L/12,3L/4,11L/12
3	3	6	9	L/6,L/2,5L/6	L/12，L/4，5L/12，7L/12,3L/4,11L/12	L/18，L/6，5L/18，7L/18，L/2，11L/18，13L/18,5L/6,17L/18
4	4	8		L/8,3L/8,5L/8，7L/8	L/16,3L/16,5L/16，7L/16,9L/16,11L/16，13L/16,15L/16	
5	5			L/10,3L/10,L/2，7L/10,9L/10		

注：L 为简支梁为计算跨径，其他为跨径总长。

大型桥梁振型测试可将结构分成几个单元分别测试，整个试验布置一固定参考点（应避开振型节点），每次测试都应包括固定参考点。将几个单元的测试数据通过参考点关联，拟合得到全桥结构振型图。

在测试桥梁结构行车响应时，应选择桥梁结构振动响应幅值最大部位为测试截面。用于冲击效应分析的动挠度测点每个截面应至少 1 个。采用动应变评价冲击效应时，每个截面在结构最大活载效应部位的测点数不宜少于 2 个。

6. 试验工况

（1）无障碍行车试验。宜在 5～80km/h 范围内取多个大致均匀分布的车速进行行车试验。车速在桥联（孔）上宜保持恒定，每个车速工况应进行 2～3 次重复试验。采用测速仪或由实测时程信号在特征部位的起讫时间确定实际车速。

（2）有障碍行车试验。可设置弓形障碍物模拟桥面坑洼进行行车试验，车速宜取 5～20km/h，障碍物宜布置在结构冲击效应显著部位。

（3）制动试验。车速 30～50km/h，制动部位应为动态效应较大位置。对漂浮体系桥梁，应测试主梁纵向位移等项目。

7. 试验测试内容与分析

（1）测试内容

桥梁自振特性试验应包括竖平面内弯曲、横向弯曲自振特性以及扭转自振特性的测试。应根据试验目的和需要确定测试纵桥向竖平面内弯曲自振特性。

动力响应测试参数应包括动挠度、动应变、振动加速度、速度及冲击系数。

(2)无障碍行车试验荷载效率

无障碍行车试验荷载效率按式(1-2-30)计算。

$$\eta_{d}=\frac{s_{d}}{s_{i\max}} \tag{1-2-30}$$

式中：η_d——动载试验荷载效率；

s_d——动载试验荷载作用下控制截面的最大内力或变形；

$s_{i\max}$——控制荷载作用下控制截面的最大内力或变形(不计冲击)。

(3)资料整理内容

资料整理内容包括:动载试验荷载效率;各试验工况下动挠度、动应变、加速度等的时域统计特性,包括最大值、最小值、均值和方差等;典型工况下主要测点的实测时程曲线,典型的自振频谱图;实测自振频率与计算频率比较列表;冲击系数-车速相关曲线图或列表;其他必要的图表、曲线、照片等数据或资料等。

桥梁结构阻尼可采用波形分析法、半功率带宽法或模态分析法得到。结构阻尼参数宜取用多次试验所得结果的均值,单次试验的实测结果与均值的偏差不应超过±20%。计算冲击系数时宜取同截面多个测点的均值,同时,应优先采用桥面无障碍行车下的动挠度时程曲线计算。

桥梁结构性能分析通过下列方法进行:

①比较实测自振频率与计算频率。实测自振频率大于计算频率时,可认为结构实际刚度大于理论刚度,反之则实际刚度偏小。

②比较自振频率、振型及阻尼比的实测值与计算数据或历史数据,可根据其变化规律初步判断桥梁技术状况是否发生变化。

③比较实测冲击系数与设计所用的冲击系数,实测值大于设计值时应分析原因。

④结构部位出现缺损时,一般自振频率会降低,振型出现变异。一般来讲,变异区段即为缺损所在区段。阻尼比参数:可以通过和同一座桥的历史数据对比,或同类桥梁历史经验数据对比,粗略判断桥梁结构的技术状况是否出现劣化,如阻尼比明显偏大,则桥梁结构技术状况可能存在缺损或出现劣化。

分析计算和资料整理内容如下:

①动载试验荷载效率。即各试验工况下挠度、动应变、加速度等的时域统计特性,包括最大值、最小值、均值和方差等。

②典型工况下主要测点的实测时程曲线和典型的自振频谱图。

③实测自振频率与计算频率列表比较。

④冲击系数—车速相关曲线图或列表。

⑤其他必需的图表、曲线、照片等数据或资料。

五、试验报告内容

(1)试验概况。

(2)试验目的及依据。按桥梁结构类型和控制荷载的性质说明试验目的;列出试验所依据的标准规范、规程、设计图纸及其他相关资料。

(3)试验内容。

(4)试验仪器设备。包括仪器设备名称、编号、主要技术参数等。

(5)试验过程。对静载试验、动载试验分别说明。

(6)试验分析与结论。包括静载试验、动载试验的结论、试验过程裂缝状况等现象,给出试验测试截面的几何参数、力学参数、应变与挠度校验系数以及裂缝产生与变化等情况。

(7)技术建议。

(8)附件。典型原始测试数据和工作照片,必要的加载试验照片,正文中需要辅助说明的其他相关支撑资料。

六、案例一:静载试验

某高速公路上双塔双索面预应力混凝土斜拉桥,跨径布置为80m + 90m + 190m + 432m + 190m + 90m + 80m,有索区主梁为预应力混凝土肋板式结构,桥面宽23m,肋板梁高2m,梁肋顶宽1.5m,底宽1.7m,肋间顶板厚32cm,高跨比为1/194。

为了解该桥在试验荷载下,各关键截面的受力是否符合平截面假定、是否处于弹性工作状态,应力和挠度实测结果是否超过理论值,2012年和2016年分别对该桥进行了静载试验,其中2012年的试验是在该桥的一次大修后进行,2016年的试验则主要是检查试换2对斜拉索后桥梁截面和拉索的内力位移变化情况。两次荷载试验目的如下:

(1)了解加固后桥跨结构在试验荷载下的实际工作状态,判断实际承载能力,评价其在设计使用荷载下的工作性能。

(2)了解换索后,主跨结构实际工作状态和各索力变化情况。

(一)2012年静载试验

1.结构受力状况计算分析

在制订荷载试验方案前,首先对桥梁结构的受力状况进行计算分析,以确定关键受力截面及试验荷载。采用桥梁专业分析软件桥梁博士,建立该大桥的平面杆系有限元模型,结构离散的有限元模型如图1-2-6所示,模型中的结构尺寸严格按照施工设计图纸选取,模型计算中采用的材料计算参数如表1-2-13所示。

有限元模型材料表　　表1-2-13

单元类型	材料类型	弹性模量(MPa)	重度(kN/m^3)	热膨胀系数
主梁	C50混凝土	3.50×10^4	26	1.00×10^{-5}
索塔	C38混凝土	3.30×10^4	26	1.00×10^{-5}
斜拉索	高强钢丝	1.95×10^5	78.5	1.10×10^{-5}

2.静载试验荷载确定原则

按照《承载能力评定规程》的规定,静力试验荷载可按控制内力、应力或变位等效原则确定。对于在用桥梁,其使用荷载变化情况复杂,且长期处于各种荷载作用之下,为使荷载试验

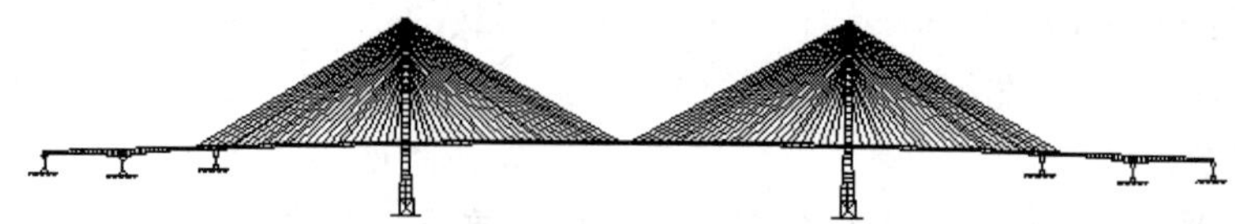

图 1-2-6　大桥有限元模型

能充分反映结构的受力特点，一般要求采用较高的荷载效率。在本案例中，按照等效弯矩来确定荷载效率系数，其取值范围宜介于 0.95～1.05 之间。在本次荷载试验的静载试验中，以满足下式要求作为静力试验荷载确定的原则。

$$0.95 \leqslant \eta = \frac{S}{(1+\mu)S'} \leqslant 1.05$$

式中：η——静力试验荷载效率；

S——静力试验荷载作用下，某一加载试验项目对应的加载控制截面内力、应力或变位的最大计算效应值；

S'——检算荷载产生的同一加载控制截面内力、应力或变位的最不利效应计算值；

μ——按规范取用的冲击系数值。

3. 试验设备

根据试验方法、测试内容、测量的精度要求选用设备，详见表 1-2-14、表 1-2-15 和图 1-2-7，设备安装情况如图 1-2-8 所示。

试验仪器设备一览表　　　表 1-2-14

仪器或设备名称	型号规格	国别产地	准 确 度	制造年份
精密数字水准仪	DINI03	美国	检定合格有效期内	2009
全站仪	莱卡　TCA－1800	瑞士	检定合格有效期内	2009
电阻应变片	阻值为 120Ω	中国	检定合格有效期内	2009
振弦式应变计	BGK－4000	中国	检定合格有效期内	2012
DT85G 静态数据采集仪	DT85G	澳大利亚	检定合格有效期内	2009
静态数据采集系统 DH3816	DH3816	中国	检定合格有效期内	2009
温度测试仪	FLUKE	美国	检定合格有效期内	2008
万用表	FLUKE	美国	—	2008
笔记本电脑	IBM	中国	—	2007

试验车辆参数表　　　表 1-2-15

前中轴距(cm)	中后轴距(cm)	前轴重(kN)	中轴重(kN)	后轴重(kN)	总重(kN)	总重误差(%)
350	130	71	112	122	304	1.33
350	130	57	113	120	290	－3.33
350	130	52	124	124	299	－0.33
350	130	62	119	126	308	2.67
350	130	56	121	119	296	－1.33
350	130	57	118	118	293	－2.33
350	130	63	118	117	298	－0.67

续上表

前中轴距(cm)	中后轴距(cm)	前轴重(kN)	中轴重(kN)	后轴重(kN)	总重(kN)	总重误差(%)
350	130	66	109	110	285	-5.00
350	130	56	121	118	295	-1.67
350	130	64	122	121	307	2.33
350	130	59	126	123	308	2.67
350	135	55	120	119	294	-2.00

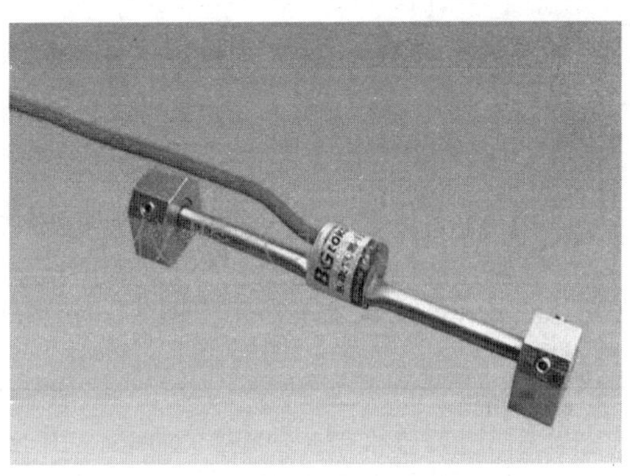

图 1-2-7　BGK-4000 表面式振弦应变计

a)

b)

图 1-2-8　传感器与静态应变采集器安装图

4. 试验

(1)静载试验加载方式与加载分级

为了获得结构试验荷载与响应关系的连续曲线和防止结构意外损伤,就某一检验项目而言,其静力试验荷载分成预加载和 3 级加载,1 级卸零。加载方式为单次逐级递加到最大荷载,然后 1 次卸到零级荷载。静力试验荷载的加载分级,主要依据试验加载车在某一检验项目(内力或位移)影响面内纵横向位置的不同以及加载车数量多少而分成设计控制荷载产生的该检验项目效应值的 40%、70%、100%。

(2)静载试验加载工况

加载位置与加载工况的确定主要依据的原则:尽可能用最少的加载车辆达到最大的试验荷载效率,同时应考虑简化加载工况,缩短试验时间,在满足试验荷载效率的前提下对加载工况进行适当合并,每一加载工况以某一检验项目为主,兼顾其他检验项目。

本次静载试验关注的截面,主要针对大桥主跨跨中截面、侧边跨箱梁跨中截面、边跨箱梁与主跨双主梁交接位置截面,共布置3个应变监测截面,分别为:*A*-*A*、*B*-*B*、*C*-*C*。对各试验截面分级测控、施加与评定荷载下控制内力等效的试验荷载,测试控制截面的应力及桥跨挠度分布,见表1-2-16。

静载试验加载工况、用车数量 表1-2-16

工况名称	主要检验项目	附带观测项目	用车数量(辆)
工况一:90m跨箱梁变截面段中间截面 *A*-*A*	*A*-*A* 截面应力、跨中下挠	通过健康监测系统附带观测80m跨中应力、挠度和边跨跨中应力、挠度	12
工况二:主跨跨中截面 *B*-*B*	*B*-*B* 截面应力、跨中下挠	通过健康监测系统附带观测边跨中应力和挠度	8
工况三:80m跨跨中 *C*-*C*	*C*-*C* 截面应力、跨中下挠	其他截面应力	12

(3)应变计安装。

试验主要监测截面的上下缘应力以及应力梯度,在箱梁内壁四周均设有应变计。为了提高测试精度,防止因应变计损坏而导致测试失败,各截面相应增加应变计,详见图1-2-9。

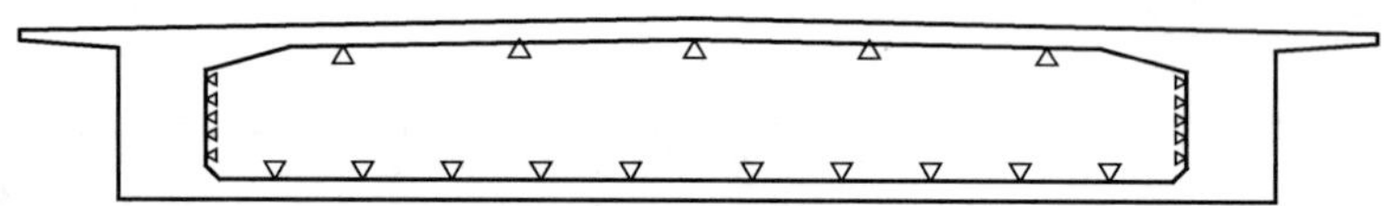

图1-2-9 *A*-*A*/*C*-*C* 截面应变计布置示意图

为了观测在试验荷载下,结构受力是否处于弹性范围内,并保证试验安全,在每个工况的每级加载后,均对结构应变进行测量。

(4)挠度测量。

按照试验要求,分别需对80m、90m、主跨跨中挠度进行测量。测量采用电子水准仪进行,每个挠度观测截面均选取2个水准测点,分别是位于检测跨跨中桥面板的上下游处。

本次静载试验采用标称精度为±0.3mm/km的美国天宝公司生产的Trimble DINI03精密数字水准仪配备相应的水准尺,以几何水准测量的方法,测量各个加载状态下监测点与基准点间的高差,分析对比高差变化量,即得到监测位置相应加载状态下的变化成果。

试验时,首先采集各跨监测点的初始状态,然后根据不同的分级加载量,测量出当前状态下监测点的位置,与初始值进行比较,得出变化量。在加载量达到最大值后,进行卸载,等全部卸载完成后再次进行测量,得到监测点的卸载后状态。

(5)车辆布载及分级。

工况共用车12辆,其布载位置如图1-2-10所示。

各子工况依次加载车辆如下:

工况一:3号加载车,12号加载车,6号加载车,4号加载车;

工况二:1 号加载车,8 号加载车,2 号加载车,10 号加载车;

工况三:11 号加载车,9 号加载车,7 号加载车,7 号加载车。

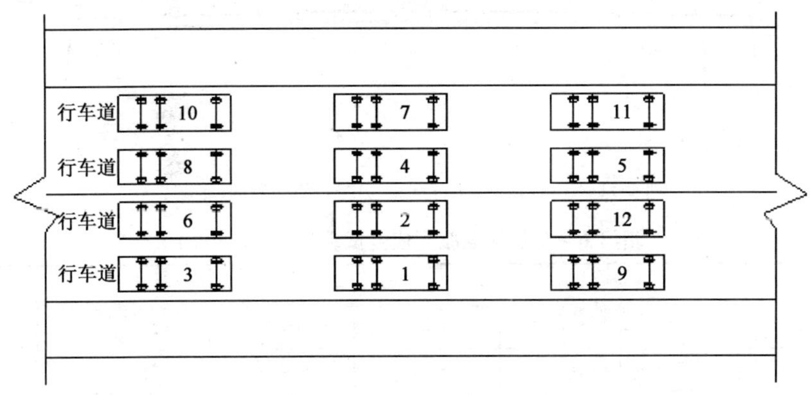

图 1-2-10　车位布置示意图

5. 试验结果

(1)应力试验结果

工况一:$A-A$ 截面上下缘混凝土应变以及腹板应变梯度,试验结果见表 1-2-17,应变数据均以压为负,拉为正,应变单位为 με。

箱梁 A－A 截面混凝土应变试验结果(工况一)　　表 1-2-17

截面位置	传感器编号	应变(με)			卸载应变(με)	残余应变(%)
箱梁至π形梁变截面处上缘	上缘 1 号	-1.9	0.8	1.7	1.1	64.7
	上缘 2 号	-7.6	-10.5	-14.3	-2.6	18.2
	上缘 3 号	-10.9	-17.1	-25.9	-1.0	3.9
	上缘 4 号	-4.5	-7.5	-7.5	3.4	-45.3
	上缘 5 号	-3.7	-5.7	-3.6	1.5	-41.7
箱梁至π形梁变截面处下缘	下缘 1 号	29.3	41.6	50.5	1.4	2.8
	下缘 2 号	31.0	47.0	62.0	3.5	5.6
	下缘 3 号	19.6	24.3	40.2	1.1	2.7
	下缘 4 号	6.5	10.1	15.4	1.0	6.5
	下缘 5 号	20.2	33.0	44.7	1.1	2.5
	下缘 6 号	13.0	19.2	22.7	-1.6	-7.0
	下缘 7 号	18.2	27.9	37.0	0.4	1.1
	下缘 8 号	7.9	13.5	17.9	-0.4	-2.2
	下缘 9 号	13.6	21.9	33.2	0.7	2.1
	下缘 10 号	2.7	1.7	1.1	0.0	0.0

试验结果表明,工况一作用下截面上下缘应力增长均呈线性趋势;相对残余应力除去应力很小的测点外,其余测点均小于 20%;腹板应力沿高度方向基本呈线性分布,截面受力符合平截面假定。

工况二:主跨跨中 π 形梁梁段下缘受拉,测点布置见图 1-2-11,试验结果见表 1-2-18。

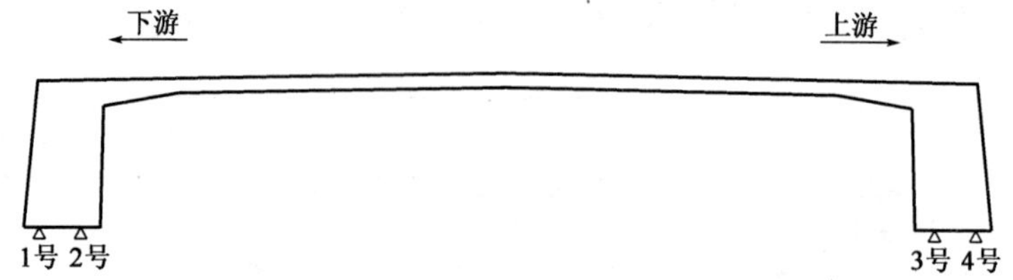

图 1-2-11 B-B 截面(主跨 π 梁跨中)测点布置图(工况二)

箱梁 B-B 截面混凝土应变试验结果(工况二) 表 1-2-18

截面位置	传感器编号	应变(με)		卸载应变(με)	残余应变(%)
		1-1	1-2		
主跨跨中 π 梁下缘	下缘 1 号	54.5	113.7	3.2	2.8
	下缘 2 号	61.4	126.4	3.1	2.5
	下缘 3 号	-1.3	6.2	1.1	17.7
	下缘 4 号	31.5	35.2	1	2.8

试验结果表明,工况二作用下截面下缘应力增长基本呈线性分布,相对残余应力除去应力很小的测点外,其余测点均小于 20%;腹板应力沿高度方向基本呈线性分布,截面受力符合平截面假定。

试验结果表明,工况三截面受力符合平截面假定。

(2)挠度试验结果

工况二作用下主跨跨中挠度试验结果见表 1-2-19。

主跨跨中挠度试验结果(工况二) 表 1-2-19

测点位置	满载(mm)	卸载(mm)	理论值(mm)	校验系数	相对残余(%)
上游桥面	-117.5	-0.5	-125.0	0.94	0.43
下游桥面	-118.1	0.7	-125.0	0.94	-0.59

试验结果表明,工况二作用下,截面挠度校验系数小于 1,相对残余变形小于 20%。工况一、三挠度试验情况与工况二试验结果相同。

(3)结论

①从三个箱梁截面腹板受力情况看,腹板受力沿高度方向呈明显线性分布,箱梁内表面测得腹板上下缘拉压应力均接近箱梁顶底板所受拉压应力,说明腹板参与截面受力性能良好,符合平截面假定。

②试验荷载下各截面应变校验系数除了 1 个应变校验系数为 1.01 外,其余应变校验系数小于 1.0,最大应变校验系数 1.01,发生在一侧 80m 跨跨中截面。试验荷载下各截面挠度校验系数均小于 1.0。

③试验荷载下,除个别测点应力偏小,无法计算残余应变外,其余截面各应变测点残余应力均在 20% 以内,说明结构处于弹性工作状态。

静载试验校验系数见表 1-2-20。

静载试验校验系数汇总表　　表 1-2-20

工况	截面	应变				挠度		
		最大实测值（με）	计算值（με）	相对残余应力（%）	校验系数	实测值（mm）	计算值（mm）	校验系数
工况一	*A*－*A* 上缘	－25.9	－64.6	3.9	0.4	－32.5	－34	0.96
	A－*A* 下缘	50.5	69.2	2.8	0.73			
工况二	*B*－*B* 下缘	126.4	142.8	2.5	0.89	－118.1	－125	0.94
工况三	*C*－*C* 上缘	－19.8	－71.3	5	0.28	－26.2	－32	0.82
	C－*C* 下缘	107.3	105.9	0	1.01			

（二）2016 年静载试验

上面是 2012 年试验情况，下面简单介绍 2016 年静载试验情况。在 2016 年试验中，我们充分利用该桥的结构安全监测系统，即在荷载试验过程中，在各控制截面位置均以建成的结构安全监测系统应变采集模块采集数据，挠度截面采用监测系统采集模块和各截面位置均布设水准测量测点两种测量方式进行对比，大大减少了试验中的工作量，提高了效率，今后在类似情况下，都可借用桥梁已安装的结构监测系统进行荷载试验。

1. 应变测量方案

本次荷载试验过程中，对于关键截面的应变测量，主要利用已有监测系统光纤应变计对结构应变进行测量。各关键截面位置光纤应变计布置示意图如图 1-2-12 所示。

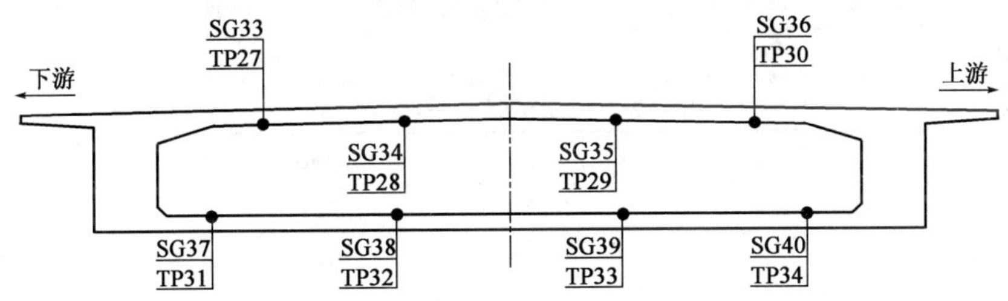

图 1-2-12　关键截面应变布置图（工况一）

SG-应变计；TP-温度计

2. 挠度测量方案

按照试验要求，分别需对侧边 80m、90m 跨跨中、主跨跨中进行挠度测量。挠度测量时，采用两种挠度测量手段，包括常规水准仪测量方式以及结构安全监测系统中的挠度监测模块（压力变送器等）。

（1）常规测量采用电子水准仪进行，每个挠度观测截面均选取 5～9 个水准测点，分别是位于监测截面行车道线的中心位置，见图 1-2-13。

（2）结构安全监测系统挠度监测模块。监测系统主梁挠度监测模块中，利用压力变送器的工作原理实时掌握大桥主梁挠度变形情况。在主梁关键位置，包括各跨跨中及部分跨 *L*/4 位置布设压力变送器，全桥共 26 个挠度测点，上下游两侧对称布置，见图 1-2-14。

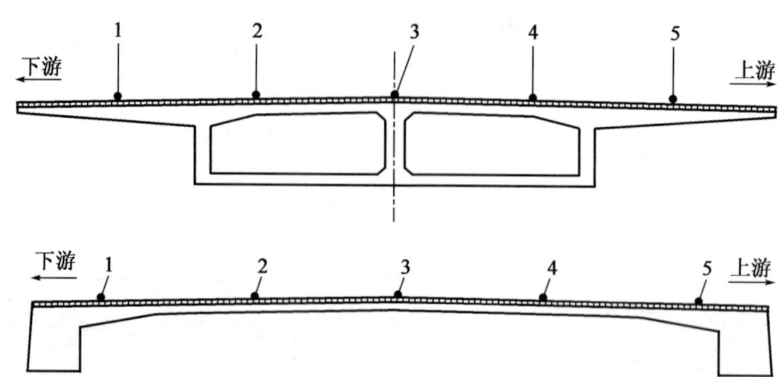

图 1-2-13 水准挠度测点布置图

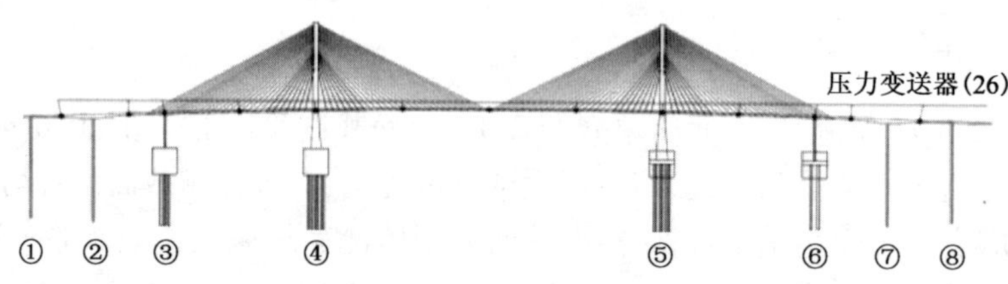

图 1-2-14 监测系统中主梁挠度布置示意图

3. 试验结果

(1)应变测量结果(工况一)

本次试验结果表明,工况一作用下截面下缘应力增长基本呈线性分布,相对残余应变所测点均小于 20%,校验系数均小于 1.0(表 1-2-21),表明结构的实际刚度大于理论计算,且基本处于弹性状态。

监测系统应变试验结果(工况一) 表 1-2-21

位置	测点	1-1 工况(με)	1-2 工况(με)	卸载工况(με)	校验系数	残余应变(%)
顶板	SG33	-10.02	-10.37	-1.66	0.20	-3.12
	SG34	-6.51	-10.62	-1.63	0.21	-2.84
	SG35	-8.37	-10.77	-0.19	0.21	-0.25
	SG36	-7.33	-6.53	-1.87	0.13	-2.19
底板	SG37	5.65	16.09	-0.22	0.32	-0.20
	SG38	7.90	18.37	-1.70	0.36	14.35
	SG39	5.80	14.96	0.06	0.30	0.13
	SG40	51.20	157.63	-0.36	—	-0.96

(2)挠度测量结果(工况二)

工况二的挠度测量方法有两种,包括现场所布设水准测量测点以及监测系统压力变送器挠度监测模块。荷载试验结果给出两种测量方法的结果,以及对应位置处两种测量结果的对比关系。工况二的挠度测量主要是指主跨跨中的挠度测量,试验结果如表 1-2-22 ~ 表 1-2-24 所示。

主跨跨中挠度水准仪试验结果(工况二)　　表 1-2-22

测点位置	满载(mm)	卸载(mm)	理论值(mm)	校验系数	相对残余(%)
2-1	-114.58	0.65	-125.10	0.92	-0.57
2-2	-116.52	0.50	-125.10	0.93	-0.43
2-3	-116.96	-0.23	-125.10	0.93	0.20
2-4	-116.91	0.55	-125.10	0.93	-0.47
2-5	-116.04	0.72	-125.10	0.93	-0.62

主跨跨中挠度压力变送器试验结果(工况二)　　表 1-2-23

测点位置	满载(mm)	卸载(mm)	理论值(mm)	校验系数	相对残余(%)
上游桥面(PT13)	-121.2	2.0	-125.10	0.97	-1.65
下游桥面(PT14)	-120.4	2.7	-125.10	0.96	-2.24

主跨跨中挠度试验结果相对误差(工况二)　　表 1-2-24

测点位置	水准仪(mm)	压力变送器(mm)	相对误差(%)
上游桥面(PT13)	-114.58	-121.2	5.78
下游桥面(PT14)	-116.04	-120.4	3.76

试验结果表明,工况二作用下,由常规水准测量测得的主梁挠度校验系数小于 1.0,相对残余变形小于 20%;由监测系统测得的主梁挠度校验系数小于 1.0,相对残余变形小于 20%;监测系统数据要稍大于水准测量结果,二者相对误差在 10% 以内,说明两种方法测量挠度均可行。

4. 结论

(1)应变结果:满载作用下,剔除在仪器误差、系统误差范围内的不合理数据后,各截面应力校验系数均小于 1.0,相对残余小于 20%,满足《承载能力评定规程》的规定。

(2)挠度结果:满载作用下,剔除在仪器误差、系统误差范围内的不合理数据后,各截面应力校验系数均小于 1.0,相对残余小于 20%,满足《承载能力评定规程》的规定。

(3)试验荷载下,所测截面各测点残余应变均在 20% 以内,说明该桥结构处于弹性工作状态。

(4)本次荷载试验对于结构应变及挠度的测量,充分利用桥梁结构安全监测系统,认为在今后的荷载试验中,利用监测系统数据是可行的,且效率高、费用低,具有推广性。

七、案例二:动载试验

本次动载试验是与案例一同期所做,其目的是通过观测试验荷载下结构的响应,了解桥跨结构的固有振动特性,分析其在长期使用荷载阶段的动力性能,从而指导大桥后续的计算分析。

1. 动载试验主要方法

(1)脉动试验

脉动试验,用于测定结构固有振动特性(频率、振型和临界阻尼比)。在桥面无任何交通荷载以及桥梁附近无规则振源的情况下,测定桥跨结构由于桥址处风荷载、地脉动、水流等随机荷载激振而引起的桥跨结构微幅振动响应。脉动试验主要测定桥跨结构下列固有模态频率、振型和阻尼比。本试验针对主梁竖向、主梁横向、索塔横向进行振动测试。

(2)无障碍行车试验

无障碍行车试验,用于测定桥面铺装层完好时运行车辆荷载作用下桥跨结构的动力反应,即测定主跨主梁跨中截面的应力以及边跨跨中竖向的挠度动态增大效应。在桥面无任何障碍的情况下,用两辆载重汽车(重约300kN),以5、10、15、20、25、30、…、60km/h的速度往返通过桥跨结构,测定桥跨结构在运行车辆荷载作用于的动载反应。

(3)有障碍行车试验

有障碍行车试验,模拟在桥面铺装局部损伤情况下,桥跨结构在运行车辆荷载作用下的动力反应。其方法与无障碍行车试验相同。不同的是,需在桥跨主跨跨中处桥面上设置高度为7cm(其横断面为底宽30cm,矢高7cm)的弓形木板,模拟桥面铺装局部损伤状态,以测定桥跨结构在桥面不良状态时运行车辆荷载作用下的动载反应。在有障碍行车试验中,车辆分别以5、10、15、20、25、…、30km/h的速度行驶。

2. 设备与数据处理

(1)采用脉动法或重车激振余振法进行自振频率测试,由加速度传感器作拾振器,通过动态应变数据采集设备TDR3.1采集电压数据信号,固态存储器将数据存储下来,再通过USB接口,计算机向采集器发送传送命令,将测试数据保存成DSPS格式文件,通过专业软件进行分析处理。

(2)动应力是根据静载试验结果,在各种车速及工况下进行试验;截面冲击系数采用动应力来换算;内力影响线测试、动态增大效应也采用动应力换算的方法进行。激振试验数据处理流程如图1-2-15所示。

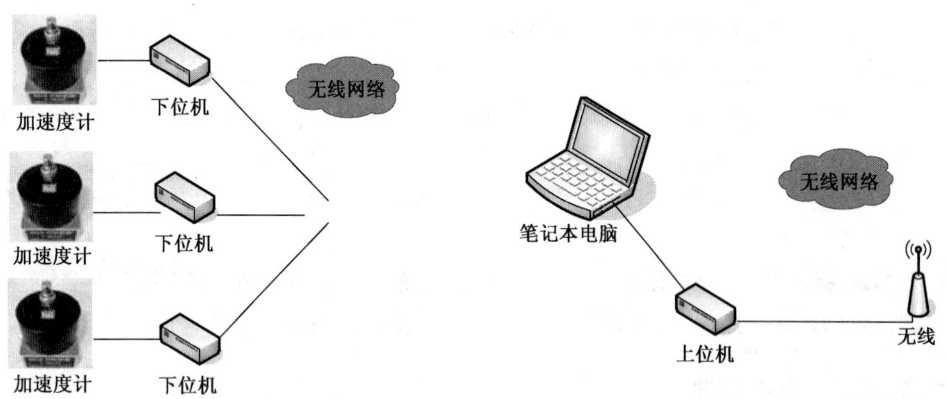

图1-2-15 激振试验数据处理流程

(3)桥跨结构测点振动加速度:采用伺服加速度传感器,配置伺服放大器,由计算机记录其输出信号。

(4)主梁动应力:采用在主梁表面贴阻值为120W应变片,配置动态应变仪输出电压信号,由计算机记录。

(5)侧边跨跨中处的动挠度:由BJQN-4B型桥梁光电挠度仪配置便携计算机测记。

3. 加载方式

(1)用两辆300kN重车加载,车辆沿桥轴线行驶。

(2)动载加载形式分为无障碍行车试验、有障碍行车试验两种。

(3)自振测试采用脉动法(环境激励)进行测试,必要时采用余振法(重车激振)。

4. 试验结果及分析

(1)动力特性计算

采用有限元计算程序Midas对大桥成桥状态的自振特性进行分析,全桥共划分为836个单元、1036个结点。大桥有限元模型离散图如图1-2-16所示。

图1-2-16　大桥有限元模型离散图

计算出结构前10阶固有振动的振型和频率,见图1-2-17和表1-2-25。

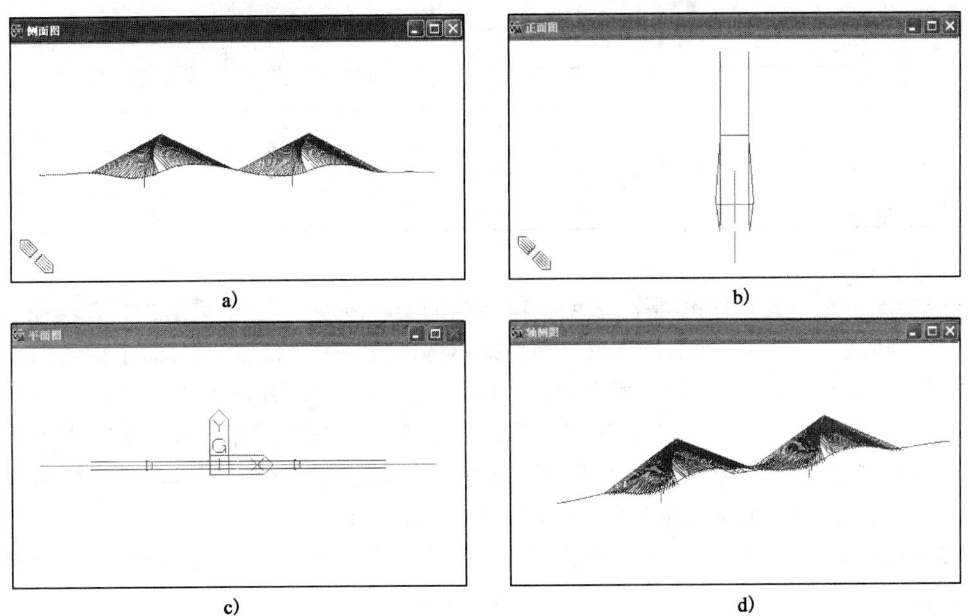

图1-2-17　第1阶振型计算图(频率:0.289Hz)

大桥前10阶固有振动的振型情况　　表1-2-25

振型序号	频率(Hz)	振　型　特　点
1	0.080	纵漂
2	0.289	主梁1阶对称竖弯
3	0.358	主梁1阶反对称竖弯
4	0.375	主梁1阶对称侧弯

续上表

振型序号	频率(Hz)	振 型 特 点
5	0.501	桥塔反对称侧弯(同一桥塔塔柱侧弯方向相同)
6	0.507	桥塔对称侧弯(同一桥塔塔柱侧弯方向相同)
7	0.577	主梁2阶对称竖弯
8	0.645	主梁2阶反对称竖弯
9	0.648	桥塔对称侧弯(同一桥塔塔柱侧弯方向相反)
10	0.648	桥塔反对称侧弯(同一桥塔塔柱侧弯方向相反)

(2)自振特性试验

①试验中采用频谱图中的半功率谱带宽来计算阻尼比,公式如下:

$$D_n = (f'_{n2} - f'_{n1})/2f_n \tag{1-2-31}$$

式中:f_n——第 n 阶频率;

f'_n——第 n 阶半功率带宽频率。

桥梁结构频率与阻尼比见表1-2-26。

桥梁结构频率与阻尼比 表1-2-26

阶　次	实测频率(Hz)	理论频率(Hz)	理论与实测差值(%)	实测阻尼比(%)
主梁竖向1阶	0.293	0.289	1.38	5.297
主梁竖向2阶	0.388	0.358	8.38	4.766
主梁竖向3阶	0.610	0.577	5.72	2.326
主梁横向1阶	0.366	0.375	-2.40	4.687
索塔横向1阶	0.513	0.507	1.18	3.416

②试验结论。

一般实测频率略大于理论频率,表明桥梁结构的实际刚度较大,桥梁结构具有较强的抗风能力及抗扭转能力。同时,理论计算及实测桥梁结构低阶频带远低于2Hz,而车辆转向架等悬挂体系频率一般在2Hz以上,故车辆不会致使桥梁产生耦合振动并发生共振现象。

实测竖向基频为0.293Hz,与计算值接近,其他高阶次的实测频率与计算值的误差相对较小,实测振型与理论计算表现一致,表明结构动力计算模式和实际结构基本一致,桥跨结构动力计算模型较为准确。时域波形如图1-2-18、图1-2-19所示。

实测一阶阻尼比为0.053,说明结构的阻尼系数较大,桥梁耗散外部能量输入的能力较强,衰减较快。

(3)桥跨激振试验

在匀速行车速度5km/h(拟静态加载)的情况下,中跨跨中处的动挠度变化曲线如图1-2-20所示。通过有限元理论计算得出的跨中位置挠度影响线如图1-2-21所示。从实测结果与理论计算结果对照可以看出,实测挠度影响线过渡平缓,与结构理论计算的挠度影响线基本一致,表明结构静、动力计算模型较为准确。

在5~60km/h行车激振和5~15km/h跳车激振作用下,主梁中跨跨中截面的动挠度峰值测试结果及相应的动态效应增大系数见表1-2-27,激振工况下的动挠度曲线如图1-2-21所示。从实测动挠度结果可以看出:

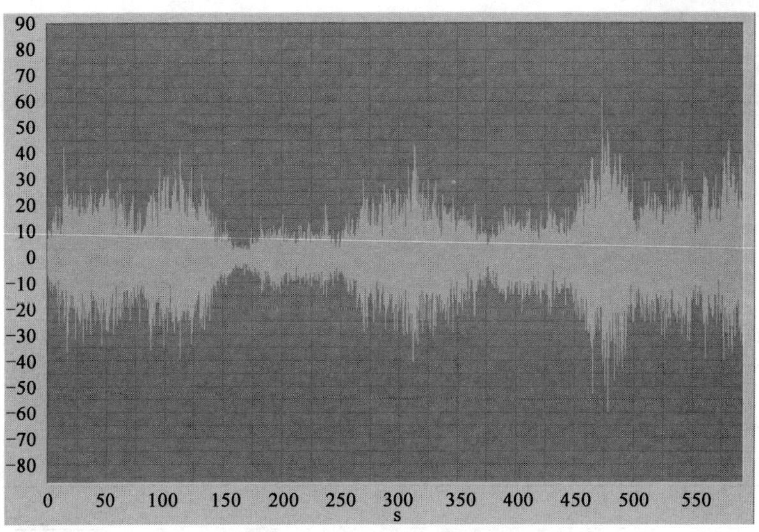

图 1-2-18 主梁竖向时域波形 5

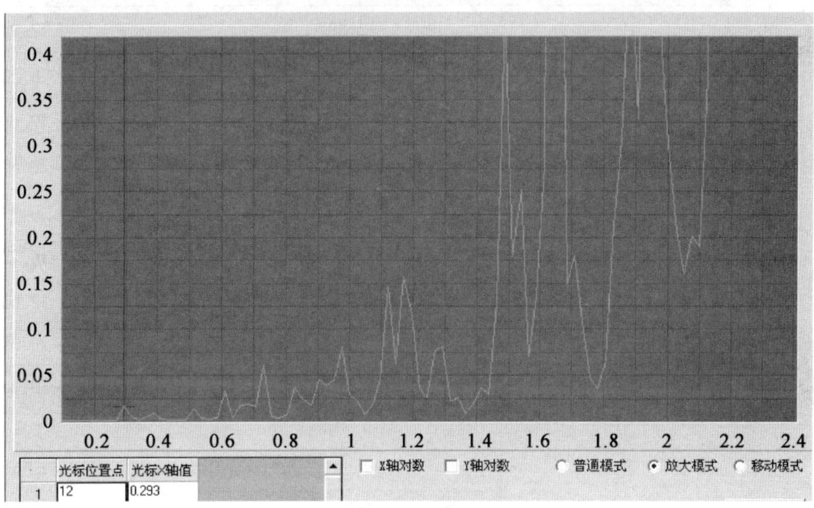

图 1-2-19 主梁竖向 1 阶频谱图

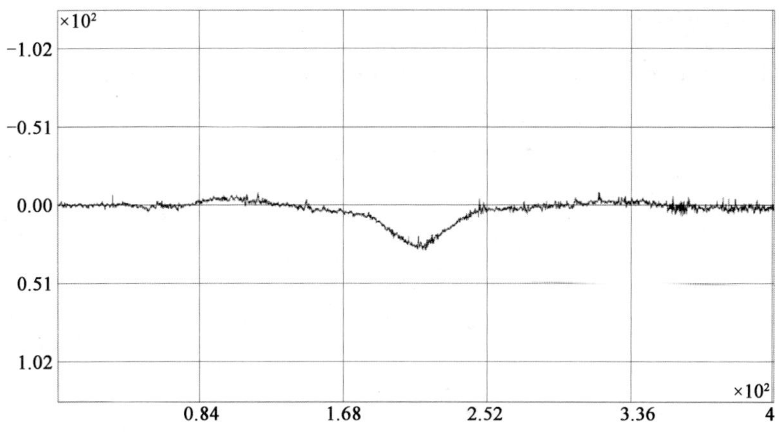

图 1-2-20 主梁中跨跨中截面挠度影响线测试曲线图

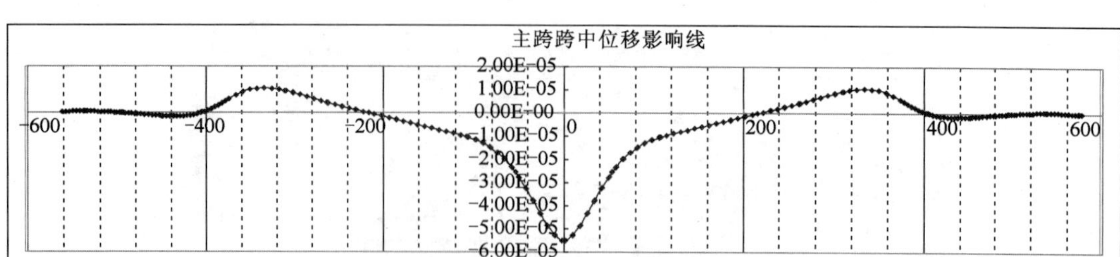

图 1-2-21　主梁中跨跨中截面挠度影响线理论计算图

①各行车激振工况下主梁跨中最大挠度(向下)介于 26.779 ~ 29.690mm 之间。

②各跳车激振工况下主梁跨中最大挠度(向下)介于 27.943 ~ 32.601mm 之间。

③双车激振作用下的挠度动态增大效应不明显。

中跨跨中截面激振荷载作用下的动挠度　　表 1-2-27

激振类型	车速(km/h)	动挠度值(mm)	
行车	5	8.150	-29.108
	10	12.807	-27.943
	20	12.807	-28.525
	30	13.389	-29.690
	40	9.314	-28.525
	50	7.568	-28.525
	60	9.314	-26.779
跳车	5	8.732	-32.601
	10	5.822	-29.690
	15	10.479	-30.854
	20	9.314	-29.690
	25	8.732	-30.272
	30	12.807	-27.943

(4)动应变结果及分析

激振荷载作用下主跨跨中截面各测点的冲击系数见表 1-2-28，冲击系数和应变曲线如图 1-2-22 ~ 图 1-2-24 所示。从实测激振应变结果可以看出：

激振荷载作用下的冲击系数　　表 1-2-28

激振类型	车速(km/h)	测点		
		主跨跨中截面底板下缘	主跨 $L/4$ 截面底板下缘	边跨截面底板下缘
行车	5	1.032	1.043	1.018
	10	1.044	1.023	1.084
	20	1.057	1.012	1.057
	30	1.059	1.043	1.051
	40	1.027	1.017	1.027

续上表

激振类型	车速(km/h)	测　　点		
		主跨跨中截面底板下缘	主跨 $L/4$ 截面底板下缘	边跨截面底板下缘
行车	50	1.059	1.025	1.059
	60	1.048	1.019	1.048
跳车	5	1.084	1.021	1.044
	10	1.038	1.037	1.034
	15	1.030	1.023	1.030
	20	1.033	1.032	1.069
	25	1.068	1.057	1.028
	30	1.072	1.041	

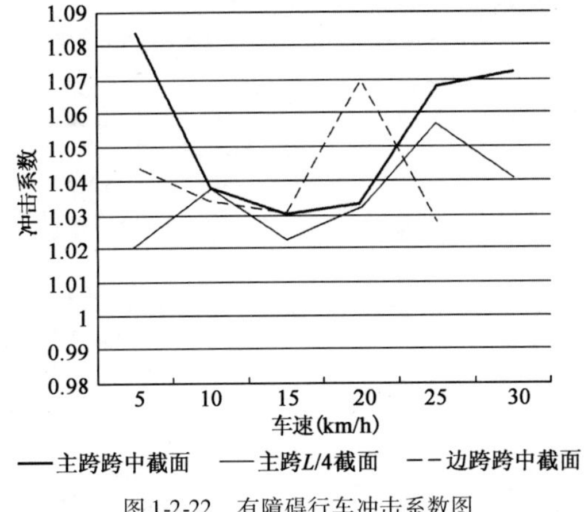

图 1-2-22　有障碍行车冲击系数图

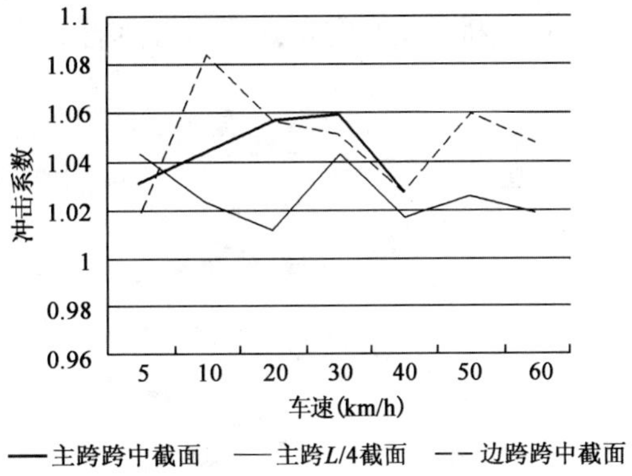

图 1-2-23　无障碍行车冲击系数对应图

①主跨跨中截面行车冲击系数介于 1.01 ~ 1.06 之间，跳车冲击系数介于 1.00 ~ 1.10 之间。

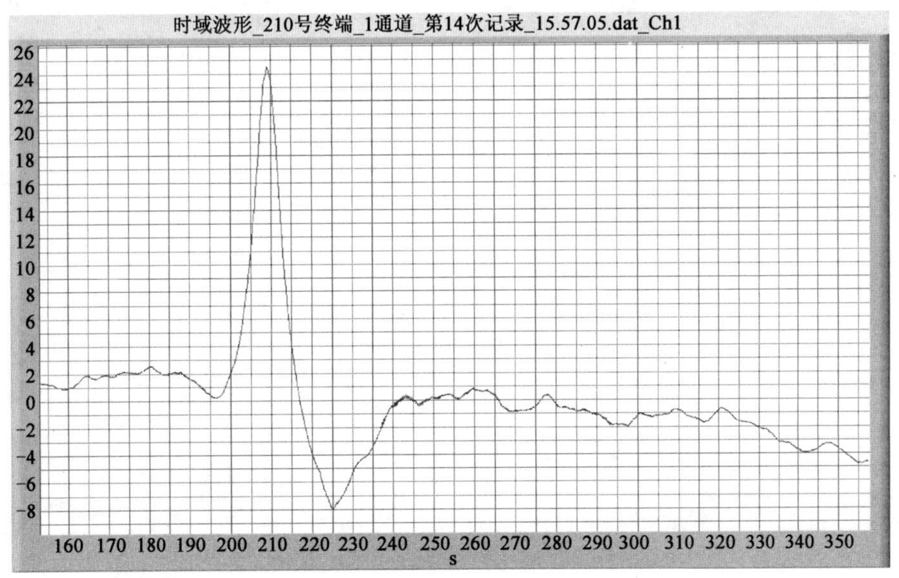

图 1-2-24　主跨跨中 30km/h 无障碍行车动应变图

②主跨 $L/4$ 截面行车冲击系数介于1.01～1.05之间，跳车冲击系数介于1.00～1.10之间。

③行车冲击系数和跳车冲击系数总体较小，这与结构的受力形式是一致的。

5.结论

通过对该桥主跨动载试验结果的分析，我们得到如下几点结论：

(1)实测主梁竖向基频和桥塔基频与理论计算值吻合良好，说明桥跨结构动力计算模式合理，计算方法正确。

(2)实测一阶阻尼比为0.053，说明结构的阻尼系数较大，桥梁耗散外部能量输入的能力较大，衰减较快。

(3)行车激振荷载作用下，应力增大系数介于1.01～1.06之间；跳车激振荷载作用下，应力增大系数介于1.00～1.10之间。

(4)主桥结构具有良好的动力性能。

第三章　桥梁结构及附属设施检查与检测

第一节　桥梁上部结构检查与检测

1. 梁桥检查

(1)梁端头、底面是否损坏,箱形梁内是否有积水,通风是否良好。

(2)混凝土有无裂缝、渗水、表面风化、剥落、露筋和钢筋锈蚀,有无活性集料碱集料反应引起的整体龟裂缝现象,混凝土表面有无严重碳化现象。

(3)预应力钢束锚固区段混凝土有无开裂,沿预应力筋的混凝土表面有无纵向裂缝。

(4)梁(板)式结构的跨中、支点及变截面处,悬臂端牛腿或中间铰部位,刚构的固结处和桁架节点部位,混凝土是否开裂、缺损和出现钢筋锈蚀,重点检查位置见表1-3-1。

(5)装配式梁桥应注意检查连接部位的缺损状况。

梁桥检查重点部位表　　表1-3-1

名　称	简　图	位　置
连续梁	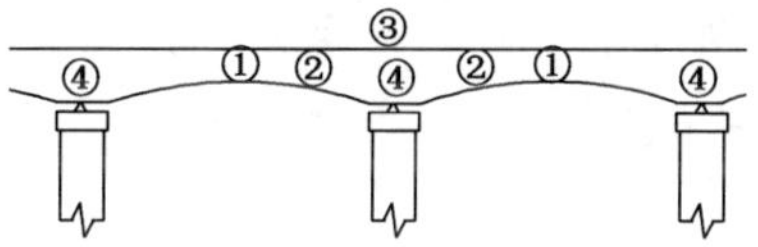 ③ ④ ① ② ④ ② ① ④	①跨中;②跨1/4处;③梁顶;④墩顶及支座
悬臂梁	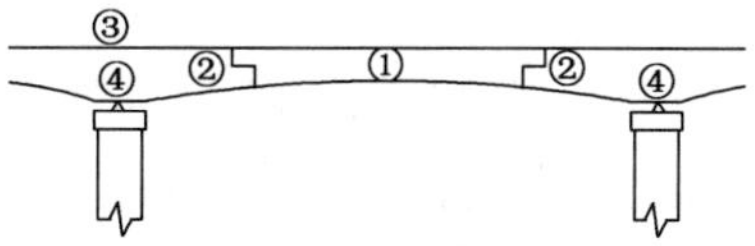 ③ ④ ② ① ② ④	①跨中;②牛腿;③梁顶;④墩顶及支座

2. 拱桥检查

(1)拱桥主要检查主拱圈的拱脚、$L/4$、$3L/4$、拱顶和拱上结构的变形,以及混凝土开裂与钢筋锈蚀等缺损状况。

(2)拱上立柱(或立墙)上下端、盖梁和横系梁的混凝土有无开裂、剥落、露筋和锈蚀。

(3)中下承式拱桥吊杆上下锚固区的混凝土有无开裂、渗水,吊杆锚头附近有无锈蚀现象,锚头夹片、楔块是否发生滑移,吊杆钢索有无断丝。

(4)拱的侧墙与主拱圈之间有无脱落,侧墙有无鼓突变形、开裂,实腹拱拱上填料有无沉陷。肋拱桥的肋间横向联结是否开裂、表面剥落、钢筋外露、锈蚀等。

(5)薄壳拱桥壳体纵向、横向及斜向是否出现裂缝及系杆是否开裂。

(6)系杆拱的系杆是否开裂,无混凝土包裹的系杆是否锈蚀。

(7)圬工拱桥的主拱圈是否开裂、渗水、脱落变形,拱脚是否开裂,拱铰功能是否正常,空腹拱的小拱有否变形、错位,立墙或立柱有无倾斜、开裂。

(8)双曲拱桥的拱脚、拱肋是否开裂、破损、露筋锈蚀与变形,拱肋间横向联结拉杆、拱波与拱肋结合处是否松动、开裂、破损。

(9)钢管混凝土拱桥的钢管内混凝土是否填充密实,钢管混凝土的劲性骨架是否出现纵向或横向裂缝,检测拱脚变形与位移、横向连接构造、主拱与拱座连接和主拱节段连接疲劳损伤,钢管焊接处质量和涂装检查见钢桥检查的相关内容。

3. 钢桥及钢—混凝土组合桥检查

钢桥的检查包括木棰敲击法(外包橡皮)、浸油和超声波探伤等三种检查方法,检查的主要部位及内容包括对钢梁的焊缝检查和缺陷原因检查。焊缝的检查方法包括目视法、硝酸酒精浸蚀法和着色探伤法三种。目视法是指检查人员观察焊缝及邻近漆膜状态,发现可疑处,将漆膜除净,用4~10倍放大镜观察。硝酸酒精浸蚀法是将可疑处漆膜除净、打光、洗净(用丙酮或苯)、滴上浓度5%~10%的硝酸酒精浸蚀,如有裂纹即有褐色显示。所用液体浓度视钢材表面光洁度而定,当光洁度高时,浓度低,反之浓度高。着色探伤法是指将可疑处漆膜除净、打光、洗净、吹干后,将渗透液涂可疑处,时间一般隔5~10min,最长30min,然后用洗净液除去多余的渗透液,擦干,再喷涂显示液,在表面显示红色彩象表示有缺陷。

(1)检查重点部位

①钢料边缘、钉孔周围、铆钉松动处、焊缝有裂纹处附近母材;

②杆件断面变更处、削弱处、弯曲部分、应力集中部分;

③纵梁与横梁、主梁与横梁联结处,单剪铆钉处;

④焊接梁横向竖加劲肋上下端焊趾处;

⑤平纵联、横联联结处焊缝附近基材等;

⑥受拉杆件或部位对接焊缝处基材。

(2)检测主要内容

①钢构件(特别是受压构件)是否扭曲变形、局部损伤,包括裂纹、脱层、弯曲扭歪等现象;

②铆钉和螺栓有无松动、脱落或断裂,节点是否滑动错裂;

③焊缝和母材及其边缘(热影响区)有无裂纹或脱开,包括对接焊缝、受拉或受反复应力杆件上焊缝及邻近焊缝热影响区的基材、杆件断面变化处焊缝、联结系节点处焊缝、加劲肋、横隔板入盖板处焊缝等部位;

④构件表面油漆层有否裂纹、起皮、龟裂剥落,构件是否腐蚀生锈;

⑤修补和加固处有无再变化情况;

⑥正交异性桥面板。正交异性板焊缝易出现缺陷和损伤的部位为桥面板疲劳裂纹、U肋纵向焊缝以及U肋与横隔板的相交焊缝疲劳裂纹、横隔板弧形缺口位置处疲劳裂纹。上述三处位置见表1-3-2,主要使用超声波探伤仪检查焊缝熔深和焊缝内部质量。当铺装层沥青混凝土出现裂缝时,相应地对裂缝发生区域的焊缝,尤其是桥面板与U肋之间的焊缝进行重点检查。

桥面板疲劳裂纹示意　　表 1-3-2

裂缝位置	示　意　图
桥面板	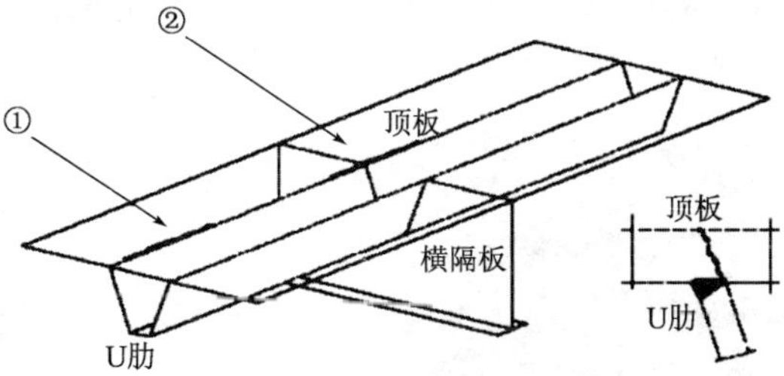 ② ① 顶板 横隔板 U肋 顶板 U肋
U 肋焊缝	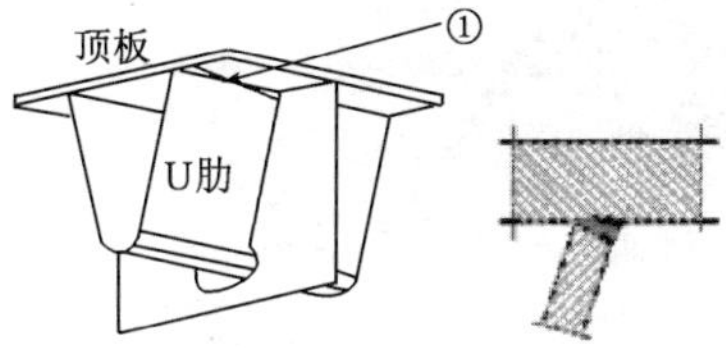 顶板 ① U肋
U 肋嵌补段连接焊缝	 顶板 U肋 嵌补段 ①
横隔板	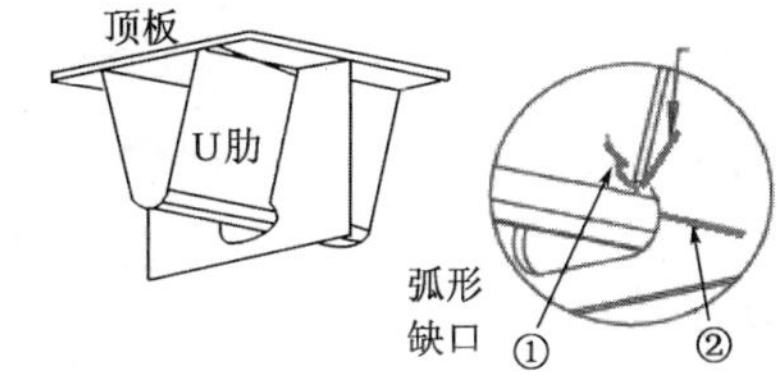 顶板 U肋 弧形缺口 ① ②

4. 斜拉桥检查

斜拉桥主要是由梁、塔、拉索三部分组成，其检查重点是梁、拉索的关键部位，拉索检查的关键点是外防护套是否开裂、下锚头有无锈蚀。结构分析侧重于桥梁整体受力、涂层与混凝土结构耐久性的分析评估，包括结构空间变位、结构动力特性和结构整体刚度。检查与检测重点：

(1)斜拉索套管有无裂缝，缠包带是否破损，PE 套管和钢套管是否破损以及 PE 套管和钢套管连接处的外观情况，检查钢护筒是否松动脱落、锈蚀、渗水，套筒内防水垫圈是否老化失效和积水；如果有螺旋线，应检查螺旋线是否有断裂现象。拉索外检查可用机器人检查，图 1-3-1 为桥梁检测工程师正在安装机器人检查拉索外观。

图 1-3-1　机器人安装图

(2)减震系统的外观有无破损、锈蚀以及性能状况，如果采用缓冲式外部减震器，则应注意检查液压流体是否渗漏。

(3)锚具是否渗水、锈蚀,周围混凝土是否开裂。必要时可打开锚具后盖抽查锚杯内是否积水、潮湿,防锈油是否结块、乳化液是否失效以及下锚锚头锈蚀等情况,图 1-3-2 为某桥下锚头打开后锈蚀情况。

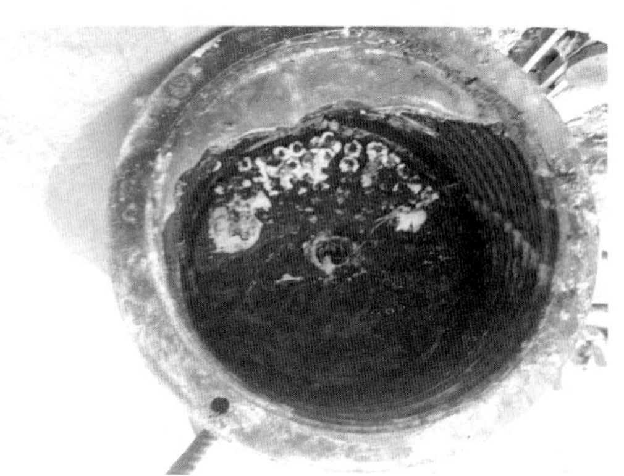

图 1-3-2　某桥下锚头锈蚀状况图

(4)检测索力有无异常变化;必要时可剥开外护套,检查索体内是否有水迹和锈蚀现象,检查后及时将开窗口封闭。

(5)检测索塔倾斜度和空间位置,索塔的爬梯、检查门、工作电梯是否可靠安全,塔内的照明系统是否完好;检查索塔身混凝土是否露筋、裂缝,索塔锚固区是否有裂纹。塔身外观检查可用无人机。

(6)检查主梁桥面高程及梁体纵向位移,注意是否有异常变形。当主梁是混凝土结构时,按梁桥检查方法进行检查。当主梁是钢箱梁时,按钢桥检查方法进行检查,重点检查涂装与焊缝情况。当主梁是钢桁梁结构时,应检查上下主桁梁、上下平连、上下横梁、主梁腹杆、横梁腹杆等构件的涂装层是否劣化,构件表面是否锈蚀,杆件是否存在扭曲变形、局部损伤,锚固螺栓有无松动、腐蚀、脱落或断裂,连接钢板是否滑动错位,焊缝有无裂纹和开裂等。

5. 悬索桥检查

悬索桥是以主缆为主要承重构件的柔性结构,主缆以索塔、散索鞍支墩为支撑,两端锚固于锚碇,将荷载通过桥塔和锚碇传至基础,其主缆受力如图 1-3-3 所示。悬索桥由主缆、吊索、索塔和主梁四部分组成,其评估分析与斜拉桥相同,主要是对桥梁整体受力分析评估以及涂层与混凝土结构耐久性的专项评估,包括结构空间变位、结构动力特性、结构整体刚度。

检查与检测主要内容包括:吊索索力检测,钢桁梁或钢箱梁无损检测,除湿系统技校状况,结构监测系统维护,锚跨索股力与索夹螺杆力检测,钢结构和混凝土结构的强度、变形、锈蚀等。重点检查与检测内容如下:

(1)索塔。索塔是通过主缆、吊索对桥主梁起弹性支承作用的重要构件。作用在索塔上的力除索塔自身外,还有主缆索力的垂直分力引起的轴向力、主缆的水平分力引起的弯矩和剪力。此外,温度变化、日照温差、风荷载、混凝土收缩徐变等都对索塔内力产生影响。

①重点关注塔根部位的水平裂缝和混凝土碎裂、横梁横向裂缝、顺筋裂缝、横梁塔柱节点区域裂缝、中塔柱交汇部位混凝土裂缝和上塔柱塔壁跨中和角点位置的竖向裂缝。

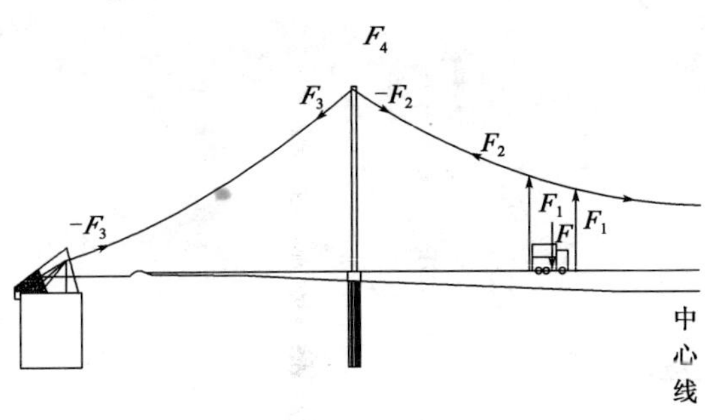

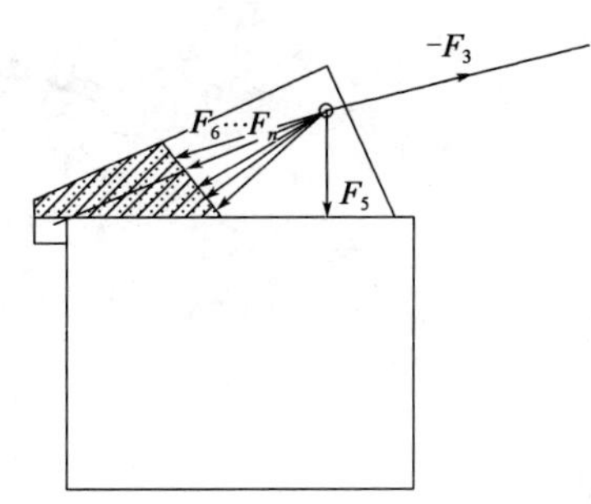

图 1-3-3　主缆受力示意图

F-车辆荷载；F_1-吊索索力；F_2-中跨主缆力；F_3-边跨主缆力；F_4-索塔支撑力；F_5-散索鞍支撑力；$F_6\cdots F_n$-锚跨索股力

②横梁上的支座和阻尼器周围混凝土的裂缝。

③索柱空间位置与移位。

④塔身混凝土裂缝、破损等情况，可用无人机检查。

(2)主缆。主要检查内容如下：

①检查主缆涂装和锚头、锚板、拉杆和连接器的涂装有无开裂、粉化、碎片、针孔或剥落等现象。

②检查主缆外表面有无开裂、鼓包、剥落等病害。

③检查索夹滴水口有无渗水现象。

④在外观检查时若发现缠绕钢丝已严重锈蚀或断丝时，应打开缠丝，将该处的主缆进行更深入的检查，视主缆钢丝的腐蚀损伤程度进行处理，处理完毕后须用新的缠绕钢丝重新缠绕，并在其外表面再行涂装，以确保主缆的防护层完好。

⑤对锚室内的索股进行检查，检查有无钢丝松弛、鼓丝和断丝现象。

⑥检查鞍罩内的主缆索股有无滑移，钢丝表面有无锈蚀和灰尘。

(3)悬索桥主梁多为钢箱梁和钢桁梁结构，其检查与检测的方法与内容按钢结构检查要求进行。

(4)吊索。吊索结构如图 1-3-4 所示，其检查重点是吊索索体是否存在破损、锈蚀，销轴是否存在松动，索夹是否存在滑移，耳板是否存在变形，锚固拉杆螺母是否松动，拉杆是否完好；预应力钢束防护油是否完好，下端是否存在渗水现象。检测索夹螺杆预紧力，并与全桥各索螺杆力的初始力值进行对比。

吊杆减振器的检查包括减振器是否倾斜(即一端索夹的螺栓松动，导致索夹滑落或软铅衬套脱落)，是否有减振器软铅衬套脱落或螺栓松动等现象。

(5)索力检测。对主缆索股力和吊索索力检测，并与历年(次)索力值进行对比，其差值应在 10% 以内。

(6)分布传力锚固系统。不同结构的主缆分布传力锚固系统结构是有差异的，一般在传力锚固端上需要设置主缆竖向限位，以协调过渡墩区域主缆和主梁的竖向变形。竖向限位装

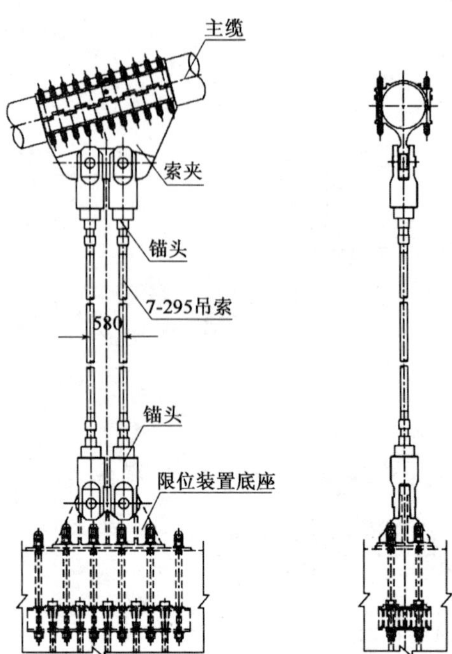

图 1-3-4　吊索结构示意图

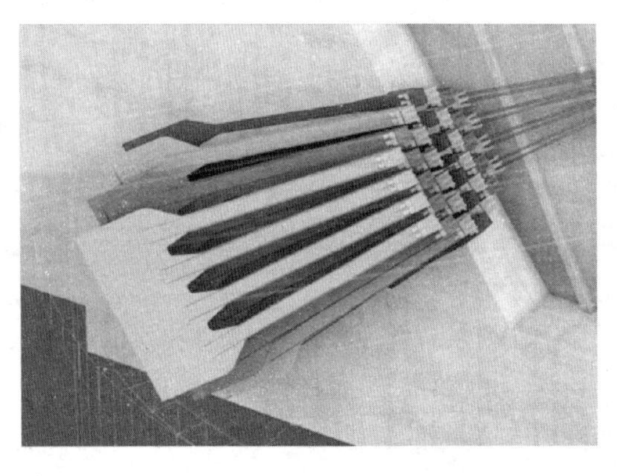

图 1-3-5　分布传力锚固系统示意图

置有刚性和柔性两种，刚性限位是将过渡墩设置为边索塔的形式，塔顶设置索鞍，通过减小主缆边跨协调边跨主缆与主梁竖向变形；柔性限位是通过锚固于过渡墩的限位拉索限制主缆竖向变形。如某钢箱梁悬索桥考虑到刚性限位方案需要在边索塔设置适应主缆水平位移的转索鞍，构造复杂且破坏了主缆整体线形流畅的美感，并增加了主缆架设施工控制的难度等因素，选择柔性拉索竖向限位装置，如图 1-3-5 所示。

检查内容：检查锚固连接器是否存在变形、松动和破损，前锚面是否存在水迹、裂缝和混凝土破损现象，锚跨索股是否存在断丝和滑移，索股力是否正常，散索鞍地脚螺栓是否松动变形。

(7)锚碇室。锚碇室多为深沉井与地下连续墙结构。检查重点：锚室内湿度是否正常，检测锚体空间位置(包括水平位移、沉降和倾斜)，锚体混凝土结构有无变形、破损和开裂、渗水、风化剥落、露筋、空洞和钢筋锈蚀现象，锚体排水设施是否存在塌陷、沉降、缺损、堵塞现象，锚碇及锚杆有无异常拔动、滑移、缺漆锈蚀，散索鞍座和锚杆固定处界面混凝土是否存在开裂和裂纹，主缆进锚处有无渗水现象。

(8)特殊支座与阻尼装置检查。悬索桥多数都以某桥结构的特点选择支座和阻尼装置。如某桥根据自身结构特点在索塔处设置横向抗风支座、竖向弹簧支撑和纵向限位阻尼装置，过渡墩处设置竖向抗震拉压支座、横向抗风、抗震限位阻尼装置。检测重点：支座的螺杆、支座转角、支座垫石、固定螺栓、限位牛腿钢结构、支座挡块、阻尼装置的黏滞液是否渗漏。

(9)除湿系统。除湿系统如图1-3-6所示,检查除湿机的工作情况,读取和记录锚室内的湿度值,保证锚室内湿度在设计值范围内。重点检查除湿系统过滤器是否存在堵塞、漏气等现象,鞍罩密封门的密封状况,不锈钢管焊缝是否存在裂纹,主缆排气湿度是否超出设计要求。

图1-3-6 除湿系统图

(10)大伸缩缝检查。检查伸缩缝钢梁疲劳裂缝、断裂,位移箱松动,锚固混凝土破损,止水带破损、插销滑出情况。

6. 支座检查

支座位移是否正常、功能是否完好,组件是否完好、清洁,有无断裂、错位和脱空现象;固定端是否松动、剪断、开裂。

(1)简易支座的油毡是否老化、破裂或失效。

(2)钢板滑动支座和弧形支座是否干涩、锈蚀。

(3)摆柱支座各组件相对位置是否准确,受力是否均匀。

(4)四氟板支座是否脏污、老化。

(5)橡胶支座是否老化、变形。

(6)盆式橡胶支座的固定螺栓有否剪断,螺母是否松动。

(7)辊轴支座的辊轴是否出现不允许的爬动、歪斜。

(8)支座垫石是否破碎。

第二节 桥梁下部结构检查与检测

1. 墩台基础

(1)桥墩、台及与基础有否滑动、倾斜、下沉、冻拔或碰撞损伤。

(2)混凝土墩台及台帽有无冻胀、风化、腐蚀、开裂、剥落、空洞、露筋、变形等。

(3)桥台背填土有无沉降、裂缝、挤压、受冲刷等情况。

(4)空心墩的水下通水洞是否堵塞。

(5)石砌墩台有无砌块断裂、脱开、变形,泄水孔是否堵塞,防水层是否损坏。

(6)墩台顶面是否有泥土杂物等。

(7)基础下部是否发生不容许的冲刷或淘空现象。

(8)扩大基础的地基有无侵蚀破坏。

(9)桩身有无冲刷磨损、颈缩、露筋、开裂,寒冷地区的桩身有无环状冻裂。

(10)锚碇混凝土有无沉降、裂缝、开裂、剥落、渗水、变形等情况。锚(洞)室内的锚杆有无锈蚀、断裂或有无异常的拔动滑移,锚室湿度是否在设计容许值内。

2. 翼墙、侧墙、耳墙

(1)检查其是否开裂、倾斜、滑移、沉陷等降低或丧失挡土能力的状况。锥坡、护坡应检查其是否有冲刷、滑坍、沉陷等现象。

(2)土质锥形护坡表面覆盖草皮是否损坏,有无沟槽和坍塌现象。

(3)铺砌面是否开裂,有无勾缝砂浆脱落、隆起或下陷,坡脚是否损坏。

(4)埋置式桥台台前基础埋置深度是否足够,有无冲刷损坏。

3. 其他

(1)墩台是否受到船只或漂浮物撞击而受损。

(2)桥头排水沟和行人台阶是否完好。

(3)检查导流时,应查明它们在平面和横断面的形状是否正确,它的高度是否足够,坝的表面和它们的护坡的状况如何,以及有无冲刷或淤积。

(4)检测桥区水域水下地形和流速等情况。

(5)对于山区桥梁,应检查邻桥山坡的边坡稳定性及是否有滑动、落石现象。

第三节　桥面系及附属设施检查

(1)桥面铺装是否平整,纵横坡是否顺适,桥头有无跳车。沥青混凝土桥面有无裂缝(龟裂、纵横裂缝),有无局部坑槽、积水、沉陷、波浪;混凝土桥面是否有剥离、开裂、坑槽,钢筋是否锈蚀。

(2)桥面排水系统是否顺畅,泄水管是否堵塞和完好,桥头排水沟功能是否完好。

(3)桥面是否清洁,有无杂物。

(4)伸缩缝是否有异常变形、破损、脱落、漏水和钢梁断裂,止水带是否损坏渗水,连接部件有无松动或脱落,是否造成明显的跳车。

(5)人行道、栏杆、扶手和引道护栏(柱)有无撞坏、断裂、松动、剥落、锈蚀和变形等。

(6)交通信号、标志、标线、照明设施是否完好。

第四章　桥梁结构安全监测系统

第一节　概　　述

自20世纪50年代以来，一些典型的桥梁事故使得人们开始认识到对桥梁进行安全监测的重要意义，但由于早期科学技术与检测手段的局限性，其桥梁安全监测系统的研究与应用一直未得到较好的发展。近年来，随着传感测试、计算机和信号处理等技术的不断发展，推动了桥梁安全监测系统的发展，并取得了一定成功经验。但是，到目前为止，其桥梁养护管理系统仍存在诸多关键技术问题没有得到解决。因此，在特大型桥梁建立安全监测系统的同时，应加强监测系统的研究，以提高监测系统的水平与运用效果。

我国桥梁管理系统的开发始于20世纪80年代初期，其中较为典型的是交通部的CBMS2000，该系统主要针对中小桥梁进行管理，它包括数据管理、统计查询、评价决策、费用模型、维修计划和GIS应用六个子系统，具有较综合的信息采集、评估、费用计算及决策功能；1995—1998年，同济大学开发了基于GIS平台的上海市桥梁管理系统[3]，该系统是我国第一个城市桥梁管理系统，其部分功能涉及桥梁养护管理问题，如可依据桥梁的技术状况预估模型，做出养护需求分析并制订桥梁维修计划。针对大跨度桥梁我国也自主开发了一些相应的养护管理系统：2000年，海沧大桥养护管理系统（BMMS）问世并投入使用，BMMS将特大型桥梁的管养任务划分为桥梁结构、附属设施、交通操作三大部分，建立了一整套完备的桥梁养护管理制度；交通部公路科学研究所开发了"南京二桥综合管理系统"，对南汊斜拉桥、北汊特大桥、全线桥梁、公路、沿线设施以及竣工等文档进行有效管理，其中南汊斜拉桥管理系统主要完成南汊斜拉桥的日常养护、维修计划以及结构实时监测等管理；除此之外，还有大佛寺长江大桥健康监测系统、东海大桥健康监测系统、南京三桥养护管理系统、文晖大桥健康监测与评估管理系统等，都是针对大跨度桥梁开发的管理系统。

总的来说，桥梁管理系统的发展经历了三个阶段：最初的桥梁管理系统只是用简单的电子数据库来代替繁杂的桥梁管理资料；其后管理系统中除桥梁数据库外，还包括桥梁检测、养护及维修信息，涵盖各桥梁构件的检测细节和详细的等级划分以及维修历史等；近年来较先进的管理系统增添了维护决策功能，即制订维护策略、进行维护优化等。到目前为止，大跨度桥梁养护管理系统的研究取得了一定的成绩，但是由于它是一个复杂的系统工程，无论国内或国外，该领域的研究仍处于基础性探索阶段，诸多关键技术问题仍没有得到解决。交通部公路科学研究所于自1997年推出的公路桥梁管理系统（CBMS），将计算机的多媒体技术首先引入到桥梁管理数据库，丰富了桥梁数据库的内容，并提供对桥梁信息的查询以及根据桥梁普查和外观检查结果开始力图实现对桥梁状况初步打分评级的功能。上海市在进入 21 世纪进行了“上海市城市桥梁管理系统”的开发。上海的 BMS 系统是基于 C/S 架构,在局域网内运行。该系统能够采用 PDA 进行数据采集,提供了与 PDA 的数据接口。系统主要包括桥梁档案管理、技术评价、维修对策确定等功能,但在桥梁状况评定、分析等方面功能还有待增加。同济大学 2005 年开发的“集成桥梁信息管理系统”以及东大智能系统科技有限公司的“江苏省桥梁养护管理系统”等系统,主要解决了桥梁养护管理过程中的信息流组织问题,并对二维 GIS 在桥梁养护管理方面的应用提出一些方案。同济大学的“集成桥梁信息管理系统”首次引入了桥梁性能退化概念,并采用规范以外的新体系建立了一套桥梁整体性能评分评估的算法,但有待验证。但随着时间的推移,这种基于桥梁静态信息偏重资料管理的桥梁管理系统,逐渐已不再适用,特别是随着大型、特大型的跨海、河、江、湖的斜拉桥、悬索桥大规模的出现,各地养护管理机构均有不同的意见,桥梁管理养护系统需要结合桥梁的设计建设技术同步研发、与时俱进。2016 年颁布了《公路桥梁结构安全监测系统技术规程》(JT/T 1037—2016)(以下简称《监测系统规程》),规范了结构监测系统建立的方法、要求与监测项目。下面根据《监测系统规程》介绍监测系统的主要工作内容。

1. 监测系统的定义

桥梁安全监测系统是指由安装在桥梁上的传感器以及具有数据采集与传输、数据处理与管理等功能的软硬件构成,对桥梁的荷载与环境作用以及桥梁结构性能参数进行测量、收集、处理、分析,并对桥梁结构正常使用水平与安全状态进行评估和预警的系统。

2. 监测系统建立的目的

桥梁安全监测系统必须结合桥梁结构的自身特点进行设计,特别是在对已建成的特大桥设置监测系统,应首先对桥梁进行检测、评估、论证,根据检测中发现的病害特征、大桥的运营环境以及结构受力等特点,确定监测项目和监测位置,达到以下目的:

(1)为桥梁全寿命期科学有序的监测、巡检、养护、管理提供平台,建立桥梁全寿命期的数字化、信息化档案。

(2)建立桥梁结构安全监测系统,做到实时监控,在桥梁结构危险萌芽阶段能发出预警,有效掌控桥梁的结构使用状态及其发展趋势。

(3)通过电子化人工巡检子系统,检查桥梁局部构件表观、非结构物及附属构造表观的损伤或病害。

(4)对已进行维修的桥梁,其系统可通过自动化传感测试子系统和人工巡检子系统对加固维修效果进行验证。

(5)通过实施监测检测系统,降低桥梁全寿命期的运营维护(修)成本,最大限度延长桥梁安全使用寿命,提高和保障桥梁运营的检测、养护和管理水平。

3. 监测系统的构成

桥梁结构安全监测系统是一个庞大的系统工程,它是通过采集数据,运用回归分析、灰色模型和有限元模型以及 BIM 技术等理论,对桥梁结构安全实现短期和中长期的预警与养护预测,其系统包括以下六个方面:

(1)数据采集与传输系统(也称自动化传感测试子系统)。

(2)数据处理与管理系统。

(3)电子化人工巡检资料模块。

(4)数据分析与预警系统。

(5)基于自动与人工两者之间的损伤识别及综合评估系统。

(6)用户界面系统与输出模块。

4. 系统功能

(1)综合性。桥梁结构安全监测系统设计的首要原则是综合性,要将施工过程监测监控和运营期长期安全监测及状况评估结合起来,同时要考虑桥梁的养护管理过程,从建好、养好和管好桥梁的角度出发设计系统。系统要能够建立桥梁设计、施工、运营、养护维修和管理的全过程历史档案数据库,以利于将来的分析评估。

(2)可靠性。桥梁结构安全监测系统的长期运行必须以工程可靠为基础,选择国内外有业绩和应用实例的成熟产品和技术,以保证系统要求和功能得以实现。

(3)先进性。安全监测系统要采用成熟的先进高新技术,使系统的监测能力能达到当前的国际先进水平,提高系统建设的科技含量。

(4)可操作性和易维护性。安全监测系统应易于管理和操作,人机交互界面应直观易于理解,充分利用系统仿真和可视化技术,避免因复杂操作带来的困难和失误。同时,监测系统要能够自我检查和维护。

(5)完整性和开放性。系统要能够采集到安全监测及状况评估所需的完整信息,监测过程必须内容完整、逻辑严密,各功能模块之间既互相独立,又互相关联,避免故障发生时的联动影响。同时,随着安全监测技术的进步和发展,系统要能够扩充以增强监测功能,不至于因为系统功能的调整而破坏整个系统。

5. 系统设计的基本要求

(1)系统应进行专项设计,应与桥梁主体结构设计同步进行;系统构建宜与桥梁施工同步进行。系统的建立宜兼顾施工监控和成桥荷载试验的功能要求,宜与桥梁巡检和养护管理相结合。

(2)系统硬件和软件应技术先进、稳定可靠、操作方便、经济实用、便于维护更换及扩展升级。

(3)监测内容及测点选择应根据桥梁的复杂性、重要性、环境因素与荷载作用、结构力学特性设计确定。

(4)监测内容、测点选择、设备选型、数据采集与传输、数据处理与管理及软件开发,应满足数据分析、安全预警、安全一级、二级评估及专项评估的要求。

(5)监测系统设计宜与桥梁主体结构设计同步进行。

(6)预埋在结构内部的埋入式监测设备的使用寿命应不低于20年;附着安装在结构上的非埋入式监测设备的使用寿命应不低于5年;在正常维护和可更换条件下,系统应与桥梁结构同寿命,监测设备的维护与更换应保证数据的一致性和连续性。

6. 系统设计主要内容

监测系统设计应基于桥梁主体结构设计方案中,应包括下列主要内容:

(1)桥梁主体结构计算分析与结构危险性分析。

(2)系统功能要求与总体方案设计。

(3)系统各模块的工作流程、功能设计、详细设计及集成方案。

(4)监测内容和测点选择、监测方法、设备选型与安装方案。

(5)系统数据采集、传输、处理与管理方案。

(6)系统供电、通信、防雷、防护方案。

(7)系统及其附属设施的预埋件和预留孔洞方案。

(8)系统安全预警和评估方案。

(9)系统与主体结构工程、监控中心的房建工程、供配电工程、通信工程等的界面划分。

(10)根据系统的正常使用维护需求,提出对桥梁检修通道的设计要求。

第二节　监测内容与测点布置

一、监测内容

桥梁结构安全监测系统的监测内容应包括环境、活荷载(主要是车辆)、结构整体响应、结构局部响应四部分组成。对已建成的特大型桥梁设置安全检测系统时,应根据桥梁特点、病害特征、运营环境以及结构受力等特点,确定监测项目。对于新建桥梁,应根据桥梁结构特点和构造的特殊性,在设计阶段就应对监测系统进行总体设计,确定监测项目。

1. 环境监测内容

(1)对桥梁结构温度场和湿度进行监测。

(2)大跨径斜拉桥和悬索桥等应增加对风敏感结构的风参数进行监测的内容,其他桥梁可根据抗风设计和安全评估要求进行选择。

(3)斜拉桥宜进行降雨量监测。

(4)桥区一定范围内的河床进行测量,对水文、地质条件复杂、冲刷严重的桥梁应增加流速和冲刷深度监测。

(5)对位于海洋环境、盐碱地区域和石油化工等侵蚀性工业环境的桥梁进行腐蚀监测。

2. 可变与偶然作用(活荷载)监测内容

(1)对桥梁通行车辆荷载进行监测,包括断面交通流、车型、车轴重、轴数、车辆总重、车速等。

(2)应对特大型桥梁桥址区域地震动进行监测,宜对抗震设防等级较高区域的其他桥梁地震动进行监测,非抗震设防区域宜根据抗震设计和安全评估要求进行选择。

(3)按《内河通航标准》(GB 50139)规定航道等级为Ⅰ级~Ⅴ级的桥梁宜进行船舶撞击监测,非通航孔桥宜在船舶撞击风险区进行船舶撞击监测。

3. 结构整体响应监测内容

监测内容包括结构振动、位移、变形和转角。各种桥型均应进行振动与变形监测,位移和转角可根据结构受力特点选择确定。

4. 结构局部响应监测内容

(1)应对关键构件应变进行监测。

(2)应对缆索(主缆、吊索和系杆)力进行监测。

(3)宜对边界约束体系中关键支座的支座反力进行监测。

(4)宜依据大跨径混凝土桥梁结构受力特点、易损性和结构设计要求进行裂缝监测。

(5)应对钢箱梁正交异性钢桥面板、吊索、斜拉索以及其他存在疲劳效应的钢构件进行疲劳监测。

(6)应对钢管混凝土拱桥拱脚位置、横向连接构造、主拱与拱座连接和主拱节段连接疲劳损伤等进行监测。

(7)应对悬索桥主缆关键位置、锚碇或主缆锚固点的水平位移进行监测。

(8)应对斜拉索下锚头湿度进行监测。

桥梁监测内容具体详见表1-4-1。

桥梁监测项目与位置　　表1-4-1

监测项目		监测位置与参数	桥型			
			梁桥	拱桥	斜拉桥	悬索桥
环境监测	温度	主拱(缆)		●		●
		箱梁内、锚室内	●	●	●	●
		鞍罩内				●
		桥面温度	●	●	●	●
	湿度	箱梁内	●	●	●	●
		环境湿度	●	●	●	●
		主缆及鞍罩内				●
		锚室内				●
		下锚头			○	
	雨	降雨量			○	
	风速(向)	桥面(塔顶)	○	○	●	●
	河床冲深	桥墩	○	○	○	○
	腐蚀	混凝土、钢构件、索(杆)	○	○	○	○
活荷载	车辆荷载	断面流量、轴数、车辆总重、车速	●	●	●	●
	地震	承台顶或桥墩底部加速度	○	○	○	○
	船舶撞击	桥墩加速度	○	○	○	○
整体响应	振动	主梁竖向、横向加速度	●	●	●	●
		主梁纵向加速度	○	○	○	○
		拱顶三向振动加速度		●		
		塔顶水平双向振动加速度			●	●
		吊杆(索)振动加速度		●		●
		斜拉索振动加速度(内、外)			●	

续上表

监测项目		监测位置与参数	桥型			
			梁桥	拱桥	斜拉桥	悬索桥
整体响应	变形	主梁挠度	●	●	●	●
		主梁横向变形	○	○	●	●
		拱顶、拱脚		●		
		塔顶偏位			●	●
		主缆偏位				●
	位移	支座	○	○	○	○
		梁端纵向	○	○	○	○
		锚碇室				●
	转角	塔顶截面倾角			○	○
局部响应	应变	主梁关键截面应变	●	●	●	●
		预应力	○			
		主拱关键截面应变		●		
	索力	吊杆(索)		●		●
		系杆		●		
		拉索			●	
	支座反力	主桥支座	○	○	○	○
	疲劳	斜拉索			●	
		主梁			●	●
		吊索		●		●

注:●为必选项目,○为可选项目。

二、测点布置

1. 环境监测

(1)温度监测点选择。应根据截面温度梯度及结构整体升降温和空间分布特点,通过有限元模拟或参考相关桥梁设计规范确定测点位置;在主梁跨中、索塔、拱圈、主缆等关键截面布设测点。测点布置宜与应变监测的温度补偿测点统一设计与共享。

(2)湿度监测点选择应根据桥梁结构选定,对于单体桥梁湿度其测点不宜少于两个,且布设在桥梁结构内外湿度变化较大和对湿度敏感桥桥梁的结构内部或外部。

(3)风荷载监测应测量风速和风向,测点宜选择在桥面两侧、塔顶、拱顶,其安装位置应尽可能监测自由场风速和风向。跨度小于800m斜拉桥和跨度小于1500m悬索桥宜在主梁跨中上下游两侧各布设一个测点;跨度大于或等于800m斜拉桥和跨度大于或等于1500m悬索桥,宜结合风场空间相关性适当增加测点数量。

风敏感的特大跨桥梁,宜根据钢箱梁绕流场特性进行钢箱梁表面风压监测,测点应沿钢箱梁截面进行横向和纵向布置。

(4)降雨量监测点宜布设在桥梁开阔部位,且不宜布设在振动较大部位。

(5)腐蚀监测宜选择代表性桥墩迎浪面的水位变动区。

(6)河床冲深监测宜根据桥梁局部冲刷专题研究成果以及水文勘测资料,综合选择桥墩或设计对地基有要求的桥墩。

2. 活荷载监测

(1)车辆荷载监测宜采用不停车称重方法,称重测点宜选择在路基或有稳定支撑的混凝土结构铺装层内,应覆盖所有行车道。

(2)船舶撞击荷载监测宜采用监测结构振动的方法,测点宜选择在易遭受船舶撞击的桥墩处。

3. 结构整体响应监测

(1)结构整体响应监测的测点选择。应根据桥梁结构动力计算结果、振型特点以及所需振型阶数综合确定;传感器宜布设在结构主要振型振幅最大或较大部位,并避开节点位置;宜采用识别振型为目标的测点最优选择方法;宜采用结构损伤识别与模型修正为目标的测点最优级选择方法。

(2)变形和位移监测点选择。应根据最不利荷载组合作用下主梁、索塔、主缆、主拱等关键构件的挠度、位移和倾角选择变形、位移和倾角最大或较大的位置。

4. 结构局部响应监测

(1)应变测点宜根据结构计算分析选择受力较大或影响结构整体安全的关键构件、截面和部位以及结构易损破坏或局部破坏导致结构倒塌的关键构件、截面和部位。

(2)受力复杂的构件、截面和部位宜布设三向应变测点。

(3)索力宜根据桥梁计算分析结果,选择具有代表性不同规格、长度、阻尼设置的拉索,选择索力较大、应力幅值变化较大的索结构进行监测。宜采用振动频率法、穿心压力式索力传感器、磁通量传感器及其他安全可靠的应力集中监测方法。

(4)支座反力监测宜采用测力支座;宜选择可能出现横向失稳等倾覆性破坏的独柱桥梁、弯桥、基础易发生沉降、采用压重设计等桥梁的关键支座。

(5)疲劳监测宜采用监测动应变方法,根据结构局部计算分析结果,选择钢箱梁正交异性桥面板U肋、横隔板过焊缝等易产生疲劳效应的部位。

第三节　数据采集处理与管理

1. 数据采集

监测系统数据采集范围应包括空间范围和时间范围。空间范围一般是主桥范围,时间范围是从施工过程控制、结构形成过程信息采集和成桥后结构监测和数字化管养系统的实施,以及安全状况分析评估等环节,满足实时监测与安全评估的要求获取有关应力及应变等信息数据,包括荷载、受力状况、变形位移、总体动态特性、疲劳腐蚀等项目数据。

(1)数据采集方式应根据桥梁的空间尺寸、测点数量和布置以及传感器类型等进行设计,当测点相距较远且分散时，宜选用分布式数据采集方式；当测点相距较近且分布较集中时，宜选用集中式数据采集方式或分布式与集中式相结合数据采集方式。

(2)数据采集设备根据传感器输出信号类型、匹配性、兼容性、精度和分辨率等要求进行选型，数字信号可选用基于当前常用分布式数据采集设备，模拟信号选用标准工业信号的集中式数据采集设备，并确定传输距离、传输带宽和速率。光信号数据采集应采用专用的光纤解调设备，应根据波长范围、采样通道与采样频率进行选型，电信号应进行光电隔离，以增强抗干扰能力。静态模拟信号可选用多路模拟开关和采样保持器进行多路信号依次采集，动态信号应选用抗混滤波器进行滤波和降噪。

(3)数据采集方案应根据监测变量类型、监测要求以及系统数据采集、传输、处理和管理能力确定。

(4)数据采样的频率根据监测要求和功能要求设定，不宜低于现有关测定参数仪器的精度要求。

(5)数据采集宜考虑自校准功能，无自校准功能时应根据监测要求定期检测。

(6)数据采集站布置应根据监测要求和信号传输距离要求确定，不应影响数据采集站之间应考虑数据采集同步性及精度要求。

(7)数据采集软件应实现数据实时采集、自动存储和自动传输等功能，应与数据库系统和数据分析软件相匹配，并对系统运行状态进行监控，接受并处理数据采集参数的调整指令和备份。

2. 数据处理

(1)数据处理应实现数据预处理和数据后处理功能，数据预处理宜采用数字滤波、去噪、截取和异常点处理等，数据后处理方式宜根据数据分析要求确定。

(2)数据处理软件开发应实现数据备份、清除和故障恢复等功能。故障恢复功能宜兼具手工操作控制功能，其他功能应自动调用。

3. 数据管理

采集到的信息宜进行三级数据库结构管理，即长期监测数据库、超阈值事件数据库和安全状态数据库。长期监测数据库是指用于存储温度、应变、风速及风向的原始数据库，便于对数据进行精确分析、查询及校核。超阈值事件数据库是指用于存储超过限值的温度、应变、加速度、倾角、风速及风向的原始数据，便于对超阈值事件进行重点分析和评估。安全状态数据库是指用于存储经过处理的温度、应变、加速度、倾角、风速及风向的统计数据，便于专家系统对桥梁的安全状况进行快速而高效地分析和评估。

(1)数据管理应实现快速显示、高效存储、报告生成和数据归档等功能，并形成规范性格式的数据报告、报表以及专项报告。

(2)原始监测数据应定期存在、备份存档，后处理数据宜保持不少于 3 个月在线存储；经统计分析的数据应专项存储，每季度或每年数据分析后宜存储某一特定或典型数据，也可进行本系统和远程大数据存储管理。

(3)数据管理软件应对监测数据或力图像在指定时间段进行回放。

(4)数据库应具进行人工、自动输入与输出数据的功能，所有信息能进行分层、分类存储和管理，包括桥梁基础数据、监测元件与设备参数与位置数据、实时数据、统计分析数据、结构安全评估数据等模块。

(5)实时数据应存储和管理监测系统的所有变量的时程数据，包括荷载试验和加固施工等数据。

第四节　数据分析安全预警及评估

1. 一般规定

(1)数据分析结果可用于安全预警、安全一、二级评估和专项评估，并能实现在线实时预警。

(2)当监测数据、数据分析结果发出红色预警时，应进行安全一级评估，并定期形成(一般为一年)安全一级评估报告。

(3)当安全一级评估或专项评估结果出现结构响应特征值变量异常或桥梁服役中后期时，应在数据分析、安全一级评估和专项检查的基础上，进行安全二级评估，并形成安全二级评估报告。

(4)当桥梁遭受洪水、流冰、漂流物和船舶及车辆撞击、滑坡、泥石流、地震、海啸、火灾、化学剂腐蚀和特殊车辆过桥等突发事件后应进行数据分析与专项评估，并形成专项评估报告。

2. 数据分析

(1)数据分析包括统计分析和特殊分析两类，统计分析包括最大值、最小值、平均值、均方根值、累计值等统计值；特殊分析包括荷载谱分析、风参数分析、模态分析、疲劳分析等。采样频率大于1Hz的数据就以10min、日、月、年为统计间隔获得其统计值。

(2)环境监测数据宜根据测定参数值的特性，包括最大、最小、平均与时程等指标进行分析。

(3)活荷载监测数据分析：应根据事件特点分析事件内在特性与各特征参数值的大小、平均与持续时间的关系等。

(4)进行结构整体响应监测数据，包括变形、位移、加速度等的分析；并进行与环境参数和活荷载参数，包括最大值、最小值、平均值等指标的相关性分析。

(5)结构局部响应监测数据分析包括应变、裂缝、冲深、腐蚀、索力、支座反力等方面，其值包括最大值、最小值、平均值等指标，并与设计值进行比较。

(6)桥梁因遭受洪水、漂流物和船舶车辆的撞击、泥石流、地震、火灾、化学剂和特殊车辆过桥等突出事件后进行专项评估时，应对事件发生前后数据进行对比分析。

(7)数据分析报告应包括桥梁及安全监测系统的基本信息、分析项目、分析方法和分析结果等。

3. 安全预警

安全预警是指结构监测系统在监测过程中监测到桥梁结构或构件整体响应(或局部响应)中某一数据特征值超过系统预设的某一安全指标的阈值所发出的异常情况警告的行为，

也称之为监测系统安全预警。根据结构构件可能出现的异常或危险大小，将系统安全预警分为黄色和红色两个级别。当监测系统所采集到的数据大于0.8～0.95设计值时，提醒桥梁管养单位应对环境、荷载、结构整体或局部响应加强关注，并进行跟踪观察的一种指令称为黄色预警；当监测系统所采集到的数据超过设计值时，且具有多次同侧、趋势（或倾向）或数据点排列接近控制界限等数据排列异常现象时，警示桥梁管养单位应对环境、荷载与结构响应连续密切关注，查明报警原因，采取适当检查、应急管理措施，以确保桥梁结构安全运营，并应及时进行结构安全评估的指令称为红色预警。

数据排列异常是指数据点排列出现多次同侧、趋势（或倾向）以及接近控制界限等情况。多次同侧是指数据点在坐标 x 轴一侧多次出现，连续点数11点中有10点在同侧，20点中有16点在同侧等现象。趋势或倾向是指数据点连续上升或连续下降接近设计值时的现象。数据点排列接近控制界限是指数据点落在控制界限值±(1～2)倍离散程度值时，且连续3点至少有2点接近控制界限。

(1)实时数据出现下列情况之一时，系统发出黄色预警：

①当车辆总重或轴重大于1.5倍设计车辆荷载时，进行黄色预警。

②当最大平均风速大于0.8倍设计风速时，进行黄色预警。

③当最高温度、最低温度、最大温差和最大温度梯度大于设计值时，进行黄色预警。

④当水平地震动加速度峰值大于设计E1地震作用加速度峰值时，进行黄色预警。

⑤当索结构应力大于0.95倍设计值时，进行黄色预警。

⑥当位移或变形大于0.8倍设计值时，进行黄色预警。

⑦当桥墩冲刷深度大于0.7倍设计冲刷深度时，进行黄色预警。

⑧当监测点处钢筋发生腐蚀时，进行红色预警。

(2)实时数据出现下列情况之一时，系统发出红色预警：

①当车辆总重或轴重大于2.0倍设计车辆荷载时，进行红色预警。

②当最大平均风速大于设计风速时，进行红色预警。

③当水平地震动加速度峰值大于设计E2地震作用加速度峰值时，进行红色预警。

④当索结构应力大于设计值或一个月内发现10次以上黄色预警时，进行红色预警。

⑤当位移或变形大于设计值或一个月内发现10次以上黄色预警时，进行红色预警。

⑥当桥墩冲刷深度大于设计冲刷深度时，进行红色预警。

⑦当监测点处钢筋发生腐蚀时，进行红色预警。

4. 安全评估

(1)安全一级评估

根据数据分析结果定期开展桥梁结构局部或整体安全一级评估。利用应变对关键构件进行安全一级评估时，根据应变计算应力时应考虑温度对应变的影响，对钢筋混凝土桥梁还应考虑收缩、徐变对应变的影响；当应力未超过设计值时，监测点处构件应力状态正常；当应力超过设计值时，监测点处构件应力状态异常。

对于利用应变传感器进行钢结构疲劳安全一级评估时，对只承受压力的构件不宜进行疲劳状态评估，宜采用容许应力法或疲劳损伤指数法进行监测点处构件疲劳状态评估。采用容许应力法进行疲劳状态评估时，当应力最大值小于规范规定的构件疲劳容许应力时，监测点处构件疲劳状态正常，否则，监测点处构件疲劳状态异常，采用雨流法和 Miner 准则计算监测点处构件疲劳累计损伤指数 D，按表 1-4-2 进行疲劳状态评估。

疲劳状态分级　　表 1-4-2

D 值	构件状态	D 值	构件状态
0 ~ 0.05	完好状态	0.45 ~ 0.80	严重损伤状态
0.05 ~ 0.20	较好状态	>0.80	危险状态
0.20 ~ 0.45	中等损伤状态		

注：表中给出的疲劳状态分组未考虑腐蚀对疲劳寿命的影响，当发生腐蚀时应考虑腐蚀对钢构件疲劳寿命的不利影响。

缆索承重桥梁结构安全一级评估时，当拉索、吊索、吊杆、系杆应力小于设计值时，可判定索体结构处于正常状态；否则，判定索体结构状态异常；当拉索、吊索、吊杆、系杆应力大于规范容许疲劳应力时，可判定索体结构疲劳状态异常，按表 1-4-2 进行疲劳状态评估。

利用运营荷载结构校验系数进行安全一级评估时，应在自然流车辆荷载作用下，获取位移影响线最不利位置加载时刻结构响应值与该时刻车辆荷载作用下结构响应计算值的比值；在特定时刻桥上有重车通行，单辆车总重不宜低于 30t；运营荷载结构校验系数小于 1 时，判定结构处于正常状态；否则，判定结构状态异常。

利用结构动力特性进行安全一级评估时应基于监测的加速度，采用模态分析获取结构动力特性和获取的结构动力特性宜与设计值进行对比。当监测获取的桥梁结构自振频率与设计理论计算频率的比值大于或等于 1，判定结构处于正常状态；否则，判定结构状态异常。

安全一级评估有下列情况之一时，应进行专项检查：

①结构局部响应异常。

②钢结构内相对湿度大于 60% 的累计天数大于 365d。

③构件监测点处钢筋发生腐蚀，判定监测点处腐蚀状态异常。

④桥墩冲刷深度大于 70% 设计冲刷深度，判定桥墩冲刷状态异常。

⑤关键构件拉、压应力大于设计值，判定监测点处构件应力状态异常。

⑥关键构件疲劳状态超过中等损伤，判定监测点处构件疲劳状态异常。

⑦拉索、吊索、吊杆和系杆应力大于或等于设计值，判定索体结构状态异常。

安全一级评估中有下列情况，应进行安全二级评估：

①结构整体响应异常包括：变形大于或等于设计值；顺桥向梁端位移达到伸缩缝设计值的 80% 或者梁端位移最大值达到设计值；锚碇、基础出现严重沉降或位移，达到或超出设计值；结构频率明显降低。

②结构局部响应异常，专项检查发现桥梁损伤。

③车辆荷载水平超过设计值。

④最高温度、最低温度、最大温差和最大温度梯度超过设计值。

⑤运营荷载结构校验系数大于 1。

安全一级评估报告应包括桥梁及安全监测系统基本信息、评估项目、一级评估判定状态异常的界限值、评估结果以及报告异常状态的监测仪器编号、位置、数量和建议等。

（2）安全二级评估

安全二级评估应基于数据分析、安全一级评估和专项检查结果进行结构损伤识别与模型修正,然后基于修正的有限元模型进行结构重分析和极限承载力分析,按下述规定再确定结构安全状态等级。

①桥梁结构构件或局部损伤分析和单元模型修正

对发现异常状态的构件进行损伤分析,应根据损伤分析结果修正相应构件或单元弹性刚度矩阵,修正构件或单元弹塑性恢复力模型来判定其极限承载力和安全评估。当桥梁结构构件或局部损伤直接降低材料强度或构件承载力时,应修正材料容许应力或构件允许承载力。

②基于结构动力响应的损伤识别和模型修正

可根据模态参数进行损伤识别,也可采用其他可靠的损伤识别方法,损伤识别宜融合构件或局部损伤分析、多种识别方法和专项检查的结果、多传感器信息、对比分析结构整体响应以及监测点处构件或部位的损伤状态进行综合判断。模型修正宜采用有限元模型,也可采用其他等效模型进行参数修正。可根据桥梁构件的监测数据、安全一级评估和专项检查结果以及上述规定得到的损伤分析或识别结果,直接修正相应结构构件有限元模型,也可将桥梁挠度、变形或者主梁应变作为模型修正的优化目标函数参数。在模型修正优化求解前,宜对所采用的模型进行参数灵敏度分析,选取对目标函数敏感的结构参数作为修正参数,宜根据参数物理意义设置参数变化范围。

③桥梁结构重分析及安全二级评估

应根据上述规定对有限元模型进行修正,修正时宜采用荷载和环境数据分析结果,与规范设计荷载相比较,选取较大值作为结构重分析的输入荷载,未监测荷载选用规范设计值,荷载工况宜按照规范设计要求选择最不利荷载组合。按修正后的有限元模型计算桥梁结构荷载效应,与结构设计荷载效应对比,统计不满足设计指标的构件或部位的数量,结构重分析的评估分级标准按表1-4-3确定。

④桥梁结构极限承载力分析及安全评估

应采用修正后的有限元模型,按照荷载试验的荷载工况对修正有限元模型进行加载,并以10%的增量逐步提高车辆荷载水平,全过程分析桥梁结构破坏极限承载能力,以结构关键构件出现破坏时极限车辆荷载与荷载试验车辆荷载的比值作为结构车辆荷载的整体安全储备。斜拉桥、悬索桥和吊杆拱桥还应基于修正的有限元模型按照规范的设计风速进行加载,并以10%的增量逐步提高风荷载水平,全过程分析桥梁结构抖振破坏极限承载能力,以结构关键构件出现破坏极限风速与设计风速比值作为结构抗风整体安全储备,结构极限承载能力分析评估按表1-4-3确定分级标准,桥梁结构评定结果宜进行专家评审论证。

安全二级评估报告应包括桥梁及安全监测系统的基本信息、评估项目、评估方法、评估结果和建议等。

桥梁结构安全状态等级划分与评定标准 表1-4-3

分类	总体评定	评定条件
1类	完好状态	结构车辆荷载和抗风的整体安全储备大于2;在设计荷载和监测荷载作用下,所有构件的内力、变形均小于规范的设计允许值,不影响结构安全、行车舒适性、耐久性
2类	较好状态	结构车辆荷载和抗风的整体安全储备介于1.6~2.0;在设计荷载和监测荷载作用下,关键构件良好,部分次要构件(10%以内)的内力、变形大于规范设计允许值的5%,但不影响结构安全、行车舒适性和耐久性

续上表

分类	总体评定	评定条件
3类	中等损伤状态	结构主要频率降低;结构车辆荷载和抗风的整体安全储备介于1.4~1.6;在设计荷载和监测荷载作用下,部分关键构件(5%以内)内力大于规范允许值的5%,较多次要构件(10%~20%)内力大于规范设计值的10%,影响结构的行车舒适性和耐久性,但不影响结构的安全
4类	严重损伤状态	结构主要频率明显降低;结构车辆荷载和抗风的整体安全储备介于1.2~1.4;在设计荷载和监测荷载作用下,部分关键构件(10%以内)内力大于规范允许值的10%或关键构件疲劳累计损伤指数0.45~0.80,承载能力下降10%以内,影响结构安全性
5类	危险状态	结构主要频率大幅降低或者振型*MAC*值显著减小;结构车辆荷载和抗风的整体安全储备小于1.2;在设计荷载和监测荷载作用下,关键构件内力大于规范允许值的10%,损伤发展扩大,或者关键构件疲劳累计损伤指数大于0.8,出现重大破坏,影响结构的稳定和安全

(3)专项评估

当桥梁因遭受洪水、漂流物和船舶车辆的撞击、泥石流、地震、火灾、化学剂和特殊车辆过桥等突出事件后,应及时对桥梁进行专项检查,并按下述方法进行专项评估。

①桥梁遭受洪水

分析洪水期间桥墩冲刷深度变化量及变化速率,当桥梁冲刷深度达到0.7倍设计值且变化速率较快时,建议及时采取桥梁封闭或限行措施,并进行专项检查,对桥梁进行安全一级评估,如需进行安全二级评估,再按上述规定对桥梁进行结构状态评定。

②桥梁遭受漂浮物或船舶撞击

分析靠近漂浮物或船舶处桥墩底部、主梁、桥塔顶部船舶撞击后20s内的加速度响应绝对最大值、均方根值、频谱、加速度响应衰减规律以及撞击前后加速度监测数据对比,分析20s内结构变形和位移等整体响应监测数据的绝对最大值、均方根值和频谱,分析支座反力、支座位移、应变和索力等结构局部响应监测数据的绝对最大值和均方根值,并进行安全一级评估。如需进行安全二级评估,漂浮物或船舶撞击后应修正桥梁有限元模型,利用修正后的模型进行桥梁结构受力重分析和极限承载能力分析,并对桥梁结构状态进行评定和专项检查。

③平均风速大于设计风速

当平均风速大于设计风速时,计算桥梁主梁位移和加速度、索力和关键构件应变等数据与风参数(包括平均风速、风向、风攻角、湍流强度等)之间的相关性,分析风荷载作用下桥梁结构响应随风参数的变化规律,以10min为时间间隔,计算统计平均风速、风向、湍流强度和脉动风速谱等风参数及其随时间的变化趋势。

以10min为时间间隔,计算分析在强风作用下桥梁主梁水平变形、塔顶偏位、索力等的最大值、最小值、变化幅值及其随时间的变化趋势,并进行安全一级评估。

以10min为时间间隔,计算分析在强风作用下桥梁主梁加速度幅值和均方根值。当实测平均风速处于主梁涡振锁定区,且主梁振动加速度均方根值超过行车舒适度限值时,可判定桥梁发生涡激振动,或实测平均风速大于桥梁颤振临界风速,且桥梁主梁振动幅值随时间不断增大时,可判定桥梁发生颤振,都应进行安全二级评估。

以10min为时间间隔,计算桥梁的模态参数及其变化规律,分析桥梁模态参数与风参数之间的相关性;当桥梁模态参数在强风作用前后发生明显变化时,应对桥梁进行专项检查,确定桥梁模态参数变化原因,并对桥梁结构状态进行评估。

④地震动水平加速度峰值大于设计 E1 地震作用加速度峰值

地震动数据分析宜采用不同位置的三向地震动加速度数据分析地震动的行波效应特征,分析地震过程中桥梁加速度、变形、位移等整体响应数据的绝对最大值、均方根值和频谱,分析支座反力、支座位移、应变和索力等结构局部响应数据的绝对最大值和均方根值,并进行安全一级评估。

选择地震作用前后监测的加速度数据,分析桥梁结构模态参数,当模态参数发生明显变化时,对桥梁结构状态进行评定。当需要将实测的地震动加速度时程输入修正有限元模型(跨径或总长大于 500m 的桥梁宜考虑地震动行波效应)进行结构动力分析时,也应按规定对桥梁结构状态进行评定。

专项评估报告应包括突发事件发生概况、桥梁和安全监测系统基本信息、评估项目、评估方法、评估结果和建议等内容。

第五节　建立大数据库和 BIM 模型

1. 逐步建立桥梁安全监测数据中心

我国已有近千座不同类型的长大桥梁,建立一个大型的桥梁资料数据中心是完全有必要的,它将有利于桥梁的安全运营与维护。因为长大桥梁的病害产生原因是多种多样,同一类型桥中,构件不同;同一构件中,材料、所处环境、养护等方面不同,都会使桥梁产生完全不同的病害。因此,必须通过调研、收集国内各类特大型或特殊桥梁的监测数据、各种病害及事故的数据,对所需要研究的桥型病害进行原因分析和归类,然后汇总到桥梁安全监测数据中心,按梁桥、拱桥、斜拉桥和悬索桥分类建立子分析系统,逐步构建一套适合我国国情的长大桥梁的病害诊断、构件预警、寿命预测、维修管理的桥梁管理系统。

2. BIM 模型

(1)定义

随着我国桥梁养护技术、结构安全监测系统的发展,桥梁养护的管理越来越注重决策科学化、工作程序化、控制自动化、养护规范化的低碳、安全、可持续发展的全方位管理,将 BIM 技术和结构安全监测系统技术有机结合并应用于特大型桥梁的全寿命养护,将有助于实现上述目标。桥梁 BIM 是指基于三维数字设计和工程软件所构建的数字化桥梁模型,为设计、施工、建设单位及桥梁管养单位等各环节人员提供决策的工作平台,为桥梁工程项目从建设与运营的全寿命周期中的所有决策提供可靠依据。

通过建立 BIM 模型,可以整合项目的相关信息,在项目策划、运行和维护的全生命周期过程中进行共享和传递,使工程技术人员对各种建筑信息作出正确理解和高效应对,为设计团队以及包括建设、运营单位在内的各方建设主体提供协同工作的基础,以提高生产效率和节约成本,并为今后桥梁维护发挥重要作用。其模型包含桥梁基本几何尺寸、结构材料、空间关系、使用功能、结构动态数据、维修与加固等基本信息。

(2)特点

BIM 具有可视化、协调性、模拟性、优化性、可出图性、一体化性、参数化性、信息完备性等八个方面的特点。

BIM 模型的可视化是将以往的线条式的构件形成一种三维的立体实物图形展示在设计与施工的面前,并在整个过程中能够与构件之间形成互动性和反馈性的可视化,不仅可以用来进行效果图的展示及报表的生成,更重要的是,项目设计、建造、运营过程中的沟通、讨论、决策都在可视化的状态下进行。

协调性,即 BIM 模型可在建筑物建造前期对各专业的碰撞问题进行协调,生成协调数据,尽早把控现场情况,并可解决工程结构中的各结构与材料之间的协调性。

BIM 模型模拟性并不仅能模拟设计出的建筑物模型,还可以模拟在真实世界中不能进行操作的事物,如可以进行 5D 模拟(基于 3D 实体、时间、工序),进而实现成本控制;后期运营阶段可以模拟日常紧急情况的处理方式,例如交通事故中人员逃生模拟及消防人员疏散模拟等。

在 BIM 的基础上可以做更好的优化,包括项目方案优化、特殊结构的设计优化。可以把复杂的建筑建造变得简单,同样也可以把简单变得更加简单。BIM 可视化把建筑形成过程中原来隐蔽的问题表面化,既可帮助决策者直观阅读建筑信息做出决策,也帮助专业人员及时发现和解决问题。

BIM 模型通过对建筑物进行可视化展示、协调、模拟、优化以后,可为我们提供更加简便实用的图纸,如经过碰撞检查和设计修改,消除了相应错误以后,得到一系列优化后的图纸,如管理图、隐蔽预留结构图(如预埋管道图)、碰撞检查和建议改进方案图。

BIM 技术的核心是一个由计算机三维模型所形成的数据库,不仅包含建筑的设计信息,而且可以容纳从设计、施工到建成运营,甚至是使用周期终结的全过程信息,它可以实现工程项目的全生命周期的一体化管理。

BIM 参数化建模是指通过参数而不是数字建立和分析模型,简单地改变模型中的参数值就能建立和分析新的模型,BIM 中的图元是以构件形式出现,这些构件之间的不同是通过参数的调整反映出来的,参数保存了图元作为数字化建筑构件的所有信息。

信息完备性体现在 BIM 技术可对工程对象进行 3D 几何信息和拓扑关系的描述以及完整的工程信息描述。

(3)运营管理

BIM 技术与桥梁结构安全监测系统的有机结合,可在桥梁使用寿命基准期间内对桥梁进行有效运营维护管理,实现养护决策、养护费用控制,结构安全可控的目标。BIM 技术具有空间定位和记录数据的功能,将其应用于运营维护管理系统,可以快速准确定位养护设备组件,对材料进行可接入性分析,选择可持续性材料,进行预防性维护,制订行之有效的维护计划。

根据 BIM 模型,将桥梁定期或专项检查中发现的病害、监测系统中监测到的结构动态数据输入 BIM 模型,通过 BIM 模型构建元素的危害分析,对于那些可能存在的危险源进行判别,给出桥梁结构安全评价程度,并进行安全设计。同时应用 BIM 技术对加固施工现场布局和安全规划进行可视化模拟，评估斜拉桥换索、悬索桥主缆检修、塔上维修以及梁底加固施工等高空区域坠落的风险，有效规避施工与交通、施工机具设备与人员的工作空间冲突，确保桥梁加固维修的安全。

BIM 与 RFID 技术、监测系统相结合，将监测信息导入 BIM 和资产管理系统，可以有效进行桥梁的资产管理。

第五章　桥梁结构安全评估

第一节　混凝土类构件病害分析

混凝土结构的病害表现形式多种多样,引起病害的原因错综复杂,因此,应综合考虑桥梁结构的材料、设计、施工等工程因素以及桥梁的自然环境和运营环境等外部因素来分析混凝土类构件的病害。从引起病害的原因来看,可以将混凝土类构件的病害划分为两大类:一是由因施工质量与环境作用引起的混凝土结构损伤与破坏;二是由荷载作用或设计不当造成混凝土结构不能承受过大应力引起混凝土结构损伤与破坏,从而导致混凝土结构产生裂缝,最终造成破坏。混凝土结构损伤包括:混凝土的碳化、冻融循环破坏、钢筋锈蚀、裂缝等。

一、环境因素引起的混凝土结构损伤

1. 混凝土的碳化

混凝土的碳化是指混凝土中氢氧化钙与渗透进混凝土中的二氧化碳或其他酸性气体发生反应的过程。一般情况下混凝土呈碱性,在钢筋表面形成碱性薄膜,保护钢筋免受酸性介质的侵蚀,起到“钝化”保护作用。碳化的实质是混凝土的中性化,使混凝土的碱性降低、钝化膜破坏,在水分和其他有害介质侵入的情况下,钢筋发生锈蚀。

2. 氯离子的侵蚀

氯离子对混凝土的侵蚀是由于氯离子从外界环境侵入已硬化的混凝土造成的。海水是氯离子的主要来源,北方寒冷地区冬季道路、桥面撒盐化雪除冰都有可能使氯离子渗入混凝土中。氯离子对混凝土的侵蚀属于化学侵蚀,对结构的危害是多方面的,但最终表现为钢筋的锈蚀。

3. 混凝土碱—集料反应

混凝土碱—集料反应一般是指水泥中的碱和集料中的活性硅发生反应,生成碱—硅酸盐凝胶,并吸水产生膨胀压力,造成混凝土开裂。它造成的破坏程度比其他耐久性破坏的速度要快,后果更为严重,一旦发生,很难加以控制,一般不到两年就会使结构出现明显开裂。

碱—集料反应引起的裂缝与其他原因引起的裂缝的主要区别:

①碱—集料反应引起混凝土局部膨胀,裂缝的两个边缘出现不平状态(错台):是碱—集料反应裂缝的特有现象。

②碱—集料反应与环境湿度有关，在同一工程中潮湿部位出现裂缝，而干燥部位却安然无恙，是碱—集料反应引起的裂缝区别其他原因引起的裂缝的外观特征差别之一。

③从裂缝出现的时间来判断，碱—集料反应裂缝出现的时间较晚，多在施工后5～10年内出现，而混凝土收缩裂缝出现的时间较早，一般在施工后若干天内出现。

4. 冻融破坏

在严寒地区、水饱和或潮湿状态以及较低温度下，由于渗入混凝土中的水在温度正负变化过程中，集料受冻冰膨胀和渗透压力作用下膨胀，使混凝土内部的微观结构发生变化产生裂缝。经多次冻融循环后，损伤积累将使混凝土剥落酥裂，强度降低。因冻融循环而破坏的混凝土剥落，开始时在混凝土表面出现粒径为2～3mm的小片剥落，随着使用年限的增加，剥落量及剥落块直径增大，剥落由表及里，发展速度很快。另外，当北方地区采用撒盐除冰时，由于盐类与冻融循环的共同作用引起另一种盐冻融循环破坏的特殊形式，这种破坏要比单纯的冻融破坏更具有破坏性。盐冻融循环破坏表现为表面分层剥落，集料暴露，但剥落层下面的混凝土完好，在没有干扰的混凝土构件剥蚀表面或裂缝中可见白色盐结晶体。

5. 钢筋锈蚀

混凝土中钢筋腐蚀的首要条件是钝化膜破坏，混凝土的碳化及氯离子侵蚀都会造成覆盖钢筋表面的碱性钝化膜的破坏，加之有水分和氧的侵入，引起钢筋的腐蚀。钢筋腐蚀伴有体积膨胀，使混凝土出现沿钢筋的纵向裂缝，使钢筋与混凝土之间的黏结力破坏，钢筋截面面积减少，造成结构构件的承载力降低，变形和裂缝增大等一系列不良后果，并随着时间的推移，腐蚀会逐渐恶化，最终可能导致结构的完全破坏。对于在役混凝土结构而言，提高混凝土结构耐久性的基本思路是在处置病害根源的基础上封堵裂缝，修补破损混凝土，防止水分的侵入。

6. 表面缺损

混凝土表面缺损包括酸化、风化和冲磨三种破坏。由于集料材质与环境中水质中的硫酸盐、酸、碱等侵蚀成分发生化学反应，产生剥蚀，或由于风化作用，混凝土构件表面产生起毛→砂浆剥落→集料裸露→脱落，由表及里逐层剥落现象。由于水流的冲磨破坏作用产生水力冲刷的冲磨和空蚀的破坏现象。

二、混凝土结构的裂缝损伤

裂缝是钢筋混凝土桥梁中最普遍、最常见的病害之一，它往往是多种因素联合作用的结果，同时裂缝产生后又与环境作用，往往也会引起其他病害的发生与发展，如钢筋锈蚀、冻融破坏等，这些病害与裂缝形成恶性循环，最终会对桥梁结构的承载能力、耐久性产生较严重的影响。

混凝土结构中的裂缝可从客观成因、力学机理和产生因素等方法进行分类，也可从安全性进行分类。无论从哪个角度分析裂缝的产生，其产生裂缝的核心是混凝土中拉应力大于其抗拉强度或拉应变大于其极限拉应变所导致，它与荷载和变形、应力、温度、材料收缩与徐变、环境水侵蚀性介质等因素有关，混凝土产生裂缝的主要因素见表1-5-1。

混凝土产生裂缝的主要因素　　表 1-5-1

分类		因素	产生原因
原材料		水泥	水泥等级低，或失效，水泥的水化热反应慢
		集料	含泥多，集料质量低劣
施工	混凝土	浇筑	浇筑速度太快
		振捣	振捣不足或漏振
		养护	硬化前受到振动或加载，初期养护时干燥；初期冻害
	钢筋	—	位置被扰动，保护层厚度不够
	模板	模板	模板变形，模板漏浆，过早拆模
		支撑	支撑下沉
环境	温、湿度		构件表面温度、湿度差异较大
	水及侵蚀性介质		酸或者盐类的化学作用，碳化，氯化物侵入
受力条件	荷载		超过荷载组合值
	设计		断面及钢筋用量不足，混凝土强度等级低，钢筋接头、锚固方式与布置等不当
	支撑条件		结构不均匀沉降

从力学机理来看，混凝土结构在超越设计组合作用时，结构上的作用超过其抗力，产生压碎裂缝、弯曲裂缝和剪切裂缝等形式的裂缝，这些裂缝属于结构性裂缝，其裂缝的分布及宽度与外荷载作用大小有关，当出现结构性裂缝，预示着结构承载能力可能不足或存在其他严重问题，如图 1-5-1 所示。

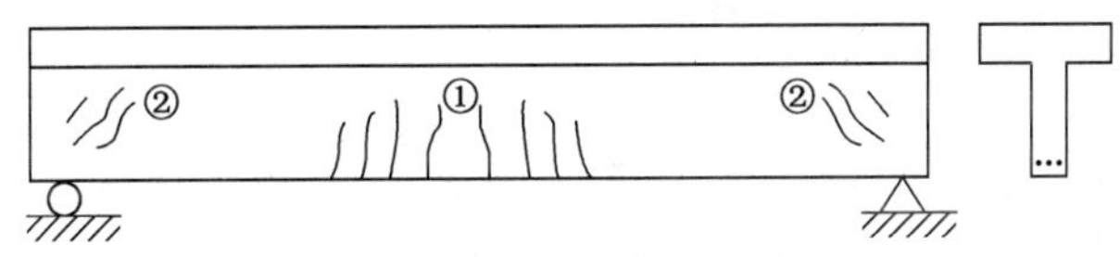

图 1-5-1　钢筋混凝土梁结构裂缝

①-跨中截面附近正下缘受拉区的竖向裂缝，是最常见的结构性裂缝；②-支点附近截面由主拉应力引起的斜裂缝

(1)压碎裂缝

当设计的混凝土抗压强度不够或长期处于超载作用时，使结构上的作用超过其本身的抗力，导致产生局部构件混凝土与压力方向平行的多条短裂缝，随着裂缝加密和混凝土压酥，导致混凝土构件产生压碎裂缝。

(2)弯曲裂缝

当混凝土构件受拉区的拉应力超过混凝土抗拉强度时，弯矩最大截面附近从受拉区边缘开始出现横向裂缝，逐渐向中和轴发展，随着横向裂缝向受压区延伸，受压区出现短而密的纵向裂缝，受压区混凝土和箍筋间纵向受压筋变形形成弯曲裂缝。

(3)剪切裂缝

当箍筋适当时，沿梁端中部发生约 45°、方向相互平行的斜裂纹，随着斜裂纹发展至梁顶部。当箍筋太密时，沿梁端腹部发生与梁底板夹角大于 45°方向的短而密的斜裂导致混凝土酥裂。

(4)不均匀沉降引起的裂缝

不均匀沉降引起的裂缝宽度较大,往往在梁柱节点处产生,常见于双柱或多柱框架式墩台。

(5)网状裂缝

当混凝土出现纵横相交的不规则裂缝时,称为网裂裂缝,也称收缩裂缝或温度裂缝。它主要是由于商品混凝土运输时间过长使水分蒸发,引起混凝土浇筑时的坍落度过低,使混凝土出现不规则的网状裂缝;或是混凝土中的集料含泥过多及初期养护不当,使得混凝土表面出现塑性收缩而产生裂缝,该裂缝一般深度较浅。

(6)钢筋锈蚀引起的裂缝

混凝土中钢筋发生锈蚀后,其锈蚀产物(氢氧化铁)的体积比原来膨胀 2 ~4 倍,从而对周围混凝土产生膨胀应力,当膨胀应力大于混凝土抗拉强度时,就会产生裂缝,这种裂缝被称为钢锈裂缝。钢锈裂缝一般沿钢筋长度方向发展为顺筋裂缝。

(7)碱—集料反应裂缝

碱—集料反应裂缝一般是指水泥中的碱和集料中的活性氧化硅发生反应,生成碱—硅酸盐胶并吸水产生膨胀压力,致使混凝土出现开裂现象。

第二节　钢桥及构件病害分析

一、概述

钢桥及钢构件的病害类别,除了承载能力不足外,主要是钢板、杆件的疲劳损伤、开焊和腐蚀,其中多数为疲劳损伤和腐蚀。钢材的疲劳损伤是指钢材在连续的反复荷载作用下,其应力低于抗拉强度,甚至低于屈服点时发生突然破坏的现象,也称为钢构件的疲劳损伤。

1. 钢材疲劳损伤的特征

(1)产生疲劳损伤的主要因素:拉应力、拉应力循环、晶格间产生微错位。

(2)疲劳裂纹扩展方向垂直于主力方向。

(3)疲劳裂纹发展的三个阶段:萌生、稳定扩展、失稳扩展。前两个阶段很难通过观测结构的变形而被发现,第三阶段是脆性破坏,所以疲劳损伤是危险很大的一种破坏形式。

2. 钢桥疲劳损伤的主要因素

(1)结构构造考虑不当。

(2)循环应力幅度与应力循环次数、残余应力。

(3)结构和连接的形状。

(4)杆件相互连接部位产生挠度和位移错动。

(5)因腐蚀而引起钢材表面的变形。

(6)焊接缺陷、制造和加工不当。

3. 疲劳裂纹的分类

从受力角度来看,疲劳损伤的裂纹可分为主应力引起的疲劳、次应力引起的疲劳以及腐蚀疲劳三种形式。

二、钢构件及联结杆件疲劳损伤

因主应力的疲劳损伤可在设计中避免,因此,在桥梁检测中应特别关注次应力、腐蚀疲劳两种情况。

1. 次应力

(1)产生次应力的条件:

①腹板面外变形,在某小间隙处受到约束引起次应力。

②两相邻构件变形的差引起次应力,如上承式桁梁、纵梁与横梁连接处。

③局部振动在构件连接处引起较大的次应力,如桁架桥中的竖杆及平联、板梁中的桁式平联和横联。

④支座竖向转动或活动支座纵向失灵引起的次弯曲。

⑤其他不适当的构造设计和施工。

(2)次应力引起疲劳裂缝的特点:

①设计中没有准确计算次应力大小,所考虑的措施不当。

②疲劳裂缝多在桥梁运营最初3个月内产生。

③裂纹多出现在同样构件部位且重复率高。

④初期某些裂纹尚未扩展至主要构件(削弱主构件断面),暂不对主要构件的安全构成威胁。

2. 钢材的腐蚀

钢材的锈蚀主要是由于钢和空气中的氧和水起化学作用而产生的,是钢构件主要病害之一,它将削弱钢构件断面,产生疲劳破坏。疲劳破坏是指在静荷载反复作用下,经过一定时间致使疲劳裂纹、腐蚀坑等应力集中处产生裂纹,在不发生塑性变形情况下产生的突然脆断破坏的一种现象,它主要在腐蚀和高应力共同作用下产生。

3. 杆件裂损的主要部位

①上承钢板梁。上下翼缘角钢、下翼缘沿支座处盖板(中心)、加劲角钢处下翼缘两侧、水平斜拉杆、下翼缘联结板梁端头上盖板外侧。

②上承钢板支座上方下翼缘钢板处和上承钢桁梁支座与下翼缘连接铆钉孔处。

③下承钢板梁。支座上方纵梁顶弯、梁节点两侧、梁加劲角钢上部、梁联结杆与纵梁联结板处。

④下承钢板梁支座连接板处、下承钢桁梁支座上方横梁下部。

⑤铆焊下承钢板梁上下水平联结角钢处。

三、钢桥面板损伤

1. 钢桥面板损伤原因

根据疲劳裂纹成因不同，可将正交异性钢桥面板的疲劳裂纹分为两类：一类是由于主应力引起的裂纹，它主要由板件平面内的变幅应力引起；另一类是由面外变形产生的次应力引起的裂纹。

2. 钢桥面板损伤主要部位

（1）纵肋现场焊接接头处。

（2）纵肋与面板焊接连接处。

（3）纵肋与横肋交叉处。

（4）横肋的腹板竖向加劲肋与面板焊接连接处。

第三节　桥梁构件缺损评定

桥梁构件缺损评定依据《技术评定标准》，按照桥梁构件材料的性质、结构类型进行评定。本节介绍桥梁构件缺损评定及各结构形式的桥梁技术状况评定的方法。

一、混凝土类构件缺损评定

1. 混凝土强度检测评定

根据混凝土桥梁结构或构件实测的强度值，依据公式（1-5-1）计算其推定强度匀质系数或平均强度匀质系数，并根据该值的范围按表 1-5-2 确定混凝土强度评定值。

桥梁混凝土强度评定标准　　表 1-5-2

K_{bt}	K_{bm}	强度状况	评定标度
≥0.95	≥1.00	良好	1
(0.95,0.90]	(1.00,0.95]	良好	2
(0.90,0.80]	(0.95,0.90]	较差	3
(0.80,0.70]	(0.90,0.85]	差	4
<0.70	<0.85	危险	5

$$K_{bt}=\frac{R_{it}}{R} \tag{1-5-1}$$

式中：K_{bt}——强度匀质系数；

R_{it}——混凝土实测强度推定值；

R——混凝土设计强度等级。

2. 钢筋锈蚀电位检测评定

钢筋锈蚀电位直观反映了混凝土中钢筋锈蚀的活动性，通过测试钢筋/混凝土与参考电极之间的电位差，可判断钢筋发生锈蚀的概率，电位差越大混凝土中钢筋发生锈蚀的可能性就越高。根据表1-5-3评定混凝土结构中钢筋发生锈蚀的概率或钢筋锈蚀的活动程度。

混凝土中钢筋锈蚀电位评定标准　表1-5-3

电位水平(mV)	钢筋状况	评定标度
≥ -200	无锈蚀活动性或锈蚀活动性不确定	1
(-200, -300]	有锈蚀活动性，但锈蚀状态不确定，可能坑蚀	2
(-300, -400]	有锈蚀活动性，发生锈蚀概率大于90%	3
(-400, -500]	有锈蚀活动性，严重锈蚀可能性极大	4
< -500	构件存在锈蚀开裂区域	5

注：量测时，混凝土桥梁结构或构件应为自然状态。

3. 混凝土结构中氯离子含量检测评定

混凝土中的氯离子可诱发并加速钢筋锈蚀，测量混凝土中氯离子含量可间接评判钢筋锈蚀活化的可能性。混凝土中的氯离子含量，可采用在结构构件上钻取不同深度的混凝土粉末样品的方法通过化学分析进行测定，根据检测结果，按表1-5-4评判其诱发钢筋锈蚀的可能性。

混凝土中氯离子含量评定标准　表1-5-4

氯离子含量(占水泥含量的百分比)	诱发钢筋锈蚀的可能性	评定标度
<0.15	很小	1
[0.15,0.40)	不确定	2
[0.40,0.70)	有可能诱发钢筋锈蚀	3
[0.70,1.00)	会诱发钢筋锈蚀	4
≥1.00	钢筋锈蚀活化	5

4. 混凝土碳化深度检测评定

通过测试混凝土碳化深度，并结合钢筋保护层厚度状况，可评判混凝土碳化对钢筋锈蚀的影响。在评定中可取构件的碳化深度平均值，实测保护层厚度平均值的比值K_e，按表1-5-5的规定确定混凝土碳化评定标度。

混凝土碳化评定标准　表1-5-5

K_e	评定标度	K_e	评定标度
<0.5	1	[1.5,2.0)	4
[0.5,1.0)	2	≥2.00	5
[1.0,1.5)	3		

5. 混凝土保护层厚度检测评定

混凝土构件保护层厚度可采用电磁检测方法进行无损检测。首先，根据某一测量部位各测点混凝土厚度实测值计算混凝土保护层厚度平均值，再按公式(1-5-2)计算确定测量部位混凝土保护层厚度特征值。根据保护层厚度特征值 D_{ne} 与设计值 D_{nd} 的比值，按表 1-5-6 的规定确定钢筋保护层厚度评定标度。

混凝土钢筋保护层厚度评定标准表　　表 1-5-6

D_{ne}/D_{nd}	对结构钢筋耐久性的影响	评定标度
>0.95	影响不显著	1
(0.85,0.95]	有轻度影响	2
(0.70,0.85]	有影响	3
(0.55,0.70]	有较大影响	4
≤0.55	钢筋易失去碱性保护，发生锈蚀	5

$$D_{ne} = D_n - K_p S_D \tag{1-5-2}$$

式中：S_D——钢筋保护层厚度实测值标准差，精确至 0.1mm；

K_p——判定系数，按表 1-5-7 取用。

钢筋保护层厚度判定系数　　表 1-5-7

n	10~15	16~24	≥25
K_p	1.695	1.645	1.595

6. 混凝土蜂窝、麻面评定

混凝土蜂窝、麻面评定，见表 1-5-8。

混凝土蜂窝、麻面评定标准表　　表 1-5-8

评定标度	评定标准	
	定性描述	定量描述
1	完好，无蜂窝麻面	—
2	较大面积蜂窝麻面	累计面积≤构件面积的 50%
3	大面积蜂窝麻面	累计面积>构件面积的 50%

7. 混凝土构件剥落、掉角评定

混凝土构件剥落、掉角评定，见表 1-5-9。

混凝土构件剥落、掉角评定标准表　　表 1-5-9

评定标度	评定标准	
	定性描述	定量描述
1	完好，无剥落、掉角	—
2	局部混凝土剥落或掉角	累计面积≤构件面积的 5%，或单处面积≤0.5m^2
3	较大范围混凝土剥落或掉角	累计面积>构件面积的 5%且<构件面积的 10%，或单处面积>0.5m^2且<1.0m^2
4	大范围混凝土剥落或掉角	累计面积≥构件面积的 10%，或单处面积≥1.0m^2

8. 混凝土构件空洞、孔洞评定

混凝土构件空洞、孔洞评定，见表1-5-10。

混凝土构件空洞、孔洞评定标准表　　表1-5-10

评定标度	评定标准	
	定性描述	定量描述
1	完好，无空洞、孔洞	—
2	局部混凝土空洞、孔洞	累计面积≤构件面积的5%，或单处面积≤0.5m^2
3	较大范围混凝土空洞、孔洞	累计面积>构件面积的5%且<构件面积的10%，或单处面积>0.5m^2且<1.0m^2
4	大范围混凝土空洞、孔洞	累计面积≥构件面积的10%，或单处面积≥1.0m^2

二、钢桥及构件缺损评定

1. 钢构件表面涂层劣化评定

钢构件表面涂层劣化评定，见表1-5-11。

钢构件表面涂层劣化评定表　　表1-5-11

评定标度	评定标准	
	定性描述	定量描述
1	完好	—
2	涂层个别位置出现流痕、气泡、白化、漆膜发黏、针孔、起皱或皱纹、表面粉化、变色起皮、脱落等缺陷	累计面积≤构件面积的10%
3	涂层出现较严重流痕、气泡、白化、漆膜发黏、针孔、起皱或皱纹、表面粉化、变色起皮、脱落等缺陷	累计面积>构件面积的10%且≤构件面积的50%
4	涂层出现严重流痕、气泡、白化、漆膜发黏、针孔、起皱或皱纹、表面粉化、变色起皮、脱落等缺陷	累计面积>构件面积的50%

2. 钢构件锈蚀评定

钢构件锈蚀评定表，见表1-5-12。

钢构件锈蚀评定表　　表1-5-12

评定标度	评定标准	
	定性描述	定量描述
1	完好	—
2	构件表面发生轻微锈蚀，部分氧化皮或油漆层出现剥落	锈蚀累计面积≤构件面积的5%
3	构件表面有较多点蚀现象，氧化皮、油漆层因锈蚀而部分剥落或可以刮除，重要部位有锈蚀成洞现象	钢筋累计面积>构件面积的5%且≤构件面积的15%，或锈蚀孔洞≤3个，工字梁孔洞直径≤30mm，板梁≤30mm且边缘完好；桁梁孔洞直径≤30mm，且≤杆件宽度的15%
4	构件表面有大量点蚀现象，氧化皮、油漆层因锈蚀而全面剥落，重要部位被锈蚀成洞	钢筋累计面积>构件面积的15%，或锈蚀孔洞>3个，工字梁孔洞直径>30mm，板梁>50mm且边缘完好；桁梁孔洞直径>30mm，或>杆件宽度的15%

3. 钢构件焊缝开裂评定

钢构件焊缝开裂评定,见表1-5-13。

钢构件焊缝开裂评定表

表1-5-13

评定标度	评定标准	
	定性描述	定量描述
1	完好	—
2	焊缝部位涂层有少量裂纹	—
3	焊缝部位涂层有大量裂纹,受拉翼缘边焊缝存在裂缝,其他部位焊缝无裂缝	主梁、纵横梁受拉翼缘边焊缝开裂长度≤5mm
4	主要构件焊缝出现较多裂缝,构件出现变形	主梁、纵横梁受拉翼缘边焊缝开裂长度>5mm且≤10mm,其他位置焊缝开裂长度≤5mm
5	主要构件焊缝存在大量裂缝甚至完全开裂,主要构件存在明显的变形,变形大于规范值	主梁、纵横梁受拉翼缘边焊缝开裂长度>10mm,其他位置焊缝开裂长度>5mm

4. 铆钉(螺栓)损失评定

铆钉(螺栓)损失评定,见表1-5-14。

铆钉(螺栓)损失评定表

表1-5-14

评定标度	评定标准	
	定性描述	定量描述
1	完好	—
2	铆钉(螺栓)少量损坏、松动或丢失,造成联结部位铆钉(螺栓)失效	损坏、失效数量≤总量的1%
3	焊缝部位涂层有大量裂纹,受拉翼缘边焊缝存在裂缝,其他部位焊缝无裂缝	损坏、失效数量>总量的1%且≤总量的10%
4	主要构件焊缝出现较多裂缝,构件出现变形	损坏、失效数量>总量的10%且≤总量的30%
5	主要构件焊缝存在大量裂缝甚至完全开裂,主要构件存在明显的变形,变形大于规范值	损坏、失效数量>总量的30%

5. 钢构件裂缝评定

钢构件裂缝评定,表1-5-15。

钢构件裂缝评定表

表1-5-15

评定标度	评定标准	
	定性描述	定量描述
1	完好	—
2	钢构件出现极少量细小裂纹	—
3	钢构件出现较多幼小裂缝,截面削弱,但不影响正常使用	主梁、纵横梁受拉翼缘边裂缝长度≤3mm,或有受拉翼缘焊接盖板端部裂缝≤10mm,或桁梁端横梁与纵梁连接处下端以及腹杆接头处裂缝长度≤20mm

续上表

评定标度	评定标准	
	定性描述	定量描述
4	主要构件出现较多裂缝，截面削弱	主梁、纵横梁受拉翼缘边裂缝长度 >3mm 且≤5mm，或有受拉翼缘焊接盖板端部裂缝 >10mm 且≤20mm，或桁梁端横梁与纵梁连接处下端以及腹杆接头处裂缝长度 >20mm 且≤50mm
5	主要构件出现较多严重裂缝，截面削弱，主要构件存在明显的永久变形，变形大于限值	主梁、纵横梁受拉翼缘边裂缝长度 >5mm，或有受拉翼缘焊接盖板端部裂缝 >20mm，或桁梁端横梁与纵梁连接处下端以及腹杆接头处裂缝长度 >50mm

6. 钢桥跨中挠度评定

钢桥跨中挠度评定，见表1-5-16。

钢桥跨中挠度评定表　　表1-5-16

评定标度	评定标准	
	定性描述	定量描述
1	完好	—
2	钢构件出现极少量细小裂纹	—
3	挠度小于限值	简支或连续板梁跨中最大挠度≤计算跨径的1/800；或简支或连续桁架跨中最大挠度≤计算跨径的1/1000
4	主要构件挠度接近限值，裂缝状况较严重	简支或连续板梁跨中最大挠度 >计算跨径的1/800 且≤计算跨径的1/600；或简支或连续桁架跨中最大挠度 >计算跨径的1/1000 且≤计算跨径的1/800
5	主要构件挠度大于限值，存在明显的永久变形，裂缝状况严重，严重影响承载力，有不正常移动并影响结构安全	简支或连续板梁跨中最大挠度 >计算跨径的1/600；或简支或连续桁架跨中最大挠度 >计算跨径的1/800

7. 钢构件变形评定

钢构件变形评定，见表1-5-17。

钢构件变形评定表　　表1-5-17

评定标度	评定标准	
	定性描述	定量描述
1	完好	—
2	—	—
3	个别次要构件出现异常变形，行车稍感振动或摇晃	构件竖向弯曲矢度≤跨度的1/1500；或板梁、纵梁、横梁及工字梁横向弯曲矢度≤自由长度1/800 且 <15mm；或桁梁的压力杆件弯曲矢度≤杆件自由长度的1/1500；或拉力杆件弯曲矢度≤杆件自由长度1/800，腹杆、连接杆件弯曲矢度≤杆件自由长度1/500
4	主要构件出现较多裂缝，截面削弱	构件竖向弯曲矢度 >跨度的1/1500 且≤跨度的1/1000；或板梁、纵梁、横梁及工字梁横向弯曲矢度 >自由长度1/8000 且≤自由长度1/5000，且 <20mm；或桁梁的压力杆件弯曲矢度 >自由长度的1/1500 且≤自由长度的1/1000；或拉力杆件弯曲矢度 >杆件自由长度1/800 且≤杆件自由长度1/500，腹杆、连接杆件弯曲矢度 >杆件自由长度1/500 且≤杆件自由长度1/300

续上表

评定标度	评定标准	
	定性描述	定量描述
5	主要构件出现较多严重裂缝,截面削弱,主要构件存在明显的永久变形,变形大于限值	构件竖向弯曲矢度 > 跨度的 1/1000;或板梁、纵梁、横梁及工字梁横向弯曲矢度 > 自由长度 1/5000 且 > 20mm;或桁梁的压力杆件弯曲矢度 > 杆件自由长度的 1/1000;或拉力杆件弯曲矢度 > 杆件自由长度 1/500,腹杆、连接杆件弯曲矢度 > 杆件自由长度 1/300

8. 钢桥结构变位评定

钢桥结构变位评定,见表 1-5-18。

钢桥结构变位评定标准表 表 1-5-18

标度	评定标准(定性描述)
1	完好
2	—
3	横向联结出现松动,纵向接缝开裂较大
4	主要构件存在明显的永久变形,变形小于或等于规范值,或桥面竖向呈波形
5	主要构件存在明显的永久变形,变形大于规范值,结构振动或摇晃显著、有不正常移动

三、其他

1. 桥梁结构自振频率检测评定

桥梁自振频率变化不仅能够反映结构损伤情况,而且还能反映结构整体性能和受力体系的改变,根据实测自振频率 f_{mi} 与理论计算频率 f_{di} 的比值,按表 1-5-19 确定桥梁自振频率评定标度。

桥梁自振频率评定标准表 表 1-5-19

上部结构	下部结构	评定标度
f_{mi}/f_{di}	f_{mi}/f_{di}	
≥1.1	≥1.2	1
[1.00,1.10)	[1.00,1.20)	2
[0.90,1.00)	[0.95,1.00)	3
[0.75,0.90)	[0.80,0.95)	4
<0.75	<0.80	5

2. 拉吊索索力检测评定

拉吊索索力直接反映索结构桥梁持久状况下的内力状态,是评价桥梁承载能力的重要指标,应依据不少于检测中的前五阶特征频率计算索力的平均值,并按式(1-5-3)计算索力偏差率。当索力偏差超过 ±10% 时应分析原因,检定其安全系数是否满足相关规范要求,并应在结构检算中加以考虑。

$$K_t = \frac{T - T_d}{T_d} \times 100\% \tag{1-5-3}$$

式中：T——实测索力值；

T_d——设计索力值。

3. 混凝土梁桥裂缝评定

混凝土梁桥裂缝评定，见表1-5-20。

混凝土梁桥裂缝评定表　　表1-5-20

评定标度	评定标准	
	定性描述	定量描述
1	无裂缝	—
2	局部出现网状裂缝，或主梁出现少量轻微裂缝，缝宽未超限	网状裂缝累计面积≤构件面积的20%，单处面积≤$1.0m^2$；或主梁裂缝缝长≤截面尺寸的1/3
3	出现大面积网状裂缝，或主梁出现横向裂缝，或顺主筋方向出现纵向裂缝，或出现斜裂缝、水平裂缝、竖向裂缝等，缝宽未超限	网状裂缝累计面积>构件面积的20%，单处面积>$1.0m^2$；或主梁裂缝缝长>截面尺寸的1/3且≤截面尺寸的1/2
4	主梁控制截面出现较多横向裂缝，或顺主筋方向出现严重纵向裂缝并伴有钢筋锈蚀等，或出现斜裂缝、水平裂缝、竖向裂缝等，裂缝缝宽超限	主梁裂缝缝长>截面尺寸的1/2，间距<30cm
5	主梁控制截面出现大量结构性裂缝，裂缝大多贯通，且缝宽严重超限，主梁出现变形	主梁裂缝缝宽>1.0mm，间距<20cm

4. 桥梁基础与地基检测评定

桥梁基础变位检测评定包括：基础的竖向沉降、水平变位和转角，相邻基础的沉降以及基础的不均匀深陷、滑移、倾斜和冻拔三个方面。

(1)桥梁基础变位评定。

①当基础变位尚未稳定，应设立永久性观测点，定期进行控制检测判定基础变位是否趋于稳定。

②基础变位是否超出设计期望值。若超出设计期望值，除应检算评定基础变位对上部结构的不利影响外，还应对地基进行探查，检算评定其承载能力。

(2)桥梁地基的检验评定。

①根据桥梁结构的重要性、墩台与基础变位情况以及原位岩土工程勘察资料情况，补充勘探孔或原位测试孔，查明土层分布及土的物理力学性质。

②对因加固维修需要增加结构自重的桥梁，尚宜在基础下取原状土进行室内的物理力学性质试验。

(3)简支桥梁墩台与基础沉降和位移容许限值标准：

①墩台均匀总沉降：2.0cm；

②相邻墩台总沉降差：1.0cm；

③墩台顶面水平位移值：0.5cm。

各类桥梁构件具体的评定按现行《技术评定标准》执行。

四、各结构形式桥梁构件技术状况评定

(一)拱桥

1. 钢筋混凝土拱桥

(1)主拱圈变形评定(表1-5-21)。

主拱圈变形评定表　　表1-5-21

标　度	评　定　标　准
	定　性　描　述
1	完好
2	—
3	主拱圈线形有轻微变形,或边拱有横移或外倾现象
4	主拱圈线形有较明显的变形,如拱顶变形、桥面竖向呈波形
5	主拱圈严重变形,或拱顶挠度大于限值,严重影响桥梁结构安全

(2)主拱圈裂缝评定(表1-5-22)。

主拱圈裂缝评定表　　表1-5-22

标度	评　定　标　准	
	定　性　描　述	定　量　描　述
1	完好	—
2	有少量轻微横向裂缝	横向裂缝≤截面尺寸的1/8,缝宽≤0.1mm
3	结合面开裂或有纵向、横向裂缝,缝宽未超限	纵向裂缝缝长≤截面尺寸的1/8,缝宽≤0.5mm;或横向裂缝缝长>截面尺寸的1/8且≤截面尺寸的1/2,缝宽>0.1mm且≤0.3mm
4	结合面开裂或有较严重纵向、横向裂缝,缝宽超限	纵向裂缝缝长>截面尺寸的1/8,缝宽>0.5mm;或横向裂缝缝长>截面尺寸的1/2,缝宽>0.3mm
5	裂缝贯通截面或跨长,发生开合现象,或拱圈砌体严重断裂	缝宽>2.0mm

(3)拱脚位移评定(表1-5-23)。

拱脚位移评定表　　表1-5-23

标　度	评　定　标　准
	定　性　描　述
1	完好
2	—
3	—
4	拱脚出现水平、竖向位移和转角
5	拱脚严重错台、位移,造成结构和桥面变形过大,严重影响桥梁结构安全

(4)拱铰功能受损评定(表1-5-24)。

拱铰功能受损评定表　　表1-5-24

标度	评定标准
	定性描述
1	完好
2	—
3	拱铰部分受损,但功能尚存
4	拱铰受损较严重,有错位、拉开现象,甚至部分压裂,部分丧失功能
5	拱铰严重受损,有错位、拉开现象,混凝土压裂或功能丧失,拱圈出现严重变形

(5)实腹拱的侧墙与主拱圈间脱裂评定(表1-5-25)。

实腹拱的侧墙与主拱圈间脱裂评定表　　表1-5-25

标度	评定标准
	定性描述
1	完好
2	个别位置出现脱裂,缝宽较小且不连续
3	侧墙与主拱圈间较大范围出现断裂、脱开,且断裂脱开连续
4	侧墙与主拱圈间大范围出现断裂、脱开,且断裂脱开连续,结构出现变形
5	侧墙与主拱圈间严重脱裂,造成桥面板严重塌落,结构或桥面变形过大

(6)空腹拱的腹拱或横向联结系变形、错位评定(表1-5-26)。

空腹拱的腹拱或横向联结系变形、错位评定表　　表1-5-26

标度	评定标准
	定性描述
1	完好
2	—
3	个别腹拱或横向联结系出现变形、错位,但不影响行车
4	较多腹拱或横向联结系出现变形、错位,影响正常行车
5	腹拱或横向联结系产生严重变形、错位,导致桥面出现严重塌陷或沉降,变形过大,不能正常行车,造成安全隐患

(7)立墙或立柱倾斜评定(表1-5-27)。

立墙或立柱倾斜评定表　　表1-5-27

标度	评定标准
	定性描述
1	完好
2	—
3	个别立墙或立柱出现轻微倾斜
4	较多立墙或立柱出现倾斜,影响正常行车
5	立墙或立柱产生严重倾斜,桥面出现严重塌陷或沉降,变形过大,不能正常行车

2. 双曲拱桥

(1)主拱圈、横向联结系变形评定(表1-5-28)。

主拱圈、横向联结系变形评定表 表1-5-28

标度	评定标准 定性描述
1	完好
2	主拱圈无明显变形,或个别横向联结系轻微松动、开裂,或横向联结系出现轻微扭曲变形,拱肋各肋间变形趋于一致
3	边拱肋有轻微横移或外倾,或少部分横向联结拉杆松动、开裂,横向联结系出现明显变形,但强度足够,拱肋变形比较均匀
4	拱圈存在明显的变形,拱顶下挠,变形过大,桥面竖向呈波形,或横向联结系出现明显永久变形,产生损坏,横向稳定性弱,拱波出现较严重的纵向裂缝且裂缝大于限值
5	拱圈出现严重异常变形、开裂、拱顶下沉,变形过大;或受压构件有严重的横向扭曲变形;或横向联结系强度严重不足甚至没有设置,横向联结系产生严重损坏,横向稳定性严重不足,拱肋横桥向变形非常不均匀,拱波出现贯通纵向裂缝且裂缝大于限值,大量横向联结拉杆松动、断裂导致拱肋严重变形,不能正常行车

(2)主拱圈裂缝评定(表1-5-29)。

主拱圈裂缝评定表 表1-5-29

标度	评定标准	
	定性描述	定量描述
1	完好,无裂缝	—
2	有少量横向裂缝,缝宽未超限	缝长≤截面尺寸的1/3
	拱波、拱波和拱肋结合部位出现纵向裂缝,缝宽未超限	缝长≤截面尺寸的1/3
	跨中截面肋波结合面再现少量环向裂缝	缝长≤结合面长度或跨长的1/8
	横向联结系构件有少量裂缝,缝宽未超限	缝长≤截面尺寸的1/3
3	有较多横向裂缝,缝宽未超限	缝长>截面尺寸的1/3且≤截面尺寸的2/3
	拱波、拱波和拱肋结合部位出现纵向裂缝,缝宽未超限	缝长>截面尺寸的1/3且≤截面尺寸的2/3,缝宽≤0.2mm
	跨中截面肋波结合面再现少量环向裂缝	缝长>截面尺寸的1/3且≤截面尺寸的2/3,缝宽≤0.5mm
	横向联结系构件有少量裂缝,缝宽未超限	缝长>截面尺寸的1/3且≤截面尺寸的2/3,间距≥20cm
4	横向裂缝缝宽超限	缝长>截面尺寸的2/3,间距≥20cm
	拱波、拱波和拱肋结合部位出现大量纵向裂缝	缝长>截面尺寸的2/3,部分缝宽>0.2mm
	跨中截面肋波结合面再现出现大量环向裂缝,缝宽超限	缝长>截面尺寸的1/2
	横向联结系构件有少量裂缝,缝宽未超限	缝长>截面尺寸的2/3,间距<20cm
5	控制截面出现大量结构性裂缝,裂缝大多贯通,且缝宽超限,主梁出现变形	—

3. 刚架拱桥

(1)跨中挠度评定(表1-5-30)。

跨中挠度评定表　　表1-5-30

标度	评定标准	
	定性描述	定量描述
1	完好	—
2	—	—
3	跨中下挠,拱轴线偏离	跨中最大挠度≤计算跨径的1/1000
4	下挠较严重,拱轴线偏离	跨中最大挠度>计算跨径的1/1000,且≤计算跨径的1/800
5	下挠严重,拱圈严重变形、开裂,拱轴线严重偏离,变形随时间发展迅速,影响结构安全	跨中最大挠度>计算跨径的1/800

(2)横系梁与拱片联结松动、开裂评定(表1-5-31)。

横系梁与拱片联结松动、开裂评定表　　表1-5-31

标　度	评定标准
	定性描述
1	完好
2	个别横系梁与拱片联结松动、开裂
3	横系梁与拱片联结松动、开裂,个别横系梁出现竖向开裂
4	横系梁与拱片联结松动、开裂导致拱片变形、位移大于限值,同时横系梁出现脱落现象
5	横系梁与拱片联结严重松动、开裂,拱片出现严重变形、位移,甚至导致桥面严重塌陷或沉降

(3)微弯板穿孔、塌陷、露筋评定(表1-5-32)。

微弯板穿孔、塌陷、露筋评定表　　表1-5-32

标　度	评定标准
	定性描述
1	完好
2	微弯板出现极个别露筋、穿孔
3	微弯板出现较多露筋、穿孔现象
4	微弯板出现大量露筋、穿孔,出现少量塌陷现象
5	微弯板严重塌陷,不能正常行车并造成严重安全隐患

(4)裂缝评定(表1-5-33)。

裂缝评定表

表 1-5-33

标度	评定标准	
	定性描述	定量描述
1	完好,无裂缝	—
2	竖向裂缝:有少量裂缝,缝宽未超限	竖向裂缝:缝长≤截面尺寸的 1/3
	微弯板或肋腋板纵向开裂:出现开裂,缝宽未超限	微弯板或肋腋板纵向开裂:缝长≤截面尺寸的 1/8
	横向裂缝:有少量裂缝,缝宽未超限	横向裂缝:缝长≤截面尺寸的 1/3
	实腹段、拱腿斜裂缝:有少量裂缝,缝宽未超限	实腹段、拱腿斜裂缝:缝长≤截面尺寸的 1/3
3	竖向裂缝:较多裂缝,缝宽未超限	竖向裂缝:缝长>截面尺寸的 1/3 且≤截面尺寸的1/2,间距≥30cm
	微弯板或肋腋板纵向开裂:结合部出现较多纵向裂缝,缝宽未超限	微弯板或肋腋板纵向开裂:缝长>截面尺寸的 1/8 且≤截面尺寸的 1/3
	横向裂缝:较多裂缝,缝宽未超限	横向裂缝:缝长>截面尺寸的 1/3 且≤截面尺寸的2/3,间距≥20cm
	实腹段、拱腿斜裂缝:较多裂缝,缝宽未超限	实腹段、拱腿斜裂缝:缝长≤截面尺寸的 1/3
4	竖向裂缝:大量裂缝,缝宽超限	竖向裂缝:缝长>截面尺寸的 1/2,间距<30cm
	微弯板或肋腋板纵向开裂:结合部出现大量裂缝,缝宽超限	微弯板或肋腋板纵向开裂:缝长>截面尺寸的 1/3
	横向裂缝:大量裂缝,缝宽超限值	横向裂缝:缝长>截面尺寸的 2/3,间距<20cm
	实腹段、拱腿斜裂缝:缝宽超限值	实腹段、拱腿斜裂缝:缝长>截面尺寸的 1/2
5	控制截面出现大量结构性裂缝,裂缝大多贯通,且缝宽超限,主梁出现变形	缝宽>1.0mm,间距<10cm

(5)连接部钢板锈蚀、断裂评定(表 1-5-34)。

连接部钢板锈蚀、断裂评定表

表 1-5-34

标度	评定标准
	定性描述
1	完好
2	基本完好,极少量钢板锈蚀,无断裂现象
3	较多钢板锈蚀,少部分钢板出现穿孔或断裂
4	大量钢板出现锈蚀、断裂,造成主拱变形
5	大量钢板严重锈蚀、断裂,造成主拱严重变形并产生破坏,影响结构安全

4. 桁架拱桥

(1)构件变形评定(表 1-5-35)。

构件变形评定表　　表 1-5-35

标　度	评　定　标　准
	定　性　描　述
1	完好
2	—
3	个别次要构件出现弯曲变形,行车稍感振动或摇晃
4	个别主要构件出现异常弯曲变形,行车振动或摇晃明显或有异常声音
5	较多主要构件出现严重变形或开裂,显著影响承载力,结构振动或摇晃显著,有不正常移动

(2)拱片连接处混凝土断裂评定(表 1-5-36)。

拱片连接处混凝土断裂评定表　　表 1-5-36

标　度	评　定　标　准
	定　性　描　述
1	完好
2	—
3	少量拱片连接处混凝土出现轻微碎裂
4	大量拱片连接处混凝土出现大面积碎裂
5	大量拱片连接处混凝土出现完全碎裂,拱圈严重变形,显著影响承载力

(3)上弦杆缺陷评定(表 1-5-37)。

上弦杆缺陷评定表　　表 1-5-37

标　度	评　定　标　准
	定　性　描　述
1	完好
2	个别上弦杆出现拉裂现象
3	部分位置上弦杆与行车道板出现脱空现象
4	较多位置上弦杆与行车道板脱空,拱圈或桥面板有变形现象
5	几乎所有位置上弦杆与行车道板脱空,拱圈或桥面板严重变形,甚至桥面板出现严重塌陷

5. 钢—混凝土组合拱桥

(1)焊缝开裂评定(表 1-5-38)。

焊缝开裂评定表　　表 1-5-38

标　度	评　定　标　准
	定　性　描　述
1	完好
2	焊缝部位涂层有少量裂纹,但符合相关规范要求
3	较多焊缝存在裂缝,且不符合相关规范要求
4	大量焊缝存在裂缝,且不符合相关规范要求

(2)混凝土裂缝评定(表1-5-39)。

混凝土裂缝评定表　　表1-5-39

标度	评定标准	
	定性描述	定量描述
1	完好	—
2	局部出现网状裂纹,或有少量裂缝,缝宽未超限	网状裂纹累计面积≤构件面积的20%,单处面积≤1.0m²,或裂缝缝长≤1截面尺寸的1/3
3	大面积出现网状裂纹,或有较多裂缝,缝宽未超限	网状裂纹累计面积>构件面积的20%,单处面积>1.0m²,或裂缝缝长>截面尺寸的1/3且≤截面尺寸的1/2,间距<20cm
4	有大量裂缝,大多贯通且重点部位缝宽超限	缝长>截面尺寸的1/2,间距<20cm

(3)构件扭曲变形、局部损伤评定(表1-5-40)。

构件扭曲变形、局部损伤评定表　　表1-5-40

标度	评定标准
	定性描述
1	完好
2	—
3	构件存在轻微扭曲现象,横向联结件出现松动
4	构件存在明显的永久变形,桥面线形变化明显,行车振动或摇晃明显或有异常声音,变形过大
5	构件存在明显的永久变形,桥面线形变化明显,结构振动或摇晃显著,有不正常移动,变形过大,严重影响结构安全

(4)管内混凝土填充不密实或脱空评定(表1-5-41)。

管内混凝土填充不密实或脱空评定表　　表1-5-41

标度	评定标准
	定性描述
1	完好
2	管内混凝土存在数量极少的脱空现象
3	管内混凝土存在少部分脱空现象
4	管内混凝土存在较多脱空现象

(5)主拱圈挠度评定(表1-5-42)。

主拱圈挠度评定表　　表1-5-42

标度	评定标准	
	定性描述	定量描述
1	完好	—
2	—	—
3	挠度小于限值	跨中最大挠度≤计算跨径的1/1000
4	挠度大于限值	跨中最大挠度>计算跨径1/1000且≤计算跨径的1/800
5	挠度严重大于限值,显著影响承载力,有不正常移动,或造成梁板出现严重病害,影响行车安全	跨中最大挠度>计算跨径1/800

(6)拱肋位移评定(表1-5-43)。

拱肋位移评定表　　表1-5-43

标　度	评 定 标 准 定 性 描 述
1	完好
2	—
3	—
4	拱肋沿顺桥向或横桥向出现异常位移变形,行车振动或摇晃明显或有异常声音
5	拱肋沿顺桥向或横桥向出现严重的位移变形,存在失稳现象,桥面线形、纵向位移伸缩量出现显著异常,结构振动或摇晃显著

(7)锚头损坏评定(表1-5-44)。

锚头损坏评定表　　表1-5-44

标　度	评 定 标 准 定 性 描 述
1	完好
2	个别锚头出现轻微破损现象
3	个别锚头出现破损、松动现象
4	多数锚头出现破损、松动或裂缝现象

(8)橡胶老化变质评定(表1-5-45)。

橡胶老化变质评定表　　表1-5-45

标　度	评 定 标 准 定 性 描 述
1	完好
2	吊索端部及减振器部位橡胶轻微老化,表面有脏污,或减振措施有极个别处表面轻微损坏
3	吊索端部及减振器部位橡胶老化变形,或减振措施较多处出现松动或损坏
4	吊索端部及减振器部位橡胶老化变形,并有破裂渗水现象,或减振措施出现大量损坏,失去效用

(9)防护套损坏评定(表1-5-46)。

防护套损坏评定表　　表1-5-46

标　度	评 定 标 准	
	定 性 描 述	定 量 描 述
1	完好	—
2	个别防护套以及连接处有轻微松动现象,或防护套油漆变色、轻微损坏、裂纹、起皮、剥落	防护套油漆失效面积≤构件面积的10%
3	较多防护套以及连接处有松动或套管顶未密封,或防护套较大范围涂层有较严重损坏、裂纹、起皮、剥落	防护套油漆累计失效面积>构件面积的10%且≤构件面积的20%
4	大量防护套以及连接处有松动或套管顶未密封造成渗水现象,或防护套大范围涂层有严重损坏、裂纹、起皮、剥落	防护套油漆累计失效面积>构件面积的20%

(10)吊杆断丝评定(表1-5-47)。

吊杆断丝评定表 表1-5-47

标 度	评 定 标 准
	定 性 描 述
1	完好
2	极个别吊杆钢丝有少量疲劳现象,无断裂情况,满足设计要求
3	个别吊杆有钢丝锈蚀、损坏现象,无断裂现象
4	部分吊杆钢丝锈蚀或损坏较严重,个别有断裂现象
5	部分吊杆钢丝严重锈蚀、断裂或损坏,或造成梁体严重变形

(二)悬索桥

1. 主缆

(1)主缆防护损坏评定(表1-5-48)。

主缆防护损坏评定表 表1-5-48

标 度	评 定 标 准	
	定 性 描 述	定 量 描 述
1	完好	—
2	主缆防护表面有局部面漆变色起皮,个别位置出现破损、老化、漏水	面漆变色起皮面积≤3%,或防护破损面积≤1%
3	主缆表面面漆有部分损坏、裂缝、变色起皮或剥落;局部位置出现破损、老化、漏水	防护破损面积>1%且≤10%
	或极少的部位缠丝外露,且没有锈蚀	缠丝外露数量≤3%
4	主缆表面较大范围面漆有轻微损坏、裂纹、变色起皮或剥落;局部位置出现破损、老化、漏水	防护破损面积>10%
	或局部缠丝外露并伴有锈蚀	缠丝外露数量>3%

(2)主缆线形评定(表1-5-49)。

主缆线形评定表 表1-5-49

标 度	评 定 标 准
	定 性 描 述
1	主缆线形完好
2	主缆线形正常
3	主缆变形,但小于设计允许值
4	主缆变形较大,不可恢复的变形小于或等于设计允许值
5	主缆变形较为严重,不可恢复的变形大于设计允许值

(3)扶手绳及栏杆绳损坏评定(表1-5-50)。

扶手绳及栏杆绳损坏评定表　　表 1-5-50

标　度	评定标准	
	定性描述	定量描述
1	完好	—
2	检修道上扶手绳及栏杆绳有伤痕并有起丝现象	—
3	扶手绳、栏杆绳出现多处伤痕	截面损失 >30%
4	扶手绳或栏杆绳有断裂现象	—

(4)主缆腐蚀或索股损坏评定(表 1-5-51)。

主缆腐蚀或索股损坏评定表　　表 1-5-51

标　度	评定标准
	定性描述
1	完好
2	主缆局部出现轻微脱皮、锈蚀、伤痕或有麻点,或镀锌钢丝出现少量锌腐蚀亮斑,失去光泽
3	主缆出现少量脱皮、伤痕或至中度腐蚀,缠丝层有较多麻坑,或镀锌钢丝出现较多锌腐蚀,并有白色腐蚀产物,尚未见铁腐蚀
4	主缆出现较多脱皮、伤痕或密布的中等大小腐蚀,缠丝层有大量的麻坑,或镀锌钢丝锌层减少,出现铁腐蚀斑点和腐坑
5	主缆缠丝防锈层已经严重腐蚀、断丝,或出现严重脱皮、伤痕、断丝,或镀锌钢丝严重腐蚀、断丝

2. 索夹

(1)索夹错位、滑移评定(表 1-5-52)。

索夹错位、滑移评定表　　表 1-5-52

标　度	评定标准	
	定性描述	定量描述
1	无移动	—
2	—	—
3	个别索夹有错位、移动	截面损失≤10%
4	较多索夹有明显错位、滑动现象;个别索夹位移超限	滑移量 >10%

(2)索夹密封填料损坏评定(表 1-5-53)。

索夹密封填料损坏评定表　　表 1-5-53

标　度	评定标准	
	定性描述	定量描述
1	完好	—
2	索夹填料局部轻微老化,表面有脏污	数量≤总数量的 3%
3	索夹填料老化,局部有开裂剥落,部分发生变形	数量 > 总数量的 3% 且 ≤ 总数量的 10%
4	索夹填料老化、局部有开裂剥落	数量 > 总数量的 10%

(3)索夹裂纹和锈蚀评定(表1-5-54)。

索夹裂纹和锈蚀评定表　　表1-5-54

标度	评 定 标 准
	定 性 描 述
1	完好
2	索夹个别部位出现明显轻微裂纹,或表面有少量点蚀、锈斑
3	大量索夹外观有较多明显裂缝,或表面普遍有点蚀、锈斑或锈坑
4	大量夹壁开裂,索夹眼板开裂,索夹严重锈蚀

3. 吊索

(1)吊索锚头损坏评定(表1-5-55)。

吊索锚头损坏评定表　　表1-5-55

标 度	评 定 标 准
	定 性 描 述
1	完好
2	个别锚头轻微破损
3	个别锚头破损、松动
4	较多锚头破损、松动或裂缝,个别冷铸锚头破损严重或裂缝超限,严重影响构件安全

(2)吊索橡胶老化变质评定(表1-5-56)。

吊索橡胶老化变质评定表　　表1-5-56

标 度	评 定 标 准
	定 性 描 述
1	完好
2	吊索端部及减振器部位橡胶轻微老化,表面有脏污;或减振措施极个别处表面轻微损坏
3	吊索端部及减振器部位橡胶老化变形;或减振措施个别处出现松动或损坏
4	吊索端部及减振器部位橡胶老化变形,并有破裂现象,局部还造成渗水;或减振措施出现较多处损坏,失去效用

(3)吊索防护套破坏评定(表1-5-57)。

吊索防护套破坏评定表　　表1-5-57

标 度	评 定 标 准
	定 性 描 述
1	完好
2	个别防护套连接处松动
3	部分防护套以及连接处松动或套管顶没有密封
4	较多防护套以及连接处松动或套管顶没有密封,局部造成渗水

(4)吊索防护层破坏评定(表1-5-58)。

吊索防护层破坏评定表　　表1-5-58

标　度	评　定　标　准
	定　性　描　述
1	完好
2	个别吊索防护层轻微老化或破损
3	个别吊索防护层老化、破损、裂纹
4	吊索防护层老化、破损、裂纹或积水，造成局部渗水或锈蚀并伴有钢丝严重锈蚀现象

(5)吊索钢丝断丝评定(表1-5-59)。

吊索钢丝断丝评定表　　表1-5-59

标　度	评　定　标　准
	定　性　描　述
1	完好
2	—
3	钢丝少量锈蚀，无断丝
4	钢丝锈蚀，防腐层有大量麻坑，甚至出现断丝
5	吊索钢丝大量严重锈蚀或损坏，钢丝断裂，甚至主梁出现变形，造成安全隐患

4. 加劲梁

(1)加劲梁剥落、露筋评定(表1-5-60)。

混凝土类加劲梁剥落、露筋评定表　　表1-5-60

标　度	评　定　标　准	
	定　性　描　述	定　量　描　述
1	完好	—
2	局部混凝土剥落或露筋	累计面积≤构件面积的3%，单处面积≤0.5m^2
3	较大范围混凝土剥落或露筋	累计面积>构件面积的3%且≤构件面积的10%，单处面积≤0.5m^2
4	大范围混凝土剥落或露筋	累计面积>构件面积的10%，单处面积>0.5m^2

(2)加劲梁跨中挠度评定(表1-5-61)。

加劲梁跨中挠度表　　表1-5-61

标度	评　定　标　准					
	定　性　描　述			定　量　描　述		
	混凝土类	钢桁架	钢箱梁	混凝土类	钢桁架	钢箱梁
1	完好	完好	完好	—	—	—
2	—	—	—	—	—	—
3	挠度未大于限值	挠度未大于限值	挠度未大于限值	$f_z < L/800$	$f_z < L/1\ 200$	$f_z < L/600$
4	挠度接近限值，主梁有明显变形，影响结构安全	挠度接近限值	挠度大于限值	$f_z \geq L/800$且$\leq L/500$	$f_z \geq L/1\ 200$且$\leq L/800$	$f_z \geq L/600$且$\leq L/400$

续上表

标度	评定标准					
	定性描述			定量描述		
	混凝土类	钢桁架	钢箱梁	混凝土类	钢桁架	钢箱梁
5	主梁严重变形，挠度大于限值，梁板出现严重病害，有不正常移动并影响结构安全	主梁严重变形，挠度超出限值，有不正常移动，影响结构安全	跨中挠度大于限值，主梁严重变形，梁体出现严重病害，有不正常移动并影响结构安全	$f_z > L/500$	$f_z > L/800$	$f_z > L/400$

注：f_z 为最大挠度值；L 为计算跨径。

（3）加劲梁构件变形评定（表1-5-62）。

加劲梁构件变形评定表 表1-5-62

标度	评定标准
	定性描述
1	完好
2	—
3	加劲梁横隔板等次要构件出现弯曲变形
4	加劲梁出现异常弯曲或线形明显变化，行车振动或摇晃明显或有异常声音
5	加劲梁出现严重变形，导致梁板出现严重病害，显著影响承载力，结构振动或摇晃显著，有不正常移动

5. 索塔

（1）索塔倾斜变形评定（表1-5-63）。

索塔倾斜变形评定表 表1-5-63

标度	评定标准
	定性描述
1	完好
2	—
3	有倾斜变形现象或存在扭转现象，但较轻微，不影响结构安全
4	有较大倾斜变形或存在明显扭转，造成安全隐患
5	索塔出现严重倾斜变形，塔根有明显裂缝，塔顶偏移超过限值，严重影响结构安全

（2）索塔沉降评定（表1-5-64）。

索塔沉降评定表 表1-5-64

标度	评定标准
	定性描述
1	完好
2	索塔有轻微沉降，但沉降稳定
3	索塔有小幅度沉降，但沉降稳定
4	索塔沉降较大，但沉降稳定
5	索塔或索塔基础出现严重不均匀沉降或位移，影响结构安全

(3)索塔基础冲刷评定(表1-5-65)。

索塔基础冲刷评定表　　表1-5-65

标度	评 定 标 准 定 性 描 述
1	完好
2	基础基本无局部冲刷现象
3	基础出现局部冲刷现象,程度较轻
4	基础出现较严重局部冲刷现象
5	基础出现严重局部冲刷现象,基础不稳定,出现严重滑动、下沉、位移、倾斜等现象

6. 索鞍

(1)上座板与下座板的相对位移评定(表1-5-66)。

上座板与下座板的相对位移评定表　　表1-5-66

标度	评 定 标 准 定 性 描 述
1	完好
2	—
3	—
4	上座板与下座板有相对位移

(2)鞍座螺杆、螺栓状况评定(表1-5-67)。

鞍座螺杆、螺栓状况评定表　　表1-5-67

标度	评 定 标 准 定 性 描 述
1	完好
2	个别螺杆、锚栓连接出现松动
3	少部分螺杆、锚栓连接出现松动
4	较多数量的螺杆、锚栓连接松动,个别螺杆、锚栓连接脱落

7. 锚碇

(1)锚碇顶板、侧墙损坏评定(表1-5-68)。

锚碇顶板、侧墙损坏评定表　　表1-5-68

标度	评 定 标 准 定 性 描 述
1	顶板、侧墙表面状况完好
2	顶板、侧墙有局部麻面沉积物
3	顶板、侧墙出现锈迹、蜂窝、渗出物,伴有细微裂缝
4	顶板及侧墙出现大面积锈迹,混凝土剥落,钢筋外露锈蚀,有较大裂缝

(2)锚碇均匀沉降评定(表1-5-69)。

锚碇均匀沉降评定表

表1-5-69

标度	评定标准	
	定性描述	定量描述
1	—	—
2	—	—
3	锚碇有轻微沉降	沉降≤10mm
4	锚碇沉降较严重	沉降>10mm且≤50mm
5	锚碇沉降严重	沉降>50mm

(3)锚碇表观病害评定(表1-5-70)。

锚碇表观病害评定表

表1-5-70

标度	评定标准
	定性描述
1	完好
2	—
3	锚碇个别部位出现明显表观病害,如裂缝、剥落、露筋、钢筋锈蚀、空洞等
4	锚碇外观有较多表观病害且情况严重,如裂缝、剥落、露筋、钢筋锈蚀、空洞等,不符合相关规范要求

(三)斜拉桥

1.拉索

(1)拉索钢筋、断丝评定(表1-5-71)。

拉索钢筋、断丝评定表

表1-5-71

标度	评定标准
	定性描述
1	完好
2	钢丝有极少量锈蚀
3	钢丝少量锈蚀,钢丝无断裂
4	钢丝较多锈蚀或损坏,钢丝断裂,截面出现削弱
5	钢索裸露,钢丝大量严重锈蚀或损坏,钢丝断裂,主梁出现严重变形,造成安全隐患

(2)护套内的材料老化变质评定(表1-5-72)。

护套内的材料老化变质评定表

表1-5-72

标度	评定标准
	定性描述
1	完好
2	护套内的材料轻微老化,表面有脏污
3	护套内的材料老化变形
4	护套内的材料老化变形,并有破裂现象,局部还造成渗水

(3)锚固区损坏评定(表1-5-73)。

锚固区损坏评定表　　表1-5-73

标度	评定标准
	定性描述
1	完好
2	个别锚头或锚拉板出现轻微破损
3	个别锚头出现破损、松动或出现不密封现象,但未造成拉索锈蚀,个别锚拉板出现疲劳损伤状况
4	较多锚头或锚拉板出现破损、松动或裂缝,锚头锈蚀,锚固区有明显的受力裂缝
5	较多锚头或锚拉板出现严重破损、松动、裂缝,锚头积水锈蚀严重,锚固区有明显的受力裂缝,且缝宽>0.2mm

2.锚具

(1)锚具内潮湿评定(表1-5-74)。

锚具内潮湿评定表　　表1-5-74

标度	评定标准	
	定性描述	定量描述
1	完好,空气干燥	—
2	—	湿度≤40%
3	锚碇有轻微沉降	湿度>40%且≤50%
4	锚具内空气潮湿,造成锚具严重锈蚀	湿度>50%

(2)防锈油结块评定(表1-5-75)。

防锈油结块评定表　　表1-5-75

标度	评定标准
	定性描述
1	防锈油无结块
2	防锈油有少量结块
3	防锈油结块面积较大

(3)锚具锈蚀评定(表1-5-76)。

锚具锈蚀评定表　　表1-5-76

标度	评定标准
	定性描述
1	完好
2	个别锚具轻微锈蚀
3	部分锚具锈蚀、疲劳或损坏等,个别处有少量点蚀现象,氧化皮或油漆层因锈蚀而部分剥落或可以刮除
4	锚具锈蚀、疲劳或损坏等严重,防护普遍开裂,并大量脱落,表面普遍有点蚀现象,氧化皮或油漆层因锈蚀而全面剥离

3. 减震装置

减震装置损坏评定见表1-5-77。

减震装置损坏评定表　　表1-5-77

标度	评定标准
	定性描述
1	完好
2	减震装置极个别处轻微损坏
3	减震装置出现较多处损坏，部分功能失效

各类构件的蜂窝、麻面、剥落、露筋、裂缝、涂层劣化、锈蚀等指标评定可参考上述相应表格的评定规则进行评定。

第四节　桥梁技术状况评定

一、概述

桥梁技术状况评定的目的是通过全面描述桥梁各部件的缺陷，评价桥梁技术状况，记录桥梁基本特征，建立健全桥梁技术档案，提供进行桥梁养护、维修和加固的决策支持，使桥梁长期处于良好的工作状态，最终体现在对营运的桥梁进行有效管理和状况监控。

桥梁评定分为一般评定和适应性评定。一般评定是指依据桥梁的定期检查资料，通过对桥梁各部件技术状况的综合评定，确定桥梁的技术状况等级，提出各类桥梁的养护措施。适应性评定是指依据桥梁定期及专项检查资料，结合试验与结构受力分析，评定桥梁的实际承载能力、通行能力、抗洪能力，提出桥梁养护、改造方案。桥梁经专业检测单位评定后，应组织专家对评定报告进行审查，并将评定报告按隶属关系上报，同时应将病害情况、技术状况评定结果等资料归入桥梁管理系统。

桥梁技术状况评定，首先应对桥梁进行现场检查，对各构件检测指标的技术状况进行现场评定，并依据各检测指标的技术状况评定结果按照桥梁评定模型计算桥梁构件的技术状况，然后依次计算桥梁各部件及上部结构（下部结构、桥面系）的技术状况，最后根据上部结构、下部结构、桥面系的技术状况计算全桥技术状况，具体检查评定流程如图1-5-2所示。

二、桥梁技术状况等级分类

1. 桥梁技术状况评定方法

公路桥梁技术状况评定包括桥梁构件、部件、上部结构、下部结构和全桥评定。公路桥梁技术评定应采用分层综合评定与5类桥梁单项控制指标相结合的方法，先对桥梁各构件进行评定，然后对桥梁各部件进行评定，再对桥面系、上部结构和下部结构分别进行评定，最后进行桥梁总体技术状况的评定。

当单个桥梁存在不同结构形式时，可根据结构形式的分布情况划分评定单元，分别对各评定单元进行桥梁技术状况的等级评定。

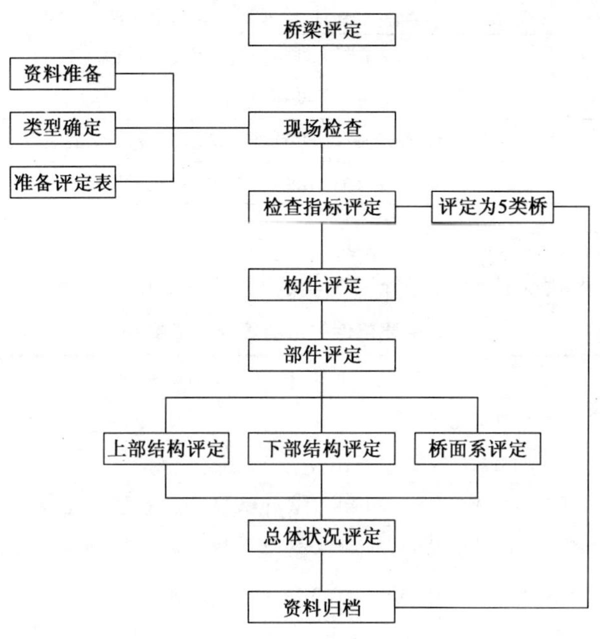

图 1-5-2 桥梁技术状况评定流程

2. 桥梁部件

为合理评价桥梁结构安全性，按桥梁各部件在桥梁结构中所承担的重要性不同，将桥梁部件划分为主要部件和次要部件。

桥梁主要部件有上部结构承重构件、下部结构承重构件和桥面板（支座）三大类，因桥梁结构类型不同，其上部结构承重构件主要部件不同。各类桥梁主要部件见表1-5-78。

各类桥梁主要部件表 表 1-5-78

结构类型	主要部件
梁式桥	上部承重构件、桥墩、桥台、基础、支座
板拱桥（圬工、混凝土）、肋拱桥、箱形拱桥、双曲拱桥	主拱圈、拱上结构、桥面板、桥墩、桥台、基础
刚架拱桥、桁架拱桥	刚架（桁架）拱片、横向联结系、桥面板、桥墩、桥台、基础
钢—混凝土组合拱桥	拱肋、横向联结系、主柱、吊杆、系杆、行车道板（梁）、桥墩、桥台、基础、支座
悬索桥	主缆、吊索、加劲梁、索塔、锚碇、桥墩、桥台、基础、支座
斜拉桥	斜拉索（包括锚具）、主梁、索塔、桥墩、桥台、基础、支座

3. 桥梁技术状况等级

（1）桥梁总体技术状况等级

桥梁总体技术状况等级划分为 5 级，具体见表 1-5-79。

桥梁总体技术状况评定等级表　　表 1-5-79

评定等级	桥梁技术状况特征
1	桥梁全新状态,功能完好
2	有轻微缺损,对桥梁使用功能无影响
3	有中等缺损,尚能维持正常使用功能
4	主要构件有大的缺损,严重影响桥梁使用功能;或影响承载能力,不能保证正常使用
5	主要构件存在严重缺损,不能正常使用,危及桥梁安全,桥梁处于危险状态

(2)桥梁主要部件技术状况等级

桥梁主要部件技术状况评定标度分为 5 类,见表 1-5-80。

桥梁主要部件技术状况评定标度表　　表 1-5-80

评定标度等级	桥梁技术状况特征
1	桥梁全新状态,功能完好
2	功能良好,材料有局部轻度缺损或污染
3	材料有中等缺损;或出现轻度功能性病害,但发展缓慢,尚能维持正常使用功能
4	材料有严重缺损,或出现中等功能性病害,且发展较快;结构变形小于或等于规范值,功能明显降低
5	材料严重缺损,出现严重的功能性病害,且有继续扩展现象;关键部位的部分材料强度达到极限,变形大于规范值,结构的强度、刚度、稳定性不能达到安全通行的要求

(3)桥梁次要部件技术状况等级

桥梁次要部件技术状况评定标度分为 4 类,见表 1-5-81。

桥梁次要部件技术状况评定标度表　　表 1-5-81

评定标度等级	桥梁技术状况特征
1	桥梁全新状态,功能完好;或功能良好,材料有轻度缺损、污染
2	有中等缺损或污染
3	材料有严重缺损,出现功能降低,进一步恶化将不利于主要部位,影响正常交通
4	材料有严重缺损,失去应有功能,严重影响正常交通;或原无设置,而调查需要补设

三、桥梁技术状况评定

1. 桥梁技术状况评分

(1)桥梁构件的技术状况评分,按式(1-5-4)计算。

$$\mathrm{PMCI}_l(\mathrm{BMCI}_l\text{或 }\mathrm{DMCI}_l)=100-\sum_{x=1}^{k}U_x \tag{1-5-4}$$

当 $x=1$ 时

$$U_1=DP_{il}$$

当 $x\geqslant 2$ 时

$$U_x=\frac{DP_{ij}}{100\times\sqrt{x}}\times\left(100-\sum_{y=1}^{x-1}U_y\right)\quad(\text{其中 } j=x, x\text{ 取 }2,3,\cdots,k)$$

当 $k \geqslant 2$ 时，$U_1, \cdots, U_x$ 计算公式中的扣分值 DP_{ij} 按照从大到小的顺序排列。

当 $DP_{ij}=100$ 时

$$PMCI_l(BMCI_l \text{ 或 } DMCI_l) = 0$$

以上式中：$PMCI_l$——上部结构第 i 类部件 l 构件的得分，值域为 0~100 分；

$BMCI_l$——下部结构第 i 类部件 l 构件的得分，值域为 0~100 分；

$DMCI_l$——桥面系第 i 类部件 l 构件的得分，值域为 0~100 分；

k——第 i 类部件 l 构件出现扣分的指标的种类数；

U、x、y——引入的中间变量；

i——部件类别；

j——第 i 类部件 l 构件的第 j 类检测指标；

DP_{ij}——第 i 类部件 l 构件的第 j 类检测指标的扣分值，按表 1-5-82 规定取值。

构件各检测指标扣分值　　表 1-5-82

检测指标所能达到的最高标度类别	指标标度				
	1 类	2 类	3 类	4 类	5 类
3 类	0	20	35	—	—
4 类	0	25	40	50	—
5 类	0	35	45	60	100

（2）桥梁部件的技术状况评分，按式（1-5-5）计算。

$$PCCI_i = \overline{PMCI} - (100 - PMCI_{min})/t \tag{1-5-5}$$

或

$$BCCI_i = \overline{BMCI} - (100 - BMCI_{min})/t$$

或

$$DCCI_i = \overline{DMCI} - (100 - DMCI_{min})/t$$

式中：$PCCI_i$——上部结构第 i 类部件的得分，值域为 0~100 分；

$\overline{PMCI}$——上部结构第 i 类部件各构件的得分平均值，值域为 0~100 分；

$BCCI_i$——下部结构第 i 类部件的得分，值域为 0~100 分；

$\overline{BMCI}$——下部结构第 i 类部件各构件的得分平均值，值域为 0~100 分；

$DCCI_i$——桥面系第 i 类部件的得分，值域为 0~100 分；

$\overline{DMCI}$——桥面系第 i 类部件的得分平均值，值域为 0~100 分；

$PMCI_{min}$——上部结构第 i 类部件中分值最低的构件得分值；

$BMCI_{min}$——下部结构第 i 类部件中分值最低的构件得分值；

$DMCI_{min}$——桥面系第 i 类部件分值最低的构件得分值；

t——随构件的数量而变的系数，见表 1-5-83。

t 值 表 1-5-83

n(构件数)	t	n(构件数)	t	n(构件数)	t
1	∞	11	7.9	21	6.48
2	10	12	7.7	22	6.36
3	9.7	13	7.5	23	6.24
4	9.5	14	7.3	24	6.12
5	9.2	15	7.2	25	6.00
6	8.9	16	7.08	26	5.88
7	8.7	17	6.96	27	5.76
8	8.5	18	6.84	28	5.64
9	8.3	19	6.72	29	5.52
10	8.1	20	6.6	30	5.4

(3)桥梁上部结构、下部结构、桥面系的技术状况评分按式(1-5-6)计算。

$$\text{SPCI}(\text{SBCI 或 BDCI}) = \sum_{i=1}^{m} \text{PCCI}_i(\text{BCCI}_i \text{ 或 } \text{DCCI}_i) \times W_i \tag{1-5-6}$$

式中:SPCI——桥梁上部结构技术评分,值域为 0~100 分;

SBCI——桥梁下部结构技术评分,值域为 0~100 分;

BDCI——桥面系结构技术评分,值域为 0~100 分;

m——上部结构(下部结构或桥面系)的部件各类数;

W_i——第 i 类部件的权重,按表 1-5-85~表 1-5-90 规定取值。

(4)桥梁总体技术状况评分按式(1-5-7)计算,并按表 1-5-84 进行桥梁技术状况分类。

$$D_r = \text{BDCI} \times W_D + \text{SPCI} \times W_{SP} + \text{SBCI} \times W_{SB} \tag{1-5-7}$$

式中:D_r——桥梁总体技术状况评分,值域为 0~100 分;

W_D——桥面系在全桥中的权重,按表 1-5-91 规定取值;

W_{SP}——上部结构在全桥中的权重,按表 1-5-91 规定取值;

W_{SB}——下部结构在全桥中的权重,按表 1-5-91 规定取值。

桥梁技术状况分类界限表 表 1-5-84

技术状况评分	技术状况等级 D_r				
	1 类	2 类	3 类	4 类	5 类
D_r(SPCI、SBCI、BDCI)(PCCI、BCCI、DCCI)	[95,100]	[80,95)	[60,80)	[40,60)	[0,40)

2. 桥梁技术状况评定

(1)桥梁总体技术状况按表 1-5-84 进行分类,当桥梁出现下列情况之一时,桥梁总体技术状况应评为 5 类。

①上部结构有落梁;或有梁、板断裂现象。

②梁式桥上部承重构件控制截面出现全截面开裂;或梁式桥上部承重构件有严重的异常位移,存在失稳现象;或组合结构上部承重构件结合面开裂贯通,造成截面组合作用

严重降低。

③结构出现明显的永久变形，变形大于规范值；或关键部位混凝土出现压碎或杆件失稳倾向；或桥面板出现严重塌陷。

④拱式桥拱脚严重错台、位移，造成拱顶挠度大于限值；或拱圈严重变形；或圬工拱桥拱圈大范围砌体断裂，脱落现象严重。

⑤系杆或吊杆出现严重锈蚀或断裂现象。

⑥悬索桥主缆或多根吊索出现严重锈蚀、断丝。

⑦斜拉桥拉索钢丝出现严重锈蚀、断丝，主梁出现严重变形。

⑧扩大基础冲刷深度大于设计值，冲空面积达20%以上。

⑨桥墩（桥台或基础）不稳定，出现严重滑动、下沉、位移、倾斜等现象。

⑩悬索桥、斜拉桥索塔基础出现严重沉降或位移，或悬索桥锚碇有水平位移或沉降。

（2）当上部结构和下部结构技术状况等级为3类、桥面系技术状况等级为4类，且桥梁总体技术状况评分为 $40 \leqslant D_r < 60$ 时，桥梁总体技术状况等级应评定为3类。

（3）全桥总体技术状况等级评定时，当主要部件评分达到4类或5类且影响桥梁安全时，可按照桥梁主要部件最差的缺损状况评定。

3. 各结构形式桥梁部件权重及权重值

（1）梁式桥各部件权重值按表1-5-85取值。

梁式桥各部件权重值表　　表1-5-85

部　位	类别 i	评　价　部　件	权　重
上部结构	1	上部承重构件（主梁、挂梁）	0.70
	2	上部一般构件（湿接缝、横隔板等）	0.18
	3	支座	0.12
下部结构	4	翼墙、耳墙	0.02
	5	锥坡、护坡	0.01
	6	桥墩	0.30
	7	桥台	0.30
	8	墩台基础	0.28
	9	河床	0.07
	10	调治构件物	0.02
桥面系	11	桥面铺装	0.40
	12	伸缩缝装置	0.25
	13	人行道	0.10
	14	栏杆、护栏	0.10
	15	排水系统	0.10
	16	照明、标志	0.05

（2）拱式桥各部件权重值按表1-5-86～表1-5-88取值。

板拱桥、肋拱桥、箱形拱桥、双曲拱桥各部件权重值表　表1-5-86

部　位	类别 i	评　价　部　件	权　重
上部结构	1	主拱圈	0.70
	2	拱上结构	0.20
	3	桥面板	0.10
下部结构	4	翼墙、耳墙	0.02
	5	锥坡、护坡	0.01
	6	桥墩	0.30
	7	桥台	0.30
	8	墩台基础	0.28
	9	河床	0.07
	10	调治构件物	0.02
桥面系	11	桥面铺装	0.40
	12	伸缩缝装置	0.25
	13	人行道	0.10
	14	栏杆、护栏	0.10
	15	排水系统	0.10
	16	照明、标志	0.05

刚架拱桥、桁架拱桥各部件权重值表　表1-5-87

部　位	类别 i	评　价　部　件	权　重
上部结构	1	刚架拱片(桁架拱片)	0.50
	2	横向联结系	0.25
	3	桥面板	0.25
下部结构	4	翼墙、耳墙	0.02
	5	锥坡、护坡	0.01
	6	桥墩	0.30
	7	桥台	0.30
	8	墩台基础	0.28
	9	河床	0.07
	10	调治构件物	0.02
桥面系	11	桥面铺装	0.40
	12	伸缩缝装置	0.25
	13	人行道	0.10
	14	栏杆、护栏	0.10
	15	排水系统	0.10
	16	照明、标志	0.05

钢—混凝土组合拱桥各部件权重值表　　表 1-5-88

部　位	类别 i	评 价 部 件	权　重
上部结构	1	拱肋	0.28
	2	横向联结系	0.05
	3	立柱	0.13
	4	吊杆	0.13
	5	系杆(含锚具)	0.28
	6	桥面板(梁)	0.08
	7	支座	0.05
下部结构	8	翼墙、耳墙	0.02
	9	锥坡、护坡	0.01
	10	桥墩	0.30
	11	桥台	0.30
	12	墩台基础	0.28
	13	河床	0.07
	14	调治构件物	0.02
桥面系	15	桥面铺装	0.40
	16	伸缩缝装置	0.25
	17	人行道	0.10
	18	栏杆、护栏	0.10
	19	排水系统	0.10
	20	照明、标志	0.05

(3)悬索桥各部件权重值按表 1-5-89 取值。

悬索桥各部件权重值表　　表 1-5-89

部　位	类别 i	评 价 部 件	权　重
上部结构	1	加劲梁	0.15
	2	索塔	0.20
	3	支座	0.05
	4	主鞍	0.04
	5	主缆	0.25
	6	索夹	0.04
	7	吊索及钢护筒	0.17
	8	锚杆	0.10
下部结构	9	锚碇	0.40
	10	索塔基础	0.30
	11	散索鞍	0.15
	12	河床	0.10
	13	调治构造物	0.05

续上表

部　位	类别 i	评 价 部 件	权　重
桥面系	14	桥面铺装	0.40
	15	伸缩缝装置	0.25
	16	人行道	0.10
	17	栏杆、护栏	0.10
	18	排水系统	0.10
	19	照明、标志	0.05

(4)斜拉桥各部件权重值按表1-5-90取值。

斜拉桥各部件权重值表　表1-5-90

部　位	类别 i	评 价 部 件	权　重
上部结构	1	斜拉索系统 (斜拉索、锚具、拉索护套、减震装置等)	0.40
	2	主梁	0.25
	3	索塔	0.25
	4	支座	0.10
下部结构	5	翼墙、耳墙	0.02
	6	锥坡、护坡	0.01
	7	桥墩	0.30
	8	桥台	0.30
	9	墩台基础	0.28
	10	河床	0.07
	11	调治构件物	0.02
桥面系	12	桥面铺装	0.40
	13	伸缩缝装置	0.25
	14	人行道	0.10
	15	栏杆、护栏	0.10
	16	排水系统	0.10
	17	照明、标志	0.05

(5)桥梁结构组成权重值按表1-5-91取值。

桥梁结构组成权重值表　表1-5-91

桥梁部位	权重	桥梁部位	权重
上部结构	0.40	桥面系	0.20
下部结构	0.40		

四、案例

1. 桥梁概况

某大跨径预应力混凝土箱梁桥为主跨432m的双塔双索面预应力混凝土斜拉桥，跨径布置为80m+90m+190m+432m+190m+90m+80m，其中80m和90m跨采用箱形截面，箱梁顶宽20m，底宽10.5m，为单箱单室。箱梁根部厚6m，另一侧底厚2m。为防止箱梁畸变，在箱高较小的部分增加中腹板，形成双室箱，但中腹板下不设支座。另在90m跨内梁截面由箱形演变为肋板式结构，将箱梁顶底宽逐步加宽到与肋板式截面顶、底宽 ·致。主桥两侧为引桥，长1142m，由50m和30m T梁构成，全桥宽20m。

在进行桥梁技术状况的评定之前，首先要进行结构部件的分类和权重的确定。按照《技术评定标准》的规定和大桥结构的特点，我们将全桥分17个构件，按构件在桥梁中的重要程度，给每个构件赋予不同的权重值，然后根据每个构件的病害情况对单个构件进行评分，最后按主桥、引桥的部件分类及权重计算全桥的得分值，主桥结构部件分类及权重见表1-5-92。

主桥结构部件分类及权重表　　表1-5-92

部　位	类　别	评 价 部 件	权　重
上部结构	1	斜拉索系统	0.400
	2	主梁	0.250
	3	索塔	0.250
	4	支座	0.100
下部结构	5	桥墩	0.462
	6	墩台基础	0.431
	7	河床	0.108
桥面系	8	桥面铺装	0.400
	9	伸缩缝	0.250
	10	人行道	0.100
	11	栏杆、护栏	0.100
	12	排水系统	0.100
	13	照明、标志	0.050

2. 桥梁技术状况评定流程

以下仅以主桥为例说明整个评定流程，见图1-5-3。

首先将主桥按上部结构、下部结构、桥面系拆分成部件和构件，并为桥梁部件赋予权重，然后根据检查结果，判定每个桥梁构件的评定指标，按照桥梁构件评定指标，完成对于桥梁构件技术状况的评分，得到构件评定结果，再对桥梁部件技术状况评分，根据部件评定结果，再完成对桥梁上部结构、下部结构和桥面系的技术状况评分，最后再根据上部结构、下部结构和桥面系的评定结果完成桥梁总体技术状况评分，得到桥梁总体技术状况。

3. 全桥部件与权重划分

主桥、引桥结构部件分类及权重，分别见表1-5-92、表1-5-93。

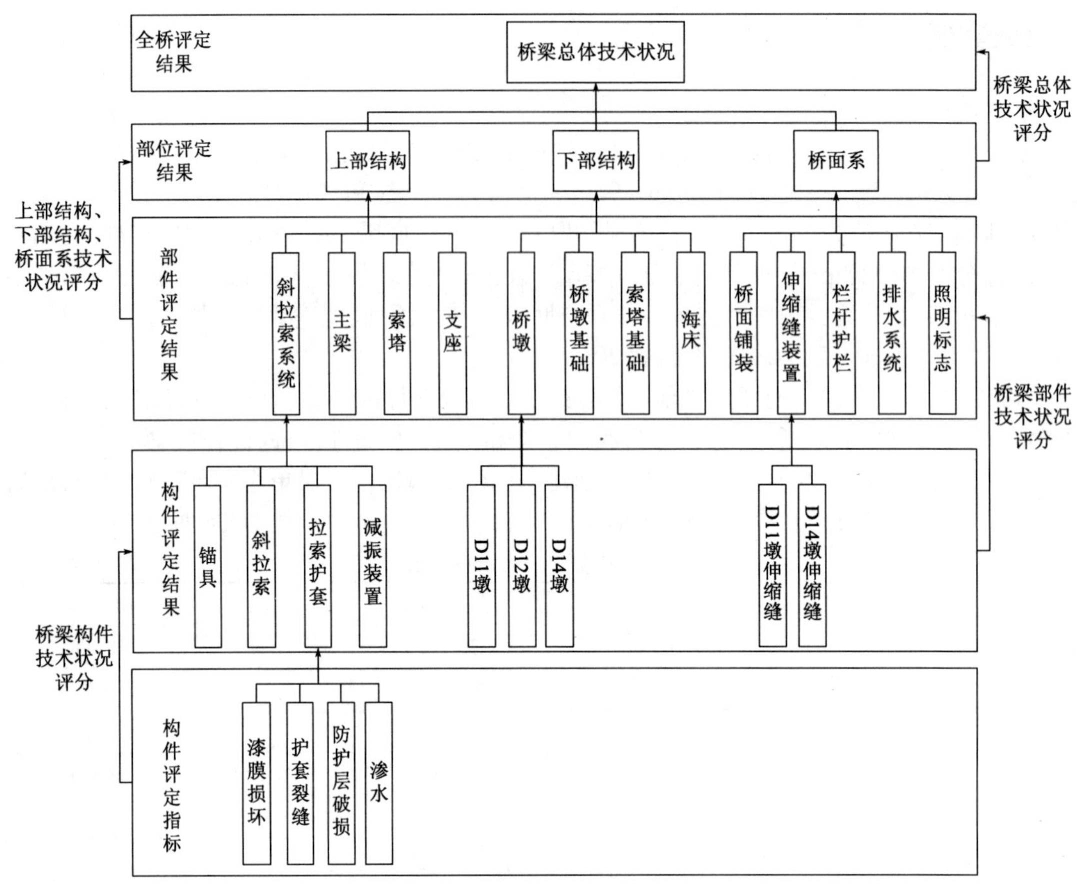

图 1-5-3　主桥技术状况评定流程图

引桥结构部件分类及权重表　　表 1-5-93

部　　位	类　　别	评　价　部　件	权　　重
上部结构	1	主梁	0.700
	2	湿接缝、横隔板等	0.180
	3	支座	0.120
下部结构	4	翼墙、耳墙	0.020
	5	锥坡、护坡	0.010
	6	桥墩	0.306
	7	桥台	0.306
	8	墩台基础	0.286
	9	河床	0.071
桥面系	10	桥面铺装	0.400
	11	伸缩缝	0.250
	12	人行道	0.100
	13	栏杆、护栏	0.100
	14	排水系统	0.100
	15	照明、标志	0.050

4. 外观检查结果及成因分析

下面以主桥外观检查为例，加以介绍。

(1)拉索。

针对主桥斜拉索的外观检查，本次检查斜拉索外表面未发现明显病害。通过对4号索塔上、下锚头进行检查，发现部分下锚头外表面存在涂装脱落、锈蚀、锚头螺栓缺失现象，见表1-5-94。

索塔斜拉索下锚头检查结果汇总表　　表1-5-94

病　害	2015年病害部位	2016年病害部位	病害数量	百分比(%)
防水帽下侧锈蚀	4AS15、14、13、9、6、5、4、3、2、1；JX25、15、14、13、11、6、5、4、3、2、1	4AS15、14、13、10、9、8、7、6、5、4、3、2、14；JX25、15、14、13、11、6、5、4、3、2、1	49	23.56
防水帽接缝开裂锈蚀	4AS17	4AS17	1	0.48
PE护套破损	4JS19、4JX15	4JS17、4JS19、4JX15、4AX19	4	1.92
PE护套绳损坏	4JS22、4JS24	4JS22、4JS24、4JX26	3	1.44
护套锈蚀	4JS11-264AS26-11	4JS11-264AS26-11	30	14.42
螺栓缺失	4JX20	4JX20	1	0.48

注：表中第2、3列中的数字为各部件编号的简写形式。

(2)主梁。

主桥箱梁外表面检查对象包括箱梁外表面底板、腹板、翼缘板。主要病害：箱梁外表面存在少量的裂缝，裂缝主要发生在钢板加固区，存在一定数量的纵向、斜向裂缝，部分裂缝超过规范值0.2mm，存在部分混凝土缺损露筋、涂装脱落等现象。主桥箱梁病害检查结果见表1-5-95。

主桥箱梁病害检查结果汇总表　　表1-5-95

病害类型		2015年数量(处)	2016年维修量(处)	2016年新增量(处)	主要成因分析	备　注
竖向裂缝	$W \geq 0.2mm$	11	6	0	由混凝土收缩及温度变化引起	$W_{max}=0.2mm$ $L_{修总}=19.18m$ $L_{剩总}=19.72m$
	$W<0.2mm$	31	20	0		$W_{max}=0.15mm$ $L_{修总}=51.90m$ $L_{剩总}=24.65m$
竖向裂缝	$W \geq 0.2mm$	6	1	0	主要为变截面段裂缝及斜裂缝	$W_{max}=0.22mm$ $L_{修总}=0.1m$ $L_{剩总}=12.40m$
	$W<0.2mm$	50	57	0	主要为变截面段裂缝及斜裂缝	$W_{max}=0.18mm$ $L_{修总}=42.16m$ $L_{剩总}=3.85m$

续上表

病害类型		2015年数量（处）	2016年维修量（处）	2016年新增量（处）	主要成因分析	备注
斜向裂缝	$W \geq 0.2mm$	2	8	0	主要为变截面段裂缝及斜裂缝	$W_{max}=0.38mm$ $L_{修总}=14.00m$ $L_{剩总}=2.2m$
	$W<0.2mm$	74	121	3	主要为变截面段裂缝及斜裂缝	$W_{max}=0.18mm$ $L_{总}=26.94m$
横向裂缝	$W \geq 0.2mm$	0	0	0	主要为变截面段裂缝及斜裂缝	
	$W<0.2mm$	10	6	1	主要为变截面段裂缝及斜裂缝	$W_{max}=0.1mm$ $L_{修总}=5.50m$ $L_{剩总}=18.00m$
混凝土破损、露筋	52	26	2	施工及运营期间混凝土受损	$V_{max}=120cm \times 50cm \times 10cm$ $V_{修总}=0.082636m^3$ $V_{剩总}=1.18286m^3$	混凝土破损、露筋
露筋	7	29	5	局部混凝土保护层厚度不足	$S_{max}=10cm \times 10cm$ $S_{修总}=12.271m^2$ $S_{剩总}=0.106m^2$	露筋
涂装脱落	6	0	0	渗水导致涂装脱落	$S_{剩总}=7.453m^2$	涂装脱落

（3）主塔

2015年对索塔内表面存在的超限裂缝、混凝土破损露筋等病害进行了缺陷修补工作，对剩余区域进行检查。索塔内表面包括上塔柱（左、右肢）、中塔柱（右肢）、下塔柱（右肢）的内表面及塔柱内隔板的顶底面。主要病害：索塔内表面交接处存在竖向裂缝，且有数条裂缝超过规范允许值，内表面混凝土大面积蜂窝麻面（可能由当时施工不当造成），存在部分混凝土破损露筋等，见表1-5-96。

索塔内病害检查结果汇总表 表1-5-96

病害类型		2015年数量（处）	2016年维修量（处）	2016年新增量（处）	主要成因分析	备注
纵向裂缝	$W \geq 0.2mm$	6	4	0	主要为变截面段裂缝及斜裂缝	$W_{max}=0.24mm$ $L_{修总}=3.50m$ $L_{剩总}=1.24m$
	$W<0.2mm$	97	81	1	主要为变截面段裂缝及斜裂缝	$W_{max}=0.18mm$ $L_{修总}=47.6m$ $L_{剩总}=16.98m$
混凝土破损、露筋		46	39	0	施工及运营期间混凝土受损	$V=100cm \times 50cm \times 10cm$ $V_{修总}=0.588m^3$ $V_{剩总}=0.2217m^3$

续上表

病害类型	2015 年数量(处)	2016 年维修量(处)	2016 年新增量(处)	主要成因分析	备　注
露筋	19	5	0	局部混凝土保护层厚度不足	$S_{max}=100cm\times4cm$ $S_{修总}=0.717\,5m^2$ $S_{剩总}=18.522\,5m^2$
锈胀	1	0	0	局部混凝土保护层厚度不足	$S_{剩总}=0.02m^2$

(4)支座

本次对主墩处支座进行检查,3 号主墩右支座限位挡板开裂卡死、1 号主墩引桥支座发生严重剪切位移,支座四氟板均已被挤出,部分钢支座涂装脱落锈蚀等。

(5)墩身

主桥桥墩主要问题是存在墩身表面竖向裂缝、混凝土破损露筋、墩身有明显被撞痕迹及局部泛碱,与 2015 年检查结果相似,未见其他明显病害,见表 1-5-97。

主桥墩病害检查结果汇总表　　表 1-5-97

病害类型		2015 年数量(处)	2016 年新增量(处)	主要成因分析	备　注
裂缝	$W\geq0.2mm$	1	0	主要为变截面段裂缝及斜裂缝	$W_{max}=0.28mm$ $L_{总}=2.00m$
	$W<0.2mm$	16	0		$L_{总}=43.1m$
墩身有被撞痕迹		1	0	船与墩身碰撞	
墩身露筋		8		局部混凝土保护层厚度不足	$S=0.823\,5m^2$
墩身混凝土破损		12	0	施工及运营期间混凝土受损	$V_{max}=80cm\times40cm\times3cm$ $V_{总}=0.15m^3$
龟裂		1	0	表面混凝土收缩	$S=150cm\times150cm$ $S_{总}=2.25m^2$
墩身泛碱		1	0	混凝土裂缝渗水	$S=150cm\times5cm$ $S_{总}=0.075m^2$
防撞橡胶缺失		2	0	橡胶老化脱落	

(6)桥面系

本次定期检查中发现,桥梁养护与维修工程过程中已对主桥桥面系护栏防撞墙贯通裂缝、混凝土破损、露筋及桥面坑槽等病害进行部分修补,见表 1-5-98。

桥面系外观检查结果汇总表　　表 1-5-98

病害类型	2015 年数量(处)	2016 年新增量(处)	备　注
防撞护栏锈蚀、撞弯	13	13	
防撞护栏错位	1	1	
隔离墩破损	198	23	部分更换

续上表

病害类型	2015 年数量(处)	2016 年新增量(处)	备　注
隔离墩护栏锈蚀	171	171	部分更换
护栏及索区锈蚀	—	1350	
索区栏杆缺失	—	395	
铺装划痕、坑槽	21	11	部分修复
排水孔堵塞、孔盖丢失	30	36	32 处缺失
指示牌锈蚀	—	3	
路面隆起、凹陷	8	0	修复
油渍	1	—	2016 年未发现病害
伸缩缝积土	2	0	
伸缩缝止水带开裂	1	0	
伸缩缝弹簧连接件损坏	—	1	

5. 全桥技术状况评定

(1)主桥

主桥技术状况评定得分见表 1-5-99。

主桥技术状况评定　　表 1-5-99

部　位	类　别	评价部件	权　重	单项得分	总得分
上部结构	1	斜拉索系统	0.400	24.723	64.683
	2	主梁	0.250	12.500	
	3	索塔	0.250	18.750	
	4	支座	0.100	8.709	
下部结构	5	桥墩	0.462	29.235	75.703
	6	墩台基础	0.431	35.668	
	7	河床	0.108	10.800	
桥面系	8	桥面铺装	0.400	25.818	64.181
	9	伸缩缝	0.250	13.447	
	10	人行道	0.100	10.000	
	11	栏杆、护栏	0.100	5.792	
	12	排水系统	0.100	6.083	
	13	照明、标志	0.050	3.042	

主桥总得分为 68.991,技术状况评定为三类。

(2)引桥

引桥技术状况评定得分见表 1-5-100。

引桥技术状况评定　　表 1-5-100

部　位	类　别	评价部件	权　重	单项得分	总得分
上部结构	1	主梁	0.700	56.874	81.294
	2	湿接缝、横隔板等	0.180	14.586	
	3	支座	0.120	9.834	
下部结构	4	翼墙、耳墙	0.020	1.158	87.853
	5	锥坡、护坡	0.010	0.635	
	6	桥墩	0.306	23.383	
	7	桥台	0.306	30.600	
	8	墩台基础	0.286	24.976	
	9	河床	0.071	7.100	
桥面系	10	桥面铺装	0.400	25.818	70.403
	11	伸缩缝	0.250	15.435	
	12	人行道	0.100	10.000	
	13	栏杆、护栏	0.100	7.250	
	14	排水系统	0.100	6.900	
	15	照明、标志	0.050	5.000	

引桥总得分为 81.739，技术状况评定为二类，另一侧引桥得分为 66.832，为三类桥。

全桥技术状况评定为三类桥。

第五节　桥梁承载能力评定

桥梁结构实际承载能力评定是通过桥梁技术状况检查，结合结构检算来评定桥梁承载能力，或通过荷载试验来确定桥梁的实际承载能力。桥梁承载能力评定是按承载能力极限状态和正常使用极限状态两类极限状态计算桥梁结构或构件抗力效应和作用效应，并采用引入分期检算系数修正极限状态设计表达式的方法进行桥梁承载能力检测评定。但由于桥梁的造型多样性、结构各异，车辆荷载超载等级及交通量过大等因素，很难确定桥梁实际承载能力。因此，具体评定桥梁的承载能力时，一般都限于将桥梁上部结构视为多数桥梁中最薄弱的单元，然后是桥梁支座和基础，其中承载能力最低的那部分就是全桥应通过荷载的标准。反过来，如果处在能力最低的那部分通过加固补强或其他工程措施提升了承载能力，那么桥梁整体承载能力也将随之提高。

一、技术状况检查与检算的承载能力评定

在用桥梁承载能力评定包括持久状况下承载能力极限状态和正常使用极限状态两个状态的承载能力，也就是说，承载能力极限状态针对的是结构或构件的截面强度和稳定性，正常使用极限状态主要针对结构或构件的刚度和抗裂性，因此，对于现役桥梁，应从结构或构件的强

度、刚度、抗裂性和稳定性四个方面进行承载能力检测评定。

桥梁在定期或专项检查后，按《技术评定标准》规定，对结构构件缺损状况、材质状况、状态参数以及实际运营荷载状况等进行检查评估，然后按《承载能力评定规程》分别检算结构或构件在持久状况下承载能力极限状态的强度、稳定性和正常使用极限状态的刚度、抗裂性。

《承载能力评定规程》规定，计算圬工结构、配筋混凝土和钢结构桥梁承载能力极限状态的抗力效应时，对交通繁忙和重载车辆较多的桥梁，通过活载影响修正系数计算汽车荷载效应。

当桥梁结构或构件的承载能力检算系数评定标度为 1 或 2 时，结构或构件的总体状况较好，可不进行正常使用极限状态评定检算；当桥梁结构或构件的承载能力检算系数评定标度 $D \geqslant 3$ 时，应进行持久状况下正常使用极限状态评定检算，并采用引入检算系数 Z 的方式对结构应力、裂缝宽度和变形进行修正计算。

桥梁结构检算宜遵循桥梁设计规范，也可采用通过科研所证实的其他可靠方法。桥梁检算宜依据桥梁竣工资料或设计文件，并应与桥梁实际情况进行核对修正。对缺失资料的桥梁，可根据桥梁检查结果，参考同年代类似桥梁的设计资料或标准定型图进行检算。结构检算时，宜参照设计采用的计算假定，根据结构预应力状况、恒载分布状况、结构尺寸和开裂状况等方面的检查评定结果，对计算模型的边界条件、结构初始状态等进行调整，重新建立符合实际的计算模型。

1. 圬工结构桥梁承载能力评定

圬工结构桥梁承载能力极限状态，应根据桥梁检测结果，按式(1-5-8)进行计算评定。

$$\gamma_0 S \leqslant R(f_d, \xi_c \alpha_d)\ Z_1 \tag{1-5-8}$$

式中：γ_0——结构的重要性系数；

S——荷载效应函数；

$R(\cdot)$——抗力效应函数；

f_d——材料强度设计值；

α_d——结构的几何尺寸；

Z_1——承载能力检算系数；

ξ_c——截面折减系数。

在计算结构承载能力极限状态的抗力效应时，应根据桥梁试验检测结果，采用引入检算系数 Z_1 和截面折减系数 ξ_c 的方法进行修正计算，其中 Z_1 和 ξ_c 应按表 1-5-101 和表 1-5-102 确定。对于正常使用极限状态承载能力宜按现行公路桥涵设计和养护规范进行计算评定。

圬工及配筋混凝土桥梁的承载能力检算系数 Z_1 表 1-5-101

承载能力检算系数评定标度 D	受弯	轴心受压	轴心受拉	偏心受压	偏心受拉	受扭	局部承压
1	1.15	1.20	1.05	1.15	1.15	1.10	1.15
2	1.10	1.15	1.00	1.10	1.10	1.05	1.10
3	1.00	1.05	0.95	1.00	1.00	0.95	1.00
4	0.90	0.95	0.85	0.90	0.90	0.85	0.90
5	0.80	0.85	0.75	0.80	0.80	0.75	0.80

圬工及配筋混凝土桥梁截面的减系数 ξ_c　　表 1-5-102

截面损伤综合评定标度 R	截面的减系数 ξ_c
$1 \leqslant R < 2$	(0.98,1.00]
$2 \leqslant R < 3$	(0.93,0.98]
$3 \leqslant R < 4$	(0.85,0.93]
$4 \leqslant R < 5$	≤0.85

2. 配筋混凝土桥梁承载能力评定

在计算结构承载能力极限状态的抗力效应时,应根据桥梁试验检测结果,采用引入检算系数 Z_1、承载能力恶化系数 ξ_e、截面折减系数 ξ_s 和 ξ_c 的方法进行修正计算配筋混凝土桥梁承载能力极限状态,其计算评定公式如下:

$$\gamma_0 S \leqslant R(f_d, \xi_c \alpha_{dc}, \xi_s \alpha_{ds}) Z_1 (1 - \xi_e) \tag{1-5-9}$$

式中:γ_0——结构的重要性系数;

S——荷载效应函数;

$R(\cdot)$——抗力效应函数;

f_d——材料强度设计值;

α_{dc}——构件混凝土几何参数值;

α_{ds}——构件钢筋几何参数值;

Z_1——承载能力检算系数;

ξ_e——承载能力恶化系数;

ξ_c——配筋混凝土结构的截面折减系数;

ξ_s——钢筋的截面折减系数。

抗力效应值应按现行设计规范进行计算,Z_1、ξ_c、ξ_e、ξ_s 应按表 1-5-101 ~ 表 1-5-104 取值。

承载能力恶化系数 ξ_e　　表 1-5-103

恶化状况评定标度 E	环境条件			
	干燥不冻 无侵蚀性介质	干、湿交替不冻 无侵蚀性介质	干、湿交替冻 无侵蚀性介质	干、湿交替冻 有侵蚀介质
1	0.00	0.02	0.05	0.06
2	0.02	0.04	0.07	0.08
3	0.05	0.07	0.10	0.12
4	0.10	0.12	0.14	0.18
5	0.15	0.17	0.20	0.25

注:恶化系数 ξ_e 可按结构或构件恶化状况评定标度值线性内插。

钢筋截面折减系数 ξ_s　　表 1-5-104

评定标度	性状描述	截面的折减系数 ξ_s
1	沿钢筋出现裂缝,宽度小于限值	(0.98,1.00]
2	沿钢筋出现裂缝,宽度大于限值,或钢筋锈蚀引起混凝土发生离层	(0.95,0.98]

续上表

评定标度	性 状 描 述	截面的折减系数 ξ_s
3	钢筋锈蚀引起混凝土剥落，钢筋外露，表面有膨胀薄锈层或坑蚀	(0.90,0.95]
4	钢筋锈蚀引起混凝土剥落，钢筋外露、表面膨胀性锈层显著，钢筋断面损失在10%以内	(0.80,0.90]
5	钢筋锈蚀引起混凝土剥落，钢筋外露、出现锈蚀剥落，钢筋断面损失在10%以上	≤0.80

3. 钢结构桥梁承载能力评定

在计算钢结构桥梁承载能力极限状态的抗力效应时，应根据桥梁试验检测结果，采用引入检算系数 Z_1 的方法进行修正计算。结构构件的强度、总体稳定性和疲劳强度验算应按现行公路桥涵设计规范执行，其应力限值取值为 $Z_1[\sigma]$。

结构荷载作用下的变形按式(1-5-10)计算评定：

$$f_{d1} < Z_1[f] \tag{1-5-10}$$

式中：f_{d1}——计入活载影响修正系数的荷载变形计算值；

$[f]$——容许变形值；

Z_1——承载能力检算系数，按表1-5-105取值。

承载能力检算系数 Z_1 表1-5-105

缺损状况评定标度	性 状 描 述	Z_1值
1	焊缝完好，各节点铆钉、螺栓无松动；构件表面完好，无明显损伤，防护涂层略有老化、污垢	(0.95,1.05]
2	焊缝完好，少数节点有个别铆钉、螺栓松动变形；构件表面有少量锈迹，防护涂层油漆变色、起泡剥落，面积在10%以内	(0.90,0.95]
3	少数焊缝开裂，部分节点有铆钉、螺栓松动变形；构件表面有少量锈迹，防护涂层油漆明显老化变色并伴有大量起泡剥落，面积在10%~20%以内。个别次要构件有异常变形，行车稍感振动或摇晃	(0.85,0.90]
4	焊缝开裂，并造成截面削弱。联结部位铆钉、螺栓松动变形，10%~30%已损坏；构件表面锈迹严重，截面损失在3%~10%以内，防护涂层油漆明显老化变色并普遍起泡剥落，面积在50%以上。个别主要构件有异常变形，行车有明显振动或摇晃并伴有异常声音	(0.80,0.85]
5	焊缝开裂严重，造成截面削弱在10%以上。联结部位30%以上铆钉、螺栓已损坏；构件表面锈迹严重，截面损失在10%以上，材质特性明显退化；防护涂层油漆完全失效。主要构件有异常变形，行车振动或摇晃显著并伴有不正常移动	≤0.80

4. 拉吊索承载能力评定

拉吊索强度按式(1-5-11)计算评定：

$$\frac{T}{A} \leqslant Z_1[\sigma] \tag{1-5-11}$$

式中：T——计入活载影响修正系数索的计算索力；

A——索的计算面积；

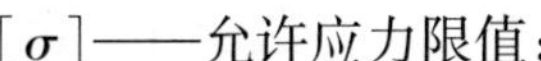

$[\sigma]$——允许应力限值；

Z_1——承载能力检算系数，按表 1-5-106 取值。

承载能力检算系数 Z_1　　表 1-5-106

缺损状况评定标度	性状描述	Z_1值
1	表面防护完好，锚头无积水，锚下混凝土无裂缝	(1.00,1.10]
2	表面防护基本完好，有细微裂缝，锚头无锈蚀，锚固区无裂缝	(0.95,1.00]
3	表面防护有少量裂缝，伴有少量锈迹，锚头有轻微锈蚀，锚固区有细小裂缝	(0.90,0.95]
4	表面防护普遍开裂，并有部分脱落，锚头锈蚀，锚固区有明显的受力裂缝	(0.85,0.90]
5	表面防护普遍开裂，并有大量脱落，钢索裸露，钢索锈蚀严重，锚头积水锈蚀，锚固区有明显的受力裂缝，裂缝宽度大于 0.2mm	≤0.85

二、荷载试验的承载能力评定

通过检测评定后检算桥梁的作用效应与抗力效应的比值在 1.05～1.20 之间时，应通过荷载试验来评定桥梁的实际承载能力。也就是说，当通过检算分析仍无法明确评定桥梁承载能力时，通过桥梁施加静力荷载作用，测定桥梁在试验荷载作用下的结构响应，并据此确定检算系数 Z_2，重新进行承载能力检算评定或直接判定桥梁承载能力是否满足要求。

1. 桥梁结构校验系数

静力荷载试验校验系数 ξ 按式(1-5-12)计算：

$$\xi = \frac{S_e}{S_s} \tag{1-5-12}$$

式中：S_e——试验荷载作用下主要测点的实测弹性变位或应变值；

S_s——试验荷载作用下主要测点的理论计算变位或应变值。

校验系数是反映结构工作状态的一个重要指标。当校验系数小于 1，表明桥梁结构实际强度或刚度有一定的安全储备。当校验系数大于 1，表明桥梁实际工作状况要差于理论状况，主要测点发生较大的相对残余变位或相对残余应变，以及结构裂缝超限且闭合状况不良，表明结构在试验荷载作用下有较大的不可恢复变位或应变，可判定承载能力不能满足要求。

2. 承载能力评定

根据《承载能力评定规程》的规定，当出现下列情况之一时，应判定桥梁承载能力不满足要求：

(1) 主要测点静力荷载试验校验系数大于 1。

(2) 主要测点相对残余变位或相对残余应变超过 20%。

(3) 试验荷载作用下裂缝扩展宽度超过表 1-5-107 的限值，且卸载后裂缝闭合宽度小于扩展宽度的 2/3。

(4) 在试验荷载作用下，桥梁基础发生不稳定沉降变位。

桥梁裂缝限值表　　表 1-5-107

结构类别	裂缝部位	容许最大宽度(mm)	其他要求
钢筋混凝土梁	竖向裂缝	0.25	
	腹板斜向裂缝、横隔板、梁端部	0.30	
	组合梁结合面、支座垫石	0.50	不容许贯通结合面
预应力混凝土梁	竖向、横向裂缝	不容许	
	纵向裂缝	0.20	
混凝土拱	拱圈横向	0.30	裂缝高小于截面高 1/2
	拱圈纵向	0.50	裂缝长小于跨径的 1/8
	拱波与拱肋结合处	0.20	
墩台	墩台帽	0.30	不容许贯通墩台身截面的 1/2
	墩台身	0.20	

根据《承载能力评定规程》的规定,在判定桥梁承载能力时,应取主要测点应变校验系数或变位校验系数较大值,按表 1-5-108 确定检算系数 Z_2,代替 Z_1 进行承载能力评定,当按表检算的荷载效应与抗力效应的比值小于 1.05 时,应判定桥梁承载能力满足要求,否则应判定桥梁承载能力不满足。

经过荷载试验的承载能力检算系数 Z_2　　表 1-5-108

ξ	Z_2	ξ	Z_2
0.4 及以下	1.30	0.80	1.05
0.50	1.20	0.90	1.00
0.60	1.15	1.00	0.95
0.70	1.10		

注:对主要挠度测点和主要应力测点的校验系数,两者中取较大值;Z_2 值可线性内插求得。

第六节　桥梁安全与养护状况评定

根据目前桥梁技术评定情况分析,桥梁技术状况的评定有一定的缺陷,因此,根据实际情况将桥梁安全状况划分为桥梁安全状况评定和桥梁养护状况评定两类。

一、桥梁安全状况评定

桥梁安全状况评定主要是依据桥梁上部结构、下部结构的承重构件技术状况对桥梁的实际承载能力进行安全性评定,并将桥梁安全状况分为安全性、较安全和危险 3 类。

桥梁安全评估中的上部结构和下部结构的主要承重构件见表 1-5-109。

桥梁上下结构主要承重部件表　　表 1-5-109

结构类型	主要部件
梁式桥	上部承重构件、桥墩、桥台、基础
板拱桥（圬工、混凝土）、肋拱桥、箱形拱桥、双曲拱桥	主拱圈、拱上结构、桥墩、桥台、基础
刚架拱桥、桁架拱桥	刚架（桁架）拱片、横向联结系、桥墩、桥台、基础
钢—混凝土组合拱桥	拱肋、横向联结系、主柱、吊杆、系杆、桥墩、桥台、基础
悬索桥	主缆、吊索、加劲梁、索塔、桥墩、桥台、基础
斜拉桥	斜拉索（包括锚具）、主梁、索塔、桥墩、桥台、基础

桥梁安全状况等级划分为 3 类，具体见表 1-5-110。

桥梁安全状况评定等级表　　表 1-5-110

分类	等级	桥梁安全状况特征	技术处理
1	安全	满足承载能力，桥梁使用功能完好，局部外观有轻微缺陷	对缺陷进行维修
2	较安全	构件外观损失已影响主要部件，属中等缺损，尚能维持正常使用功能	在近期 1～3 年内进行维修与加固
3	危险	主要构件严重损伤、存在大量疲劳（剪切）裂缝，桥墩沉降与倾斜、河床冲刷已影响基础稳定，承载能力不能满足规范或设计要求	采取必要交通管制、应在一年内进行加固处置

桥梁安全评定主要按上下结构的主要承重构件进行单项评定，其各部件权重合计为 10，全桥结构安全状况评分为 0～10 分。桥梁各部件权重见表 1-5-111。

桥梁各部件权重表　　表 1-5-111

分类	部件名称	权重
上部结构	主要承重构件	6.0
下部结构	桥墩（台）及基础	4.0

全桥结构安全状况评分计算公式：

$$D_r = 10 - \sum_{i=1}^{n} R_i W_i \tag{1-5-13}$$

式中：D_r——全桥结构安全状况评分，0～10；

R_i——桥梁部件缺损状况评定得分，0～5；

W_i——各部件权重，$\sum W_i = 10$。

桥梁结构安全状况分类界限与维修等级按表 1-5-112 规定执行。

桥梁结构安全状况分类界限与维修等级表　　表 1-5-112

安全状况评分	结构安全状况等级		
	安全	较安全	危险
D_r	[10,7]	(7,4]	(4,0]
维修等级	预防维修	中度维修	重度维修

各类桥梁上下结构部件缺损状况及评定得分见表 1-5-113～表 1-5-117。当桥梁定期或专项检查，构件缺损、裂缝等病害程度达到评定标度 3、4 等级时，应进行荷载试验，根据试验指标

和构件损伤修正承载力两项指标判定结构的安全等级。将上部结构评价中的试验指标或结构损伤修正承载力指标中某一项指标作为评定标度，当试验指标或构件损伤修正承载力两项指标中某一单项指标被定为评定标度5时，就直接判定为危险类桥。当下部结构中桥墩承载力≤0.8倍设计承载力值时或基底冲刷（冲刷深度>70%设计冲刷深度）存在较大的潜在隐患时，可直接判定为危险类桥。

(1)梁桥部件评定及得分，见表1-5-113。

梁桥主要承重部件评定标度及得分表 表1-5-113

分类与特征		部件评定描述				
上部结构	缺损状况	混凝土良好状况	钢筋有少量的锈蚀活动性	钢筋有锈蚀活动性，发生锈蚀概率大于90%。横向联结件松动	混凝土强度匀质系数为0.80~0.70，混凝土缺陷累计面积≥构件面积的10%。梁有横移现象	混凝土强度匀质系数小于0.70，钢筋存在锈蚀开裂区域。构件有严重横向位移
	裂缝		网状裂缝累计面积≤构件面积的20%，单处面积≤1.0m^2，或主梁裂缝缝长≤截面尺寸的1/3	网状裂缝累计面积>构件面积的20%，单处面积>1.0m^2，或主梁裂缝缝长>截面尺寸的1/3且≤截面尺寸的1/2	主梁裂缝缝长>截面尺寸的1/2，间距<30cm	主梁裂缝缝宽>1.0mm，间距<20cm
	试验指标	—	应力(挠度)校验系数<0.4；相对残余系数<16%	应力(挠度)校验系数<0.8；相对残余系数<20%且≥16%	挠度接近限值；或应力(挠度)校验系数≤1且>0.8；相对残余系数≥20%且<22%	主梁严重变形，挠度大于限值；或应力(挠度)校验系数>1；相对残余系数≥22%
	结构损伤修正承载力	—	截面承载力>1.5倍设计值	截面承载力≤1.5倍且>1.0倍设计值	截面承载力≤1.0倍且>0.7倍设计值	截面承载力≤0.7倍设计值
评定结果	标度	1	2	3	4	5
	得分(R_i)	0	0.2	0.5	0.8	1
下部结构		墩台各部件完好；基础结构良好	墩台基本完好	墩(台)表面有缺损，累计面积<构件面积的10%	墩(台)表面缺损较多，累计面积≥10%且<20%构件面积。河床冲刷深度大于设计容许的70%	墩台不稳定、下沉、倾斜；基底冲刷深度大于设计值
评定结果	标度	1	2	3	4	5
	得分(R_i)	0	0.2	0.5	0.8	1

(2)拱桥部件评定及得分，见表1-5-114。

拱桥主要承重部件评定标度及得分表　　表 1-5-114

分类与特征		部件评定描述				
上部结构	缺损状况	完好	个别上弦杆出现拉裂现象，吊杆有极个别吊杆有损伤现象	拱铰部分受损；部分位置上弦杆与行车道板出现脱空现象；边拱肋有轻微横移；个别吊杆有损坏现象	拱铰受损较严重，有错位、拉开现象；较多位置上弦杆与行车道板脱空，拱圈或桥面板有变形现象；吊杆损伤较严重	拱铰严重受损，有错位、拉开现象，拱圈出现严重变形；所有位置上弦杆与行车道板脱空，拱圈或桥面板严重变形，吊杆损伤严重
	裂缝	主拱圈横向裂缝≤截面尺寸的1/8，缝宽≤0.1mm	主拱圈纵向裂缝缝长≤截面尺寸的1/8，缝宽≤0.5mm，或横向裂缝缝长>截面尺寸的1/8且≤截面尺寸的1/2，缝宽>0.1mm且≤0.3mm	主拱圈纵向裂缝缝长>截面尺寸的1/8，缝宽>0.5mm，或横向裂缝缝长>截面尺寸的1/2，缝宽>0.3mm；梁板有大量超限裂缝	主拱圈裂缝贯通截面或跨长，发生开合现象，或拱圈砌体严重断裂，缝宽>2.0mm	
	试验指标	—	应力(挠度)校验系数<0.4；相对残余系数<16%	应力(挠度)校验系数<0.5；相对残余系数<20%且≥16%	挠度接近限值；或应力(挠度)校验系数≤1且>0.7；相对残余系数≥20%且<22%	主梁严重变形，挠度大于限值；或应力(挠度)校验系数>1；相对残余系数≥22%
	结构损伤修正承载力	—	截面或吊杆承载力≥2倍设计值	截面或吊杆承载力<2倍且≥1.0倍设计值	截面或吊杆承载力<1倍且≥0.7倍设计值	截面或吊杆承载力<0.7倍设计值
评定结果	标度	1	2	3	4	5
	得分(R_i)	0	0.2	0.5	0.8	1
下部结构		墩台各部件完好；基础结构良好	墩台基本完好	个别立墙或立柱出现轻微倾斜，部分位置墩(台)表面有缺损，累计面积<构件面积的10%	拱脚出现水平、竖向位移和转角，较多立墙或立柱出现倾斜；墩(台)表面缺损较多，累计面积≥10%且<20%构件面积。河床冲刷深度是设计容许的70%	拱脚严重错台、位移，造成结构和桥面变形过大；墩台不稳定、下沉、倾斜；基底冲刷深度大于设计值
评定结果	标度	1	2	3	4	5
	得分(R_i)	0	0.2	0.5	0.8	1

(3)悬索桥部件评定及得分，见表 1-5-115。

悬索桥主要承重部件评定标度及得分表 表 1-5-115

分类与特征		部件评定描述				
上部结构	缺损状况	完好	主缆防护表面有局部面漆变色起皮,个别位置出现破损、老化、漏水;个别锚头轻微破损	主缆防护破损面积>1%且≤10%,缠丝外露数量≤3%;主缆变形小于设计允许值;个别索夹有错位、移动;吊索锚头个别锚头破损、松动;钢丝少量锈蚀,无断丝;索塔有倾斜变形现象或存在扭转现象,但较轻微	主缆防护破损面积>10%,缠丝外露数量>3%;主缆变形较大,不可恢复的变化小于或等于设计允许值;较多索夹有明显错位、滑动现象;吊索锚头个别索夹位移超限;较多锚头破损、松动或裂缝;钢丝锈蚀,防腐层有大量麻坑,甚至出现断丝;索塔有较大倾斜变形或存在明显扭转;鞍座较多数量的螺杆、锚栓连接松动,个别螺杆、锚栓连接脱落	主缆变形较为严重,不可恢复的变形大于设计允许值;吊索钢丝大量严重锈蚀或损坏,钢丝断裂;索塔出现严重倾斜变形,塔根有明显裂缝,塔顶偏移超过限值
	试验指标	—	应力(挠度)校验系数<0.6 相对残余系数<16%	应力(挠度)校验系数<0.9 相对残余系数<20%且≥16%	挠度接近限值;或应力(挠度)校验系数≤1 且≥0.9;相对残余系数≥20%且<22%	主梁严重变形,挠度大于限值;或应力(挠度)校验系数>1;相对残余系数≥22%
	结构损伤修正承载力	—	截面或吊杆承载力≥2 倍设计值	截面或吊杆承载力<2 倍且≥1.0 倍设计值	截面或吊杆承载力<1 倍且≥0.7 倍设计值	截面或吊杆承载力<0.7 倍设计值
评定结果	标度	1	2	3	4	5
	得分(R_i)	0	0.2	0.5	0.8	1
下部结构			锚碇顶板、侧墙有局部麻面沉积物	基础出现局部冲刷现象,程度较轻;锚碇顶板、侧墙出现锈迹、蜂窝、渗出物,伴有细微裂缝;锚碇沉降≤10mm	基础出现较严重局部冲刷现象;锚碇顶板及侧墙出现大面积锈迹,混凝土剥落,钢筋外露锈蚀,有较大裂缝;锚碇沉降>10mm且≤50mm	基础出现严重局部冲刷现象,基础不稳定,出现严重滑动、下沉、位移、倾斜等现象;锚碇沉降严重,沉降>50mm
评定结果	标度	1	2	3	4	5
	得分(R_i)	0	0.2	0.5	0.8	1

注:主梁为钢材,按表 1-5-117 评定。

(4)斜拉桥部件评定及得分,见表 1-5-116。

斜拉桥主要承重部件评定标度及得分表　　表 1-5-116

分类与特征		部件评定描述				
上部结构	缺损状况	混凝土良好状况	钢筋有少量的锈蚀活动性	钢筋有锈蚀活动性，发生锈蚀概率大于90%。个别锚拉板出现疲劳损伤状况	混凝土强度匀质系数为0.80～0.70，混凝土缺陷累计面积≥构件面积的10%。锚固区有明显的受力裂缝	混凝土强度匀质系数小于0.70，钢筋存在锈蚀开裂区域。锚固区有明显的受力裂缝，且缝宽>0.2mm
	裂缝（混凝土）		网状裂缝累计面积≤构件面积的20%，单处面积≤1.0m^2，或主梁裂缝缝长≤截面尺寸的1/3	网状裂缝累计面积>构件面积的20%，单处面积>1.0m^2，或主梁裂缝缝长>截面尺寸的1/3且≤截面尺寸的1/2	主梁裂缝缝长>截面尺寸的1/2，间距<30cm	主梁裂缝缝宽>1.0mm，间距<20cm
	拉索		钢丝有极少量锈蚀；个别锚头或锚拉板出现轻微破损	钢丝少量锈蚀，钢丝无断裂；个别锚头出现破损、松动或出现不密封现象，但未造成拉索锈蚀	钢丝较多锈蚀或损坏，钢丝断裂，截面出现削弱；较多锚头或锚拉板出现破损、松动或裂缝，锚头锈蚀	钢索裸露，钢丝大量严重锈蚀或损坏，钢丝断裂；较多锚头或锚拉板出现严重破损、松动、裂缝，锚头积水锈蚀严重
	试验指标	—	应力（挠度）校验系数<0.4；相对残余系数<16%	应力（挠度）校验系数<0.75；相对残余系数<20%且≥16%	应力（挠度）校验系数≤1且>0.75；相对残余系数≥20%且<22%	主梁严重变形，应力（挠度）校验系数>1；相对残余系数≥22%
	结构损伤修正承载力	—	截面或拉索承载力≥2倍设计值	截面或拉索承载力<2倍且≥1.0倍设计值	截面或拉索承载力<1倍且≥0.7倍设计值	截面或拉索承载力<0.7倍设计值
评定结果	标度	1	2	3	4	5
	得分(R_i)	0	0.2	0.5	0.8	1

注：主梁为钢箱梁，按表 1-5-117 评定。

（5）钢桥部件评定及得分，见表 1-5-117。

钢桥主要承重部件评定标度及得分表　　表 1-5-117

分类与特征		部件评定描述				
上部结构	缺损状况	完好	涂层劣化累计面积≤构件面积的10%；锈蚀累计面积≤构件面积的5%；铆钉（螺栓）少量损坏、松动或丢失，造成联结部位铆钉（螺栓）失效	重要部位被锈蚀成洞，锈蚀孔洞≤3个；铆钉（螺栓）损坏、失效数量>总量的1%且≤总量的10%；简支或连续板；横向联结出现松动，纵向接缝开裂较大	重要部位被锈蚀成洞，锈蚀孔洞>3个；铆钉（螺栓）损坏、失效数量>总量的10%且≤总量的30%；主要构件存在明显的永久变形，变形小于或等于规范值，或桥面竖向呈波形	铆钉（螺栓）损坏、失效数量>总量的30%；主要构件出现较多严重裂缝，截面削弱，主要构件存在明显的永久变形，变形大于规范值

续上表

分类与特征		部件评定描述				
上部结构	裂缝	—	—	主梁、纵横梁受拉,翼缘边焊缝开裂长度≤5mm；主梁、纵横梁裂缝长度≤3mm,或受拉,翼缘焊接盖板端部裂缝≤10mm,或桁梁端横梁与纵梁连接处下端以及腹杆接头处裂缝长度≤20mm	主梁、纵横梁受拉,翼缘边焊缝开裂长度>5mm且≤10mm；主梁、纵横梁受拉翼缘边裂缝长度>3mm且≤5mm,或有受拉,翼缘焊接盖板端部裂缝>10mm且≤20mm,或桁梁端横梁与纵梁连接处下端以及腹杆接头处裂缝长度>20mm且≤50mm	主梁、纵横梁受拉,翼缘边焊缝开裂长度>10mm；主梁、纵横梁受拉,翼缘边裂缝长度>5mm,或有受拉翼缘焊接盖板端部裂缝>20mm,或桁梁端横梁与纵梁连接处下端以及腹杆接头处裂缝长度>50mm
	试验指标	—	应力(挠度)校验系数<0.6;相对残余系数<16%	应力(挠度)校验系数<0.9;相对残余系数<20%且≥16%	挠度接近限值;或应力(挠度)校验系数≤1且≥0.9;相对残余系数≥20%且<22%	主梁严重变形,挠度大于限值;或应力(挠度)校验系数>1;相对残余系数≥22%
	结构损伤修正承载力	—	截面或纵横梁承载力≥2倍设计值	截面或纵横梁承载力<2倍且≥1.0倍设计值	截面或纵横梁承载力<1倍且≥0.7倍设计值	截面或纵横梁承载力<0.7倍设计值
评定结果	标度	1	2	3	4	5
	得分(R_i)	0	0.2	0.5	0.8	1

二、桥梁养护状况评定

桥梁养护状况评定构件包括支座、桥面系、翼墙、耳墙、锥坡与护坡等。对支座、桥面铺装、人行道与护栏及排水系统、伸缩缝、翼墙、耳墙、锥坡与护坡等部件进行单项评定,各部件权重合计为10,桥梁养护状况评分为0~10分。桥梁养护状况评定等级见表1-5-118。

桥梁养护状况评定等级表　　表1-5-118

分类	等级	桥梁养护状况特征	维修期限
1	好	局部构件表面有轻度缺损、污染	在3~5年内进行维修
2	中等	构件有中等缺损或污染，尚能维持正常使用功能	在1~3年内进行维修
3	差	构件严重损伤、材料有严重缺损,严重影响主要构件使用功能、安全性和耐久性	在1年内进行维修

桥梁养护状况评分计算公式：

$$D_r = 10 - \sum_{i=1}^{n} R_i W_i \tag{1-5-14}$$

式中：D_r——全桥养护状况评分,0~10；

R_i——桥面系及其他部件缺损状况评定得分,0~5；

W_i——各部件权重，$\sum W_i = 10$。

桥梁养护状况分类界限按表 1-5-119 规定执行。

桥梁养护状况分类界限与维修等级表　　表 1-5-119

养护状况评分	养护状况等级		
	好	中等	差
D_r	[10,7]	(7,4]	(4,0]
维修等级	预防维修	中度维修	重度维修

桥梁养护各部件权重见表 1-5-120。

桥梁养护各部件权重表　　表 1-5-120

分　类	部件名称	权重
上部结构	支座	2
上下结构	承重部件	3
桥面系	桥面铺装	2
	伸缩缝	2
	人行道与护栏	0.5
	排水系统	0.5
下部结构	翼墙、耳墙	0.5
	锥坡与护坡	0.5

桥面系及其他部件缺损状况及评定得分见表 1-5-121，上下结构缺陷承重构件得分按表 1-5-113 ~ 表 1-5-117 确定。

桥面系及其他部件评定标度与得分表　　表 1-5-121

部件与分类		部 件 评 定 描 述				
支座		完好	轻微损伤；出现剪切变形	多处有轻微损伤；剪切变形较大；有开裂或位移现象	损伤或变形较严重，位移较明显，位移≤10mm；锚栓剪断≤50%	损伤或变形严重，位移 > 10mm；锚栓剪断 > 50%
评定结果	标度	1	2	3	4	5
	得分(R_i)	0	0.2	0.5	0.8	1
桥面铺装		完好	缺损面积≤10%	缺损面积 > 10%且≤20%，纵坡平整度接近规范值	缺损面积 > 20%且≤50%，纵坡平整度大于规范值	缺损面积 > 50%
评定结果	标度	1	2	3	4	5
	得分(R_i)	0	0.2	0.5	0.8	1
伸缩缝		完好	高差≤1cm，锚固区缺损面积≤11%	高差 > 10%且≤20%；锚固区缺损面积 > 10%且≤20%	高差 > 3cm；锚固区缺损面积 > 20%；钢梁有裂纹	锚固区缺损面积 > 50%；钢梁断裂
评定结果	标度	1	2	3	4	5
	得分(R_i)	0	0.2	0.5	0.8	1

续上表

部件与分类		部件评定描述				
人行道与护栏		完好	缺损面积≤3%	缺损面积>3%且≤10%	缺损面积>10%	严重破损,缺损面积>50%
评定结果	标度	1	2	3	4	5
	得分(R_i)	0	0.2	0.5	0.8	1
排水系统		完好	局部排水不畅,较少排水孔堵塞	较多排水孔堵塞		
评定结果	标度	1	2	3	4	5
	得分(R_i)	0	0.2	0.5	0.8	1
翼墙、耳墙		完好	缺损累计面积≤构件面积的5%	缺损面积>构件面积的5%且≤20%;有明显永久变形;有较多网裂	缺损面积>构件面积的20%;有下沉、滑动现象;多处裂缝	裂缝超限
评定结果	标度	1	2	3	4	5
	得分(R_i)	0	0.2	0.5	0.8	1
锥坡与护坡		完好	铺砌存在局部缺陷	铺砌面存在大面积缺陷;局部冲蚀	铺砌存在严重缺陷;有冲蚀严重现象	严重缺陷,影响稳定
评定结果	标度	1	2	3	4	5
	得分(R_i)	0	0.2	0.5	0.8	1

三、案例

(一)斜拉桥

本案例以本章第四节案例的资料为依据介绍桥梁安全评定方法。

在进行桥梁安全状况的评定之前,首先根据桥梁结构分别对上下部结构进行权重确定,再根据桥梁结构的特点,对上部结构构件在桥梁中的重要程度,给每个构件赋予不同的权重值,然后根据每个构件的病害情况对单个构件进行评分,最后按主桥、引桥的上下部结构分类及权重计算全桥的得分值。

1. 安全状况评定

(1)主桥部件评价与得分(表1-5-122)。

主桥结构部件安全评价与得分表　　表 1-5-122

部位	评价部件	评　价　描　述	权重	得分
上部结构	斜拉索系统	部分下锚头外表面存在涂装脱落、锈蚀、锚头螺栓缺失现象，除下侧锈蚀占比超过20%，其余缺陷占比小于2%；有4根索索力变化超过10%，其余索力变化在5%以内	6	0.2
	主梁	箱梁外表面存在少量的裂缝，裂缝主要发生在钢板加固区，该区域存在一定数量的纵向、斜向裂缝，部分裂缝超过规范值0.2mm，存在部分混凝土缺损露筋、涂装脱落等现象		0.2
	索塔	索塔内外表面有少量竖向裂缝，且有数条裂缝超过规范允许值，内表面混凝土大面积蜂窝麻面，存在部分混凝土破损露筋等		0.2
下部结构	桥墩	仅有2个桥墩有船碰撞痕迹，有竖向裂缝，基本完好	4	0
	墩台基础	完好		0
	河床	冲刷在设计范围内		0
试验指标		应力和相对残余系数得分分别为0.2分，挠度为0.8分	6	0.5
全桥（加权）				7.0

按试验指标得上部结构最高得分0.5分，权重为6，计上部结构得分3.0分，下部结构为0分，则全桥得7.0分。

（2）引桥部件评价与得分（表1-5-123）。

引桥结构部件安全评价与得分表　　表 1-5-123

部位	评价部件	评　价　描　述	得分
上部结构	主梁	南引桥梁底有泛碱现象	0.5
	湿接缝、横隔板等	局部有混凝土小孔洞和细微裂缝	0.2
下部结构	桥墩	已加固，完好，有碰撞痕迹，局部桥墩有裂缝	0.2
	桥台	完好	0
	墩台基础	完好	0
	河床	冲刷在设计范围内	0
全桥（加权）			6.2

全桥得分为6.2分。

2. 养护状况评定

（1）主桥桥面系及其他部件得分（表1-5-124）。

主桥桥面系及其他部件养护评价与得分表　　表 1-5-124

部位	评价部件	评　价　描　述	得分
上部结构	支座	主3号墩右支座限位挡板开裂卡死，部分钢支座涂装脱落锈蚀等	0.5
上下部结构承重部分			0.2
桥面系	桥面铺装	主桥面顺桥向纵坡局部不满足设计，有桥面坑槽等病害	0.5
	伸缩缝	止水带有破裂，带内有砂土	0.2
	人行道、栏杆、护栏	桥面系护栏防撞墙贯通裂缝、混凝土破损、露筋	0.2

续上表

部位	评价部件	评 价 描 述	得分
桥面系	排水系统	部分下泄管堵塞	0.5
全桥(加权)			6.75

(2)引桥桥面系及其他部件得分(表 1-5-125)。

引桥桥面系及其他部件养护评价与得分表 表 1-5-125

部位	评价部件	评 价 描 述	得分
上部结构	支座	主 1 墩引桥支座发生严重剪切位移,支座四氟板均已被挤出	0.2
	上下部结构承重部分		0.5
下部结构	翼墙、耳墙	有少量混凝土裂缝	0.2
	锥坡、护坡	有少量混凝土破损	0.2
桥面系	桥面铺装	有泛油、小坑	0.2
	伸缩缝	混凝土有破损现象	0.2
	人行道、栏杆、护栏	栏杆锈蚀较严重	0.5
	排水系统	有 5% 排水管堵塞	0.5
全桥(加权)			6.75

3. 评价

(1)安全评价

主桥经安全评价得 7.0 分,主要是按试验指标确定安全评价得分;引桥安全得分 6.2 分,为较安全类,则全桥总评价为较安全类。

(2)养护评价

主桥经养护评价得分 6.75 分,养护评定为中等级,引桥养护得 6.75 分,养护等级为中等,则全桥养护总评价为中等等级。

全桥评价:桥梁安全评价为较安全类,养护评价为中等等级。

(二)悬索桥

某大桥为主跨 640m 的钢箱梁悬索桥,桥面宽度 36.6m,双向六车道。该车已运营近 20 年,我们对该桥进行了一次全面的定期 + 专项检查。下面着重介绍主桥的检查定期 + 专项检查与评定。

1. 资料收集

(1)收集该桥历年的检查资料。引桥外观、钢箱梁、缆索系统等的专项检查、近 5 年的线形测量资料以及车流量资料统计分析。

(2)维修加固。收集整理了该近 10 年的桥面铺装更换、支座更换与维修、引桥匝道加固和桥梁裂缝处理的养护资料。

2. 主要工作内容

(1)外观检测:缆索系统、锚碇、加劲梁、索塔、钢箱梁、墩身、塔座、承台等下部结构。

(2)专项检测:桥梁几何状态检测、吊索和锚跨索股索力检测、钢箱梁涂层厚度检测、钢结构焊缝探伤、裂缝长宽和深度测量、混凝土强度检测、混凝土碳化深度检测、氯离子含量检测、钢筋保护层厚度检测、钢筋锈蚀状况检测、锚碇专项检测、桥梁结构动力特性、除湿系统工作状态。

(3)荷载试验:主引桥动静载试验。

(4)桥梁状态分析与评估:根据检查结果,进行实桥计算分析、桥梁技术状况评定、结构承载能力检算系数评价、全桥除湿系统状况评估,通过对大桥现有状况的分析与评估,提出后续管养及养护维修建议。

3. 定查情况

根据《技术评定标准》的规定,采用分层综合法将整体结构划分为上部结构(包括加劲肋、索塔、缆索系统等)、下部结构(锚碇、索塔基础等)及桥面系(桥面铺装、伸缩缝等)三个层次,对关键部位的病害进行分类,见表1-5-126。

病害特征统计表　　表1-5-126

部位	部件	病害特征
上部结构	加劲梁	1. 疲劳裂缝;2. 异常变形
	索塔	1. 涂装开裂;2. 钢筋锈蚀
	支座	1. 横向抗风支座四氟滑块脱落;2. 竖向支座辊轴无法转动
	主鞍	未见明显病害
	主缆	1. 主缆钢丝轻微锈蚀;2. 扶手绳锈蚀
	索夹	1. 索夹螺杆预紧力损失严重;2. 直缝开裂
	吊索	1. 内部渗水、锈蚀;2. PE护套老化开裂
	锚杆	—
下部结构	锚碇	1. 锚碇积水,湿度>40%;2. 混凝土结构开裂
	索塔基础	钢筋锈蚀、混凝土锈胀
	散索鞍	未见明显病害
	河床	未见明显病害
桥面系	桥面铺装	坑槽、破损
	伸缩缝装置	堵塞、局部破损
	人行道	—
	栏杆、护栏	撞损变形
	排水系统	未见明显病害

(1)钢箱梁病害

在钢箱梁内部外观检查中发现6类裂缝,分别为:①U肋过焊孔处横隔板裂缝;②U肋过焊孔处U肋裂缝;③U肋与顶板连接处焊缝开裂;④U肋嵌补段处焊缝开裂;⑤纵隔板末端球扁钢开裂;⑥纵隔板与横隔板相交处焊缝开裂。其中①、②、⑤为钢结构裂缝,③、④、⑥为焊缝开裂,具体见表1-5-127。典型裂缝情况如图1-5-4~图1-5-7所示。

钢箱梁裂缝分类表　　表 1-5-127

裂缝位置	裂缝性质	裂缝位置	裂缝性质
U 肋过焊孔处横隔板裂缝	钢结构裂缝	U 肋嵌补段处焊缝开裂	焊缝开裂
U 肋过焊孔处 U 肋裂缝	钢结构裂缝	纵隔板末端球扁钢开裂	钢结构裂缝
U 肋与顶板连接处焊缝开裂	焊缝开裂	纵隔板与横隔板相交处焊缝开裂	焊缝开裂

图 1-5-4　U 肋过焊孔处横隔板裂缝图

图 1-5-5　U 肋过焊孔 U 肋裂缝图

图 1-5-6　U 肋嵌补段焊缝开裂位置图

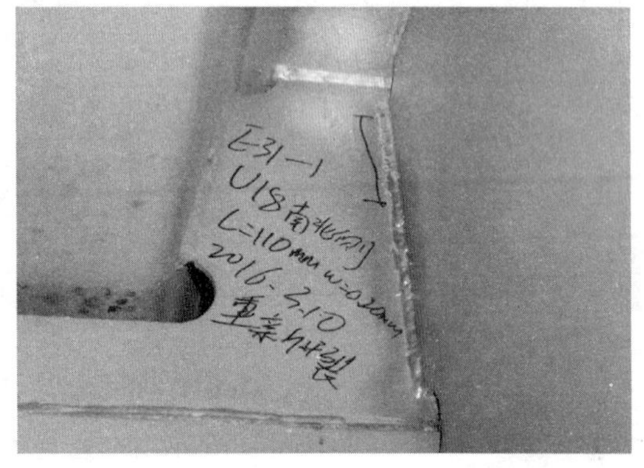

图 1-5-7　纵隔板与横隔板相交处焊缝开裂位置图

经统计分析:2015 年共发现各类病害 693 个,2016 年共发现各类病害裂缝 457 个,具体病害统计结果见表 1-5-128 所示。

箱梁病害统计表　　表 1-5-128

病 害 种 类	2015 年统计数量	2016 年统计数量
纵隔板与横隔板相交处焊缝开裂	3	3
U 肋过焊孔处 U 肋裂缝	22	30
U 肋与顶板连接处焊缝开裂	307	214
U 肋嵌补段处焊缝开裂	6	6
U 肋过焊孔处横隔板裂缝	226	105
纵隔板末端球扁钢开裂	0	1

续上表

病害种类	2015 年统计数量	2016 年统计数量
构件变形	3	2
漏焊	2	4
烧焦	21	8
涂装剥落	32	21
锈蚀	75	62
母材损伤	0	1

从上表可以知，2015 年 U 肋与顶板连接处焊缝开裂占裂缝总数 54%，2016 年占比 63%。U 肋过焊孔处横隔板裂缝 2015 年占比为 41%，2016 年占比为 29%，见图 1-5-8。从近 5 年统计情况来看，箱梁内典型裂缝呈递增趋势，具体见表 1-5-129。

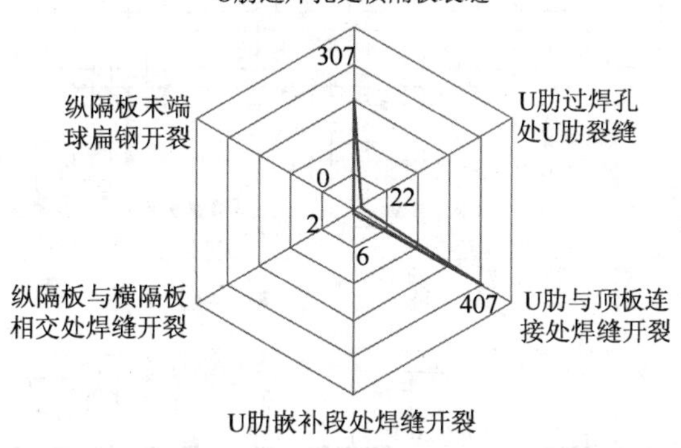

图 1-5-8　典型裂缝分配图

近五年裂缝病害统计表　　表 1-5-129

年份	U 肋与顶板相交处角焊缝开裂	U 肋过焊孔处横隔板裂缝	U 肋嵌补段焊缝开裂	U 肋过焊孔处 U 肋裂缝
2012	352	—	25	—
2013	668	15	45	—
2014	870	88	42	—
2015	1152	406	50	11
2016	1399	499	60	46

从横向位置统计看，6 类典型裂缝，以 U 肋与顶板连接处焊缝开裂与 U 肋过焊孔处横隔板裂缝数量及长度最多。统计两类典型开裂在横桥向分布规律如图 1-5-9、图 1-5-10 所示。

从横桥向分布规律图中可以发现，U 肋与顶板连接处角焊缝开裂的分布集中在中间混行车道的 U 肋范围内，U 肋与横隔板相交的过焊孔处裂缝分布规律相似，且裂缝的横向分布规律与车轮位置基本重合。表明上述两种典型病害均为钢箱梁疲劳开裂类型，这与该桥超负荷运营状况及重载通行有很大的相关性。从桥的纵向分布情况来看,几乎所有梁段均存在开裂问题,其中跨中及四分点区域附近稍有集中现象,病害分布集中在混行车道范围内,分布规律与轮迹分布规律接近。

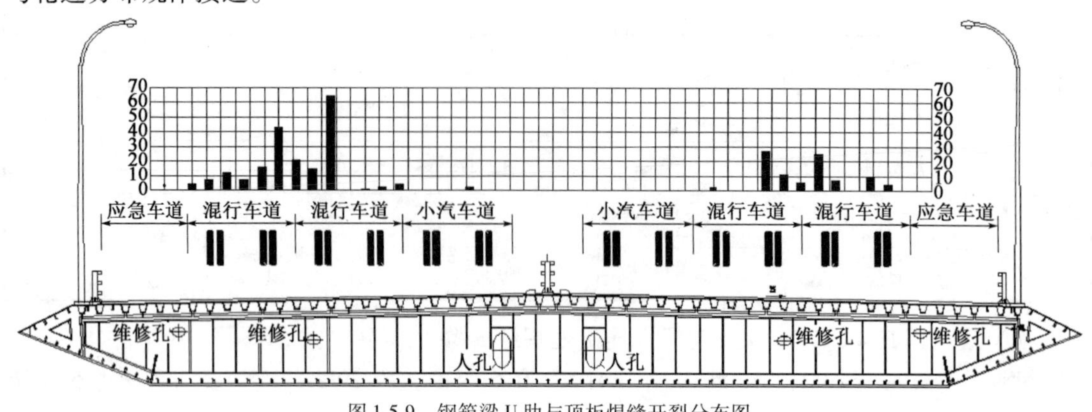

图 1-5-9　钢箱梁 U 肋与顶板焊缝开裂分布图

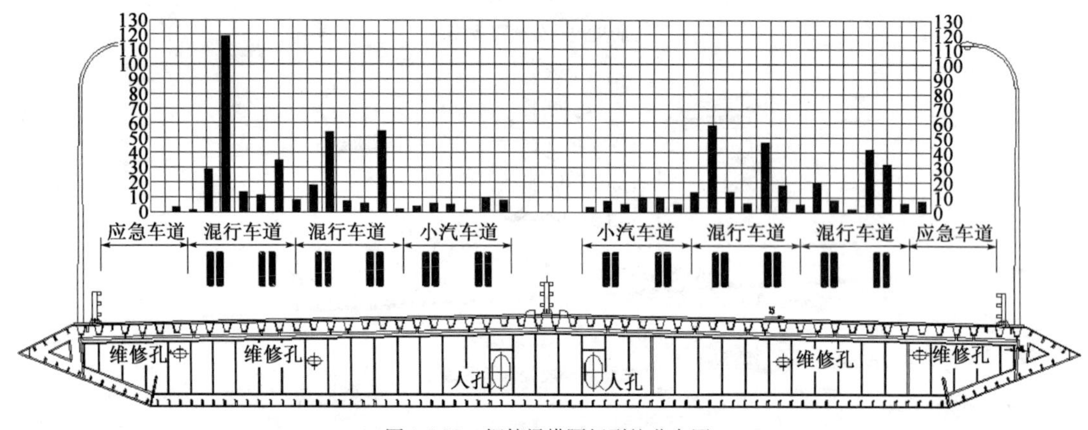

图 1-5-10　钢箱梁横隔板裂纹分布图

综上所述,钢箱梁内部的疲劳裂缝与开裂及分布规律与桥面行车位置基本相对应。

(2)钢箱梁变形

在外观检查过程中,发现护栏及机柜被压变形的现象。为进一步了解变形特征,我们在变形的位置布设压力变送器及配套调理器、公共机等(图 1-5-11),监测主梁变形情况。监测结果如图 1-5-12 所示。

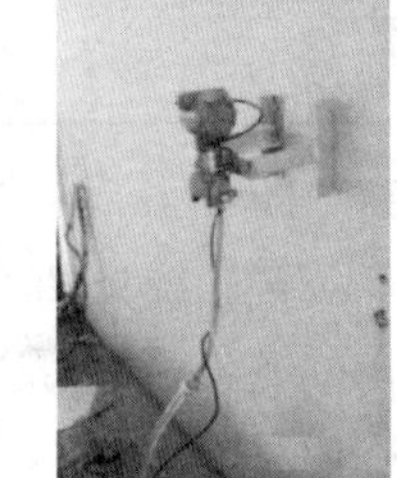

图 1-5-11　监测点安装图

经过短期监测，在监测时间范围内，主梁最大变形为17cm，未出现极端状况下的35cm。通过调阅监控信息，大桥曾发生一次大量滞留车辆在桥上的特殊情况。为此根据特殊情况进行模拟分析：在极端偏载情况下，即四车道满载情况下，挠度如图1-5-13所示。主梁最大偏载挠度达到50.8cm，超过35cm，即在极端偏载工况下，主梁会出现超过预留空间的情况。

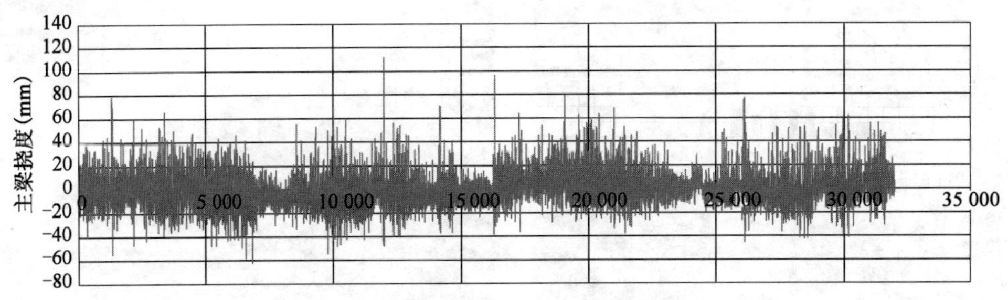

图1-5-12　主梁变形规律图

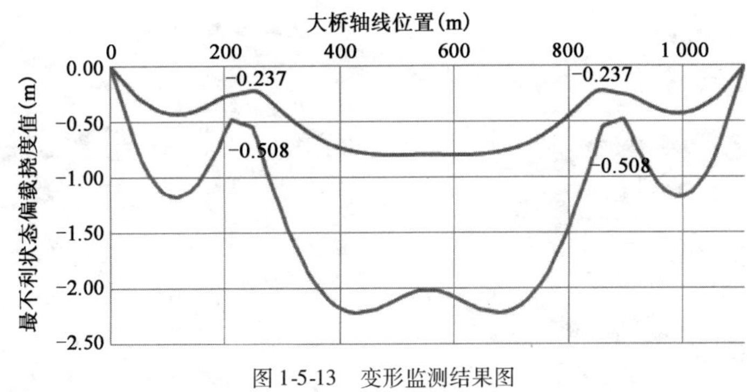

图1-5-13　变形监测结果图

（3）桥面铺装

在外观检查过程中，发现桥面铺装存在多处坑槽及破损现象。典型病害照片如图1-5-14所示。

该桥自建成以来历经三次较大维修，2000年对桥面铺装进行了局部修补，2004年及2014年对桥面进行全面翻修。

钢箱梁上述关键病害（疲劳裂缝、异常变形、桥面铺装破损）的产生，与目前超负荷的运营状况有很大的相关性。

图1-5-14　坑槽与破损

（4）主缆

外观检查发现部分位置主缆涂装起皮、扶手绳锈蚀；通过主缆开窗与永久观察窗设置，对主缆外表层钢丝锈蚀情况进行检测，表现为腻子覆盖不饱满、缠丝内侧及主缆次外层钢丝存在锈蚀现象，主缆钢丝锈蚀位置主要集中在腻子涂抹不均匀位置。检测结果表明，主缆内部曾有水分残留，导致下部缠丝及主缆钢丝锈蚀，如图1-5-15所示。

检测结果表明，主缆前期存在进水及钢丝锈蚀问题。为了对主缆钢丝后续可能的锈蚀问题进行持续监测，在中跨跨中位置安装永久性观察窗及温湿度计，后续可以根据主缆钢丝的锈蚀状况及内部温湿度变化情况，布设主缆除湿系统。

图 1-5-15 主缆典型病害图

(5)索夹

索夹外观检查发现的主要病害为索夹锈蚀、直缝开裂：直缝开裂 70 条、索夹锈蚀 15 处、螺母锈蚀 14 处、螺母开裂 3 处，索夹典型病害结果如图 1-5-16 所示。

a)直缝开裂

b)索夹锈蚀

图 1-5-16 索夹典型病害图

通过索夹螺杆预紧力专项检测，抽查全桥 25% 的螺杆，实测结果表明，残余预紧力绝大部分(94.5%)在设计值的 70% 以下，统计情况如图 1-5-17 ~ 图 1-5-19 所示。靠近索塔位置索夹，由于主缆倾角过大，索夹整体受力情况复杂，螺杆预紧力损失也相对更严重。

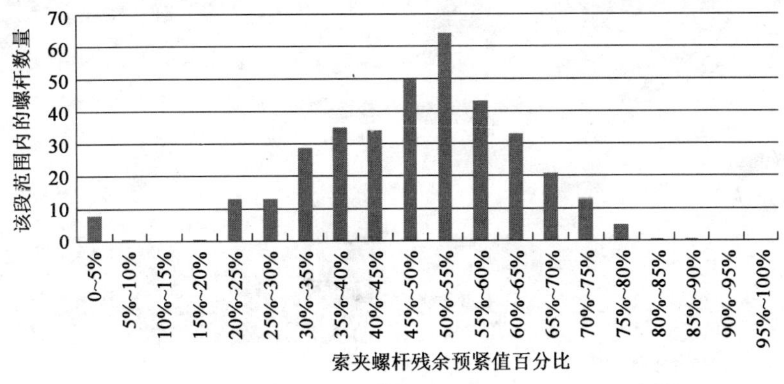

图 1-5-17　索夹螺杆残余预紧值分布图

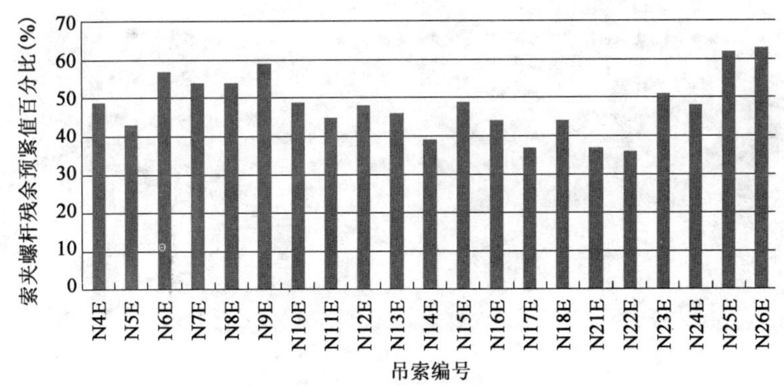

图 1-5-18　索夹螺杆残余预紧力纵向分布规律图

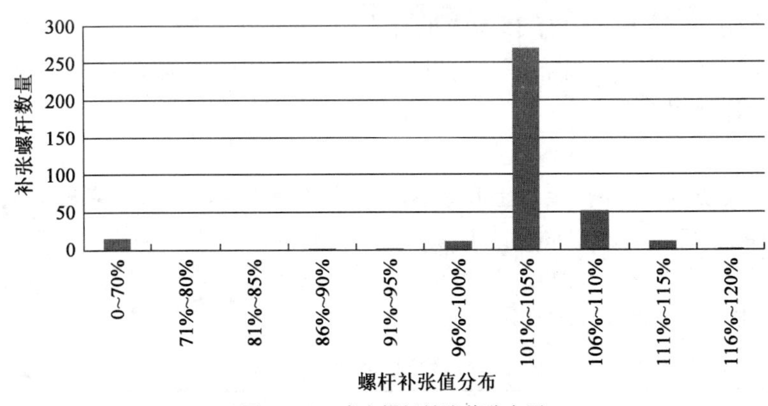

图 1-5-19　索夹螺杆补张值分布图

检测结果表明，索夹螺杆预紧力损失较大，特别是靠近索塔位置特殊索夹，残余预紧力在设计值的 40% 以下，存在索夹滑移的隐患。

(6)吊索及护套

吊索在主缆与钢箱梁之间起到重要的传力作用。全桥共 328 根吊索，外观检测发现所有吊索 PE 护套均存在不规则环向裂纹，表皮老化严重；对其中 39 根吊索进行开仓锈蚀检查，发现共有 14 根吊索存在渗水、氧化及锈蚀等问题。吊索典型病害如图 1-5-20 所示。

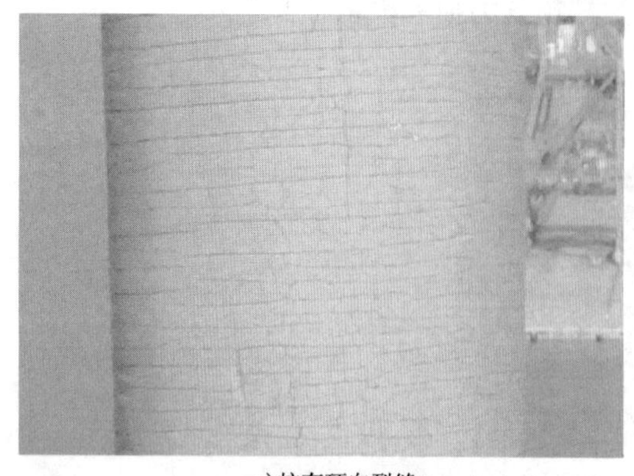
a）护套环向裂缝

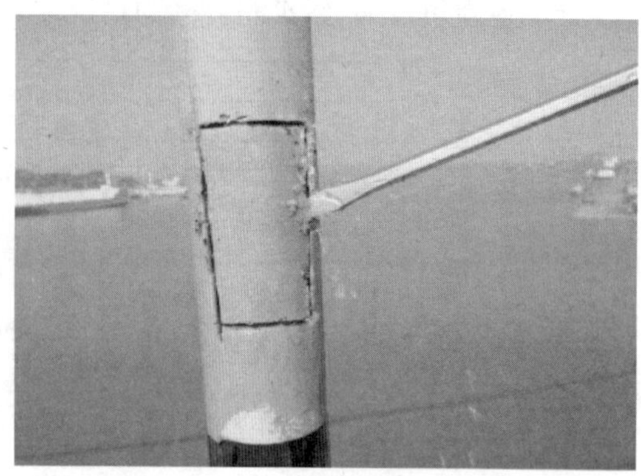
b）吊索进水

c）钢丝表面氧化

d）钢丝锈蚀

图 1-5-20　吊索典型病害图

检测结果表明，抽检吊索中有 35.9% 的存在渗水、氧化及锈蚀问题，在吊索高应力状况下，会产生应力腐蚀的问题，将加剧腐蚀的发展。吊索当前使用年限已经达到近 20 年，接近规范规定的吊索设计使用寿命。

（7）锚碇

外观检测中发现，锚碇存在混凝土开裂、积水等问题；锚碇除湿系统专项检测中发现，后锚室湿度超过 40%；锚碇预应力锚固系统专项检测（检测钢绞线灌浆饱满性及锈蚀）发现，前锚面存在 4 处灌浆不饱满问题，但钢绞线表面挂浆，未出现锈蚀状况。检查结果汇总见表 1-5-130，典型病害照片见图 1-5-21。

锚碇检查结果统计表　　表 1-5-130

病害位置	病害类型	病害性质
西锚碇前锚面下侧	竖向裂缝	$L = 170\text{cm}, W = 0.24\text{mm}$
东锚碇前锚面上侧	渗水泛碱	
西锚碇前锚室	风机损坏	
西锚碇后锚室	积水	

检测结果表明，锚碇存在混凝土开裂、渗水、后锚室积水等问题，锚碇内部湿度较大。由于锚碇预应力锚固系统属于隐蔽工程，在排除了前锚面钢绞线灌浆不饱满及锈蚀的情况下，混凝土的开裂、渗水及积水导致锚栓湿度超过40%，锚碇内部预应力存在锈蚀的风险，需要及时对锚碇裂缝进行修复并完善除湿系统。

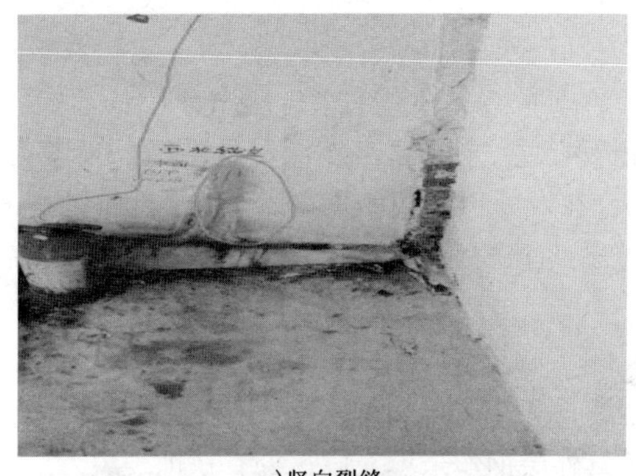

a)竖向裂缝

b)渗水泛碱

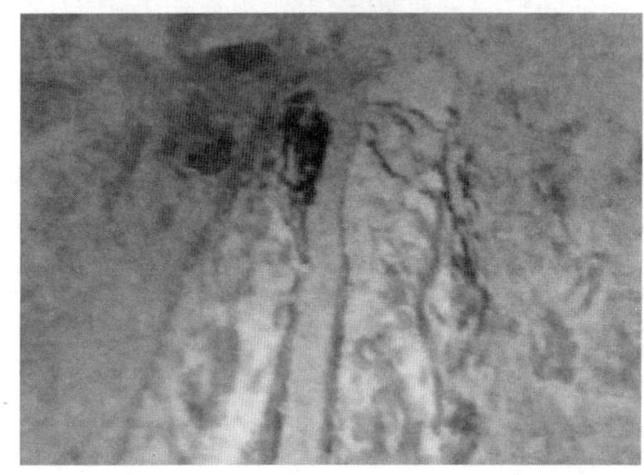

c)灌浆不饱满

d)锚室积水

图 1-5-21　锚碇病害图

(8)索塔基础

对索塔基础开展水下探摸专项检测，发现索塔基础存在以下问题：主桥西塔外表面及横系梁外表面均存在不同程度的钢筋锈胀、表层混凝土脱落和开裂的现象，主桥西塔阴极保护系统连接扁钢断开，主桥西塔的桩基础由钢护筒外包，外包桩基完整，表面存在一定的锈蚀情况。

4. 专项检测

桥梁主要构件的专项检测工作包括：桥梁几何状态检测、吊索和锚跨索股索力检测、钢箱梁涂层厚度检测、钢结构焊缝探伤、裂缝长宽和深度测量、混凝土强度检测、混凝土碳化深度检测、氯离子含量检测、钢筋保护层厚度检测、钢筋锈蚀状况检测、索塔水下探摸、锚碇专项检测、桥梁结构动力特性、除湿系统工作状态。各专项检测成果如下：

(1)吊索锈蚀检测

主要采用吊索开仓方式检测吊索情况。经抽检全桥 39 根吊索，发现其中有 14 根吊索(35.9%)存在进水、表面氧化、锈蚀问题。其中部分吊索锈蚀等级达到 3 类等级。锈蚀的钢丝在交变应力和腐蚀的环境下将产生应力腐蚀,裂纹在反复应力和腐蚀相互作用下会加速扩展,最后发展成脆性的钢丝断裂。

(2)吊索索力检测

主要采用索力动测仪对吊索索力进行检测,并观测吊索是否有松弛、超限的情况,通过对全桥吊索检测,表明全桥吊索索力基本对称,部分吊索索力分布不均匀,原因可能是测试期间的交通荷载及铺装更换等造成的。

(3)螺杆预紧力检测

螺杆预紧力检测目的是判断索夹是否存在滑移隐患,采用超声波测量索夹螺杆预紧力。检测表明:测试发现残余预紧力绝大部分(94.5%)在设计值的70%以下,其中最严重的螺杆(8根)残余预紧力小于50kN(测试初张拉数值)。说明该桥螺杆预紧力损失较大,存在滑移隐患,需要进行补张。

(4)主缆开窗检测

主缆开窗检测的主要目的是抽检跨中部分主缆是否存在锈蚀现象。经抽检发现:腻子填充不饱满处,如主缆下部腻子表面存在锈蚀残留物;外层钢丝未填充腻子处有锈蚀现象。

结论:主缆外层状况基本良好,部分钢丝存在锈蚀状况。后期根据主缆观察窗及温湿度计监测结果,设置主缆除湿系统。

(5)几何状态测量

经测量,挠度最大相差43.8cm。与2001年资料相比,本次测量有两个条件变化:一是2013年桥面铺装更换增厚10mm,挠度增加17.9cm;二是温度相差7℃,挠度增加14.3cm。两项合计挠度增加32.2cm,这说明主梁线形与2001年相比存在明显下挠的主因是铺装层厚度的改变。

(6)预应力锚固系统检测

对预应力锚固系统检测是指对锚碇预应力锚固系统,钢绞线灌浆密实性及锈蚀进行检测,采用工业内窥镜对前锚面进行检测。

通过检测发现,全桥锚碇共计4处存在灌浆不饱满情况。预应力钢绞线上表面裸露可见,但内部干燥,表面涂覆环氧砂浆,未见锈蚀。因目前缺少成熟的无损检测手段,故采用工业内窥镜方式进行钢绞线灌浆密实性及锈蚀检测是一次探索性工作,对于锚碇内部的钢绞线锈蚀问题,可以采取监测手段进行监测。

(7)材质检测

采用回弹仪、钢筋位置测定仪、混凝土电阻率测量仪等仪器对材质进行检测。经检测,混凝土强度、碳化深度、电阻率评定等级均为1,钢筋保护层厚度评级少数在3~5之间。裂缝测深深度少数大于钢筋保护层厚度。得到的结论是:混凝土强度状况良好、碳化深度对钢筋锈蚀无影响、电阻率测得钢筋锈蚀程度很慢;保护层厚度、裂缝深度对内部钢筋耐久性有很大影响。

5.荷载试验

在外观检查与专项检测的基础上,为准确判定悬索桥整个结构,包括结构空间变位、结构动力特性、结构整体刚度,进行了荷载试验,试验项目见表1-5-131。

加载工况与监测项目表 表 1-5-131

试验项目	截面位置	加载工况	监测项目
静载	$L/4$	对称加载	1. 内力:吊索内力,锚跨索股力内力; 2. 应力:钢箱梁应力; 3. 变形:主梁挠度,主缆变形,索塔变形,横向偏转变形,梁端位移、倾角
	跨中	对称加载	
		偏载	
	塔梁交接处	对称加载	
动载	跨中	无障碍	1. 基准频率; 2. 冲击系数
		有障碍行	

(1)静载试验

①加载方式

采用纵向及横向加载车辆进行加荷,其布载方式见图 1-5-22、图 1-5-23。

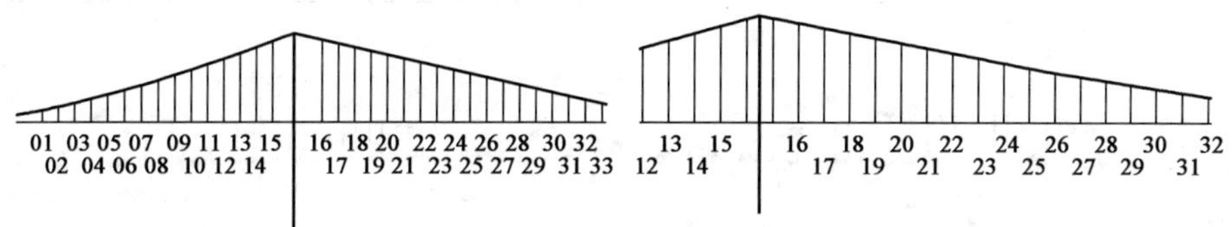

图 1-5-22 纵向布载示意图

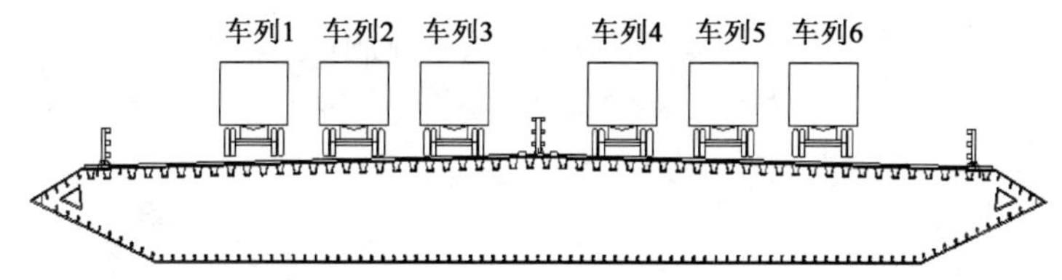

图 1-5-23 横向布载示意图

②测试结果

工况 1 对称加载,各测点最大挠度校验系数 0.71 <1.00,最大相对残余变形 13.21% <20%。

工况 2 对称加载,各测点最大挠度校验系数 0.80 <1.00,最大相对残余变形 1.55% <20%。表明结构实际受力状况优于理论计算,且弹性状况良好。各测点最大应变校验系数 0.96 <1.00,最大相对残余应变 2.31% <20%。

工况 3 对称加载,各测点最大挠度校验系数 0.80 <1.00,最大相对残余变形 2.18% <20%。表明结构实际受力状况优于理论计算,且弹性状况良好。各测点最大应变校验系数 0.98 <1.00,最大相对残余应变 2.72% <20%。

工况 4-1 对称加载,各测点最大挠度校验系数 0.98 <1.00,最大相对残余变形 2.92% <20%。表明结构实际受力状况优于理论计算,且弹性状况良好。各测点最大应变校验系数 0.73 <1.00,最大相对残余应变 5.54% <20%。

工况 4-2 对称加载,各测点最大挠度校验系数 0.88 <1.00,最大相对残余变形 5.19% <20%。表明结构实际受力状况优于理论计算,且弹性状况良好。各测点最大应变校验系数 0.73 <1.00,最大相对残余应变 11.11% <20%。

试验结果表明,结构实际受力状况优于理论计算,且弹性状况良好。

(2)动力特性试验

①试验方法

试验时,利用高灵敏测振传感器测量并记录结构在环境随机激励下的脉动信号,通过对脉动信号进行 FFT 分析,可直接得到自振频率 f。本次动力特性测试采用 TDR(遥测数据记录器)进行数据采集,传感器采用压电加速度计,数据采集设备采样频率为 50Hz。

②测点布置(图 1-5-24)。

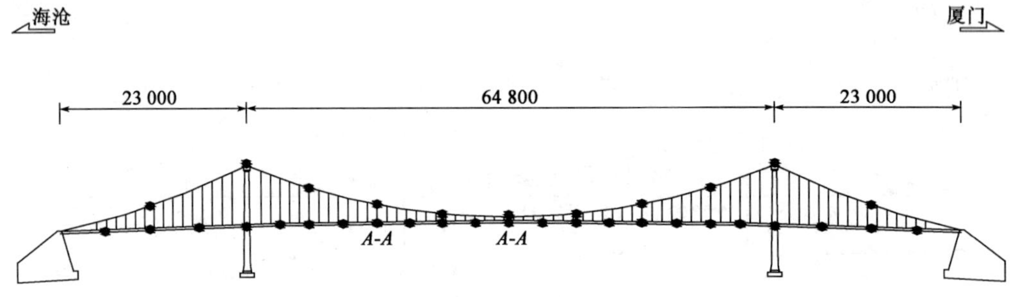

图 1-5-24 脉动试验测点布置图

注:1. 本图尺寸均以 cm 为单位。

2. ●为加速度传感器测点布置截面。

3. $A-A$ 点为公共点,$B-B$ 为动应变测点。

③试验结果:振型图见图 1-5-25、图 1-5-26。

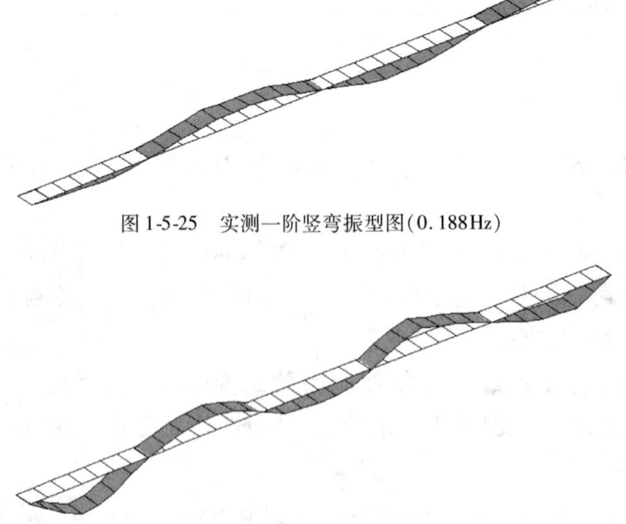

图 1-5-25 实测一阶竖弯振型图(0.188Hz)

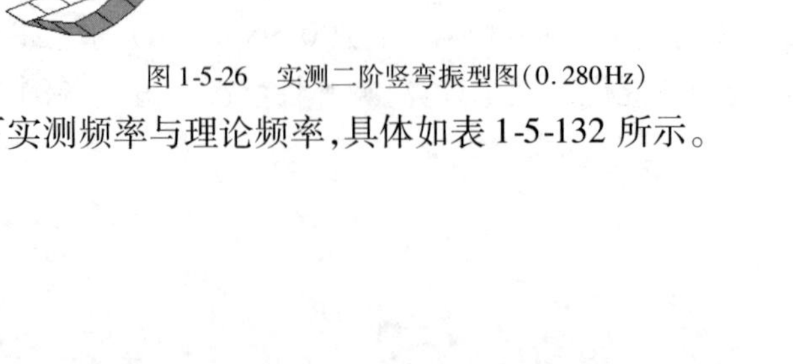

图 1-5-26 实测二阶竖弯振型图(0.280Hz)

对比同一振型下实测频率与理论频率,具体如表 1-5-132 所示。

实测频率与理论频率对比表　　表 1-5-132

阶　次	振　型	实测频率(Hz)	理论频率(Hz)	实测/理论
1	反对称竖弯	0.188	0.161	1.17(>1.0)
2	对称竖弯	0.388	0.204	1.90(>1.0)

通过动力特性试验，主梁第1阶实测频率为理论频率的1.17(>1.00)，第2阶实测频率为理论频率的1.90(>1.00)，表明结构的实际刚度大于理论刚度。

(3)跑车及跳车试验

①试验方法

动载试验分为无障碍行车及有障碍行车试验，有障碍行车试验时障碍物设置在测试断面桥面处，障碍物横断面为弓形减速带。本次动力特性试验荷载采用两辆匀速行驶的载重汽车，测试采用TDR(遥测数据记录器)进行数据采集，传感器采用压电加速度计，数据采集设备采样频率为50Hz。

②测点布置

动应变测点布设在边跨跨中、中跨跨中两个典型断面位置的底板。底板布置3个动应变测点。

③试验结果

跑车速度分别为：5km/h、20km/h、35km/h及50km/h，跳车车速分别为20km/h及30km/h。在底板布置3个动应变测点，各测点所测得的动应变时程曲线及由此计算所得冲击系数如表1-5-133所示。

实测冲击系数与理论冲击系数对比表　　表 1-5-133

位置	车速(km/h)	工况	计算冲击系数平均值	理论冲击系数(f<1.5Hz)
边跨跨中	5	无障碍行车	0.074	0.05
	20	无障碍行车	0.042	0.05
	35	无障碍行车	0.044	0.05
	50	无障碍行车	0.030	0.05
	20	有障碍行车	0.049	0.05
	30	有障碍行车	0.049	0.05
	平均值		0.048	0.05
中跨跨中	5	无障碍行车	0.037	0.05
	20	无障碍行车	0.026	0.05
	35	无障碍行车	0.039	0.05
	50	无障碍行车	0.025	0.05
	20	有障碍行车	0.029	0.05
	30	有障碍行车	0.043	0.05
	平均值		0.033	0.05

实测桥梁基频为0.188Hz，按照《公路桥涵设计通用规范》(JTG D60—2015)的规定，桥梁冲击系数理论值为0.05，实测边跨跨中冲击系数平均值为0.048(<0.05)，实测中跨跨中冲击系数平均值为0.033(<0.05)，表明桥梁实际行车状况较好。

(4)试验结论

①静载试验下,主梁各工况挠度校验系数均小于1.0,相对残余变形均小于20%,表明结构实际受力状况优于理论计算,且弹性状况良好。

②静载试验下,主梁各工况应变校验系数均小于1.0,相对残余应变均小于20%,表明结构实际受力状况优于理论计算,且弹性状况良好。

③动载试验下,主梁实测前两阶竖弯振型频率均大于理论值,表明结构的实际刚度大于理论刚度。实测各行车速度下的冲击系数均小于理论值,表明桥梁实际行车状况较好。

6.安全与养护状况评定

(1)安全状况评定(表1-5-134)。

主桥结构部件安全评价与得分表 表1-5-134

部位	评价部件	评价描述	权重	得分
上部结构	缆索系统	部分位置主缆涂装起皮、扶手绳锈蚀;索夹锈蚀、直缝开裂:直缝开裂70条、索夹锈蚀15处、螺母锈蚀14处、螺母开裂3处;索夹螺杆残余预紧力绝大部分(94.5%)在设计值的70%以下;328根吊索PE护套均存在不规则环向裂纹	6	0.8
	钢箱梁	箱梁内发现6类裂缝典型,其中U肋与顶板相交处角焊缝开裂1399条,裂缝呈递增趋势		0.5
	索塔	索塔内外表面有少量竖向裂缝,且有数条裂缝超过规范允许值,内表面混凝土大面积蜂窝麻面,存在部分混凝土破损露筋等		0.2
下部结构	桥墩		4	0
	锚碇	锚碇存在混凝土开裂、渗水、后锚室积水		0.2
	试验指标	应变校验系数0.73 <1.00,得0.5分;相对残余应变5.54% <20%,得0.2分;挠度校验系数0.98 <1.00,得0.8分	6	0.8
	全桥(加权)			4.4

按试验指标得到,上部结构最高得0.8分,权重为6,计上部结构得4.8分,下部结构为0.8分,则主桥加权得4.4分。

(2)养护状况评定(表1-5-135)。

主桥桥面系及其他部件养护评价与得分表 表1-5-135

部位	评价部件	评价描述	得分
上部结构	支座	横向抗风支座四氟滑块脱落,竖向支座辊轴无法转动	0.5
	上下结构承重部分	主缆钢丝轻微锈蚀,扶手绳锈蚀;索夹螺杆预紧力损失严重,有直缝开裂现象;PE护套老化开裂;锚碇积水,湿度>40%,混凝土有结构开裂现象	0.8
桥面系	桥面铺装	主桥面顺桥向纵坡局部不满足设计,有桥面坑槽等病害	0.2
	伸缩缝	止水带有破裂,带内有砂土	0.2
	人行道、栏杆护栏	桥面系护栏防撞墙贯通裂缝、混凝土破损、露筋	0.2
	排水系统	部分下泄管堵塞	0
	全桥(加权)		5.7

(3)评定结论

主桥安全评价得4.4分,安全评价为较安全类,应进行中度维修;养护评价得5.7分,评定为中等养护等级,应进行中度维修,则主桥应在1~3个月内进行中度维修。

下篇

桥梁维修与加固

第一章　桥梁维修与加固概述

近二三十年来，在桥梁建设领域我国取得了举世瞩目的成绩。但是，随着桥梁建设数量、规模的不断攀升，在役桥梁病害问题日益突出，桥梁事业由爆发式新建期进入新建和维修与加固并重的过渡期，桥梁维修与加固任务日益繁重。

一、概述

改革开放以来，伴随我国经济的显著增长和交通运输事业的飞速发展，公路交通运输量大幅提升，桥梁荷载越来越重，在役桥梁均出现不同程度的病害，如桥面铺装破损、伸缩缝钢梁断裂、梁（板）和拱桥柱墙混凝土开裂剥落、钢筋或钢束锈蚀、钢桁梁裂纹、锥坡坍塌、墩台基底掏空、河床冲刷等。这些病害直接影响了桥梁的正常功能，也缩短了桥梁的使用寿命。鉴于此，针对既有桥梁的各类病害，科学合理地进行维修与加固，必要时提高结构承载力，不仅能满足当前公路交通运输的需要，而且能为国家带来巨大的经济效益和社会效益。

此外，我们也应清楚地认识到，目前我国在桥梁病害诊断领域的技术力量仍旧薄弱，检测手段仍然落后，加固手段和技术应用尚不能满足新材料、新结构发展的需要。虽然，我国相继颁布了《公路桥涵养护规范》（JTG H11—2004）、《公路桥梁加固设计规范》（JTG/T J22—2008）、《公路桥梁承载能力检测评定规程》（JTG/T J21—2011）、《公路桥梁技术状况评定标准》（JTG/T H21—2011）等标准规范，但较早的规范如《公路桥涵养护规范》（JTG H11—2004）已不能适应长大桥梁的养护管理要求。同时，随着时间的推移，耐久性问题将在我国今后的桥梁养护工作中变得越来越突出，是今后桥梁管养工作中特别应注重的问题，因此，需要我们加快研究步伐，研发新的桥梁加固技术，推广桥梁预防性养护机制，并总结实践经验，形成一套适合我国桥梁特点的，集桥梁耐久性设计、施工、质量控制与养护技术的标准规范体系。

二、桥梁维修与加固的定义

桥梁维修是指为保持桥梁及其附属物的正常使用而进行的经常性保养及维修作业，是为预防和修复桥梁灾害性损坏和提高桥梁质量、服务水平而进行的一种活动。

桥梁加固是指对桥梁主要承重构件进行补强，以改善结构性能，恢复和提高桥梁结构的安全度，延长桥梁使用寿命，使整个桥梁满足规定的承载能力和使用功能需求的活动。

三、桥梁维修的分类

（1）“规范”分类法

根据《公路桥涵养护规范》（JTG H11—2004），桥梁划分为小修保养、中修、大修和抢修工程四类。

①小修保养工程。对桥梁及其工程设施进行预防性保养和修补轻微损坏部分，使其经常保持完好状态的工程项目。由基层管理机构在年度小修保养定额经费内，按月（旬）排计划，经常进行。

②中修工程。对桥梁及其工程设施的一般性磨损和局部损坏进行定期的维修与加固，使其恢复原状的小型工程项目。由基层管理机构按年（季）安排计划并组织实施。

③大修工程。对桥梁及其工程设施的较大损坏进行周期性综合修理，以全面恢复到原设计标准，或在原技术等级范围内进行局部改善和个别增建，以逐步提高通行能力的工程项目。

④抢修工程。当桥梁因地震、洪水、台风等自然灾害及超载、意外事故造成交通中断或者严重影响通行的破坏而采取迅速恢复交通的工程措施。

小修保养、中修工程，主要是对危害桥梁正常运营的部分进行修缮。大修工程主要针对病害严重、技术状况较差的桥梁。

对于桥梁技术状况评定等级为一类的桥梁，需进行正常保养；对于桥梁技术状况评定等级为二类的桥梁，需进行小修保养；对于桥梁技术状况评定等级为三类的桥梁，需进行中修，酌情进行交通管制；对于桥梁技术状况评定等级为四类的桥梁，需进行大修或改造，并及时采取合适的交通管制措施，如限载、限速通过，当缺损较严重时应关闭交通；对于桥梁技术状况评定等级为五类的桥梁，应及时关闭交通，改建或重建。

对于适应性不能满足的桥梁，应采取提高承载能力、加宽、加长、基础防护等改造措施，若整个路段有多座桥梁的适应性不能满足，应结合路线改造进行方案比较和决策。

（2）桥梁安全养护分类法

按桥梁缺陷形成的时间长短、缺陷性质、危害程度与大小及处理难易程度划分为首次维修、预防保养、中度维修和重度维修四类。

①首次维修。在桥梁竣工验收后对桥梁进行首次定检中发现的极少部分混凝土缺陷、混凝土裂缝、钢构件裂纹等病害进行预防性保养和修补轻微损坏部分，使其保持完好状态的行为，称为首次维修，简称首保。首次维修是桥梁养护工作中的一项重要工作，它对桥梁未来养护费用起关键性作用，应当特别重视。

②预防保养。在桥梁定期检查中发现部分构件存在混凝土缺损、裂缝、钢构件裂纹等病害以及交通安全标志标线损伤，不影响结构安全、使用功能，仅对结构构件的耐久性有一定的影响，对此类病害进行维修的行为，称为预防保养，简称维保。预防保养属于《公路桥涵养护规范》（JTG H11）中小修保养范畴，是桥梁养护工作中的一项重要工作，它对桥梁结构耐久性起关键性作用，应每 3 ~5 年为一个周期开展维保工作。

③中度维修。在桥梁定检中发现混凝土缺陷、结构性裂缝、钢构件裂纹等病害，这些病害将影响结构安全和使用功能以及耐久性，但桥梁安全是可控的，对受损构件进行维修与加固的行为，称为中等程度维修，简称中度维修。当桥梁被评定为较安全或中等等级时，应对受损构件进行中度维修，并在 1 ~3 年内完成。

④重度维修。对在桥梁定检或专项检测中发现的混凝土缺陷、结构性裂缝、钢构件裂纹、钢结构疲劳损伤、拱脚严重移动、吊杆（索）严重腐蚀、斜拉索或主缆发现严重损伤、斜拉索索力变化超过设计允许值等病害现象，所采取的加固措施行为称为重大程度维修，简称重度维

修。当桥梁被定为危险类或差等级时，应对桥梁进行交通管控，并在 1 年内对桥梁进行重度维修。当桥梁因地震、洪水、台风等自然灾害及超载、意外事故造成交通中断或者严重影响通行破坏时，应及时进行重度维修，迅速恢复交通。

四、桥梁维修加固的基本原则

(1)桥梁维修加固必须本着“牢固可靠，简便耐用，经济适用”的原则。

(2)根据不同桥梁的结构和材料特点，在成本可控的前提下，采用有针对性的维修加固方法，更换或修复损坏的桥梁构件，使桥梁整体恢复到原有的设计承载能力，保证桥梁的设计使用寿命。

(3)对一些通过维修加固不能恢复原设计承载能力又必须继续使用的桥梁，要确定好加固后桥梁的实际使用荷载等级和桥梁的剩余使用寿命。

(4)用于桥梁维修加固的材料必须通过国家权威检测机构检测认证，各项性能指标必须满足现行规范和设计的要求。

(5)对于 10 年以上的桥梁，当进行中度或重度维修时，应根据桥梁定期检测结果，进行专项安全评估，对全桥进行系统性分析，而后进行加固设计与养护处理。

五、桥梁维修加固的特点与方法

(1)桥梁维修加固的特点

①维修加固的标准与原设计有时不同。

②维修加固的难度比新建桥梁大。

③维修加固应充分利用原有结构。

④维修加固比拆除重建或改建一般有更好的经济效果。

⑤维修加固应注意施工安全。

(2)桥梁维修加固的方法

从桥梁构件承载能力和使用功能上进行加固设计，应考虑不同加固方法的特点，其方法主要有：

①增大截面法。

②粘贴钢板法。

③粘贴纤维复合材料法。

④体外预应力加固法。

⑤改变原结构受力体系法。

第二章 桥 梁 维 修

第一节 桥面系维修与更换

一、桥面铺装

1. 常见病害与成因

水泥混凝土桥面常见病害:断缝、错台、起皮、露骨、坑槽等病害。

沥青混凝土桥面常见病害:泛油、拥包、裂缝、沾染、坑槽、车辙等病害。

桥面铺装层具体病害与成因见表2-2-1。

桥面铺装层常见病害与成因 表2-2-1

分　类	病　害	原　因	成　因
混凝土桥面	断缝破损	1、2、3	1. 施工不规范; 2. 温度变化与养护; 3. 车辆荷载偏大、车流量大; 4. 主梁刚度结构、连接不均匀沉降、伸缩缝; 5. 材料配合比未达到设计要求; 6. 沥青老化; 7. 面层厚度薄
	错台	1、4	
	露骨(钢筋)、坑槽	1、3、5	
沥青混凝土桥面	泛油、拥包	1、5	
	裂缝	1、2、3、6	
	波浪和高低差	1、4	
	坑槽	1、3、5、6	
	车辙	3、7	

2. 维修方法

(1)混凝土铺装修补。凿除局部病害混凝土,外观形状最好呈长方形或方形,凿深至露出集料,洗净润湿凿坑表面,涂上相同强度等级的水泥砂浆(或其他黏结材料),铺浇新混凝土并平整表面。

(2)沥青混凝土铺装修补。当桥面平整度较差而主梁刚度有一定富余时,可对沥青混凝土面层整体铣刨处理并重新铺筑。当因主梁刚度较弱造成桥面铺装不平整时,可先增加主梁刚度与横向联系,或增设传递荷载的横梁,再进行铺装修补。

(3)桥面沥青凹凸不平的修补。如果凹痕细小,则应先除去碎石,然后加热沥青砂胶并将凹痕周围的沥青推挤到凹痕处使它与周围水平,最后进行表面处治。如果凹陷面积很大或表面很不平整,则应稍稍加热沥青砂胶,然后除去沥青碎石,将隆起的材料压挤下或除去多出的

材料，加入新的沥青材料使其平整，完成表面处治。

如因构件连接处不均匀沉陷引起时的桥面凹凸不平，可在桥面下用液压千斤顶顶升，调整构件连接处的高程，使顶面平齐，同时对面层进行铣刨后重新铺一层与原层面相同的材料。

(4)铺装层裂缝修补。对于铺装层的裂缝应做到"即裂即填""即裂即补"，及时填补、灌浆。

对于微裂缝，首先应采用性质温和的清洁剂清洗，确保裂缝部位清洁、干净，然后根据需要灌注聚合物黏结剂或填充缝隙的密封胶。

对于细小裂缝，此类裂缝是因铺装表面的凹痕或撕裂造成，水暂时还没进入铺装层内部，具体的处治方法：对于宽度在 1 ~2mm 的裂缝，可用注入环氧树脂胶的方法处理；对于宽度在 2mm 以上的裂缝，宜用注入环氧沥青黏结料的办法处理。

(5)桥面铺装层更换。当桥面铺装层整体损伤时可重新铺筑新的铺装层。

二、排水系统

1. 常见病害与成因

排水系统的常见病害：泄水管、排水槽杂物堵塞，排水管道损坏漏水等。

泄水管、排水槽杂物堵塞主要是因桥面垃圾、泥沙、车辆丢弃物未得到及时清理所致。

排水管道损坏、漏水多是因管道安装差、管道接口连接不牢脱落损坏、管道年久失修所致。

2. 维修方法

(1)发现泄水管、排水槽堵塞时应及时疏通堵点，保证管道通畅。

(2)排水管道损坏漏水时应及时修理。

三、栏杆、护栏和防撞墙

1. 常见病害与成因

栏杆、护栏和防撞墙的常见病害有构件撞损、遭窃，金属构件涂层损伤、锈蚀，混凝土构件裂缝、缺损等。

栏杆、护栏和防撞墙等构件撞损多是桥面交通事故等突发事件所致。

栏杆、护栏和防撞墙等金属构件涂层损伤、锈蚀，混凝土构件裂缝、缺损等病害除与施工质量、车辆撞击等突发事件有关外，北方地区冬季除雪撒除冰盐也是产生此类病害的原因。

2. 维修方法

(1)缺失的栏杆、护栏和防撞墙的零部件应及时补装。

(2)混凝土栏杆、护栏和防撞墙的裂缝应及时封缝、灌缝处理。

(3)严重缺损、变形的栏杆、护栏和防撞墙应及时维修、更换。

(4)涂层受损、锈蚀的钢构件应及时除锈并重新涂装。

第二节　伸缩缝维修与更换

一、伸缩缝常见病害

(1)锌铁皮伸缩缝的常见缺陷:①软性防水材料如沥青砂或聚氯乙烯胶泥等老化、脱落;②伸缩缝凹槽填入其他硬物,不能自由变形;③锌铁皮上压填的铺装层如水泥混凝土或沥青混凝土等断裂、剥离;④伸缩缝缝上后铺压填部分发生沉陷,高低不平;⑤墩台下沉,出现异常的伸缩,车辆行驶时出现冲击及噪声。

(2)钢板伸缩缝的常见缺陷:①角钢与钢筋混凝土梁锚固不牢,钢板松动;②缝内塞进石块或其他异物,使伸缩缝接头活动异常;③排水管发生破坏损伤或被堵塞;④表面钢板焊接部位损伤破坏;⑤梳形钢板伸缩缝在梳齿与承托板的焊接处出现裂缝,甚至被剪断。

(3)橡胶伸缩缝的常见缺陷:①橡胶条破坏损伤;②橡胶条剥离;③在橡胶嵌条连接部位漏水;④锚固构件破损、锚固螺栓松脱;⑤伸缩缝构造部位下陷或凸出;⑥车辆行驶时不适,发生噪声。

二、病害处理

伸缩缝出现上述病害时,可采取以下相应措施及时维修或更换:

(1)当U形锌铁皮伸缩缝的软性填料老化脱落时,先清除其缝隙泥土,重新注入新的填缝料;当其铺装层破坏时,应凿除重新铺装,凿除破损部位应划线切割,清除旧料后再浇筑新面层。

(2)当钢板伸缩缝的钢板与角钢焊接开裂时,应清除污垢后重新焊牢;当梳齿断裂或出现裂缝后,也应及时焊接修补。

(3)为防止螺杆与螺母松动,螺纹上可以涂防松胶水,螺杆与螺母面少量点焊固定,最好螺孔内灌注防水和防松环氧树脂。对于钢构件出现锈蚀现象时,应立即进行防腐处理。

(4)当伸缩缝出现下列病害时应及时拆除并更换。①U形锌铁皮伸缩缝:锌铁皮老化、开裂、断裂;②钢板伸缩缝:钢板变形、螺栓脱落,不能正常运行;③橡胶条伸缩缝:橡胶老化、脱落,角钢变形、松动。

三、更换伸缩缝的基本要求

(1)更换伸缩缝应满足结构变形要求,严格控制开口量,应安装平整、锚固可靠。

(2)槽口新浇筑混凝土强度等级应比原结构混凝土提高一级,宜采用早强混凝土。

(3)新更换的伸缩缝下应设置排水装置。

四、案例

1)案例1

某桥桥宽20m,主跨为80m箱梁结构,边跨为50m T梁结构,在主跨与边跨之间安装

480 型模数式伸缩缝,已使用 16 年,中梁断裂,危及行车安全,及时予以更换。伸缩缝结构形式如图 2-2-1 所示。

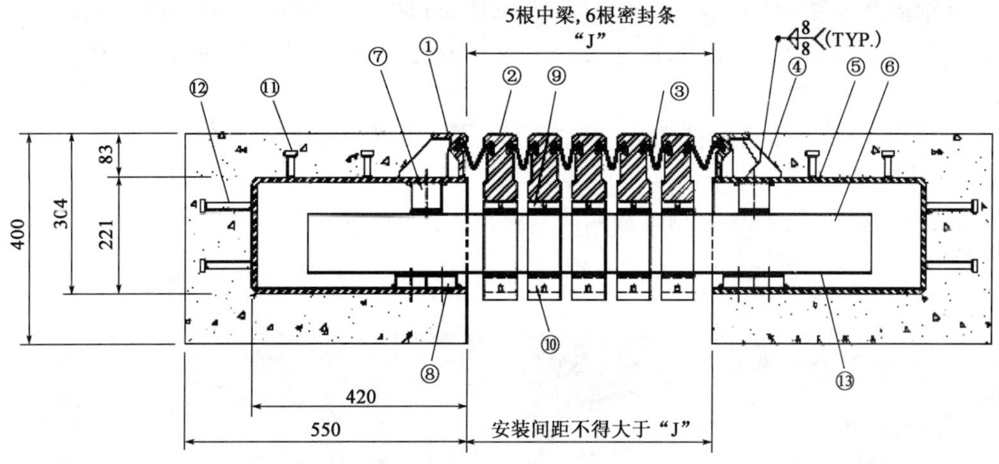

图 2-2-1　D480 模数式路面处伸缩缝(尺寸单位:mm)

①-边梁;②-中梁;③-止水带;④-加劲梁;⑤-支撑箱体;⑥-支撑横梁;⑦-上承固定支座;⑧-下承固定支座;⑨-上承滑动支座;⑩-下承滑动支座;⑪、⑫-锚栓;⑬-不锈钢板

(1)更换原则

更换时,一般按原伸缩缝规格进行采购更换,如规格有变化,需根据温度、混凝土实际收缩引起的梁缩短量、混凝土徐变引起的梁缩短量、制动力引起的板式橡胶支座变形而导致的伸缩量等诸多因素确定新缝规格。新缝安装前,应根据安装温度在出厂时确定各单元间距并锁定,在现场进行微调。

(2)安装步骤与方法

旧缝拆除:

①当不中断交通施工时,可采取半幅封闭方案,保证车辆双向通行。

②将原伸缩缝锚固区水泥混凝土用空压机、风镐破碎凿除,凿毛至原预留槽口尺寸位置,深度约 50mm、宽度约 100mm。以保证新浇筑混凝土与原结构连接面不留有夹层。

③断开旧缝与原预埋锚固筋的连接,吊出旧缝。

④用高压水枪或空压机进行清理,确保槽口干净整洁。

新伸缩缝安装:

①各单元间距值的确定。由生产单位根据安装温度及其他影响因素在生产时确定,出厂前将各单元间间距值锁定。现场安装前在工程师指导下,松开夹钳,按照厂家提供的温度调节表调整伸缩缝开口,并保证夹紧角的稳固性。

②加设调平吊装装置。用 25 号槽钢每隔 2 ~ 3m 左右布设一道与伸缩缝的连接构造,连接方式:用 ϕ20mm、长 80mm 的螺栓将槽钢与角钢连接。

③用直尺或角钢对照伸缩缝的边梁平面,使之与桥面层相平,长度与桥梁宽度一致,两中

心线重合,将所有控制箱上的锚钉与钢筋焊接定位。精度要求:整条伸缩装置直线度应≤1.5mm/m,边梁与桥面平整度在0~2mm以内。

④在锚固区混凝土深约3~4cm左右加设φ10mm防裂钢筋网。

⑤浇筑混凝土。用含钢纤维30kg/m^3的C50钢纤维混凝土填充浇筑,浇筑后移除夹钳。

⑥混凝土浇筑3h后用薄膜覆盖养护,养护1周后方可通行。

2)案例2

某大桥运营20年的D240型模数式伸缩缝,其锚固区一侧混凝土破损并发展为较明显的坑洞,见图2-2-2。

a)

b)

图2-2-2　伸缩缝锚固区混凝土破损图

伸缩缝锚固区混凝土破损、坑洞修复的难度主要在于施工时间有限、修复材料与旧混凝土的黏结强度、修复材料对养护的敏感性以及修复材料自身的耐久性等。该工程采用JN-RX高韧性环氧混凝土进行修复处治。

(1)施工方法

在修复时,先切割待修补区域,清理坑洞后,铺设一定数量的钢筋网片,现场搭配好JN-RX高韧性环氧混凝土,直接浇筑,充分浇捣后,养护2~6h即可开放交通。

(2)特点

采用高韧性环氧混凝土对锚固区破损的伸缩缝进行修补,其优点:

①冲击韧性强,高韧性环氧混凝土的抗冲击能力是高强水泥砂浆的100倍以上。

②黏结能力卓越,能黏结钢、混凝土、岩石、玻璃、木材、沥青等材料。

③机械性能良好,其抗拉强度及黏结强度均高于混凝土本体强度。

④抗老化性及耐腐蚀(酸、碱及水等)性优异。

⑤固化条件宽松,固化速度可根据施工需要适当调整。

⑥施工操作简便,无需大型施工设备。

⑦应用方式灵活,可根据具体情况采用纯胶液、砂浆或混凝土等多种形式。

⑧与基材相容性良好,且色泽与水泥混凝土基本一致。

第三节 支座维修与更换

一、支座常见病害

(1)支座构件开裂,如轴承出现裂纹、切口等病害。

(2)支座老化,如橡胶支座出现橡胶老化、变质等病害。

(3)支座脱空、脱落。

(4)支座偏移,受力不均。

(5)支座滑动面不平整。

(6)支座螺母松动或螺栓脱落。

(7)支座止滑装置的损坏。

(8)支座限制移动装置的损坏。

(9)支座滚轴的偏移和下降。

(10)支座滚轴和下降销子的损坏。

(11)油毛毡支座的破裂、脱落、酥烂等病害。

(12)弧形支座滑动面、滚动面生锈,不能自由转动。

(13)摆柱式支座的混凝土摆柱出现脱皮、露筋等病害。

(14)钢辊轴式支座辊轴(摇轴)纵向位移偏大或发生横向位移。

(15)支座座板:①锚栓切断;②支座座板翘起、扭曲、断裂;③座板贴角焊缝开裂;④支座座板混凝土压坏、剥离、掉角。

二、支座维修与更换

(1)日常应保持支座各部分的完整、清洁,及时扫除垃圾、积雪和冰块等。

(2)滚动支座滚动面上应定期涂一层润滑油,一般是每年一次。涂油前,应先擦净滚动面。

(3)钢支座应进行除锈防腐,支座各部分除钢辊和滚动面外,其余均应刷漆保护。

(4)对固定支座应检查锚栓的坚固程度,支承垫板应平整紧密,及时拧紧接合螺栓。

(5)橡胶支座应经常清扫污水,排除墩台、台帽上的积水,防止橡胶支座接触油脂,对梁底及墩、台帽上的残存机油等应进行清洗,防止因橡胶老化、变质而失效。盆式橡胶支座应定期清扫,并设置支座防尘罩,防止灰尘落入或雨、雪渗入支座内。支座外露部分应定期涂刷防锈漆进行保护。

(6)梁支点承压不均匀时,应进行调整。调整时可采用千斤顶将梁上部顶起,然后移动调整支座的位置。在矫正支座位置以后,降落上部构造时,为避免桥孔结构倾斜,应徐徐下落,并注意千斤顶的工作状态是否均衡,同时调整顶升用木框架的楔子,以保证上部结构能恢复原位。

(7)支座座板翘起、扭曲、断裂和焊缝开裂时应及时修补或更换,若为老式支座,可首先考虑更换为新型支座。更换时可采用上述顶升法。抬高支座时可采用捣筑砂浆,加入钢板垫层或预制钢筋混凝土垫块等来适应梁体升高。

更换支座时可参考如下要求:

(1)基本要求

①更换前,应先进行病害成因分析。

②更换的支座应与结构体系相适应。

③支座更换宜采用整联顶升,横桥向应严格同步。更换前,应验算相邻墩台处顶升位移差对结构的影响。

④宜将同一墩台上的同一排支座全部更换,充分发挥支座整体效应。

⑤支座更换时,顶升位置、顶升顺序和顶升量应通过计算确定。

(2)注意事项

①更换支座时,在支座旁边的梁底或端横隔处设置千斤顶,将梁(板)适当顶起,使支座脱空,然后进行调整或更换。

②当需要抬高支座时,可根据抬高量的大小选用以下措施:当抬高 0 ~ 100mm 以内时,可用钢板垫入;就地浇筑钢筋混凝土支座垫石,垫石高度按需要设置,一般应大于 100mm。

③当设置支架顶升更换支座时,应对支架结构进行验算。

三、案例

某主引桥支座分别是盆式橡胶支座和板式橡胶支座,桥梁检测后发现主桥盆式橡胶支座四氟板挤压损坏,并发生脱落;引桥板式橡胶支座出现剪切变形、开裂等病害。

1. 主桥支座更换

根据原大桥设计文件,按表 2-2-2 进行技术选型,用千斤顶整体抬高后更换,见图 2-2-3。

图 2-2-3 梁体整体抬高图

支座技术参数表 表 2-2-2

位置	承载能力(kN)	纵向位移(mm)	横向位移(mm)	容许转角(rad)	摩擦系数
上游	12500	±400	±3	≥ ±0.02	0.03
下游	12500	±350	±40	≥ ±0.02	0.03

注:1. 支座尺寸及安装位置按照原设计文件取用,以现场测量结果为准。

2. 以 16℃为标准温度,此时支座以零位移状态安装。其他温度下,应做温差修正。修正量以施工阶段现场实测的支座位移与温度关系为准。

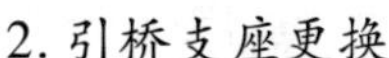

2. 引桥支座更换

引桥支座更换时，支座中心均应与支座垫石中心对齐，安装温度为 16℃ ±1℃，更换时整体抬高 T 梁。

第四节　混凝土表面缺陷的处治

一、定义

混凝土表面缺陷是指混凝土结构物或构件表面的空洞、蜂窝、麻面、表面风化、剥落、碳化、裂缝(开裂)、露筋、局部破损等病害。

二、常见病害及原因分析

(1)混凝土梁(板)的空洞、蜂窝、麻面病害，主要是因施工操作不良、材料配合比不符合规范要求等原因引起的。

(2)混凝土表面风化，一般是由地区环境或气候影响作用造成的，如渗入混凝土中的水在低温下结冰膨胀，从内部破坏混凝土的微观结构，经多次冻融循环后，损伤积累将致使混凝土风化酥裂，强度降低。

(3)混凝土梁体保护层剥落或露筋，一般是设计不当、施工质量不过关造成的。

(4)混凝土碳化与泛碱，主要是环境因素造成的，或梁体有开裂现象，雨水渗透将致使混凝土出现泛碱现象。

(5)混凝土梁(板)裂缝与开裂。混凝土裂缝包括由材料内部的初始缺陷、微裂缝的扩展而引起的结构性裂缝和施工不当、温度变化等因素造成的非结构性裂缝。混凝土裂缝是由设计、施工不当等诸多因素造成，可根据具体情况分析，查找原因。

上述混凝土缺陷详见表 2-2-3。

混凝土缺陷常见现象与成因　　表 2-2-3

病　害	特　征	原　因	成　因
麻面	表面粗糙，或有许多小凹坑	1	1. 施工不当； 2. 温度变化与养护； 3. 设计不当； 4. 材料配合比未达到规范要求； 5. 雨水渗透； 6. 钢筋过密
蜂窝	局部酥松、砂多浆少	1、3	
空洞	构件内有空隙、局部无混凝土	1、6	
裂缝	表面呈不规则裂纹和网格状	1、2、3	
剥落	表面砂浆脱落，粗集料外露	1、3、4	
风化	表面出现机械、物理、化学性质损坏	1、3、4、5	
碳化或泛碱	表面呈白色	1、2、5	

三、缺陷处理

1. 混凝土缺损处理

(1)常用处理方法：对于较严重的混凝土表面缺陷，修复处理方法有直接浇筑法、喷射法和压浆法。对于大面积表面缺损时，宜采用喷浆修补法，该方法具有以下特点：用较小的水灰比，较多的水泥，获得较高的强度和密实度；喷射的砂浆层与受喷面之间，具有较高的黏结强度和耐久性；工艺简单，工效较高；材料消耗较大，当喷层较薄或不均匀时，干缩率大，易发生裂缝。

对空洞、蜂窝、表面风化、剥落等混凝土表观缺陷应先将松散部分清除，再用高强度混凝土、水泥砂浆或其他材料进行修补，新补的混凝土要密实，与原结构应结合牢固、表面平整。若发现混凝土构件露筋或保护层剥落，应先将松动的保护层用凿子、风镐或采用高速射水法等方法清除后，再清除钢筋锈迹，然后采用直接浇筑法、喷射法和压浆法等方式进行修复。如损坏面积不大，可用水泥砂浆人工涂抹法或环氧砂浆修补；如损坏面积过大，可用喷射高强度等级水泥砂浆的方法修补。

(2)施工要求：

①在昼夜平均气温低于5℃的冬季时，对修补的混凝土构件应采取保温措施，保证混凝土的凝固硬化。

②用于修补的原材料，其强度和其他质量指标应不低于原构件材料，必要时可加入适量减水剂以提高修补混凝土的和易性。修补用的混凝土强度等级应比原强度等级提高一级，在 pH 值小于 5.6 的地区，所用水泥应根据环境特点采用耐酸的硅酸盐水泥、铝硅酸盐水泥等。

③修补受拉区用的混凝土宜选用环氧树脂配制，修补受压区用的混凝土宜选用膨胀水泥配制。用水泥混凝土或砂浆修补的构件应加强养生，有条件时宜用蒸汽养生或封闭养生。

2. 混凝土裂缝修补

裂缝处理的目的是恢复混凝土结构整体性、提高耐久性和抗渗性。一般根据缝宽大小确定裂缝的处治方式，当缝宽 < 0.15mm 时，采用封闭方式处理；当缝宽 ≥ 0.15mm 时，采用压力灌注法处理。采用封闭方式处理时，一般涂刷环氧树脂胶；采用压力灌浆法灌注裂缝时，宜采用环氧树脂胶或其他灌缝材料灌注。胶黏剂宜采用快速固化的 A 级胶。

对于预应力混凝土梁，无论是 A 类构件还是 B 类构件出现的裂缝，以及沿预应力钢束的纵向裂缝、锚固区局部承压的劈裂裂缝都应及时处理，以确保预应力梁的结构安全和耐久性。

裂缝灌浆法工艺流程：

(1)准备阶段。依据裂缝数量、长度及宽度，对材料、埋嘴、灌浆设备进行规划和安排。

(2)钻孔。在裂缝交叉处钻孔，对深孔还需在裂缝表面进行骑缝钻孔，作为压力灌浆的异向孔。

(3)清孔及裂缝表面处理。对裂缝用高压空气将孔眼吹干净，使其不被灰渣阻塞，然后沿裂缝走向两侧 30 ~ 50mm 范围的表面进行处理，然后用丙酮擦洗，清除裂缝周围的油污，清洗时应注意还要将裂缝堵塞。

(4)粘贴压浆嘴。用砂纸除去压浆嘴底盘的铁锈，并用丙酮清洗干净。然后用胶水将底盘与孔眼对准粘贴在裂缝上。压浆嘴间距一般为 20 ~ 40cm。每一道裂缝至少一个进浆孔及一个排气孔。

(5)裂缝表面封闭。对已处理过的裂缝表面用环氧树脂胶泥沿裂缝走向进行封闭，形成宽度为 60 ~ 80mm 的封闭带。

(6)环氧封闭固化后，进行气密性检查，以检查封闭带效果。在封闭带上及灌浆嘴周围涂上肥皂水,将压缩气体通过压浆嘴压入,使气压控制在0.15～0.3MPa,如发现泡沫出现,说明此部位漏气,需对该处进行再次封闭,直到全封闭为止。

(7)配制浆液。裂缝、宽度、部位及现场施工温度、配制压浆液,每次不宜超过1kg。

(8)压力灌浆。将配制好的压浆液倒入压浆罐内,待空压机压力为0.15～0.3MPa时,打开出浆开关进行压灌。一般的灌浆顺序:顶板及底板的裂缝可由左向右、由桥下游端向上游端逐步压浆,对于竖向、斜向裂缝自下而上进行。

(9)封口与检查。待灌浆液固化后将压浆嘴拆除,并将粘贴压浆嘴处用环氧胶泥处理,打磨平整,如裂缝灌浆面积大可将表面进行混凝土涂装处理,保持构件外观一致性。

3. 钢筋锈蚀处理

(1)遇有钢筋外露锈蚀的混凝土表层缺陷,处理前应对生锈钢筋进行除锈处理,以增强混凝土附着力,提高混凝土缺陷处理质量。

(2)除锈可采用手工除锈、电动(钢丝刷、砂轮)或小风铲等除锈工具,除锈后应将表面清理干净。

(3)阻锈剂的质量及性能指标应符合有关现行国家、行业标准的相关规定。

(4)采用外加热源或压缩空气除去残留在钢筋表面上的灰尘、水珠、水迹,必要时可用棉布、海绵等吸湿工具抹去,保持钢筋表面干燥状态。

(5)为确保除锈效果,应对需保护的钢筋涂刷2～3道阻锈剂。

(6)缺陷处理后宜在修补范围及周边涂刷渗透型阻锈剂。

(7)新浇混凝土采用阻锈剂溶液时,混凝土拌和物的搅拌时间应延长1min;采用阻锈剂粉剂时,应延长3min。

(8)不得采用以亚硝酸盐类为主要成分的阳极型阻锈剂。

4. 混凝土表面涂装处理

为提升加固后的耐久性和保持原结构物或构件美观,在混凝土缺陷处理后应对处理的部位进行涂装,以有利于今后的日常检查,判断是否发生新的缺陷尤其是产生新的裂缝。

混凝土表面涂装方法:

(1)清除混凝土表面外露铁件。凿去铁件周围混凝土达到不少于60mm深度,除去铁件后,用饮用水清洗干净混凝土表面,涂刷一道环氧类混凝土界面处理剂,并用不低于原有混凝土质量等级的水泥砂浆修补平整。

(2)混凝土表面存在的裂缝、缺陷等,应使用与涂层系统相容的材料修补平整。

(3)采用高压水(压力不小于20MPa)清洁待涂混凝土表面,彻底除去混凝土表面上的不牢灰浆、尖角、碎屑、苔藓、油污等污染物及其他松散附着物。

(4)用饮用水将待涂表面冲洗干净。采用外加热源或压缩空气除去残留在混凝土表面上的水珠、水迹,必要时可用棉布、海绵等吸湿工具抹去,涂装前的混凝土表面应无明显的流水、渗水现象,尽量使混凝土表面处于表面干燥状态。对可见的混凝土表面气孔、缺陷等,应使用环氧腻子修补平整,确保涂层的光滑连续。

(5)在涂装开始时应检查混凝土基层的含水率,按封闭漆、中间漆、面漆的工序进行施工,各种涂料的使用应按规定的方法进行。可采用高压无气喷涂方法施工,当条件不允许时,可采用刷涂或滚涂。

(6)在涂装下一道工序前,应对上一道涂层进行表面清洁,应使用饮用水彻底除去涂层上的盐分、泥尘、油污等污染物,可用清洁剂清除油污。如上一道涂层太光滑影响下一道涂层的黏结强度时,应对上一道涂层进行打毛处理。

(7)涂层之间的重涂间隔应参照产品使用说明,并根据现场气温确定,涂装应在无雨的天气进行,风力小于 4 级,同时空气相对湿度应在 85% 以下,基材表面温度应高于露点温度至少 3 ℃。

四、案例

某桥在专项检查时,发现梁体存在大量缺陷,包括桥塔混凝土空鼓、层裂和表层剥落,主梁及桥墩混凝土缺损(包括剥落、空鼓、蜂窝、麻面)、露筋等;发现桥塔锚固区裂缝、箱梁底板横向裂缝、腹板斜裂缝等受力裂缝和其他非受力裂缝。裂缝修补方案如下:

1. 裂缝处理

对于裂缝宽度小于 0.15mm 的裂缝,采用环氧胶泥封闭,对于宽度大于或等于 0.15mm 的裂缝,采用压力灌注环氧树脂修补。

(1)裂缝封闭施工工艺

①在裂缝缝口处凿一“V”形槽,其槽口上宽 1 ~ 2cm,槽深 0.50cm,槽口表面应尽量平整。

②用钢丝刷清理混凝土表面的缝口,吹清槽缝内灰砂,烘干混凝土表面,再用丙酮或二甲苯洗擦,保持槽内混凝土面无灰尘、油污等。

③在裂缝四周涂一层环氧砂浆。

④嵌入环氧砂浆并刮平。

(2)裂缝灌浆施工工艺(图 2-2-4)

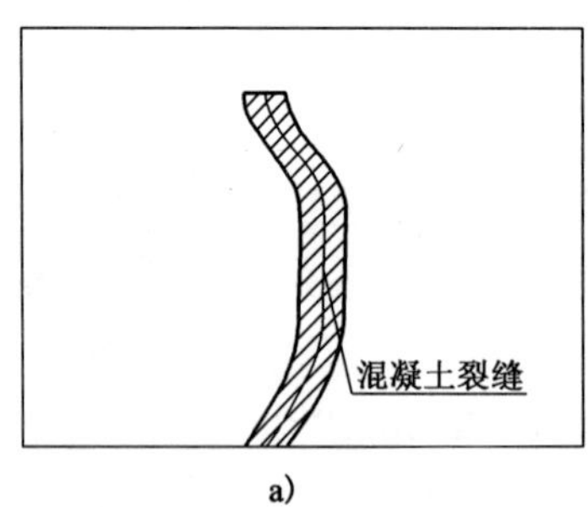

a)

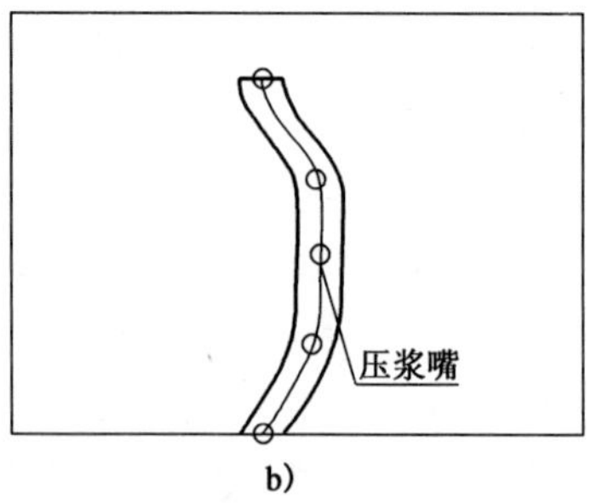

b)

图 2-2-4　裂缝灌注示意图

①裂缝混凝土表面处理:用钢丝刷反复刷裂缝表面处的混凝土,直至表面浮浆脱落,然后用无油压缩空气清除灰尘,再用丙酮试剂擦洗表面至干净。

②安装压浆嘴,每条裂缝必须安装进浆嘴、排气嘴和出浆嘴,且裂缝首尾各一个。如裂缝中间缝隙宽则压浆嘴少,如缝隙窄则压浆嘴多,但压浆嘴最大间距控制在 30 ~ 50cm 之间。

③裂缝表面封闭。用密封胶封闭裂缝表面,胶泥厚不小于 1mm,宽度为 2 ~ 3cm。

④密封检查。从裂缝下端或左侧的压浆嘴输入 0.4MPa 无油压缩空气，相邻或右嘴排气时，将逐个关闭所有阀门，而后沿缝附近涂刷肥皂水检查是否漏气，若有气泡冒出说明该处漏气，做好标记，用裂缝表面封闭胶对漏气的区域进行封闭，待达到强度后再进行气检，如此反复，直至整条裂缝不漏气为止。

⑤配制灌注胶。按灌注胶产品说明书要求的比例将主剂与固化剂倒在容器中进行配制，然后用低速搅拌器搅拌均匀溶剂制成灌注胶。

⑥裂缝灌浆。用 0.2MPa 无油压缩空气为动力缓慢起灌，当相邻压浆嘴之间无冒气时关闭该阀，逐一将排气阀关闭，直至最后一个阀门关闭。对于连通缝灌浆，宜先在内侧灌胶，外侧观察裂缝出胶情况，当外侧的压浆嘴出胶后由低到高逐个关闭阀门。为保证灌胶质量，当达到灌浆规定压力后，应保持压力稳定，以满足灌浆质量要求。

⑦封口。待裂缝内浆液达到初凝而不外流时可拆下灌浆嘴，再用密封胶抹平封口。

2. 对于蜂窝与麻面和掉角等缺陷处理

(1)蜂窝与麻面处理(图 2-2-5)

①首先应凿除蜂窝、麻面表面疏松层，当露出新鲜混凝土时再凿毛，然后用清水刷洗混凝土凿面，使表面无浮渣、粉尘、油污等。

②对于露出的钢筋应先进行除锈处理，对于锈蚀严重的钢筋须在原钢筋上绑扎同样直径的钢筋，进行补强。

③在混凝土表面涂抹环氧浆液，提高黏结力。

④用环氧砂浆填补清除部位。

图 2-2-5　混凝土缺陷修复顺序示意图

(2)混凝土掉角修复(图 2-2-6)

①凿除部分掉角处的混凝土，直至露出钢筋，钢筋与混凝土内侧距离应大于 15mm。

②对露出钢筋进行除锈、防锈处理，对于锈蚀严重的钢筋须在钢筋上绑扎同样直径的钢筋进行补强。

③在清理完钢筋与混凝土表面后，均匀涂上底胶——环氧胶液，而后浇筑新的环氧砂浆。

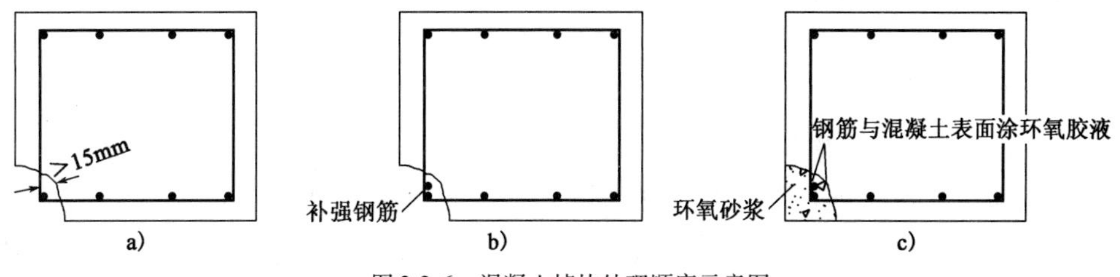

图 2-2-6　混凝土掉块处理顺序示意图

第五节 钢 桥 维 修

一、钢构件锈蚀

钢构件腐蚀将直接削弱构件断面,导致承载力降低,它是钢桥最普遍的病害。因此,应对钢构件的锈蚀和原涂装劣化进行检测,判定锈蚀程度,根据劣化程度进行涂层。新涂装的寿命周期和涂装设计应根据环境、桥梁结构及构件、涂料及其配套体系、涂装工艺和涂料价格确定。钢构件最易劣化的部位:钢桥纵梁上翼缘杆节点和支座处、板件棱角和螺栓处。

(1)钢构件涂膜劣化类型按《铁路钢梁涂膜劣化评定》(TB/T 2486—1994)判定。劣化类型为3级粉化时,应清除涂层表面污渍,用细砂纸除粉化物,然后覆盖2道相应面漆。

(2)当旧涂层未锈蚀,劣化类型为2~3级起泡、裂纹或脱落时,用手动工具或动力工具清理损坏的区域周围疏松的涂层,并延伸至未损坏的涂层区域50~80mm坡口,局部涂相应底漆和面漆。如要保持涂层表面一致,可在局部涂面漆后,全部再覆盖面漆。

(3)当旧涂层锈蚀,劣化类型为2~3级生锈时,应清除松散的涂层,直到良好结合的涂层区域为止,旧涂层表面清理干净,未损坏的涂层区域边用用细砂纸除粉化物,然后局部涂装相应防锈底漆和相应中间漆、面漆。

(4)当旧喷锌或铝涂层发生劣化类型为2~3级生锈时,应除去松动的锌或铝涂层和涂料涂层直到良好结合的锌或铝涂层区域为止,钢表面锈蚀清理应达到Sa2.5级。对于不损坏的涂料和锌或铝涂层区域边缘按上述要求处理。对于电弧喷锌或铝或铝涂层清理部位,也可改涂特制环氧富锌防锈底漆2道,然后涂装相应一道中间漆和两道面漆。

(5)当劣化类型为3级以上生锈时,应进行彻底的表面处理再重新涂装与原涂层相一致的涂料层。

(6)防腐工艺要求。根据损坏的面积大小,钢桥外表面可分为以下三种重涂方式:

①小面积维修涂装。先清理损坏区域周围松散的涂层,延伸至未损坏区域50~80mm,并应修成坡口,表面处理至Sa级,涂装低表面处理环氧涂料+面漆。

②中等面积维修涂装。表面处理至Sa2.5级,涂装环氧富锌底漆+环氧(云铁)漆+面漆。

③整体重新涂装。表面处理至Sa2.5级,按照相关要求的涂装体系进行涂装。

④雨天、雾天、雪天以及湿度大于85%时不宜进行涂装施工。涂装时环境温度宜在5~38℃之间,钢材表面温度应高于露点3℃以上。

二、高强螺栓松动

(1)更换螺栓的基本要求

经检查判明有严重锈蚀(有肉眼可见的锈蚀麻面)、裂纹或折断的高强度螺栓应立即更换。经检查判明有严重欠拧、漏拧或超拧的高强度螺栓应予以卸下。如卸下的高强度螺栓无严重锈蚀、严重变形(严重变形指不能自由插入栓孔)、裂纹者,以及施拧未超过设计预拉力

15%以上者,则除锈涂油后可以再用,否则应予更换。

更换的高强度螺栓、螺母及垫圈应符合《钢结构用高强度大六角头螺栓》(GB/T 1229)的规定,其强度级别、规格尺寸应与原有者相同。重新安装经拆卸后清除过的高强度螺栓或更换新高强度螺栓时,应将栓孔内壁及孔口处的锈蚀污物清除干净。更换高强度螺栓时,每次更换数量不得超过该节点处每根杆件上高强度螺栓总数的10%;对于螺栓数量较少的节点,则要逐个更换。更换应在桥上无车时进行。

安装高强度螺栓时,螺栓头下及螺母支承面下都应放一个垫圈。垫圈孔边有45°倒角一侧应与螺栓头下的过渡圆弧相配合,不得装反。

维修拧紧高强度螺栓一般应采用扭角法,分初拧和终拧两步进行。初拧扭矩值和终拧转角应采用应变仪测定法进行检测确定。如无应变仪等测试手段,初拧扭矩值和终拧转角可参考该桥原高强度螺栓施工竣工文件确定。

如高强度螺栓的扭矩系数能确保稳定在0.11~0.15,且标准偏差小于0.010时,可采用扭矩法施工。扭矩法施工也分初拧和终拧两步进行。

扭矩值按下式计算:

$$M = kNd \tag{2-2-1}$$

式中:M——终拧扭矩;

k——扭矩系数;

N——高强度螺栓施工预拉力(设计预拉力+预拉力损失);

d——高强度螺栓公称直径。

初拧扭矩应为终拧扭矩的60%。

高强度螺栓螺母和垫圈的外露部分应在高强度螺栓拧紧后涂以底漆和面漆,防止锈蚀。

铆钉和高强度螺栓脱落时,在用高强度螺栓更换铆钉时,宜整节点全部更换,不宜部分更换。

(2)螺栓更换方法

①铲除高强度螺栓。可采用直径3~4mm的钻头先由钉头中心钻孔,然后轻轻铲除钉头剩余部分,或使用能保证不烧伤钢料、配有平口、特制的焰割工具割除钉头(平常所用的焰割工具不能使用),再用手锤轻轻取出钉杆,操作中应避免伤及钢板。

②用相同规格的螺栓或铆钉更换,当更换铆钉数量较多时,可采用高强度螺栓代替铆钉。

③高强度螺栓的更换。对于大型节点,更换数量不宜超过10%;对于螺栓数量较少的节点,则要逐个更换,以防止节点滑动,如板面(摩擦面)不满足要求,应进行处理。

三、钢构件焊缝

对钢梁的焊缝应进行周密检查、细则观测,对存在的缺陷应当分析原因,进行妥善处理。

在焊缝及附近钢材上发现裂缝后,可根据裂缝位置、性质、大小及数量,采取相应的措施:作为防止裂缝发展的临时措施,可在裂缝的尖端钻与钢板厚度大致相等的圆孔,但直径最大不超过32mm,裂缝的尖端必须落入孔中;作为永久性加固措施,可采用高强度螺栓连接拼接的方法进行加固。加固时,裂缝尖端处凡能钻孔者均应钻孔。个别构件开裂严重不易处治者,应及时抽换杆件或换梁。

对于钢桥面板个别焊接连接部位出现的疲劳裂纹,可采用碳弧气刨的方法去除裂纹,然后重新焊接。栓焊钢梁节点处如有开裂或脱落者,应清除干净后重新腻缝,腻缝时宜在干燥天气进行。

对于因主应力引起的纵肋焊接接头处的裂纹、次应力引起的纵肋与钢面板焊接连接处的裂纹、纵肋与横肋交叉连接处的疲劳裂纹可采用碳弧气刨的方法去除裂纹,然后重新焊接。对于纵肋或横肋等部位母材上出现的少量疲劳裂纹,可在裂纹发展前先在裂纹前端钻止裂孔,以阻止裂纹的进一步扩展,而后再进行加固处理。

四、钢构件裂纹

杆件损伤如有裂纹、脱层、弯曲扭歪、缺口、孔洞等病害,要及时研究,并进行修理。对于杆件滑移或者焊缝开裂严重者,应采取抽换杆件或换梁的方式进行维修。

(1)一般情况下,可以通过在裂纹端部钻孔来阻止其进一步扩展。然而,孔洞必须有足够大的直径,避免引起新的裂纹,一般规定孔径不小于板厚。

(2)加螺栓盖板可以用来恢复开裂断面的截面积,以及减少活载应力。

(3)开裂处也可经重新焊接加以修补,但应在咨询专家意见之后才能进行。

(4)杆件弯曲破坏了力的正常传递,局部应力将增大,受压杆件会显著降低其承载能力,故应及时进行矫正和整治。杆件上有缺口或弹孔局部损伤,为防止这部分因断面削弱发生的裂纹,也应对破损处进行加固处理。

五、构件变形矫正

构件变形矫正包括冷矫正和热矫正两种方法。

(1)冷矫正法

冷矫正法是用人力或机械力矫正变形,适用于尺寸较小或变形较小的构件。

①手工矫正:采用大锤和平台为工具,适用于尺寸较小构件的局部变形矫正,也可作为机械矫正和热矫正的辅助矫正方法。手工矫正是用锤击使金属延伸,达到矫正变形的目的。

②机械矫正:采用简单弓架、千斤顶和其他机械方式来矫正变形。杆件如角钢、槽钢以及工字钢梁翼缘的局部弯曲,可用撬棍矫正。

(2)热矫正法

热矫正法在我国目前较常见的是采用乙炔气和氧气混合燃烧火焰为热源,对变形结构构件加热使其产生新的变形,来抵消原有的变形。

热矫正法要根据桥梁实际情况谨慎采用。鉴于承受应力的构件加热时因屈服强度降低会发生应力重分配,影响结构体系的力学性能,因此,受力构件禁止使用热矫正法。

(3)变形构件更换或加固

①检查中发现屈曲、撞击造成损伤、开裂或退化以及验算证明不满足有关要求的构件,应及时更换。桁架构件更换方法是在适当节间两边做临时支撑,在杆件的两端除去连接,再除去杆件,装上新杆件以及换上新的连接件,经检查合格后除去临时支撑。

②承载能力不足的构件可以通过增贴钢板、型钢或采取增贴钢板 + MPC 高强复合材料组合结构等方法加强。附加钢板或型钢可以栓接或焊接到原构件上。在增贴钢板增加杆件承载

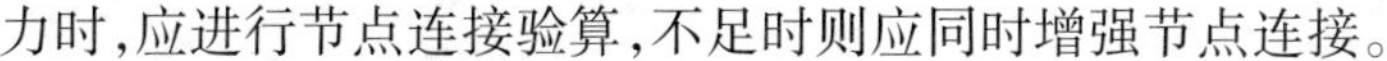

力时，应进行节点连接验算，不足时则应同时增强节点连接。

③可以通过改变结构受力体系，来增加整个桥梁结构的承载能力。这些改变结构受力体系的方法有：增加预应力，相邻桥跨之间建立连续关系，增设组合混凝土桥面板，采用支架、支柱或拉索支撑结构进行支护。

六、补修注意事项

桥梁钢结构出现各类损伤将导致承载能力的降低，因此必须恢复其承载能力。要明确划分修补和加固之间的界限是很难的，补修设计必须考虑结构对象损伤的种类、损伤原因、损伤程度、施工方法和补修后的效果，难以用统一的模式规定修补设计，补修设计基本注意事项如下：

①注意强度是否满足要求。由于局部补强，使原结构体系、应力分布和应力传递途径发生变化，在计算上往往要从不同角度进行分析。

②注意是否带来其他新的问题。如更换局部构件，应考虑影响范围。局部加固将使重量增加，注意其对下部结构、基础和对其他构件的影响，以及是否造成应力集中等。

③设计时必须考虑可行的施工方法。不中断交通进行补修作业时，需要在交通荷载作用下和振动状态下施工，设计时需进行充分研究，如钢材现场焊接、构件切割等施工质量问题。此外，由于作业空间和作业时间的制约，作业方式、加固构件大小等问题均需研究。

第六节　斜拉桥维修

(1)塔柱多为混凝土结构，其常见的混凝土缺陷处理方法参见本章第四节混凝土表面缺陷的处治。

(2)当在检查过程中发现拉索锚杯内的防护油失效时，则需立即更换防护油。

(3)如发现螺杆或螺母部位的防护油(漆)失效时，对丝杆、螺母等部位进行处理后重新涂刷防护油(漆)，或采用其他有效的防腐措施进行处理。

(4)当锚板部位出现锈蚀时，在清除锈蚀后，应及时补涂防护油(漆)进行防腐处理。

(5)对于安装有防护罩的锚头，应对防护罩进行防腐处理，避免其发生锈蚀。

(6)经常检查，如发现垫圈严重老化或损坏时，应及时更换防水垫圈及阻尼垫圈。

(7)如斜拉索防护层出现开裂或损坏，应开窗检查后及时进行干燥处理，并进行修复。

(8)斜拉索的减振装置发现异常或失效时，要及时调整、维修或更换。

(9)当发现斜拉索有明显振动时，应及时检查拉索的减振装置是否拉紧，如减振装置可调，应及时调整减振装置。

(10)当检测发现斜拉索钢丝出现锈蚀、断丝、锚具损坏等状况时，应采取专项检查，随后根据具体情况进行修补或更换。

第七节　悬索桥维修

一、主缆体系维修

1. 主缆维修

(1)主缆各索股的受力应保持均匀,经检查如个别索股受力出现明显偏差、松弛或过紧,应通过索端拉杆螺栓进行调整。

(2)定期对主缆索股的锚头、锚杆、裸露索股、分索器、散索鞍等处涂装防锈油漆。

(3)主缆的防护层如有开裂、剥落,应尽快修复,必要时可切开防护层检查主缆是否锈蚀并作相应处理,处理完毕后应及时修复。采用涂覆黄油防锈并用简易包裹做防护层的,应定期更换黄油及防护层,并保持其完好状态。

(4)发现索夹、索鞍、吊杆等的紧固螺栓松动时应及时紧固。

2. 主缆缠丝修复

(1)发现缠丝损伤或断丝后,在废弃缠丝之前,应在维修段两端保留缠丝 2 ~3 圈,采用铜钎焊固定,钎焊温度应不影响缠丝下的主缆钢丝,且要有足够的钎焊长度并质量良好,然后剪除待换缠丝。

(2)清洁主缆钢丝表面。

(3)涂底漆,涂腻子。

(4)重新缠丝,再将新缠丝的头尾 2 ~3 圈用铜钎焊固定。缠丝拉力不低于 21kN。

(5)清洁处理缠丝表面。

(6)按主缆原涂装工艺复原涂装层。

3. 索股维修

(1)断丝拼接

①先将断丝处丝股绑扎松开,拉出断丝两端头,剪除两端头部分受损段,再剪一段新钢丝,长度大于剪掉段。

②磨掉锈蚀锌层,去油污,用套筒挤压接头与一端相接。

③处理另一端钢丝接头部位,拉紧钢丝至规定拉力,剪除多余钢丝,用套筒挤压连接接头,复位钢丝并两侧扎紧索股。

(2)索股拼接

整条断裂索股一般均在散索鞍和锚碇墙之间,新旧索股间采用热铸锚接头连接,新旧丝股热铸锚间可采用螺杆用丝扣连接,再将索股张拉至要求的索力后锚固。

4. 主缆线形的调整

(1)首先应作必要的内力分析。根据验算情况,通过调整吊索大螺母来改变加劲梁的高程。这种调整有时会增大加劲梁局部应力,要特别注意。

(2)如必须用顶推主鞍座和散索鞍座的方法来调整主缆线形,应咨询大桥设计单位或进行专项研究后方能实施。

5. 吊索维修

(1)对已锈蚀的吊索系统各零部件应及时除锈后涂刷防锈漆。

(2)当吊杆的止水密封圈、防雨罩等老化、开裂、破损时,及时修补或更换。

(3)索夹松动或有裂纹、锈蚀时,紧固或更换高强度拉杆以及垫圈。

(4)发现制振十字撑有疲劳断裂时应及时更换。

(5)若吊杆有明显摆动、倾斜或检查发现其受力变化,应查明原因。若吊索锚头出现松动,应予以更换,并进行吊杆复位后的索力检测。

(6)当锈蚀根数和受锈蚀的程度等级叠加后相当的断丝根数超过总丝数的10%时,应更换吊索。

(7)当吊索的冷铸锚头发生裂纹和破损时,也应更换此吊索。更换吊索宜逐根进行,多根同时更换时每次不得超过3根,且这3根吊索不能彼此相邻。

6. 索夹滑移修复

当发生索夹滑移时,应按以下步骤予以恢复:

(1)中断交通。

(2)在桥面设置临时加劲梁,确保待修复索夹所在梁段与相邻梁段间连接牢固。

(3)拆除索夹连接螺栓,将索夹恢复至原位,重新拧紧连接索夹的高强度螺栓。

(4)最后拆除临时加劲梁。

二、锚碇维修

(1)混凝土表面发生锈蚀、剥落、蜂窝、麻面、露筋等病害时,应及时将周围凿毛、洗净,采用同等材料或高性能材料进行修补。

(2)由于混凝土温度收缩、局部应力集中、施工质量不良等原因产生裂缝时,应视裂缝大小及损坏原因采取不同的措施进行维修。

(3)当裂缝宽度小于规定限值时,可凿槽并采用喷浆封闭裂缝的方法。

(4)当裂缝宽度大于规定限值时,可采用压力灌浆法灌注水泥砂浆、环氧砂浆等灌浆材料修补方法。

(5)锚碇及锚室结构开裂、变形,应及时查明原因,如锚碇板开裂,可增补钢筋混凝土锚碇板,支撑开裂或破损可增加型钢支撑。

第三章　桥梁加固设计

第一节　加固设计概述

桥梁加固的目的是恢复桥梁使用功能、提高承载能力、增强安全性和耐久性。因此，在桥梁加固设计前，桥梁管养单位应对桥梁的技术状况、承载能力进行全面检测与评定，确认桥梁结构经过加固可以满足安全或正常使用要求时，方可进行加固。

桥梁加固设计时应明确加固的具体目标，以确定加固设计计算方法。当仅要求提高原桥的承载能力时，加固设计可在原有结构保持恒载应力状态下进行计算。此时，原有结构的全部恒载及补强加固所增加的恒载，可以考虑由原构件（截面）承受，活荷载则由原结构和新增构件（截面）共同承担。若原有结构构件的应力已接近或超过容许限值，需要减少桥梁的恒载应力时，则应采取卸载措施，使桥梁在卸载部分恒载的状态下进行加固改造。此时，新增构件（截面）除与原有构件共同承受活荷载外，还承受原有结构的一部分恒载，因此，新旧结构按整体受力计算并充分考虑新旧结构的混凝土收缩程度不同而导致的结构内力重分布。同时，计算时应充分考虑已损坏结构的实际受力状态，应恰当考虑利用原有结构的承载能力，不宜过分对其进行挖潜。

桥梁进行加固设计时，应依据原桥梁竣工图、设计图及检测评估报告进行，并经现场核对；加固设计计算，应考虑结构病害影响、材料劣化、新旧材料的结合性能及材料性能之间的差异，按照原来的荷载等级对桥梁承载力进行检算，检算时考虑材料劣化、荷载变化等因素影响并对其进行折减。

加固设计计算根据所确定的荷载等级，除了对加固后的桥梁的承载力及稳定性进行计算外，还需验算加固施工过程中桥梁的强度、刚度及稳定性，保证加固后的桥梁在施工、运营过程中的安全，对缺乏设计及竣工资料的大桥或技术复杂的桥梁，应考虑采用荷载试验的方法来确定其实际承载力，以此作为加固设计的依据。桥梁加固设计过程中，应充分结合桥梁自身特点，并考虑新材料、新工艺对桥梁耐久性的影响，要切合实际，科学合理地制订加固维修方案。

一、加固设计的一般要求

（1）桥梁经过技术状况评定及承载能力鉴定，确认经过加固后能满足结构安全或正常使用要求，方可进行加固，加固工作的内容及范围应根据评定的结构技术状况和使用要求确定。

加固设计时要充分考虑桥梁当年建设时的设计荷载、材料性能与现行规范和材料的不同，需进行对比分析,以保证桥梁原设计标准为前提,提出切合实际的加固原则进行加固设计。

(2)桥梁加固使新增构件与原构件有效结合,共同受力,必然会对原结构造成不同程度的损伤,譬如在原结构上钻孔植筋、凿除部分混凝土、增加构件、新增体外预应力束等,因此,在设计方案时应尽可能不损伤原结构,避免不必要的拆除及更换,防止加固过程中造成新的结构损伤或病害,即二次损伤,尽量降低对原结构的损伤,并对其影响进行评估,使桥梁的加固设计在可控范围内实施。

(3)因特殊环境(高温、冻融、腐蚀等)造成的桥梁结构病害,加固设计应采取针对性的处治措施。

(4)有抗震要求的桥梁,加固时还应进行抗震能力验算。

(5)加固施工方法、流程、工艺的设计应考虑结构或构件出现倾斜、失稳、坍塌等的可能性,并提出相应的预案及有效措施。

(6)特大桥或特殊结构桥梁主要承重构件加固,应做多方案的技术、经济比选。具体原则如下:

①优先选择经验成熟、构造合理、技术可靠的加固设计方案;

②优先选择施工难度小、工艺成熟、质量与工期可靠的加固施工方案;

③对结构安全、人员及车辆安全、环境等的影响要小;

④加固费用、后期养护费用要合理。

二、加固设计计算基本假定

(1)桥梁加固时,应考虑分阶段受力,在新加材料与原结构(构件)未有效结合前,其恒载(含新加材料重力)应由原结构截面承担,有效结合后施加的荷载(恒载、活载、附加载)由加固后的组合截面承担。

计算时还应遵循以下原则:

①假定结构的材料处于弹性阶段,偏安全地不考虑内力重分布;

②其结构在材料的弹性阶段工作,符合虎克定律;

③原梁受拉钢筋的极限拉应变可取0.01。

(2)在不同受力阶段,截面变形符合平截面假定。

(3)在承载能力极限状态下,原结构受压区边缘混凝土的应变达到极限值,截面受压区应力可以简化为矩形计算,混凝土取抗压强度设计值。

承载能力极限状态下,受弯构件和偏心受力构件的截面受压边缘(一般为原截面边缘)混凝土应变达到极限压应变 $\varepsilon_{cu}=0.0033$,截面受压区混凝土应力按简化矩形应力分布图计算,应力取原构件实测得到的混凝土抗压强度设计值 f_{cd},受压区高度取 $x=\beta x_{02}$(x_{02} 为有效结合后,在所加荷载作用下截面中性轴到受压区边缘的距离;β 为受压区高度的折减系数,对于C50及C50以下混凝土,可取 $\beta=0.8$)。承载力极限状态下,后加的钢筋、钢板或纤维复合材料的应力应由其应变确定;而应变根据桥梁加固构件分阶段受力特点,由截面变形条件确定。

(4)在承载能力极限状态下,原结构受拉区钢筋仍为理想弹塑性材料,钢筋取抗拉强度设计值。

在承载能力极限状态下,新加钢板(钢筋、复合纤维材料)的应力由其应变确定,依平截面假定求得应变后,再乘以弹性模量求得新加材料的应力值。当原截面材料达到设计值时,新加材料应力为最大,依此控制新加材料用量。

(5)混凝土结构加固后的极限承载能力,应以原结构截面中混凝土或钢筋强度设计值控制。

三、加固设计原则与程序

1. 加固设计原则

根据桥梁病害检测分析和鉴定评估结果,按桥梁结构的承载力加固(强度加固)、使用功能加固(刚度加固)和耐久性加固等三种情况进行分析计算。加固设计原则是:

(1)加固设计应依据原桥梁竣工图、设计图及检测评估报告进行,并经现场核对。同时按照原来的荷载等级对桥梁承载能力进行验算,除了对加固后的桥梁的承载能力及稳定性进行计算外,还需验算加固施工过程中桥梁的强度、刚度及稳定性,以保证加固桥梁在施工、运营过程中的安全。对于钢筋混凝土和预应力混凝土构件,其加固构件承载力计算按《混凝土桥涵设计规范》和《公路桥梁加固设计规范》(JTG/T J22—2008)(以下简称《加固设计规范》)规定的计算原则进行。

(2)加固设计计算,应充分考虑结构病害、材料劣化、新旧材料的结合性能及材料差异等因素的影响。材料、几何等参数的取值,应采用桥梁现状的检测结果,并对其进行折减。在保持原梁截面尺寸不变的前提下进行加固时,应注意原截面所能承担的最大承载力是有限的。

(3)加固设计应进行各施工阶段构件的强度、稳定性及结构变形验算。当受拉区加固采用直接增设抗拉补强材料设计时,必须考虑桥梁带载加固的阶段受力特点。特别是采用被动加固法进行施工时,原构件上的作用(恒载、活载等)不可能全部卸掉,因此,被动类加固方法的设计计算应按两阶段考虑:

第一阶段:构件加固施工时,应考虑作用在原构件上的荷载(构件自重、加固材料重力、施工荷载等),并且由原构件承担。

第二阶段:构件加固全部完成后,应考虑加固后构件自重、二期恒载、车辆活载、人群及其他可变作用的设计组合值,并且由加固后构件承担。

(4)加固后的结构验算应考虑附加作用(温度变化、混凝土收缩及徐变、预加应力、墩台位移、安装应力等)的影响。

(5)改变结构体系加固时,结构构件任意截面上的应力不宜超过材料强度的设计值。

(6)加固验算时,应按桥梁建设年代的设计荷载、材料性能进行相应计算。

此外,桥梁加固设计应注意各种加固方法的综合利用,通过调整结构内力,尽量减轻原桥梁主梁的负荷,将加固补强工作量压缩到最低限度。

2. 加固设计程序

桥梁加固设计可按下列程序进行:加固可行性研究→加固方案初步设计→加固施工图设计。

一般中小型桥梁可进行一次性加固设计,特大型或特殊桥梁主要承重构件加固,应做多方

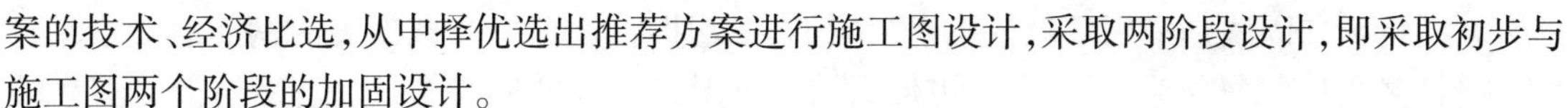

案的技术、经济比选,从中择优选出推荐方案进行施工图设计,采取两阶段设计,即采取初步与施工图两个阶段的加固设计。

四、加固设计基本方法

从工作原理上,桥梁加固设计方法可分为主动加固和被动加固两大类。通过施加预应力、改变结构体系等方式,改变结构原有的结构受力,改善桥梁恒载的内力分配,增加全桥刚度,并调整变形状态的加固方法称为主动加固法。其包括体外预应力、增加横隔板加固和增加截面与配筋加固等方法。仅在桥梁结构的受拉区域采取直接粘贴高强维修复合材料或钢板的方法,其仅承受活载和后加恒载引起的内力,称为被动加固法。其包括裂缝修补、粘贴碳纤维材料、粘贴钢板、补强普通钢筋等。被动加固技术不改变结构的恒载内力状况,方法灵活,可根据裂缝的位置方向随意设置,可控制裂缝进一步开展,提高桥梁承载能力;被动加固法多适用于中小桥和大桥的加固中,但对于预应力混凝土特大型桥梁中混凝土缺陷也可采用粘贴钢板、碳纤维材料等被动加固法对裂缝和混凝土缺陷进行处治。

从桥梁加固性质上,桥梁加固设计可分为承载力加固、使用功能加固和耐久性加固三大类。承载力加固是确保结构安全、提高结构强度的一种方法,是桥梁改造加固设计的核心内容,其内容包括正截面抗弯承载力加固和斜截面抗剪承载力加固两部分。使用功能加固是确保桥梁正常工作的需要,主要是对活载变形或振动过大的构件进行加大截面尺寸,增加截面刚度,以满足结构使用功能要求的加固方法。耐久性加固是指对结构损伤部位进行修复和补强,以阻止结构损伤部位材料的性能继续恶化,消除损伤隐患,提高结构的可靠性和耐久性,维持或延长结构使用寿命。

(1)增加截面法

增加截面法包括增大截面与配筋加固、增加横隔板和加大桥面铺装钢筋法等方式。

①增大截面与配筋加固法

一般采用在梁底面或侧面加大尺寸,增配主筋,以提高主梁截面的有效高度,从而达到提高桥梁承载能力的目的。适用于桥下净空较高,允许增加主梁高度的情况。加固效果比较明显,但施工工艺复杂,技术要求较高。对有桥下净空限制的桥梁不适用。

②增加横隔板法

增加横隔板加固法。可以明显改善多片桥梁铰缝、横向接缝开裂病害,防止病害扩展,不影响桥下净空,对原桥景观基本无改变。适用于因横向联系较差而降低承载力的桥梁上部结构。增加横隔板加固法只是将相对集中的荷载进行分散,对桥梁整体承载能力并无实质性的提高。加固效果并不明显,需同时配合其他方法。对混凝土梁桥,增加混凝土横隔板的效果优于增加钢横隔板。

③加大桥面铺装钢筋法

采用加大桥面铺装钢筋直径的方法对铰缝、横向接缝开裂病害进行修补,是基于原桥面铺装钢筋网钢筋设计直径过小或网格过大,或由于施工质量原因造成的开裂病害而进行的维修方法,适用于允许中断交通的小跨径 T 梁或板梁桥。这种方法将增加结构自重产生的弯矩,结构的承载力提高不显著。

(2)粘贴钢板加固法

粘贴钢板加固法是采用环氧树脂或结构胶，将钢板直接粘贴在被加固的钢筋混凝土结构物的受拉区或抗剪薄弱部位，使之与被加固结构物形成整体共同受力，以提高结构的刚度，改善其受力状态，限制裂缝的开展，提高结构的承载力。粘贴钢板加固可以显著提高结构抗弯刚度，具有耐腐蚀性、抗疲劳性强的特点，对以控制结构变形为主要目的桥梁加固十分有效。但是，此方法施工需待混凝土缺陷修补、裂缝修补完成后进行。

(3)粘贴纤维复合材料加固法

粘贴纤维复合材料加固法是采用结构胶将纤维复合材料直接粘贴在被加固混凝土结构薄弱部位，与被加固结构形成整体共同受力，以限制裂缝的开展，提高结构的抗裂能力、抗腐蚀和碳化能力。但这种方法受原梁变形限制，在极限状态下纤维复合材料的高强抗拉性能不一定能充分发挥，因此，要充分考虑桥梁带载加固时的受力特点，不易过高估计补强材料的作用。

(4)体外预应力加固法

体外预应力加固法的实质是以粗钢筋、钢绞线或高强钢丝等钢材作为施力工具，对桥梁上部结构施加体外预应力，以预加力产生的反弯矩抵消部分外荷载产生的内力，从而达到改善旧桥使用性能并提高其极限承载能力的目的。体外预应力加固可以较好地提高梁体的抗弯承载力，减小梁体挠度，抑制受拉区梁段裂缝的开展，从而调整原结构的受力状况，提高刚度及抗裂性。

(5)改变原桥梁结构体系法

改变原桥梁结构体系法是指当原桥梁结构不能承受现荷载而安全运行时，采用一定技术措施改变原桥梁结构受力体系，降低控制截面内力，提高桥梁结构整体承载能力的一种方法。它包括将多孔简支梁改为连续梁、单孔简支梁改为支撑梁等方法。

第二节　增大截面加固法

1. 定义

增大截面加固法是指通过增大钢筋混凝土构件的截面和配筋，提高构件的强度、刚度、稳定性和抗裂性能的一种加固方法，该方法又称为“外包混凝土”法。

2. 分类

增大截面法是以增大断面为主或增配钢筋为主，或同时采用增大断面与配筋的一种提高受弯(压)构件的承载能力和刚度的一种手段，按截面受力区特点可分为截面受压区和截面受拉区增大截面加固法。按截面部位方向增设现浇混凝土加厚层，可分为一侧、双侧、三侧或四面等四种形式加固法。主要形式如图 2-3-1 所示。

3. 计算要点

采用增大截面法加固桥梁，其承载力计算受到原构件应力应变的影响，不能简单地用整体截面有关公式计算，其作用效应应按两个阶段进行计算：

第一阶段：新浇混凝土层达到强度标准值之前，构件按原构件截面计算，荷载应考虑加固时包括原构件自重在内的恒载、现浇混凝土层自重及施工荷载。

第二阶段：新浇混凝土层达到强度标准值后，构件按加固后整体截面计算，作用应考虑包括加固后构件自重在内的恒载、二期作用的恒载及使用阶段的可变作用。作用效应组合系数取值：恒载的荷载效应分项系数取1.2；使用阶段的可变作用效应分期系数按现行《公路桥涵设计通用规范》(JTG D60—2015)取用。

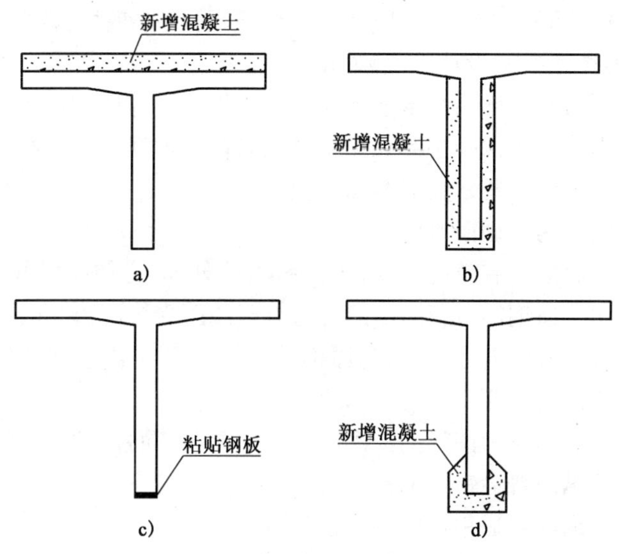

图2-3-1　增大截面图

仅在受压区增设现浇混凝土加厚层的钢筋混凝土和预应力混凝土受弯构件，在加固施工中以原构件为支撑，在其上浇筑混凝土加厚层并与原构件组合，构件的计算应按《混凝土桥涵设计规范》规定进行。

在受拉区加固受弯构件时的承载力计算，除应符合现行《混凝土桥涵设计规范》对受弯构件正截面承载力计算的基本假定外，还应满足下列要求：

①在受弯承载能力极限状态下，截面受压边缘混凝土应达到极限压应变 ε_{cu}。截面受压区混凝土应力按等效矩形应力图形确定，混凝土抗压强度取原构件混凝土轴心抗压强度设计值 f_{cd1}。

②构件达到受弯承载能力极限状态时，新增普通钢筋的拉应变 ε_{s2} 按截面假定确定，新增普通钢筋的拉应力 σ_{s2} 应为钢筋的弹性模量 E_{s2} 与其拉应变 ε_{S2} 的乘积。

4. 计算方法

(1)在矩形截面或翼缘位于受拉边的T形截面钢筋混凝土受弯构件的受拉区进行抗弯加固时，其正截面受弯承载力按公式(2-3-1)计算(图2-3-2)。

$$\gamma_0 M_d \leqslant f_{cd1} b_2 x\left(h_0 - \frac{x}{2}\right) + f'_{sd1} A'_{s1}(h_0 - a'_{s1}) \tag{2-3-1}$$

混凝土受压区高度应按下式确定：

$$f_{cd1} bx = f_{sd1} A_{s1} - f'_{sd1} A'_{s1} + \sigma_{s2} A_{s2} \tag{2-3-2}$$

$$\sigma_{s2} = \varepsilon_{s2} E_{s2} \leqslant f_{sd2} \tag{2-3-3}$$

混凝土受压区高度尚应符合下列条件:

$$2a'_{s1} \leqslant x \leqslant \xi_b h_{01} \tag{2-3-4}$$

上述式中:γ_0——桥梁结构的重要性系数,按照现行《混凝土桥涵设计规范》规定采用;

M_d——第二阶段弯矩组合设计值;

f_{cd1}——原构件混凝土轴心抗压强度设计值,可根据现场检测强度推算值按照现行《混凝土桥涵设计规范》确定;

f_{sd1}、f'_{sd1}——分别为原构件纵向普通钢筋的抗拉强度设计值和抗压强度设计值;

A_{s1}、A'_{s1}——分别为原构件受拉区和受压区纵向普通钢筋的截面面积;

A_{s2}——新增纵向普通钢筋的截面面积;

b_2——加固后构件截面宽度;

h_0——加固后截面有效高度,$h_0 = h_2 - a_s$,此处 h_2 为加固后截面全高,a_s 为受拉区纵向普通钢筋 A_{S1} 和 A_{S2} 的合力点至截面受拉区边缘的距离;

h_{01}——原构件截面有效高度,为原构件受拉区纵向普通钢筋(A_{s1}),合力点至截面受压区边缘距离;

x——等效矩形应力图形的混凝土受压区高度,简称混凝土受压区高度;

σ_{s2}——新增纵向普通钢筋的拉应力;

E_{s2}——新增纵向普通钢筋的弹性模量;

ε_{s2}——在构件达到承载能力极限状态时,新增纵向普通钢筋的拉应变;

f_{sd2}——新增纵向普通钢筋的抗拉强度设计值;

ξ_b——正截面相对界限受压区高度,按原构件混凝土和受拉钢筋强度级别,按照现行《混凝土桥涵设计规范》规定选用。

当 $x < 2a'_{s1}$ 时,正截面抗弯承载力按下列公式计算:

$$\gamma_0 M_d \leqslant f_{sd1} A_{s1}(h_{01} - a'_{s1}) + \sigma_{s2} A_{s2}(h_{02} - a'_{s1}) \tag{2-3-5}$$

式中:h_{02}——新增纵向普通钢筋的合力作用点至截面受压边缘的距离。

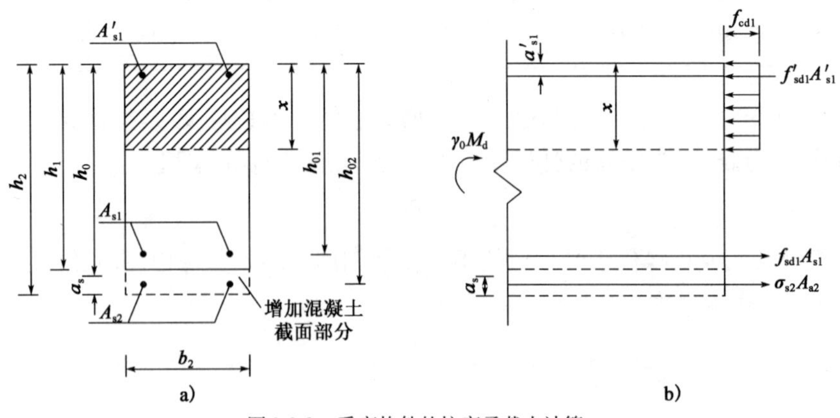

图 2-3-2　受弯构件的抗弯承载力计算

(2)对翼缘位于受压区的 T 形钢筋混凝土截面受弯构件,在其受拉区采用增大截面进行抗弯加固后的正截面抗弯承载能力:

①当受压区高度 $x \leqslant h'_f$ 时,按式(2-3-1)计算,如图 2-3-3 所示。

②当受压区高度 $x > h_f'$ 时,按式(2-3-6)计算:

$$\gamma_0 M_d = f_{cd}\left[b_2 x\left(h_0 - \frac{x}{2}\right) + (b_f' - b_2)h_f'\left(h_0 - \frac{h_f'}{2}\right)\right] \tag{2-3-6}$$

其受压区高度按式(2-3-7)确定:

$$f_{cd} b_2 x + f_{cd}(b_f' - b_2)h_f' = f_{sd1} A_{s1} + \sigma_{s2} A_{s2} \tag{2-3-7}$$

式中:h_f'——T 形截面受压翼缘厚度;

b_f'——T 形截面受压翼缘厚度,按现行《混凝土桥涵设计规范》规定采用。

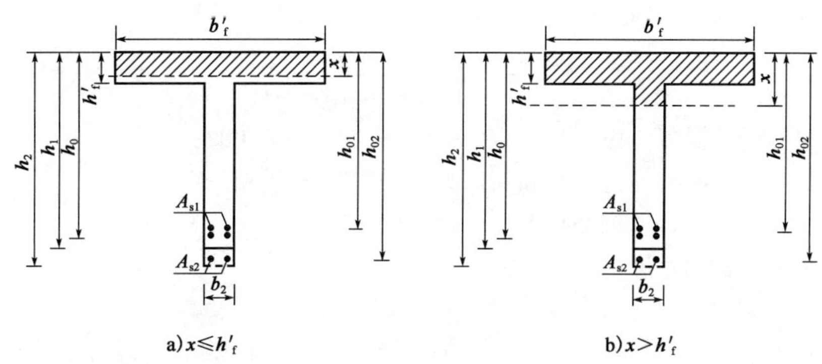

图 2-3-3　T 形截面受弯构件正截面承载力

(3)新增钢筋拉应变按式(2-3-8)和式(2-3-9)确定:

$$\varepsilon_{s2} = \frac{\varepsilon_{cu}(\beta h_{02} - x)}{x} - \frac{\varepsilon_{c1}(h_{02} - x_1)}{x_1} \tag{2-3-8}$$

$$\varepsilon_{c1} = \frac{M_{d1}}{E_c I_{cr}} x_1 \tag{2-3-9}$$

式中:M_{d1}——第一阶段弯矩组合设计值;

ε_{cu}——混凝土极限压应变,当混凝土强度等级为 C50 及 C50 以下时,取 $\varepsilon_{cu} = 0.0033$;

β——截面受压区矩形应力图高度与实际受压区高度的比值,当混凝土强度等级为 C50 及 C50 以下时,取 $\beta = 0.8$;

h_{02}——受拉区新增纵向普通钢筋 A_{s2} 合力作用点至截面受压区边缘距离;

ε_{c1}——在 M_{d1} 作用下,原构件截面上边缘的混凝土压应变;

x_1——加固前原构件开裂截面换算截面的混凝土受压区高度;

I_{cr}——加固前原构件开裂截面换算截面的惯性矩;

E_c——原构件混凝土的弹性模量。

(4)轴心受压构件承载力计算:

$$\gamma_0 N_d \leqslant 0.9\varphi(f_{cd1} A_{c1} + f_{cd1}' A_{s1}' + \sigma_{c2} A_{c2} + \sigma_{s2} A_{s2}') \tag{2-3-10}$$

式中:γ_0——桥梁结构的重要性系数,按照现行《混凝土桥涵设计规范》规定采用;

N_d——第二阶段轴向力组合设计值;

φ——轴心受压构件稳定系数,按现行《加固设计规范》表 5.3.1 采用;

f_{cd1}、f_{sd1}'——分别为原构件混凝土轴心抗压强度设计值和纵向钢筋抗压强度设计值;

A_{c1}、A_{c2}——分别为原构件和新增部分混凝土截面面积；

A'_{s1}、A'_{s2}——分别为原有纵向普通钢筋和新增纵向普通钢筋的全部截面面积；

σ_{c2}——在达到承载能力极限状态时，新增混凝土的应力，即 $\sigma_{c2}=E_c\varepsilon_{c2}\leqslant f_{cd1}$；

ε_{c2}——新增混凝土的应变，即：

$$\varepsilon_{c2}=\varepsilon_{cu}-\frac{N_{d1}}{(b_1h_1+\alpha_{Es}A'_{s1})E_c} \tag{2-3-11}$$

σ_{s2}——在达到承载能力极限状态时，新增纵向钢筋 A'_{s2} 的应力，$\sigma_{s2}=E_{s2}\varepsilon_{s2}\leqslant f'_{sd2}$；

ε_{s2}——新增钢筋 A_{s2} 的应变；

$$\varepsilon_{s2}=\varepsilon_{cu}-\frac{N_{d1}}{(b_1h_1+\alpha_{Es}A'_{s1})E_c} \tag{2-3-12}$$

ε_{cu}——轴心受压混凝土极限压应变，计算时可取 $\varepsilon_{s2}=0.002$；

E_c、E_{s2}——原构件混凝土弹性模量和新增纵向受压钢筋的弹性模量；

α_{Es}——原构件纵向普通钢筋与混凝土弹性模量比，$\alpha_{Es}=E_{s1}/E_c$；

b_1、h_1——原构件截面宽度与高度；

N_{d1}——第一阶段轴向力组合设计值。

钢筋混凝土受弯构件的斜截面抗剪力、偏心受压构件抗压承载力、新老混凝土结合面的抗剪承载力，按现行《加固设计规范》的规定进行计算。

5. 构造要求

(1)新浇混凝土强度宜比原构件混凝土强度提高一级，且不低于 C25，对板构件其最小厚度不宜小于 100mm，对梁和受压构件其厚度不宜小于 150mm。

(2)加固用钢筋的直径：受力筋宜在 12 ~ 25mm 之间选用，构造筋不宜小于 10mm，箍筋不宜小于 8mm。

(3)新增纵向钢筋与原构件受力钢筋采用短筋焊接时，短筋的直径不宜小于 12mm，各短筋的中距不应大于 500mm。

(4)当用单侧或双侧加固时，应设置 U 形箍筋或封闭式箍筋并与原构件牢固连接。

(5)新老混凝土结合面处，原构件的表面应凿成凹凸差不小于 6mm 的粗糙面。

第三节　粘贴钢板加固法

1. 定义

粘贴钢板加固法是指采用环氧树脂或建筑结构胶，将钢板直接粘贴在被加固的钢筋混凝土结构物的受拉区或抗剪薄弱部位，使之与被加固结构物形成整体共同受力，以提高结构的刚度，改善其受力状态，限制裂缝的开展，提高结构的承载力。粘贴钢板加固法可以显著提高结构抗弯刚度，对以控制结构变形为主要目的的使用功能加固是十分有效的。

2. 基本规定

(1)粘贴钢板加固混凝土构件时，宜将钢板受力方式设计成仅承受轴向力作用。

(2)设计时作用宜分别按两个阶段计算:

①粘贴钢板加固施工前,作用应考虑加固时包括原构件自重在内的实际恒载及施工时的其他荷载。

②粘贴钢板加固后,作用应考虑包括构件自重在内的恒载、二期恒载作用及使用阶段的可变作用。作用效应组合系数取值:恒载的荷载效应分项系数取1.2;使用阶段的可变作用效应分项系数按现行《桥涵通用规范》取用。

(3)采用粘贴钢板对钢筋混凝土受弯构件进行抗弯加固时,除应遵守现行《混凝土桥涵设计规范》有关正截面承载力计算的基本假定外,尚应符合下列规定:

①构件达到受弯承载能力极限状态时,应按平截面假定确定钢板的拉应变。钢板应力等于拉应力与弹性的乘积,且小于钢板抗拉强度设计值。

②在达到受弯承载能力极限状态前,须采取可靠的锚固措施,避免发生钢板与混凝土之间的黏结剥离破坏。

(4)粘贴钢板外表面应进行防护处理。

3.计算方法

(1)在矩形截面或翼缘位于受拉区的钢筋混凝土T形截面受弯构件的受拉面粘贴钢板加固时,其正截面承载力应按下列公式计算(图2-3-4)。

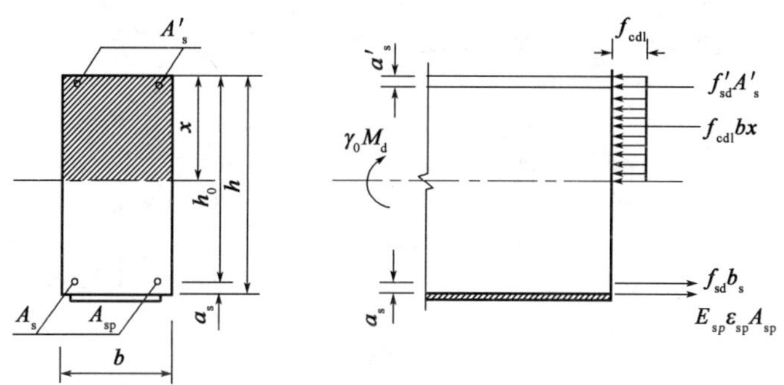

图2-3-4　正截面受弯承载力计算

$$\gamma_0 M_d \leqslant f_{cd1} bx\left(h_0 - \frac{x}{2}\right) + f'_{sd}A'_s(h_0 - a'_s) + E_{sp}\varepsilon_{sp}A_{sp}a_s \tag{2-3-13}$$

①受压区高度:

$$f_{cd1}bx = f_{sd}A_s + E_{sp}\varepsilon_{sp}A_{sp} - f'_{sd}A'_s \tag{2-3-14}$$

$$2a'_s \leqslant x \leqslant \xi_b h_0 \tag{2-3-15}$$

②拉应变:

$$\varepsilon_{sp} = \frac{\varepsilon_{cu}(\beta h - x)}{x} - \frac{\varepsilon_{c1}(h - x_1)}{x_1} \tag{2-3-16}$$

$$\varepsilon_{c1} = \frac{M_{d1}x_1}{E_c I_{cr}} \tag{2-3-17}$$

式中:γ_0——桥梁结构的重要性系数,按照现行《混凝土桥涵设计规范》规定采用;

M_d——第二阶段弯矩组合设计值；

f_{cd1}——原构件混凝土抗压强度设计值；

x——等效矩形应力图形的混凝土受压区高度，简称混凝土受压区高度；

b、h——分别为原构件截面宽度和高度；

f_{sd}、f'_{sd}——分别为原构件纵向普通钢筋的抗拉强度设计值和抗压强度设计值；

E_{sp}——加固钢板的弹性模量；

ε_{sp}——构件达到承载能力极限状态时，加固钢板的拉应变；

A_{sp}——加固钢板的截面面积；

A_s、A'_s——分别为原构件受拉区、受压区纵向普通钢筋的截面面积；

a_s、a'_s——分别为受拉区、受压区普通的钢筋合力作用点至受拉区边缘、受压区边缘的距离；

h_0——原构件截面有效高度，$h_0 = h - a_s$；

ε_{cu}——混凝土极限压应变，当混凝土强度等级为 C50 及 C50 以下时，取 $\varepsilon_{cu}=0.0033$；

ξ_b——相对界限受压区高度，按原构件混凝土和受拉普通钢筋强度级别，按照现行《混凝土桥涵设计规范》规定选用。

当 $x<2a'_s$ 时，正截面抗弯承载力按下式计算：

$$\gamma_0 M_d \leqslant f_{sd}A_s(h_0 - a'_s) + E_{sp}\varepsilon_{sp}A_{sp}(h - a'_s) \tag{2-3-18}$$

（2）两侧粘贴钢板加固轴心受拉构件的正截面承载力计算（图 2-3-5）：

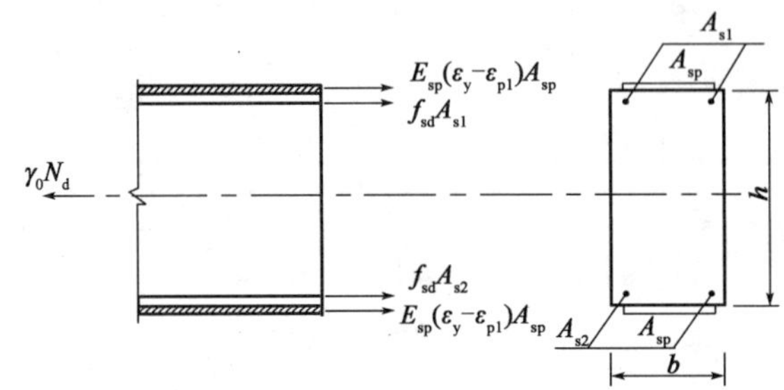

图 2-3-5　轴心受拉构件正截面承载力计算

$$\gamma_0 N_d \leqslant f_{sd}A_s + E_{sp}(\varepsilon_y - \varepsilon_{p1})A_{sp} \tag{2-3-19}$$

$$\varepsilon_{p1} = \frac{N_{d1}}{A_s E_s} \tag{2-3-20}$$

式中：N_d——第二阶段轴向力组合设计值；

N_{d1}——第一阶段轴向力组合设计值；

f_{sd}——原构件纵向普通钢筋的抗拉强度设计值；

A_s——原构件受拉普通钢筋全部截面面积；

A_{sp}——钢板全部截面面积；

E_s——原构件受拉普通钢筋的弹性模量；

E_{sp}——加固钢板的弹性模量；

ε_y——与原构件受拉普通钢筋强度设计值相对应的应变，$\varepsilon_y = f_{sd}/E_s$；

ε_{p1}——原构件在第一阶段荷载作用下受拉边钢板的滞后应变；

其他符号意义见图 2-3-5。

粘贴钢板加固矩形截面偏心受压(拉)构件的承载力计算按现行《加固设计规范》的规定计算。

4. 构造要求

(1)采用直接涂胶粘贴的钢板厚度不应大于 5mm；钢板厚度大于 5mm 时，应采用压力注胶黏结。

(2)对钢筋混凝土受弯构件进行正截面加固时，钢板宜采用条带粘贴，钢板的宽厚比不应大于 50。

(3)粘贴钢板延伸长度达不到计算要求时，应采用如下锚固措施。

①对梁，应在延伸长度范围内均匀设置 U 形箍，见图 2-3-6，且应在延伸长度的端部设置一道加强箍。U 形箍应伸至梁翼缘板底面。U 形箍的宽度，对端箍不应小于 200mm；对中间箍不应小于受弯加固钢板宽度的 1/2，且不应小于 100mm。U 形箍的厚度不应小于受弯加固钢板厚度的 1/2。U 形箍的上端应设置纵向钢压条；压条下面的空隙应加胶粘贴钢垫填平。

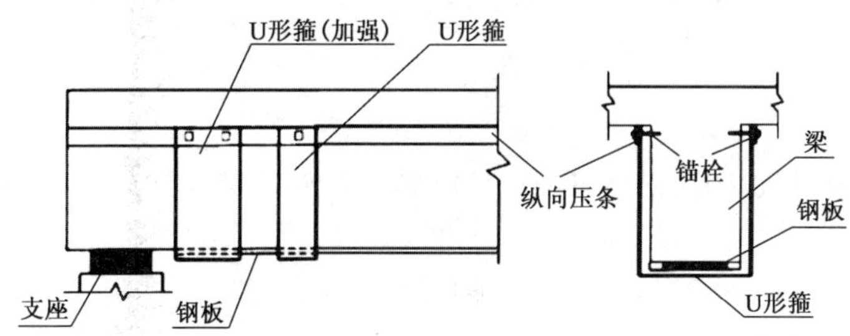

图 2-3-6　梁粘贴钢板端部锚固措施

②对板，应在延伸长度范围内通长设置垂直于受力钢板方向的压条。压条应在延伸长度范围内均匀布置，且应在延伸长度的端部设置一道。钢压条的宽度不应小于受弯加固钢板宽度的 3/5，钢压条的厚度不应小于受弯加固钢板厚度的 1/2。

(4)当采用钢板对受弯构件负弯矩区进行正截面承载力加固时，应采用构造措施，见图2-3-7。

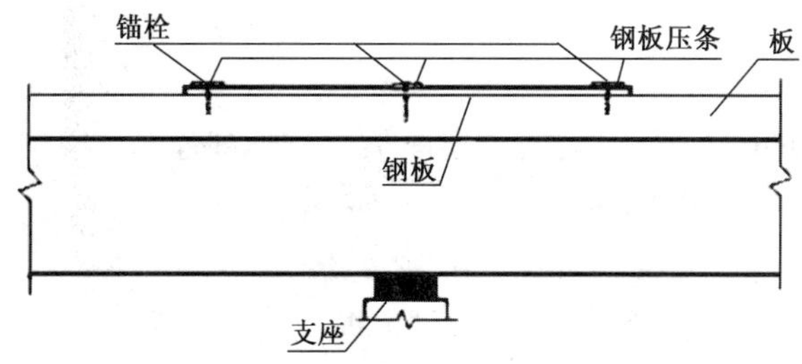

图 2-3-7　负弯矩区粘贴钢板端部锚固措施

①对负弯矩区进行加固时，钢板应在负弯矩包络图范围内连续粘贴；其延伸长度的截断点应满足计算延伸长度。

②对无法延伸的一侧，应粘贴钢板压条进行锚固。钢压条下面的空隙应加胶粘钢垫块填平。

(5)当加固的受弯构件需粘贴一层以上钢板时，相邻两层的截断位置应错开一定距离，错开的距离不应小于300mm，并应在截断处加设U形箍(对梁)或横向压条(对板)进行锚固。

(6)当采用钢板进行斜截面承载力加固时，应粘贴成斜向钢板、U形箍或L形箍。斜向钢板和U形箍、L形箍的上端应粘贴纵向钢压条予以加固。

(7)直接涂胶粘贴钢板宜使用锚固螺栓，锚固深度不应小于6.5倍螺栓直径。螺栓布置的间距应满足下列要求：

①螺栓中心最大间距为24倍钢板厚度；最小间距为3倍螺栓孔径。

②螺栓中心距钢板边缘最大距离为8倍钢板厚度或120mm中的较小者。最小距离为2倍螺栓孔径。

如果螺栓只用于钢板定位或粘贴加压时不受上述限制。

第四节　粘贴纤维复合材料加固法

1. 定义

粘贴纤维复合材料加固法是指采用高性能黏结剂将纤维复合材料布(或板)直接粘贴在被加固混凝土结构薄弱部位，以限制裂缝的开展，提高构件承载力的一种方法，它对提高构件刚度作用不大，其主要作用是提高耐久性、延长结构使用年限。若采用板条式纤维复合材料对构件进行加固时，可对纤维材料施加预应力，改善梁的受力状态，提高纤维材料的利用效率及增强旧桥加固效果。

2. 基本规定

(1)采用碳纤维复合材料加固梁、板时，混凝土强度等级不宜低于C25。

(2)结构设计计算，必须进行分阶段受力和整桥结构验算。

(3)采用纤维复合材料加固受拉构件时，其破坏形式应为正截面破坏先于斜截面破坏。

(4)墩柱延性不足时，应采用全长无间隔环向连续粘贴纤维复合材料加固，即环向围束法加固。

3. 计算方法

(1)环向围束加固的轴心受压构件，正截面承载力应符合下列规定：

$$\gamma_0 N_d \leqslant 0.9[(f_{cd} + 4\sigma_1)A_{cor} + f'_{sd}A'_s] \tag{2-3-21}$$

$$\sigma_1 = 0.5\beta_c k_c \rho_f E_f \varepsilon_{fe} \tag{2-3-22}$$

式中：f_{cd}——原构件混凝土抗压强度设计值，可根据现场检测强度推算值按照现行《混凝土桥涵设计规范》确定；

σ_1——有效约束应力；

A_{cor}——原构件截面有效面积，按《混凝土桥梁设计规范》中的式(3.4-3)、式(3.4-4)计算；

β_c——混凝土强度系数，当混凝土强度等级不大于 C50 时，$\beta_c = 1.0$；当混凝土强度等级为 C80 时，$\beta_c = 0.8$；其间按线性内插法确定；

k_c——环向围束的有效约束系，对于圆形截面，k_c 取 0.95；对于正方形和矩形，按 $k_c = 1 - \frac{(b-2r)^2 + (h-2r)^2}{3A_{cor}(1-\rho_s)}$ 计算确定；

ρ_f——环向围束体积比：圆形，$\rho_f = 4n_f t_f / D$；正方形和矩形截面柱，$\rho_f = 2n_f t_f (b+h)/A_{cor}$；

E_f——纤维复合材料的弹性模量；

ε_{fe}——纤维复合材料的有效拉应变设计值，取 0.0035；

n_f、t_f——分别为纤维复合材料的层数及每层厚度；

其他符号意义见现行《公路桥梁加固设计规范》(JTG/T J22—2008)第 6.3.1 条。

圆形截面：

$$A_{cor} = \frac{\pi D^2}{4} \tag{2-3-23}$$

矩形截面(图 2-3-8)：

$$A_{cor} = bh - (4-\pi)r^2 \tag{2-3-24}$$

式中：D——圆截面有效直径；

r——截面棱角的圆化半径。

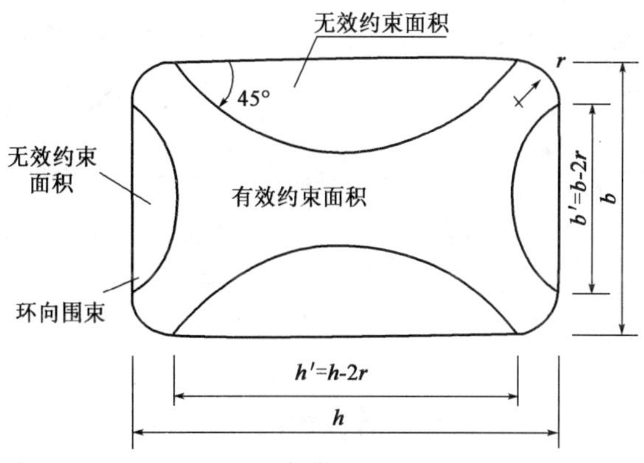

图 2-3-8　环向围束内的矩形截面有效约束面积

粘贴纤维复合材料加固矩形截面偏心受压(拉)构件承载力和墩柱延性加固计算按现行《公路桥梁加固设计规范》的规定执行。

(2)墩柱延性加固

采用粘贴封闭式纤维复合材料对墩柱进行延性加固，总折算体积含筋率按式(2-3-25)、式(2-3-26)计算：

$$\rho_v = \rho_{ve} + \rho_{vf} \tag{2-3-25}$$

$$\rho_{vf} = k_c \rho_f \frac{b_f f_f}{s_f f_{sv}} \tag{2-3-26}$$

式中：ρ_{ve}——被加固柱原有箍筋的体积含筋率，当需要重新复核时，应按箍筋范围内的核心截面进行计算；

ρ_{vf}——环向围束作为附加箍筋换算的箍筋体积含筋率的增量；

ρ_f——环向围束体积比，按《加固设计规范》中的式(2-3-23)、式(2-3-24)计算；

k_c——环向围束的有效约束系数，圆形截面取0.90，正方形截面取0.66，矩形截面取0.42；

b_f——环向围束条带的宽度；

s_f——环向围束条带的中心间距；

f_f——环向围束纤维复合材料的抗拉强度设计值，参见现行《加固设计规范》表4.5.1的规定；

f_{sv}——原构件箍筋抗拉强度设计值。

4. 构造要求

(1)纤维复合材料宜粘贴成条带状，非围束时板材不宜超过2层，布材不宜超过3层。

(2)对钢筋混凝土柱进行粘贴纤维复合材料加固时，条带应粘贴成环形箍，且纤维方向应与柱的纵轴线垂直。加固受拉构件，纤维方向与构件受拉方向一致。采用封闭式粘贴或U形粘贴对梁、柱构件进行斜截面加固，纤维方向宜与构件轴线垂直或与其主拉应力方向平行。

(3)纤维复合材料沿纤维受力方向的搭接长度不应小于100mm；当采用多条或多层复合材加固时，其搭接位置应相互错开。

(4)当纤维复合材料绕过构件的外倒角时，构件的截面棱角应在粘贴前打磨成圆弧面。圆弧半径，梁不应小于20mm，柱不应小于25mm。对于主要受力纤维复合材料不宜绕过内倒角。

(5)粘贴多层纤维复合材料加固时，宜将纤维复合材料逐层截断，并在每层截断处最外侧加压条，其粘贴形式采用内短外长式。

(6)采用纤维复合材料对钢筋混凝土梁或柱的斜截面承载力进行加固时，其构造应符合规定：宜选用环形或加锚固的U形箍，U形箍的纤维受力方向应与构件轴向垂直，并在梁的中部应增设一道纵向压带。

(7)沿柱轴向粘贴纤维复合材料加固时，应有足够的锚固长度。环向围束的纤维复合材料层数，对圆形截面不应少于2层，对矩形截面不应少于3层。环向围束上下层之间的搭接宽度不应小于50mm，纤维织物环向截断点的延伸长度不应小于200mm，且各条带搭接位置应相互错开。

5. 其他说明

在梁板加固实际工程中，结构受拉区或抗剪薄弱区域，一般采用直接粘贴纤维复合材料进行加固的方法，其施工简易，效果明显。要注意：①对原梁高度较小、配筋率较大的情况，在受拉钢筋达到屈服前受压区混凝土先破坏；②对原梁高度较大、配筋率较小的情况，加固设计以原梁钢筋应变达到极限值0.01控制设计，受拉钢筋先达到屈服，然后受压区混凝土压坏，此时纤维复合材料未达到其允许拉应变值；③受拉钢筋先达到屈服，然后纤维复合材料超过其允许拉应变值并达到极限拉应变而拉断，此时受压区混凝土尚未压坏，这些情况下既要考虑安全性，也考虑不能造成浪费，应根据不同结构特点及在役桥梁已运营时间等因素综合考虑。

另外，由于胶黏剂与混凝土的正拉黏结强度指标的差异性，以及混凝土—胶黏剂—纤维复合材料三者之间正拉黏结强度、收缩性或线膨胀系数的差异，受长期冷热变化、荷载循环作用、阳光直射、水的浸透以及施工质量诸因素的影响，采用碳纤维加固后的梁或板的碳纤维复合材料与梁板之间易发生剥离破坏，导致碳纤维复合材料加固作用局部或部分丧失。因此，对于外露的梁板或混凝土强度低于 C15 的梁板不宜采用纤维复合材料对梁板受拉区或抗剪薄弱区域进行加固，若考虑自重问题，需要采用纤维复合材料进行加固时，应在加固后对纤维复合材料的外层进行涂层保护，以提高其耐久性。

第五节　体外预应力加固法

1. 定义

体外预应力加固法是指通过增设体外预应力索(包括钢绞线、高强钢丝束、精轧螺纹钢筋和预应力碳纤维板材)对既有混凝土梁体主动施加外力，以改善原结构的受力状况的加固方法。也就是说，对桥梁上部结构施加体外预应力，以预加力产生的反弯矩抵消部分外荷载产生的内力，减小梁体挠度，减少并抑制受拉区梁的裂缝，从而调整原结构的受力状况，提高原桥梁体的刚度及抗裂性，从而达到改善原桥使用性能并提高其极限承载能力的目的。

其原理是在原桥梁体下缘受拉区设置预应力材料，通过张拉对梁体产生偏心预应力，使梁体发生上拱，抵消部分自重应力或外部荷载，减小结构变形和裂缝宽度，改善原梁体的结构受力，以较大幅度地提高结构承载力。目前体外预应力加固法多用在大跨径预应力混凝土连续箱梁和连续 T 构箱梁桥的加固中。

2. 特点

体外预应力加固法与普通预应力混凝土结构相比，具有如下特点：

(1)体外预应力可设计为不可更换式，也可设计为可更换式和可补拉式。

(2)体外预应力施工简便，可不用在原梁肋中设置管道，避免了对原梁截面的削弱，节省了管道的设置。

(3)使用方面降低了钢筋(束)的摩阻损失，预应力筋利用效率高，力筋应力变化幅值小，对抗疲劳有利。

(4)体外预应力体系布置较为灵活，可用于各类混凝土结构的简支梁桥、连续梁桥、拱桥和刚构桥的加固。

3. 基本规定

(1)预应力钢筋(束)可由水平筋(束)和斜筋(束)组成，也可由通长布置的钢丝束或钢绞线或预应力碳纤维板组成。加固中采用的体外索应具有防腐能力，且宜具有可更换性。

(2)转向装置可采用钢部件、现浇混凝土块体或附加钢锚箱结构。转向装置必须与梁体连接可靠，其连接强度必须进行验算。

(3)体外索的自由长度超过 10m 时应设置定位装置。

(4)当被加固构件的混凝土强度等级低于 C25 时，不宜采用预应力加固方法。

(5)转向装置的尺寸设计应综合考虑体外预应力产生的径向力大小、体外预应力束的根数及其曲线形状、孔道直径、普通钢筋间距及混凝土保护层等因素。

4. 计算方法

(1)体外索加固梁的正截面抗弯承载力计算,见图2-3-9。

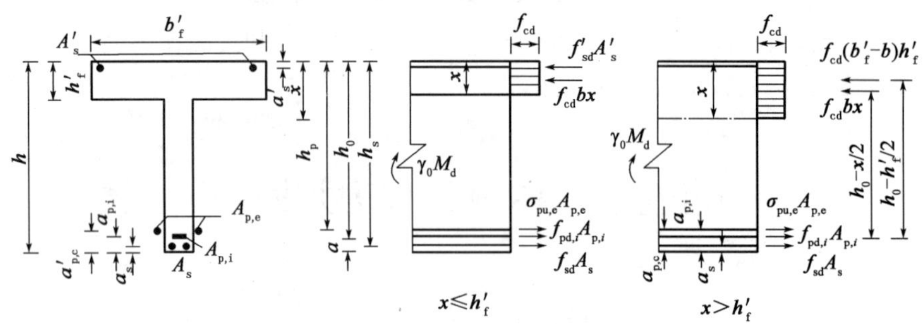

图2-3-9 矩形、T形截面梁正截面抗弯承载力计算图

①矩形截面或中性轴位于T形或I形截面翼板内($x \leqslant h_f'$):

$$f_{cd}b_f'x + f'_{sd}A'_s = \sigma_{pu,c}A_{p,c} + f_{pd,i}A_{p,i} + f_{sd}A_s \tag{2-3-27}$$

$$\gamma_0 M_d \leqslant f_{cd}b_f'x\left(h_0 - \frac{x}{2}\right) \tag{2-3-28}$$

②T形或I形截面且中性轴位于截面腹板内($x > h_f'$):

$$f_{cd}bx + f_{cd}(b_f' - b)h_f' + f'_{sd}A'_s = \sigma_{pu,e}A_{p,e} + f_{pd,i}A_{p,i} + f_{sd}A_s \tag{2-3-29}$$

$$\gamma_0 M_d \leqslant f_{cd}bx\left(h_0 - \frac{x}{2}\right) + f_{cd}(b_f' - b)h_f'\left(h_0 - \frac{h_f'}{2}\right) + f'_{sd}A'_s(h_0 - a_s') \tag{2-3-30}$$

③截面受压区高度应满足下式:

$$x \leqslant \xi_b h_s \text{ 或 } x \leqslant \xi_b h_p \tag{2-3-31}$$

$$x \geqslant 2a_s' \tag{2-3-32}$$

上述式中:γ_0——桥梁结构重要性系数;

M_d——计算截面弯矩组合设计值;

$A_{p,e}$——体外预应力水平钢筋(束)的截面面积;

$\sigma_{pu,e}$——当构件达到极限抗弯承载能力时,体外预应力筋(束)的极限应力计算值按式(2-3-33)计算;

$A_{p,i}$——原梁体内预应力筋的截面面积;

$f_{pd,i}$——原梁体内预应力筋的抗拉强度设计值;

A_s——原梁体内纵向受拉普通钢筋的截面积;

A_s'——原梁体内纵向受压普通钢筋的截面积;

f_{sd}——原梁体内纵向受拉普通钢筋的抗拉强度设计值;

f_{cd}——混凝土的抗压强度设计值;

b_f'——受压翼板的有效宽度,按现行《混凝土桥涵设计规范》第4.2.2条规定取用;

b——矩形截面宽度或T形截面的腹板宽度;

h_f'——受压翼板的厚度；

h_s、h_p——分别为原梁中普通钢筋和预应力钢筋的合力作用点至梁顶面的距离；

h_0——体(内)外预应力筋和原梁普通钢筋的合力作用点到梁顶面的距离，$h_0 = h - a$；

a——受拉区体内(外)预应力筋(束)和普通钢筋的合力作用点至受拉区边缘的距离；

a_s'——受压区普通钢筋的合力作用点至受压区边缘的距离；

ξ_b——原钢筋混凝土梁或原预应力混凝土梁的相对界限受压区高度。

④水平筋(束)极限应力按下式计算：

$$\sigma_{pu,c} = \sigma_{pe,e} + 0.03E_{p,e}\frac{h_{p,e} - c}{\gamma_p l_e} \leqslant f_{pd,e} \tag{2-3-33}$$

式中：l_e——计算跨体外索的有效长度，$l_e = \dfrac{2l_i}{N_s + 2}$；

N_s——构件失效时形成的塑性铰数目，对于简支梁 $N_s = 0$，对于连续梁 $N_s = n - 1$，n 为连续梁的跨度；

l_i——梁端锚具间体外索的总长度，对于简支梁加固体系，$l_e = l_i$；

γ_p——体外预应力钢材的安全系数，取 $\gamma_p = 2.2$；

$h_{p,e}$——体外预应力筋(束)合力点到截面顶面的距离；

$E_{p,e}$——体外预应力筋(束)的弹性模量；

c——截面中性轴到混凝土受压区顶面的距离；

对于 T 形截面：

$$c = \frac{A_{p,e}\sigma_{pu,e} + A_s f_{sk} + A_p f_{pk} - A_s' f_{sk}' - 0.75 f_{cu,k}\beta(b_f' - b)h_f'}{0.75 f_{cu,k} b\beta}$$

对于矩形截面：

$$c = \frac{A_{p,e}\sigma_{pu,e} + A_s f_{sk} + A_p f_{pk} - A_s' f_{sk}'}{0.75 f_{cu,k} b\beta}$$

β——混凝土受压区高度折减系数，取 $\beta = 0.80$；当混凝土强度等级高于 C50 时，应按现行《混凝土桥涵设计规范》表 5.3.3 折减；

$f_{cu,k}$——混凝土轴心抗压强度标准值；

$f_{pd,e}$——体外预应力筋(束)的抗拉强度设计值；

$\sigma_{pu,e}$——体外预应力筋(束)的永存预应力；

$A_{p,e}$——体外预应力筋(束)的截面面积。

(2)斜截面抗剪承载力计算：

①体外索加固的矩形、T 形和 I 形截面的受弯构件，其截面尺寸应符合下列要求：

$$\gamma_0 V_d - \frac{1}{\gamma_{fs}}\sigma_{pub,e}A_{pb,e}\sin\theta_e \leqslant 0.51 \times 10^{-3}\sqrt{f_{cu,k}}\,bh_0 \tag{2-3-34}$$

式中：V_d——斜截面受压端剪力的组合设计值(kN)，变高度梁段应考虑附加剪力的影响，见现行《混凝土桥涵设计规范》第 5.2.7 条注(3)；

γ_0——结构重要性系数；

γ_{fs}——体外预应力斜筋(束)的材料安全系数，对于钢绞线和钢丝 $\gamma_{fs} = 1.47$；对于精轧螺

纹钢 $\gamma_{fs}=1.2$；

$\sigma_{pub,e}$——体外预应力斜筋(束)的极限应力(MPa)；

$A_{pb,e}$——体外预应力斜筋(束)的截面面积(mm^2)；

b——相应于剪力组合设计值处的矩形截面宽度(mm)或T形和I形截面腹板宽度(mm)；

h_0——相应于剪力组合设计值处的截面有效高度，即自纵向受拉钢筋合力作用点至受压边缘的距离(mm)；

θ_e——体外预应力筋(束)在竖直平面内的弯起角度(竖弯角)，$\theta_e\leqslant 45^{\circ}$；

其他符号意义同前。

②体外索加固梁的斜截面抗剪承载力可按钢筋混凝土或预应力混凝土梁计算，但须考虑验算斜截面的体外预应力斜筋竖向分力的影响：

$$\gamma_0 V_d\leqslant a_1a_2a_3\times 0.45\times 10^{-3}bh_0\sqrt{(2+0.6P)\sqrt{f_{cu,k}}\rho_{sv}f_{sd,v}}+$$
$$0.75\times 10^{-3}f_{sd,b}\sum A_{sb}\sin\theta_s+0.75\times 10^{-3}f_{pb,i}\sum A_{pb,i}\sin\theta_i+$$
$$0.8\times 10^{-3}\sigma_{pvb,e}\sum A_{pb,e}\sin\theta_e \tag{2-3-35}$$

式中：a_1——异号弯矩影响系数，简支梁时 $a_1=1.0$，连续梁和悬臂梁时 $a_1=0.9$；

a_2——预应力提高系数，钢筋混凝土 $a_2=1.0$，预应力混凝土 $a_2=1.25$，预应力混凝土B类构件 $a_2=1.0$；

a_3——受压翼缘的影响系数，T形梁 $a_3=1.1$，矩形梁 $a_3=1.0$；

$f_{cu,k}$——边长为150mm混凝土立方体抗压强度标准值；

P——原梁斜截面内纵向配筋率，$P=100\rho$，$\rho=(A_s+A_{p,t})/(bh_0)$；

b、h_0——分别为原梁计算斜截面顶端正截面的腹板宽度和有效高度(mm)；

ρ_{sv}——斜截面内箍筋配筋率，$\rho_{sv}=A_{sv}/(S_vb)$(mm)；

S_v——斜截面范围内的箍筋间距(mm)；

$f_{sd,v}$、$f_{sd,b}$——分别为原梁箍筋和弯起普通钢筋的抗拉强度设计值(MPa)；

$f_{pb,i}$——体内预应力筋的抗拉强度设计值(MPa)；

$A_{pb,i}$——斜裂缝范围内体内弯起预应力筋的截面面积(mm)；

$A_{pb,e}$——体外预应力弯起筋(束)的截面面积；

θ_i——体内预应力筋(束)在斜截面受压端正截面处与梁轴线的夹角；

θ_e——体外预应力筋(束)在竖直平面内的弯起角度，≤45°；

θ_s——体内普通弯起钢筋的弯起角度；

A_{sv}——斜裂缝范围内同一截面内箍筋各肢的总截面面积(mm^2)；

A_{sb}——原钢筋混凝土梁中一排普通弯起钢筋的截面面积。

(3)体外索的斜筋极限应力与转向块处的摩阻力情况可由水平筋(束)的极限应力求得：

$$\sigma_{pvb,e}=\lambda\sigma_{pu,e} \tag{2-3-36}$$

式中：λ——体外索斜筋(束)接力与水平筋(束)接力的比例系数。

当采用水平向移动的滑块或转向块时：

$$\lambda = \frac{1}{cos\theta_e + f_0 \sin\theta_e} \tag{2-3-37}$$

当采用楔形滑块时：

$$\lambda = \cos\theta_e - f_0 \sin\theta_e \tag{2-3-38}$$

式中：f_0——摩擦系数，钢材间$f_0 = 0.16$，四氟乙烯滑板时$f_0 = 0.06$，混凝土与钢材间$f_0 = 0.25$。

转向装置、持久状况正常使用极限状态、应力计算及要求按现行《加固设计规范》执行。

5. 构造要求

(1)体外预应力筋(束)布置方式须考虑桥梁结构的内力分布状况，可根据原结构的构造及断面形式布置在梁体的内外侧。

(2)体外预应力筋(束)由水平和倾斜布置的钢筋、钢绞线或钢丝束组成，两者以滑块相连接，其中斜向部分可由带楔形滑块的槽钢组成。

(3)体外索的张拉端或锚固端可设在梁底、梁顶或端横隔板根部，亦可将体外索的上锚固端布置在主梁端部腹板两侧。

(4)对箱梁宜将体外预应力筋(束)布置在箱(室)的内侧，体外预应力筋(束)沿桥梁纵向长线布置，横桥向应对称。

其他构造形式及要求按现行《加固设计规范》执行。

第六节　改变结构体系法

1. 定义

改变结构体系法是指采用一定技术措施改变原结构受力体系，降低控制截面内力，提高桥梁结构整体承载能力的一种方法，又称体系转换法。它包括：将多孔简支梁改为连续梁，将单孔简支梁改为支撑梁，将中、下承式拱改变为拱—斜拉组合体系，将连续梁、连续刚构改变为矮塔斜拉桥，将带挂梁T形刚构改变为连续刚构以及通过增设其他结构(杆件)而使原结构受力体系发生改变。

2. 基本要求

(1)对拟采用改变结构体系法加固的桥梁，需开展专项检查并进行深入、细致的方案论证，应采用两次设计程序进行设计。

(2)采用改变结构体系加固时，应对新、旧整体结构的各受力阶段进行验算，并与增大截面法、粘贴钢板法等综合使用。

(3)施工中应严格执行设计规定的施工方法和程序。

3. 加固方法

(1)增设支承结构加固

增设支承结构加固法分为固结法和铰支法两种。当支承结构的竖向变形对主梁内力的影响可以忽略时，按刚性支撑计算，否则按弹性支撑考虑。为充分发挥新增构件的作用，宜采取预顶措施,预顶力的大小及施力位置的确定以保证结构恒载下的安全为原则。

加固计算时,对于固结法加固要求新增结构与主梁固结,计算时需根据主梁预顶情况对结构进行必要的验算,基础验算时应考虑新增结构传递弯矩的影响。对于铰支法加固,主梁与新增结构铰接,主梁应验算预顶力及位移所产生的效应;同时应验算支承结构及基础在预顶力作用下的效应。刚性支撑和弹性支撑的铰支法加固内力计算如下。

①刚性支撑计算:

a. 计算并绘制原梁的内力图;

b. 初步确定支撑位置及预加顶升力,并绘制在支承点预加顶升力作用下梁的内力图;

c. 绘制加固后主梁在新增荷载作用下的内力图;

d. 将上述内力图叠加,绘出主梁各截面内力包络图;

e. 计算主梁各截面实际承载力;

f. 调整预加顶升力值,使主梁各截面最大内力值小于截面实际承载力;

g. 根据最大的支点反力,设计支撑结构及其基础。

②弹性支撑计算:

a. 计算并绘制原梁的内力图;

b. 绘制原主梁在新增荷载下的内力图;

c. 确定原主梁所需的预加顶升力,并由此求出相应的弹性支点反力值;

d. 根据所需的弹性支点反力及支承结构类型,计算支承结构所需的刚度;

e. 根据所需的刚度设计支承结构及其基础。

(2)简支变连续加固

①简支变连续加固的结构,可采用在墩顶部位结构上缘加设普通钢筋或增设预应力束,并现浇接头混凝土形成结构连续体系。若原梁的截面尺寸不足时,需采取增大截面法等措施。

②中支点处T梁应新增横系梁。

③除对主梁墩顶部位连接段进行分析外,还应对其他相关截面进行验算。

④简支梁体系转换后的正截面承载力和斜截面承载力计算时,结构体系转换前的恒载仍由简支体系承担,转换后新加恒载及活载由连续体系承担。其计算方法按现行《混凝土桥涵设计规范》执行。对于桥龄10年以上的桥梁,可不考虑原混凝土收缩、徐变的影响。

4. 构造要求

(1)增设支承结构加固法的支承构造设计按现行桥梁设计规范相应构造要求执行。固结法的支承与原梁(基础)结构的连接构造应牢固可靠,使用植筋或锚栓技术时按现行桥梁加固设计规范执行。铰支法的支承与原梁(基础)结构之间应设置支座,与基础的连接构造应牢固可靠。

(2)简支变连续加固的构造要求:

①墩顶采用设置普通钢筋形成连续构造时,纵向受力钢筋应为螺纹钢筋,直径不应小于12mm;布设长度应超出连续梁墩顶的负弯矩包络图范围,并不应小于梁高的2倍,还应与原梁钢筋牢固连接;连接困难时,亦可以植筋或锚栓方法与原梁形成整体。墩顶采用设置预应力钢束形成连续构造时,宜采用小吨位预应力扁锚分散错位锚固,纵向错位间距不宜小于1.5m,布

设长度应超出连续梁墩顶负弯矩包络图范围，并不宜小于梁高的4倍。

②墩顶连续构造处顶面应设置一定数量的防裂钢筋，新老混凝土结合面应设置一定数量的抗剪钢筋。墩顶两端横隔板间宜现浇形成整体横梁，混凝土强度应高于原梁一个等级，并采取措施做好桥面防水。

③墩顶宜采用新设单支座。确需保留双排支座形式时，应对墩柱承载力进行计算。

④连续钢筋或预应力钢束具体构造按现行《混凝土桥涵设计规范》有关规定执行。

第四章　桥梁加固方法

第一节　梁 桥 加 固

一、基本要求与方法

当梁桥强度、刚度、整体性及耐久性不足时，应对其进行加固。主要采用施加体外预应力、改变结构体系、增大截面、粘贴钢板或纤维复合材料、更换主梁、增强横向整体性等方法。

（1）简支梁（板）桥

①当桥抗弯能力不足或主梁挠度过大时，宜采用施加体外预应力、增大截面或简支变连续梁等加固法。如采用增大截面的方法进行加固，其途径有增加受力主筋截面、加大混凝土截面、加厚桥面板和喷锚加固四种方法。

②当主梁出现严重病害时可更换主梁进行加固，当梁（板）横向联系不足时，可采用增强横梁、增设横向预应力或加强桥面横向联系等方法加固。对于结构基本完好而需要提高荷载标准的T形梁，可采用增加纵梁的方法加固。

③当承载能力不足或主梁斜截面抗剪能力不足时，可采用粘贴钢板或纤维复合材料法加固，可以提高构件的抗弯、抗剪能力，以及减少裂缝的扩展。

（2）连续梁（刚构）桥、悬臂梁桥

①箱梁的刚度不足且产生严重下挠时，应采用施加体外预应力进行加固，或采用改变体系法进行加固。

②箱梁的抗弯或抗剪承载能力不足以及箱梁顶底板承载力不足时，采用粘贴钢板或纤维复合材料或增加预应力、新增横肋等方法进行加固。

③箱梁齿板局部承压不足引起齿板破坏或锚固区局部开裂时，宜采用增大截面或粘贴钢板等方法加固。

④悬臂端牛腿开裂时，宜采用粘贴钢板或纤维板材或施加体外预应力等方法加固。

二、构造要求

（1）更换混凝土铺装层，应先将原有混凝土调平层和桥面铺装清除。在原桥面板上设置齿形剪力槽或采取植筋的措施来增强结合面的抗剪强度。剪力槽宜采用12～18mm，间距100～150mm；植筋宜呈梅花形布置，间距不宜大于500mm。新浇桥面混凝土中应设置钢筋网，其钢筋间距不宜大于100mm×100mm，钢筋直径不宜小于12mm。

(2)更换(新增)主梁(板)加固时,应清除拟更换(新增)主梁(板)侧各1.0m范围内的桥面铺装。铰缝处增设的横向连接钢筋不宜少于原有横向连接钢筋数量的1/4。

(3)采用体外预应力加固时,箱梁齿板应尽量靠近承托布置。

(4)增强横向联系宜在梁(板)端部及其他控制截面进行。新增横梁(横隔板)应与原结构可靠锚固。

(5)采用外包混凝土加固桥梁时,新浇混凝土的最小厚度不应小于40mm,用喷射混凝土施工时不应小于50mm;配制混凝土用的石子宜用坚硬耐久的卵石或碎石,其最大粒径不宜大于20mm。

(6)当采用型钢和钢板补强时,应将其和原结构的钢筋进行联结,或采用锚栓与原结构联结,切实保证力的有效传递,并能与原结构共同受力。

(7)加固的受力钢筋与原构件的受力钢筋间的净距不应大于20mm,并应采用短筋焊接连接;箍筋应采用封闭的或U形的箍筋,当用混凝土围套进行加固时,应设置封闭箍筋。

三、案例

(一)案例1

1.桥梁概况

某大跨径预应力混凝土箱梁为双塔双索面预应力混凝土斜拉桥的边跨、次边跨构造形式,箱梁顶宽20m,底宽10.5m,为单箱单室。箱梁根部厚6m,另一侧底厚2m。为防止箱梁畸变,在箱高较小的部分增加中腹板,形成双室箱,但中腹板下不设支座。

2.桥梁病害

(1)箱梁腹板斜裂缝

箱梁腹板斜裂缝走向基本上呈斜向45°左右特征,多分布在梁跨四分点附近截面重心偏上的位置,但尚未延伸到翼缘板上,如图2-4-1所示。裂缝在腹板内外侧均有出现,腹板内侧的裂缝宽度略大于腹板外侧,其宽度大多数在0.3mm以下。其中,内侧宽度≤0.2mm的裂缝占比23.91%、0.2~0.3mm的斜裂缝占比52.17%;外侧宽度≤0.2mm的斜裂缝占比86.49%、0.2~0.3mm的裂缝占比10.81%。

(2)箱梁底板裂缝与开裂

箱梁底板底面裂缝数量大于顶面,其中,发现一条底板裂缝与腹板裂缝相连通横向裂缝,最宽达1.5mm,如图2-4-2所示。另外,在变截面段箱梁底板底面发现混凝土松散空洞现象。

(3)墩顶横隔板裂缝

墩顶横隔板承受较大的支座反力,因而其裂缝呈现以人孔为中心向周边辐射的特征,裂缝宽度最大可达3.2mm。

3.裂缝成因分析

为研究该桥箱梁裂缝产生的原因,根据裂缝分布特征,结合该桥16年的运营历史及桥梁结构特点,首先对全桥结构受力进行全面分析,在此基础上再对箱梁断面结构进行受力分析。

对全桥结构,采用杆系有限元模型进行全桥分析计算,共划分540个单元、763个节点,其计算的基本参数按现行《混凝土桥涵设计规范》取值,按A类构件进行验算。荷载组合为:恒载+汽车荷载+人群荷载+整体升降温+截面温差。

图2-4-1 箱梁腹板斜裂缝图

图2-4-2 箱梁底板裂缝图

经计算,主梁的承载能力均满足规范要求,如图2-4-3所示。但斜截面抗裂验算不满足规范要求,箱梁腹板的主拉应力超过规范要求,各种组合下应力验算如表2-4-1所示。

抗裂验算表(MPa) 表2-4-1

组合类型	应力类型	最大拉应力	规范要求	是否满足
短期效应组合	上缘正应力	-2.88	-1.82	否
	下缘正应力	-1.32	-1.82	是
	主拉应力	-3.97	-1.30	否
长期效应组合	上缘正应力	无	0	是
	下缘正应力	无	0	是

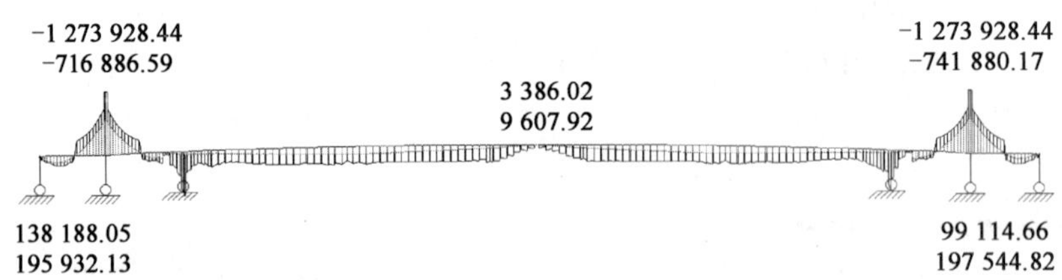

图2-4-3 最大弯矩下结构轴力(弯矩)及其抗力图(单位:kN·m)

(1)腹板斜裂缝产生原因

腹板斜裂缝的产生主要是腹板主拉应力超标,其次是因竖向预应力筋较短,张拉延伸量小,施工中常因各种原因导致竖向预应力的损失较大或完全失效而产生斜裂缝。经计算,该桥腹板斜裂缝产生的主要原因是由于箱梁腹板主拉应力规范规定值所致,其裂缝属于结构性裂缝,如图2-4-4所示。

(2)底板裂缝与开裂原因分析

底板裂缝除由受力引起的裂缝外,大多数裂缝属于施工引起的裂缝。该桥箱梁由于在结构上存在单箱变为单箱双室，增加了布置纵向预应力束的空间，虽可降低截面的主拉应力值，但增加了结构自重及施工难度，同时在箱梁末段又有一段变截面，这更加导致箱梁底板受力复杂，处理不好易产生裂缝现象。采用空间有限元软件 Midas/FEA3.0 对图 2-4-2 所示的裂缝进行分析计算得出，底板有两个区域的主拉应力偏大，在 3.0～3.9MPa 之间，如图 2-4-5 所示，在该应力水平作用下底板会产生一定的裂缝。除受力方面的原因外，在施工方面还存在以下问题：

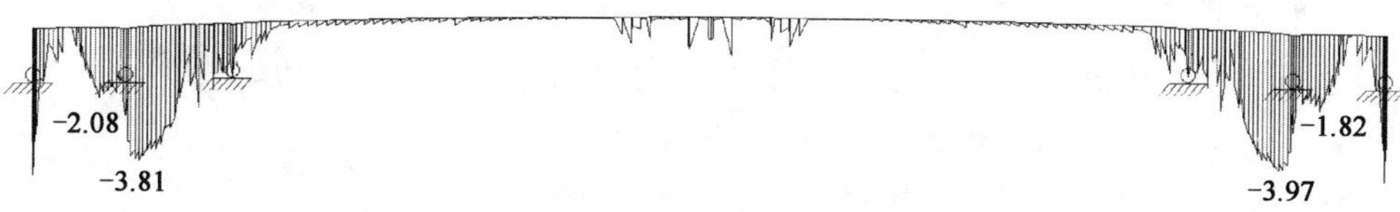

图 2-4-4　主梁主拉应力图（单位：MPa）

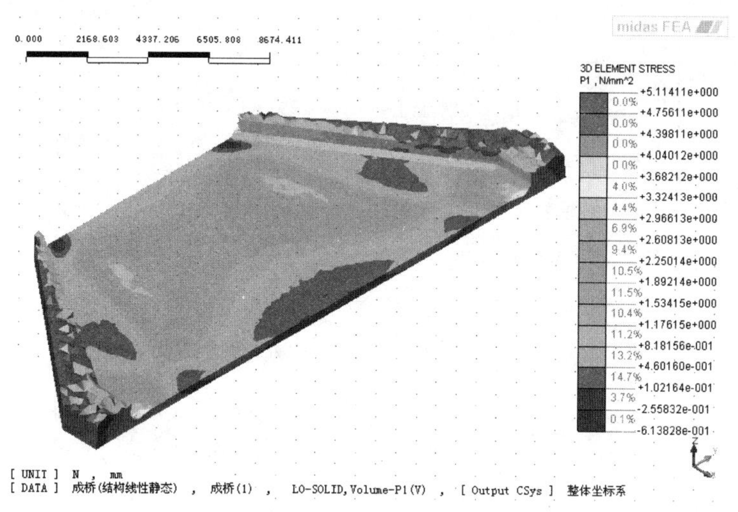

图 2-4-5　箱梁底板主拉应力图

①首先是底板纵向预应力张拉不到位或预应力损失导致有效预应力小于设计值，其次是预应力管道在施工过程中定位不当，导致管道在浇筑混凝土过程中上浮或偏移，在张拉预应力过程中，易造成局部受力过大。

②底板上下层钢筋网间箍筋间距偏小，导致混凝土振捣不充分，混凝土有离析现象。

③施工挂篮的模板设置存在缺陷，在浇筑混凝土时跑漏浆，导致混凝土水泥浆偏少，粗集料不密实，在长期荷载作用下易产生开裂，最终产生脱落现象。

④混凝土养护不足，强度未达要求，在承受较大荷载时会导致混凝土表面开裂。

（3）横隔板裂缝成因分析

箱梁内横隔板具有增强该处结构整体性，减小对其他构件受力作用的特点，其受力十分复杂，特别是设置有人孔的横隔板，处理不好，往往会产生开裂现象。为分析墩顶位置横隔板的裂缝产生原因，采用大型空间有限元软件——ANSYS10.0 进行建模和计算分析，模型如图 2-4-6所示。

通过计算，横隔板竖向应力和横向应力云图分别如图 2-4-7 和图 2-4-8 所示。

由图 2-4-7 和图 2-4-8 可知，应力出现在 1.5MPa 以上的区域主要为人孔附近。横隔板竖向和横向应力分布与裂缝分布状况基本相符，裂缝多以人孔为中心向周边辐射，如图 2-4-9 所示。

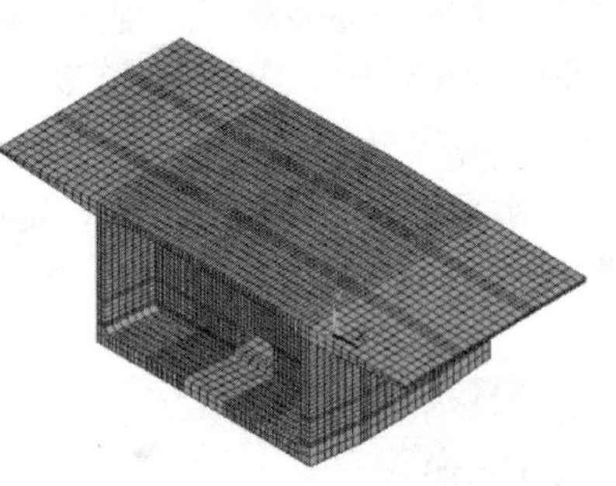

图 2-4-6　墩顶受力有限元模型图

4. 病害处理

(1)一般性非结构受力裂缝处理

对于一般性非结构受力裂缝，分别采用表面封闭和压力灌浆两种方法进行处理：对于裂缝宽度小于 0.15mm的裂缝，采用环氧胶泥封闭，对于宽度大于或等于 0.15mm 的裂缝采用压力灌注环氧树脂修补。

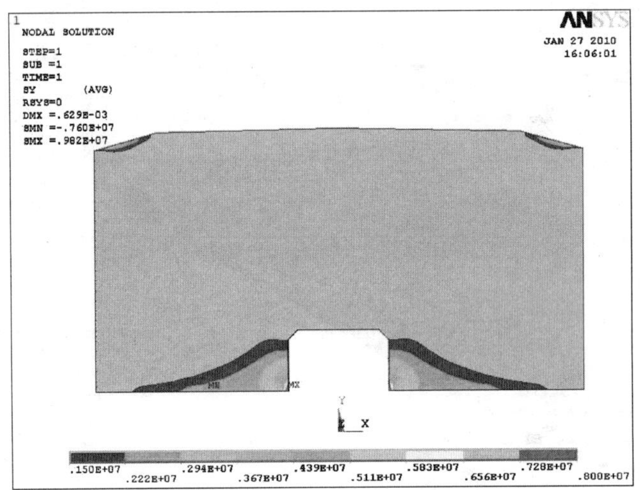

图 2-4-7　竖向应力云图(单位:Pa)

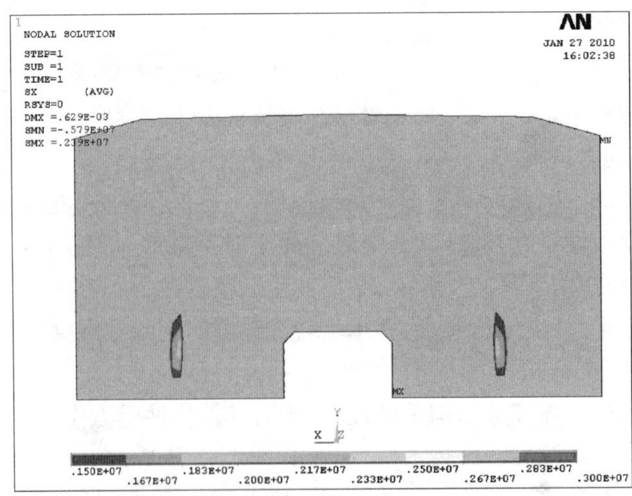

图 2-4-8　横向应力云图(单位:Pa)

(2)箱梁腹板斜裂缝处理

首先将裂缝进行封闭或灌浆处理,然后在箱梁内外表面沿纵桥向粘贴钢板,而后用化学锚栓锚固。由于腹板裂缝的走向大多呈45°角,因此,其粘贴的钢板条走向也与裂缝走向相接近,以提高加固效果。

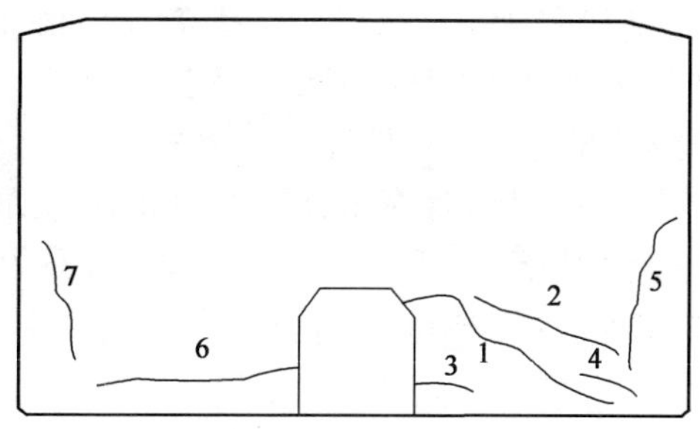

图2-4-9　横隔板裂缝分布图

(3)箱梁顶板裂纹处理

箱梁顶板开裂的原因主要由恒载、车辆荷载、温度效应、收缩、徐变等因素引起,为了有效防止箱梁顶板开裂,必须在结构计算和结构构造两方面予以保证。除了按规范规定计算车辆荷载引起的横向内力外,对温差效应必须予以足够的重视,适当提高温差进行分析计算。对于已产生的裂缝进行封闭与灌浆处理,再粘贴两层碳纤维布进行加固。

(4)箱梁底板开裂处理

对于箱梁底板外侧开裂脱落等现象,首先用砂浆对开裂脱落位置进行封闭,从而保证掉块处形成稳定的整体,然后凿除落空区域混凝土,重新浇筑同强度等级或高一级强度等级的混凝土,然后采用底板上下表面对拉钢板的方法进行加固。对于因预应力的减小而产生的裂缝,采取设置体外预应力束对该段进行预应力补张,补张后再对该裂缝进行灌浆处理;对其他裂缝,首先对裂缝进行封闭或灌浆处理,然后在箱梁内表面沿纵桥向粘贴钢板,对于裂缝集中的区域采用底板上下表面对拉钢板的方法进行加固。

5.施工要求

(1)为提高加固效果,要求对腹板粘贴的外侧钢板条走向应与裂缝的主拉应力方向一致;对于其他方向的裂缝,钢板的方向可以是竖向也可以是横向,具体视结构截面形状决定。为减少因粘贴钢板所产生的应力集中,相邻两钢板条末端错位形成锯齿状,相邻两个钢板条锚栓位置错位以减少对原混凝土的损伤程度。

(2)对于锚固螺栓,锚栓螺杆应采用开裂混凝土适用的化学螺杆,不得采用膨胀螺杆,锚栓钢材等级为8.8级。

(3)所用锚固胶的老化性能应按照《加固设计规范》的要求进行测试,抗剪强度下降率不大于5%,在长期荷载下蠕变是趋于稳定的,在-40~+80℃条件下的开裂混凝土中,长期剪力荷载作用下位移不大于2mm。锚固胶在混凝土开裂的条件下具有可靠的黏结性能,其质量检验条件是混凝土裂缝宽度不小于0.5mm,裂缝开合循环次数不少于1000次,-40~+70℃条件下,开裂混凝土中长期拉力荷载作用下位移不大于0.2mm/(N/mm^2)。同时,应根据条件对锚固胶进行耐久性检验,测试时锚固胶在pH>13碱性溶液中浸泡时间应不少于2 000h,经二氧化硫冷凝水循环作用不少于80次时的黏结强度,其强度满足设计规范要求。

(4)为提升加固后的耐久性和保持原桥的美观,在裂缝处理后对加固部位进行梁体涂装,有利于今日后检查判断裂缝是否发展,有利于新产生裂缝的发现。

(5)粘贴钢板防腐处理方式:在对钢板表面进行二次喷砂处理后进行以下涂装:环氧富锌底漆+二层环氧云铁漆+二层氟碳树脂面漆,涂装总厚度达到300μm以上。

通过对加固维修五年后的部位进行检测分析,得出如下几点结论:

(1)对于箱梁结构,应严格控制腹板的主拉应力在1MPa以内,在腹板厚度和预应力筋两方面进行设计保证。对于因主拉应力过大而产生的裂缝,可采取粘贴斜向钢板条和设置体外预应力的方法进行处理。

(2)针对箱梁各截面产生的裂缝,采取封闭与粘贴钢板的方式处理是可行的。对于顶板产生的裂缝可采取封闭与粘贴碳纤维布的方式处理,这样,既可以减轻顶板的重量,又可以提高承载能力与刚度;对于底板产生的裂缝可采取封闭与对拉钢板的方式处理。

(3)腹板外侧粘贴的钢板条走向应与裂缝的主拉应力方向一致,一般呈45°;对于其他部位的裂缝,钢板条的方向可以是竖向也可以是横向,具体视结构截面形状而定。

(4)为减少因粘贴钢板产生的应力集中,相邻两钢板条的末端应错位,形成锯齿状,以减少钢板长度,同时锚栓位置也应错位,以提高加固的总体效果与效益。

(5)箱梁加固部位可进行涂装处理,有利于提高加固部位的耐久性和整体美观。

(二)案例2

1. 工程概况

襄阳长虹大桥是襄阳市第二座跨汉江的特大桥,于1992年5月1日建成通车。该桥正桥长1 308.2m,正桥为65.8m + 85m + 10 × 100m + 85m + 65.8m预应力混凝土变截面双箱单室连续梁。

2. 主要病害

第1跨上游箱梁外部支点附近的左侧腹板出现长2.6m、宽0.6mm的斜向裂缝(图2-4-10),超过规范值。

第14跨上游箱室内在14号桥台附近的腹板两侧出现3条超过规范允许范围且分布对称的斜向裂缝,其中最长裂缝为2.3m,最宽的裂缝达0.67mm(图2-4-11),远远超过规范值。对这些裂缝深度进行检测,其中最深的达到47mm。

图2-4-10　腹板外侧斜向裂缝

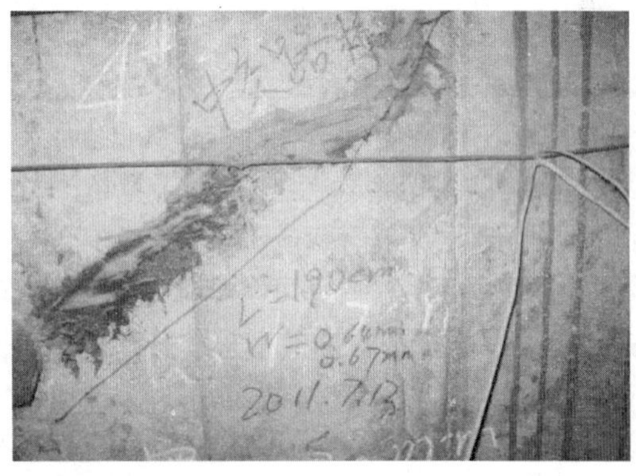

图2-4-11　腹板内侧斜向裂缝

3. 加固维修

(1)封闭第1跨外腹板外侧和第14跨外腹板内侧斜向裂缝;并将第1、14跨的边腹板厚度增加20cm,为通长方向,并在备用索道管内张拉BP1 ~ BP5共30根预应力钢绞线。

(2)第 2 跨底板在备用索道管内张拉 SP1、SP2 及 SP3 共 18 根预应力钢绞线,第 3 跨底板在备用索道管内张拉 CP1、CP2 及 CP3 共 8 根预应力钢绞线。

该维修加固工程于 2013 年 9 月 30 日完成,经过近三年的运营期观测,不仅腹板没有出现斜向结构裂缝,跨中底板也没有出现结构裂缝,这进一步验证了腹板加厚及加固腹板措施抵抗剪裂缝的效果比较明显。

(三)案例 3

1. 工程概况

某特大桥为六跨一联的预应力混凝土连续刚构桥;上部结构左右分幅,每幅为单箱单室的三向预应力混凝土箱梁,梁高为 3.8 ~ 14m。主桥桥墩均为双肢薄壁墩,两岸各设一交界墩,为单肢薄壁墩;钻孔灌注桩基础;每个交界墩顶采用 2 个盆式支座。

2. 主要病害

左幅主桥跨内变形分析见图 2-4-12。根据定检报告,左幅主桥的主要病害为主跨跨中明显下挠。报告显示竣工通车 6 年后测量结果与竣工测量、竣工 1 年后的高程比较表明:与较早数据相比,通车 6 年后测量时各跨中均发生下沉,各墩顶位置均高于竣工测量值。

与左幅主桥相同,根据定期检查报告,右幅主桥的主要病害为主跨跨中明显下挠。报告显示竣工通车 6 年后测量结果与竣工测量、竣工一年后的高程比较表明:竣工通车 6 年后测量时各跨中均发生下沉,各墩顶位置均高于竣工测量值。

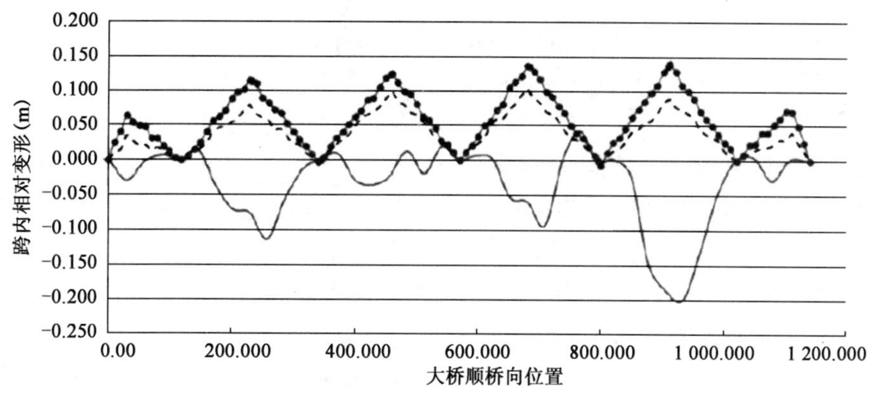

图 2-4-12　左幅主桥跨内变形分析

3. 加固维修

针对主梁跨中的过快下挠,提出增设箱梁内体外预应力的主动加固方案,本方案中设置的体外预应力体系是以“易安装、可检查、可维修、可更换”为出发点进行设计,要求采用的体外预应力体系具备有效的防腐措施,能够进行预应力监控,能够方便进行单根换束,能够对钢束进行多次张拉、重新张拉等操作。

根据对原设计图纸的研读,原设计预留钢束为边跨 B9 钢束及中跨 D18 钢束,均为箱梁底板备用钢束。根据专项检查结果,备用预应力管道有多处存在堵塞不通和管道不对称的状况,而且在成桥状态下疏通预应力管道较为困难,因此基于以上原因,本次加固方案不进行备用束的张拉。首先,目前体外预应力方案可完全替代原有的体内备用束,且对于体外束很方便地达到可检可修可换,而张拉原体内备用束达不到以上效果。其次,目前底板出现较多纵向裂缝,该类型裂缝主要为合龙底板束的径向力作用导致,在这种情况下,再张拉沿底板曲线布置的备用束,其径向力可能会导致底板纵向裂缝的增多。此外,由于并非所有备用预应力管道都可使用,如采用张拉备用钢束,则会出现各跨张拉不一致,导致内力混乱不对称,对日后桥梁状态的把握带来困难。

本次加固体外预应力钢束在箱梁两端采用分散锚固,每跨体外束在墩顶处越过0号块两个横隔板后锚固,体外束采用分散转向避免集中转向产生过大转向力。

体外预应力钢束施工应按照如下流程进行:测定箱梁原钢束位置→新增齿板及转向块、加劲肋板放样→对新增齿板、加劲肋板及转向块处的箱梁混凝土进行凿除或表面处理→钻孔及孔内处理→植入锚筋→焊接及绑扎齿板、加劲肋板构造钢筋(钢转向块安装及锚固)→立模浇筑新增齿板、转向块、加劲肋板混凝土(转向器安装)→混凝土养生→穿布体外预应力钢束→张拉体外预应力钢束→封锚及防护处理,设置钢束减振装置。

体外预应力钢束施工各工序作业时工艺及要点:

(1)测定箱梁原顶板、腹板、底板钢筋、钢束位置。根据加固施工图设计图纸所标明的新增齿板及转向块、加劲肋板在箱梁中的纵向位置,先用钢筋保护层仪测定顶板原预应力束在该处的位置(同时对照原设计竣工图的标注),用红漆标明。

(2)新增齿板、加劲肋板及转向块的放样。根据实际探明的原钢筋、预应力束在新增齿板及转向块、加劲肋板的位置,按加固施工图纸所给出齿板的位置及尺寸进行平面放样(如有冲突,可适当调整),具体位置用绿漆标明;钻孔时应避开箱梁原预应力钢束。

(3)凿毛处理。凿掉新增齿板、加劲肋板范围内顶、底板及腹板混凝土保护层,将凿掉的混凝土块及碎屑清除干净,凿毛后应保证混凝土表面凹凸差不小于6mm,露出新鲜混凝土表面,用钢刷对露出的纵向、横向钢筋进行除锈,并清洁干净。

(4)植筋钻孔及孔内处理。根据加固设计施工图布置,在做新增齿板的位置用电锤钻盲孔(不露出板外),用压缩空气清除孔内浮尘。注意孔内浮尘的清理必须由孔底向孔口清理(硬质排气管插入孔底,再后拔1~2cm)。种植钢筋孔深必须达到设计图纸要求,孔径必须满足设计要求,一般比钢筋直径大4~6mm。

(5)锚栓钻孔。钻孔前应对混凝土基面进行表面处理,确保混凝土面表面整洁无凹凸;钻孔时,须先按设计要求进行定位放线,确保钻孔位置准确。施钻前,应使用钢筋探测仪查明钢筋分布,避免钻孔时碰到钢绞线,并应尽量避免碰到钢筋;应根据钻孔直径选择匹配的钻头直径,钻孔结束后,应对孔深和垂直度进行检查,孔深应不小于设计值,垂直度应满足规范要求;对形成的孔先用压缩空气清理孔内浮尘,再用甲苯或工业丙酮清洗,如遇潮湿基层,尚应将孔内积水清除、吹干;锚栓孔清孔后,若未立即安装锚栓,应暂时封闭其孔口,防止尘土、碎屑、油污和水分落入孔内影响锚固质量;若在钻孔过程中,发现混凝土有异常现象,如混凝土强度过低、空洞、疏松等严重缺陷时,应及时上报,在该问题解决后方可继续施工。锚栓的钻孔、清孔和安装等工序应严格按照厂家的标准施工流程和要求进行。

(6)种植钢筋:用种植锚固件胶黏剂植锚筋,将搅拌好的胶黏剂装入注射器中,从盲孔底部开始,将药剂注入孔中。除去锚筋上的油漆及锈斑,将齿板锚固钢筋缓缓插入盲孔底,其他锚筋的植入方法同上。植筋要保证注胶密实，特别是顶板向上植筋，多余的胶应及时清除。钢筋表面应清洗干净不能有油污，清洗前应采用物理方法清除表面锈迹。

(7)焊接齿板构造钢筋。等胶黏剂固化后(固化时间和施工环境的温度有关，一般需20～60min)，绑扎其余钢筋，形成钢筋骨架。

(8)浇筑新增齿板。骨架形成后，按照齿板、肋板的形状立模，注意锚具、预埋钢管的正确位置，然后浇筑混凝土，形成构造块件。浇筑时注意混凝土配合比，加强振捣使混凝土密实，避免孔洞及蜂窝麻面的发生。

(9)养生。浇筑好新增构造后应加强养生，使其立方体抗压强度达到95%以上后，方可进行张拉工作。

(10)钢结构转向块安装。转向块安装流程为：底座钢板安装焊接→钢板周边空隙密封→配胶→压力灌胶→固化→焊接(栓接)→防护。转向块底座须按设计位置准确放样并安装，应将安装位置处混凝土表面及锚固钢板表面清理干净，安装时应保持混凝土表面及锚固钢板表面干燥整洁。在底座(锚板)上有相应板件与之连接的焊缝时，应在安装前焊接完毕，避免在底座安装后焊接时损伤混凝土梁及锚固胶。安装后进行相应结构节点板的焊接或栓接，焊接或栓接前须检查连接钢板位置是否准确。转向块螺栓孔宜在箱梁内定位放样后再进行钻设，螺栓孔的精度、孔壁表面粗糙度、孔径及孔距的允许偏差等，应符合现行国家标准《钢结构工程施工质量验收规范》(GB 50205—2001)的有关规定。钢板应进行防腐涂装。

在箱梁内进行钢结构焊接时，应做好通风设施，施工人员应做好相应的气体防护等措施，并对箱梁做好保护，避免焊接过程烧坏混凝土结构。转向块如需在锚固底板锚固到箱梁后进行钢板焊接，焊接过程中应当做好隔热措施，防止焊接过热影响粘钢胶性能。

(11)穿布新增预应力束。穿束时注意不要损坏钢绞线外的PE护套，穿越孔内壁应灌低黏度改性环氧树脂，保证内壁钢管与混凝土密实。

指挥梁内施工人员将钢绞线人工穿索，依次穿入锚固块张拉端锚具、各道转向转向器的分丝孔内，直至穿入另一端张拉端，每处张拉端、转向器均安排一名工人，人工将钢绞线逐一穿至同一分丝孔内。每根钢绞线穿索前都要进行编号，钢绞线在穿过分丝板时都需按孔位布置，一一对应穿索，不能有交叉现象。钢绞线穿索按照从上向下的顺序，依次穿索，如图2-4-13所示。

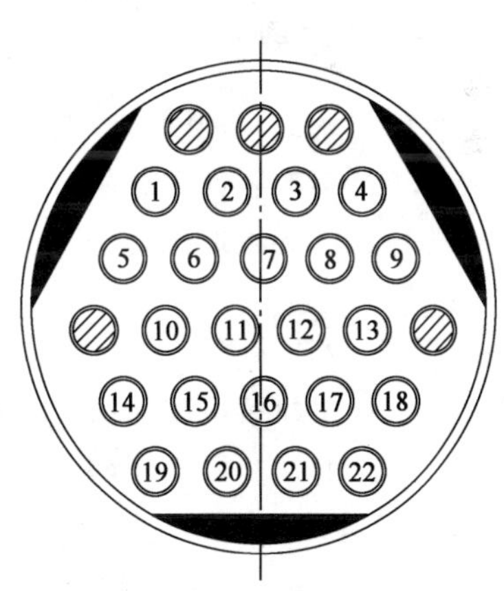

图2-4-13　穿索顺序示意图

(12)张拉预应力束。预应力束穿束就位后，即可进行张拉，对同一齿板预应力束进行张拉时，为了消除由于张拉次序的先后引起预应力束的弹性压缩损失，宜采用超张拉式重复张拉的方法，调整各束的预加力，使得各根钢束的有效预加力基本相等。预应力束的张拉应严格按《公路桥涵施工技术规范》(JTJ 041—2000)中的有关技术要求进行，张拉机具应到有资质的单位进行标定，张拉严格以吨位和引伸量双控，张拉过程中应对新增锚固端、转向块区域进行观测，以防止意外发生并检验加固效果，如有异常情况发生，应立即停止张拉。

锚板平整度应≤0.2mm，需经机械加工，越平整越好。

(13)体外预应力束防护。体外预应力束张拉完成后，应给张拉端套上保护模套，以利于二次张拉及换索。

本次维修加固施工图采用的钢结构转向块，其防腐涂装按照《公路桥梁钢结构防腐涂装技术条件》(JT/T 722—2008)的要求，采用如表2-4-2所示防腐涂装体系。钢板的防腐涂装应在工厂内预先完成，现场焊接部位或涂装损坏部位应进行现场补涂装。

钢结构转向块防腐涂装　　表2-4-2

范　围	涂装用料	道　数	厚　度
钢板外侧不与混凝土接触面	喷砂(Sa2.5)	—	
	无机富锌底漆	1道	50μm
	环氧封闭漆	1道	30μm
	环氧云铁中间漆	2道	2×100μm
	聚氨酯面漆	2道	2×50μm
钢板内侧与混凝土接触面(胶粘)	二次表面处理(Sa2.5)	—	
	贴纸或贴胶进行遮蔽保护	—	
高强螺栓摩擦面	喷砂(Sa2.5)	—	
	抗滑型无机富锌底漆	1道	50μm

第二节　拱桥加固

一、基本要求

(1)拱桥结构加固前应对混凝土裂缝、钢管混凝土空洞等病害进行处治。

(2)严格控制增大截面法加固后的圬工拱桥主拱截面拉应力水平。

(3)加固导致恒载增加时，应对拱座及基础进行验算。

二、加固方法

(1)圬工拱桥可采用增大主拱截面、调整拱上建筑恒载以及增强横向整体性等方法加固。

(2)双曲拱桥可采用增大截面或改变截面形式、粘贴钢板和纤维复合材料，以及增强横向整体性等方法加固。其中，加强横向联系以增强双曲拱拱圈的整体性，是双曲拱桥加固的重要技术措施之一。当拱肋截面强度不足而出现严重的径向裂缝时，可采用喷锚混凝土、现浇混凝土局部加大或全截面加大拱肋，以及在受拉翼缘粘贴钢板进行加固。

(3)桁架(刚架)拱桥可采用增强横向整体性、粘贴钢板和纤维复合材料、施加体外预应力，以及增大构件截面等方法进行加固。

(4)钢筋混凝土箱梁板(肋)拱桥可采用增大截面、调整拱上建筑恒载、增加拱肋、增强横向整体性，以及粘贴纤维复合材料等方法加固。

(5)钢管混凝土拱桥可采用外套钢管混凝土增大截面、粘贴纤维复合材料、更换吊杆或系杆、改善桥面系结构，以及增强横向整体性等方法加固。

(6)钢筋混凝土套箍封闭主拱圈表面凿毛,安设主拱圈砂浆锚杆,主拱圈纵横钢筋就位,现浇钢筋混凝土套箍层,混凝土养生。为使主拱圈受力更加合理,钢筋混凝土套箍层沿纵向采用变截面的形式。

(7)立柱。一般立柱强度及稳定性均不会有问题,如不足,可采用增加纵横系梁或环包碳纤维材料的方法处理。立柱端头局部混凝土压碎,可采用环裹钢筋网加大柱截面的方法处理。

(8)桥面板。当板的刚度不足时可重新预制安装刚度和配筋均加强的板;对桥面板的纵缝要冲洗干净,风干后压入环氧树脂砂浆;桥面板设计按铰接板法计算内力,铰缝的浇筑质量决定板间内力,可建立有限元分析模型进行受力分析。

三、加固计算

1. 基本规定

(1)当拱上建筑为纵向连续结构或拱式腹拱时,可计入拱上建筑与主拱圈的联合作用。

(2)增大主拱截面加固时,新浇混凝土与原混凝土或砌体结合需要的抗剪能力应满足要求;应计入新增混凝土收缩徐变引起的结构内力(应力)重分布。

(3)对于吊架方式,新增主拱圈截面混凝土恒载由原拱承担;对于支架方式,新增主拱圈截面混凝土恒载由加固后的组合截面拱承担;加固中临时卸除荷载恢复后及使用荷载由加固后的组合截面拱承担。

(4)采用混凝土增大主拱圈截面或在主拱圈上粘贴钢板或纤维复合材料加固时,根据平截面假定计算原拱圈和新增部分的应力。

2. 圬工拱桥、双曲拱桥

(1)计算内容与截面除满足现行《公路圬工桥涵设计规范》(JTG D61—2005)要求外,还应对截面突变处和其他控制截面进行计算。

(2)双曲拱桥第一阶段计算按原构件截面进行;第二阶段计算按加固后的组合截面进行。对不同强度等级混凝土及新增的钢筋按其弹性模量进行截面换算。

(3)采用调整拱上建筑恒载或加强横向联系加固后的主拱截面验算应按照现行《公路圬工桥涵设计规范》(JTG D61—2005)进行。

3. 桁架(刚架)拱桥

(1)桁架(刚架)拱计算应包括各构件承载力和稳定性以及整体刚度和稳定性。

(2)增强横向整体性以及施加体外预应力加固后的结构截面验算,按照现行《混凝土桥涵设计规范》规定进行,其桥梁整体刚度应符合《混凝土桥涵设计规范》相关规定。

4. 钢筋混凝土箱板(肋)拱桥

(1)箱板(肋)加固计算截面除应符合现行《混凝土桥涵设计规范》规定外,还应对截面突变处和其他控制截面进行计算。

(2)采用支架方式增大主拱混凝土截面加固时,应对主拱截面强度及整体“强度—稳定”进行验算,且新旧混凝土组合截面上下缘不宜出现拉应力且压应力应满足 $\sigma_a \leqslant 0.75f_{ck}$ 要求。

(3)采用吊架式增大主拱混凝土截面加固时,应进行主拱截面验算。

(4)增加的拱肋应按现行规范的相关规定执行,而调整主拱内力分布或增强横向整体性加固后的截面强度以及整体“强度—稳定”验算，应按现行《公路圬工桥涵设计规范》计算，加固后的主拱刚度应符合现行《混凝土桥涵设计规范》的要求。

(5)中、下承式钢筋混凝土箱肋拱吊杆更换后的抗拉安全系数不应小于2.5。

5. 钢管混凝土拱桥

(1)钢管混凝土拱桥验算项目包括主拱截面强度、刚度、稳定性，中、下承式拱桥吊杆、系杆强度等。

(2)钢管混凝土拱桥加固应进行承载能力状态和正常使用极限状态两类极限状态计算，并按持久状况、短暂状况和偶然状况三种状况进行设计。

(3)应按承载能力极限状态的要求对构件进行承载力及稳定性计算。作用的效应(其中汽车荷载应计入冲击系数)应采用其组合设计值。

(4)加固后的主拱整体稳定安全系数不应小于1.8；更换后的吊杆抗拉安全系数不应小于2.5；主拱车道荷载作用下的最大竖向挠度(单跨范围内的正负挠度绝对值之和)不应大于$l/650$；中下承式拱桥吊杆变形后桥道系的最大竖向挠度不应大于$l/500$。其中，l为主拱计算跨径。

四、构造要求

1. 圬工拱桥

(1)原拱腹增设钢筋混凝土板拱加固中小跨径的圬工拱桥时，新增板拱的厚度不宜小于150mm；原拱腹增设钢筋混凝土肋拱加固大(中)跨径圬工拱桥时，拱肋间应设置不少于3条横系梁；新增主拱肋高度不宜小于300mm；拱脚截面可适当加厚。

(2)拱腹增设钢筋混凝土板(肋)拱加固圬工拱桥时，应在对全桥裂缝部位进行压浆处理后紧贴原有拱圈下部浇筑新拱圈。

(3)拱腹增设钢筋混凝土板(肋)拱加固圬工拱桥时，其混凝土强度等级、钢筋等构造要求按现行《混凝土桥涵设计规范》执行。

2. 双曲拱桥

(1)增大主拱肋截面加固双曲拱桥时，新增部分的宽度宜采用半包围原结构形式，其最小厚度不宜小于150mm。新增部分钢筋应采用植筋或与原结构钢筋焊接形成整体。

(2)当增强拱桥横向整体性时，可在跨中、1/8和1/4跨径附近设置横向拉杆，或在拱顶、拱肋分段接头处、腹拱墩下和拱脚等处附近设置横向系梁进行加固。

3. 钢筋混凝土桁架拱、刚架拱桥

一般钢筋混凝土桁架拱或刚架拱桥可采用粘贴钢板、纤维复合材料以及新增混凝土套箍增大杆件截面等方法进行加固。当采用套箍方法时，其新增混凝土厚度不宜小于100mm，纵向钢筋直径不宜小于12mm，并且有足够的锚固长度；箍筋直径不宜小于8mm，且间距不宜大于150mm。

4. 钢筋混凝土箱板(肋)拱桥

(1)增强顶板强度时，新增混凝土厚度不宜小于150mm，其强度比原构件提高一级，构造

 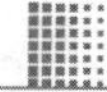

主筋直径不宜小于 12mm，钢筋网间距不宜大于 150mm × 150mm，直径不宜小于 6mm，并在拱背处植直径不宜于 12mm 的剪力筋。

(2)增加底板厚度时，新增厚度宜沿拱腹横向布置成双肋或多肋形式，肋宽不宜大于 2m，肋高不宜小于 250mm，并在 1/4、1/2 等跨径处设置肋间系板，系板宽度不宜小于 800mm，厚度不宜小于 250mm。拱腹面新增肋及系板范围内种植剪力筋，剪力筋应采用直径不小于 12mm 的螺纹钢筋，间距不宜大于 400mm，并与其他新增钢筋形成整体。

(3)当采用钢筋混凝土套箍加固箱肋时，新增顶、底板混凝土厚度不宜小于 150mm，腹板厚度不宜小于 80mm，新增混凝土强度等级应比原构件提高一级，同时应分别设计直径不小于 12mm 的纵向钢筋，沿拱轴设置直径不小于 12mm，间距不大于 200mm 的封闭箍筋，其他构造要求及尺寸应符合相关设计规定。

(4)更换后的短吊杆上、下端宜采用铰接，其构件具有可靠的防排水措施。

5. 钢管混凝土拱桥

(1)外套钢管混凝土增大截面加固时，外套管直径不宜小于原管 + 300mm。

(2)应通过增大拱座尺寸或植筋方式使新增钢管与拱座可靠锚固。

五、案例

(一)案例 1

1. 桥梁概况

某大桥主桥为一座下承式三跨系杆拱桥，该拱桥跨径 110m，桥宽 17m，主拱肋拱顶段采用单箱单室结构，两拱脚处由单肋分叉为双肢拱肋，拱肋嵌入桥墩，形成无铰拱，桥墩为空心矩形墩，钻孔灌注桩基础，设计荷载为汽车—20 级、挂车—100 级。该桥三跨均在竖曲线上，每跨桥拱脚标高不等，形成坡拱，拱的推力由两端锚固在桥墩上的系杆承受，为自平衡体系斜置拱桥。

全桥共有 42 对 84 根吊杆，吊杆采用 110 根 $\phi5.0$ 的平行钢丝束，外套 $\phi114$ 的不锈钢钢管，并在钢丝束与钢管空隙间注入 40 号水泥浆，保证其整体刚度、稳定性。系杆采用高强钢绞线，桥两侧各设一组，每组 4 束，系杆内防护采用 610mm 厚橡胶沥青包裹，外防护采用钢丝网 10mm 厚水泥防护。拱圈为混凝土拱，高度为 1.8m、宽度为 0.8m，安装吊杆为现浇段，现浇宽度为 0.4m，其余的拱圈处为预制段。

2. 主要病害

该桥通车至今运营近 18 年，通过对桥梁的专项检测，该桥存在以下主要病害：

(1)拱肋病害：部分拱肋上、下缘段存在大面积的露筋锈蚀、混凝土破损与锈胀、胀裂等现象，局部吊杆上锚固端拱肋横梁处出现竖向、斜向裂缝现象，斜向裂缝以顶部中间向下倾斜 45°延伸至与拱肋结合处。

(2)拱脚与墩帽固结处病害

拱脚混凝土表面出现脱落破损现象，墩顶处拱脚与墩帽固结处出现较大开裂现象较多，且一处出现两条长度达 60cm、宽度 0.8mm 和 0.2mm 的竖向裂缝，墩帽开裂现象较多，裂缝表面长且宽，多为横向裂缝，在一墩帽处最大裂缝宽度大于 2.5mm，裂缝长度累计大于 20m。过去虽对裂缝封闭处理，但现仍有部分裂缝继续开裂并伴有新生裂缝出现。

(3)系杆

除第一跨系杆外包层有横向贯通的裂缝，其他二跨系杆外包层没有明显老化现象。

(4)吊杆

经查大多数吊杆存在油漆脱落锈蚀现象，吊杆钢管连接器多处锈蚀、损坏、脱空，导致钢绞线外露，全桥共13处吊杆上锚头与拱肋下缘结合处，出现混凝土破损、露筋锈胀开裂，见图2-4-14。经开锚抽检6根吊杆下锚头，其中5根吊杆下锚头出现混凝土封锚不密实、下锚头锈蚀的情况，个别吊杆下锚头桥面处出现破损露筋。

(5)横梁

主桥吊杆横梁为预应力混凝土构件，全桥共设置42道。经检查，横梁主要存在的病害如下：横梁存在多处边角破损、露筋锈蚀、麻面，且多处横梁出现析白、水渍；局部横梁侧面出现竖向裂缝及斜向裂缝。

a)

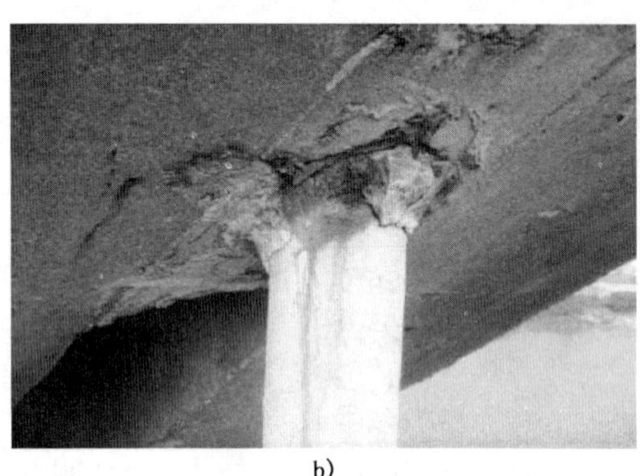

b)

图2-4-14　吊杆连接器损坏上锚头锈蚀图

主桥下部结构的技术状况较好，桥面线形与设计值基本一致，拱肋线形平顺，与设计拱轴线相比较未见明显下挠，主桥拱肋拱脚处混凝土强度处于良好状态，其他指标的评定标度值均为1。通过静载试验，主桥各控制截面的挠度与应力值的校验系数小于1.0，表明结构刚度与强度满足要求，相对残余变形小于20%，表明结构处于弹性工作状态。

3. 桥梁结构分析

(1)病害原因分析

①拱肋病害。拱肋混凝土开裂、露筋锈胀病害原因是钢筋保护层厚度不足所致。拱脚处上缘及侧面均出现不同程度的混凝土开裂、露筋锈蚀现象，其原因主要是因拱脚截面相对薄弱，在超载和冲击作用下，拱脚处截面承载力不满足规范要求。短吊杆上锚固端拱肋间横梁处出现的竖向、斜向裂缝均属于受力裂缝，其原因是短吊杆受力大，拱肋间横梁抗剪配筋相对较少。

②系杆外防护层破损。外防护钢丝网水泥层破损，主要是施工时部分位置水泥浆与钢筋网结合较差。

③吊杆损坏。因本桥为体外系杆拱桥，采用横梁体系，纵向刚度相对较小，活载冲击作用明显，吊杆经常处于微振状态，振动效应容易导致吊杆与拱肋结合面处的混凝土产生开裂、吊

杆钢管连接器连接部件松动脱落等现象，而个别吊杆下锚头桥面处出现破损露筋现象主要是下锚头封锚砂浆较薄，锚头耐久性得不到保证所形成。

④横梁开裂、水渍病害。从计算分析看，原设计荷载作用下横梁承载力富余较小，在冲击或超载作用下横梁承载力则出现不足，使横梁端头和侧面产生斜向裂缝，由于裂缝的产生导致雨水渗漏出现泛碱现象。

（2）结构分析计算

根据上述病害及产生的原因，其加固的总体设计思路：通过对结构病害分析，针对桥梁出现的损伤情况，分析损伤原因，提出相应的加固技术方案，其步骤是：首先对原结构进行复算，即采用原结构尺寸、材料强度，验算各结构部位在原设计荷载下（汽车—20 级，挂车—100 级）是否满足原设计规范《公路桥涵设计通用规范》（JTJ 021—1989）的要求。其次是在考虑结构损伤折减后情况的计算，即根据《承载能力评定规程》，考虑桥梁现状各构件的损伤，运用空间有限元建立模型，验算各结构部位在原设计荷载下是否满足原设计规范的要求。第三，对桥梁进行提高荷载等级计算分析，即为了进一步评价旧桥对提高荷载等级或超载的适应性，验算各结构部位在荷载等级提高后（提高到公路—I 级）是否满足现设计规范的要求。

本次对该拱采用 3D 空间杆系模型建模分析，考虑引桥对主桥边跨的受力影响，共 20 305 个节点、20 287 个单元，采用空间杆系模型对拱桥的整体受力进行计算分析。而后进行局部分析，对主拱拱脚、桥墩、系杆锚固区，吊杆横梁及吊杆的计算分析。

考虑结构损伤，经计算拱脚与拱顶截面承载力明显不足，承载力安全系数在 0.46 ~ 0.8 之间，拱脚截面与拱顶截面不能满足承载能力要求，相比原荷载设计工况下最不利拱肋截面安全系数下降 54%。横梁承载力的安全系数为 0.95，考虑损伤折减或提高荷载等级，横梁截面极限承载能力与正常使用状况下裂缝均能够满足要求，但承载力富余量不大。吊杆应力较大，安全系数大于 2.5，均满足安全系数大于 2.5 的要求；系杆的安全系数在 2.3 ~ 2.5 之间，在正常使用阶段满足要求。综上，需对原桥结构进行加固。

4. 加固计算

加固设计荷载为原设计荷载，即汽车—20 级、挂车—100 级。

根据上述病害情况，加固方案为对拱脚进行增大截面加固，对 $L/4$ ~ $L/2$ 跨进行贴钢板加固，并更换全桥吊杆，因此有必要计算加固后拱肋、吊杆及系杆受力情况。采用 Midas 有限元分析软件建模分析。有限元模型效果见图 2-4-15。

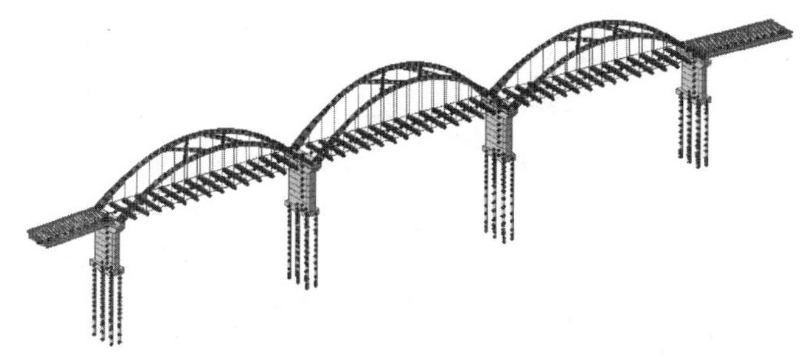

图 2-4-15　有限元模型

计算中模拟加固施工过程：

①拆除人行道板及栏杆，先拆中跨，再拆两边跨，模型中施加反向荷载来进行模拟。

②更换全部吊杆。在拆除铺装后，钝化原有吊杆单元，激活新吊杆单元。

③贴钢板对截面的几何抗弯刚度变化不大，截面尺寸仍采用原截面尺寸。

④拱脚截面顶底增厚混凝土层，在更换吊杆单元后的施工阶段，钝化原拱脚截面单元，激活新截面单元。

(1)拱圈

加固后桥梁验算采用《加固设计规范》进行增大截面和贴钢板的截面加固验算，验算中的作用效应按照两个阶段进行计算：

第一阶段：加固施工前，实际恒载及施工荷载作用；

第二阶段：加固后，所有恒载与可变荷载作用。

由于加固设计荷载为原设计荷载，荷载组合仍然采用原《公路桥涵设计通用规范》(JTJ 021—1989)中的荷载组合进行验算。

加固后拱圈内力情况如图2-4-16所示。

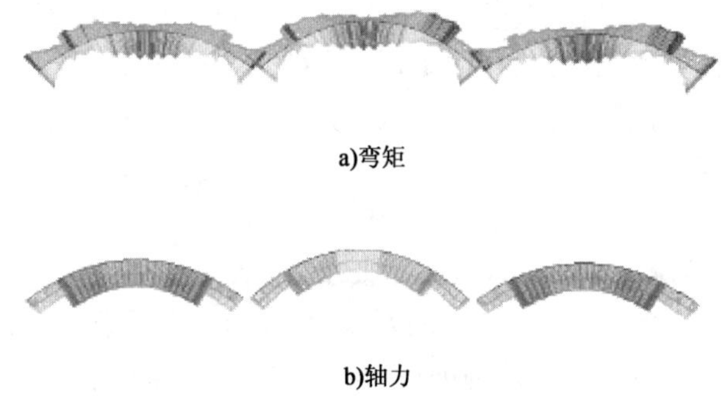

a)弯矩

b)轴力

图2-4-16　承载能力验算弯矩(组合Ⅰ、Ⅱ、Ⅲ)

经计算，主拱肋加固后极限承载力基本满足原设计荷载汽车—20级、挂车—100级要求，第一跨拱肋主要截面承载力见表2-4-3。

第一跨拱肋主要截面承载力表　　表2-4-3

位　置	弯　矩 (kN·m)	轴　力 (kN)	抗　力 (kN)
$L/2$	7 237	10 540	10 579
$3L/8$	6 013	10 397	12 752
$L/4$	−5 142	12 171	13 217
拱脚	6 490	7 019	9 548

(2)吊杆

经计算分析，加固后再更换吊杆，吊杆最大应力有所增加，吊杆安全系数大于2.5(大于规范要求)，吊杆应力、应力幅及预应力钢筋应力详见表2-4-4～表2-4-6。

吊杆应力表　　表 2-4-4

参　数	长　吊　杆	短　吊　杆
吊杆应力(MPa)	508	545
吊杆容许应力(MPa)	1 860	1 860
安全系数	3.66	3.41

吊杆应力幅表　　表 2-4-5

参　数	长　吊　杆	短　吊　杆
应力幅(MPa)	227	238
应力循环总次数	324 264	268 346

使用阶段预应力钢筋应力(MPa)　　表 2-4-6

位置及参数	组　合　Ⅰ	组　合　Ⅱ	组　合　Ⅲ
边跨	614	613	563
中跨	502	514	457
允许值	1 570	1 570	1 570
安全系数	2.56	2.56	2.79

(3)横梁

横梁加固后,经计算,横梁承载力满足要求,安全系数为1.01,见表2-4-7、表2-4-8。

加固后横梁承载力(kN·m)　　表 2-4-7

位　置	弯矩设计值	结构抗力
端横梁	6 240	6 281

使用阶段预应力钢筋应力(MPa)　　表 2-4-8

位　置	组　合　Ⅰ
拉应力(MPa)	4.8
允许裂缝宽度(mm)	0.1
对应的拉应力限值(MPa)	4.1
修正后的拉应力(MPa)	4.8

5.加固方案

为确保结构安全,对检查中发现的病害,无论是影响结构安全,或是病害主要由原结构强度和承载力富余小或不足所产生的裂缝,以及不危及桥梁安全的病害,但会直接影响桥梁的使用性能和耐久性的混凝土破损、露筋锈胀等混凝土缺陷,均应采取维修加固措施,然后,对吊杆进行更换,以达到全面恢复或稍提高结构承载能力,确保结构安全。

(1)拱肋粘钢加固及拱脚增大截面加固

对拱肋裂缝进行封闭,对拱肋底板下缘破损露筋部位进行钢筋除锈后混凝土表面修补,对拱肋截面采用粘贴钢板方法进行加固,拱脚采取增大截面法进行加固,以便与墩帽联结,提高整体性,以提高结构承载力,增强结构耐久性。

(2)短吊杆上锚头拱肋间横梁加固

对于吊杆上锚头拱肋间横梁侧面出现的竖向、斜向等受力性裂缝,考虑尽量少增加或不增加恒载,采用粘贴钢板加固。

(3)系杆外防护修复

由于墩帽空间有限,未预留增加系杆的空间,故本次不考虑增设系杆以提高结构安全储备的方案,仅按原防护设计要求采用外包钢丝网水泥层进行系杆局部修补。

(4)更换吊杆

由于全桥吊杆钢管连接器多处锈蚀、损坏,导致钢绞线外露,部分吊杆锚头锈蚀,全桥短吊杆上锚头与拱肋结合处也出现混凝土破损、露筋锈胀情况,且原设计吊杆检查及更换难度较大,同时鉴于多数吊杆基本达到了使用年限,故本次加固重点是对吊杆全部更换,以实现吊杆耐疲劳、可检可修可换,略提高原桥吊杆承载能力。

更换吊杆应遵循的原则:保证桥梁的结构安全,并尽量不损坏桥梁其他部位,新吊杆应具有较高的防腐结构,且应可更换。考虑到拱肋、横梁的预留孔较小,新吊杆选用锚头结构尺寸较小的钢绞线整束挤压吊杆体系,为考虑适当提高吊索强度安全系数,选用 GJ15-15 型号的吊杆,即吊杆索体采用 1860MPa 级、ϕ15.2mm 的环氧喷涂无黏结钢绞线,通过缠绕纤维聚酯带后热挤外 HDPE 防护层,具有良好的防腐性能,见图 2-4-17。吊杆拱肋端采用 OVM. SC15 夹片式群锚结构,此锚固单元采用夹片楔形锚固机理,通过夹片将拉索张力传递给结构,梁端采用 GJ 型钢绞线整束挤压锚固方式。新吊杆特点如下:

①采用两端整束挤压锚固钢绞线,具有锚固安全可靠、张拉调索方便且易更换的特点。

②锚头结构紧凑,外径小,其锚头尺寸比原锚头小 30% 以上,适合该桥拱肋、横梁预留孔较小的特点。

③钢绞线在索体内隔离防腐蚀性能优越,抗震性能好,抗疲劳性能好。

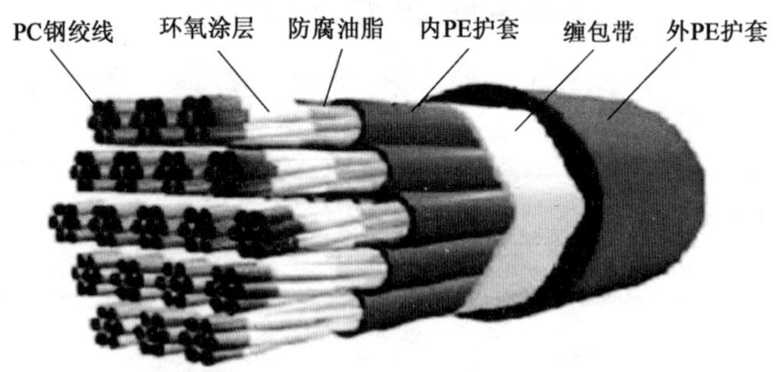

图 2-4-17　GJ 型挤压拉索索体内部结构图

新旧吊杆参数见表 2-4-9。

新旧吊杆参数表

表 2-4-9

吊　杆		原　吊　杆			新　吊　杆
验算工况		JTJ 021—1989	考虑损伤	公路—Ⅰ级	
吊杆应力(MPa)	长吊杆	496	505	647	508
	短吊杆	527	556	701	545

续上表

吊　　杆		原　吊　杆			新　吊　杆
验算工况		JTJ 021—1989	考虑损伤	公路—Ⅰ级	
吊杆截面面积(mm^2)		2160	2160	2160	2100
容许应力(MPa)		1 600	1 440	1 600	1 860
吊杆荷载(kN)	长吊杆	1 071.4	1 090.8	1 397.5	1 066.8
	短吊杆	1 138.3	1 201.0	1 514.2	1 144.5

(5)横梁加固

对于横梁端头土封锚混凝土开裂,采取凿除原封锚混凝土与横梁结合面混凝土,再采用环氧砂浆进行修补。对于横梁裂缝进行封闭,对于横梁破损、露筋锈蚀部位进行钢筋除锈后混凝土修补。对横梁底泛碱进行清理。

6. 施工

(1)工具吊杆兜吊体系与施工平台稳定性分析

工具吊杆兜吊体系仍采用 Midas 有限元分析软件建模分析。临时吊杆采用 1860 钢绞线,拱顶调平块采用强度不低于 C30 的自密实砂浆或混凝土,其余构件材质均为 Q235 钢材。Q235 钢材按照《铁路桥梁钢结构设计规范》(TB 10002.2—2005)取值。吊杆力最大值出现在短吊杆处为 1 201kN、主拱圈倾角最大值为 42°,相应位置的工具吊杆系统受力最不利。由于设计图纸没有明确各吊杆荷载,因此取吊杆荷载 1 201kN、主拱圈倾角 42°作为工具吊杆系统计算的条件。

①拱顶横梁承载力及刚度计算。工具吊杆拱顶横梁采用双拼工 28a 结构,梁长 2.1m,支点间距 0.8m,荷载作用点间距 1.6m,单点荷载 300.25kN。荷载组合为:1.0 自重 +1.0 吊杆荷载,模型如图 2-4-18 所示。

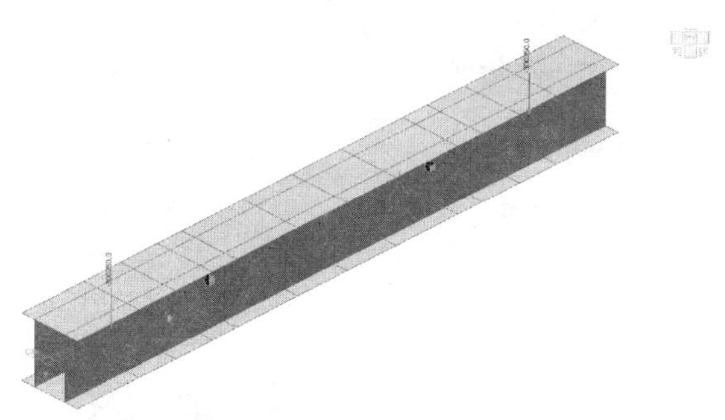

图 2-4-18　工具吊杆系统拱顶横梁计算模型图

②拱顶横梁承载力及刚度分析计算。其轴向应力、剪应力、弯曲应力计算结果见图 2-4-19。

由图可知,工具吊杆系统拱顶横梁在荷载作用下的轴向应力、剪应力、弯曲应力最大值分别为 0MPa、83.5MPa、185MPa,分别小于相应的允许值 200MPa、120MPa 和 210MPa。因此,拱顶横梁强度满足要求,横梁在荷载作用下的竖向位移最大值 $3.6mm < 2L/300 = 2 \times 0.65m/300 = 4.3mm$,因此,拱顶横梁刚度满足设计要求。同理,梁底兜吊纵梁、横梁承载力及刚度满足设计要求。

经计算分析,梁底兜吊稳定性满足设计要求。

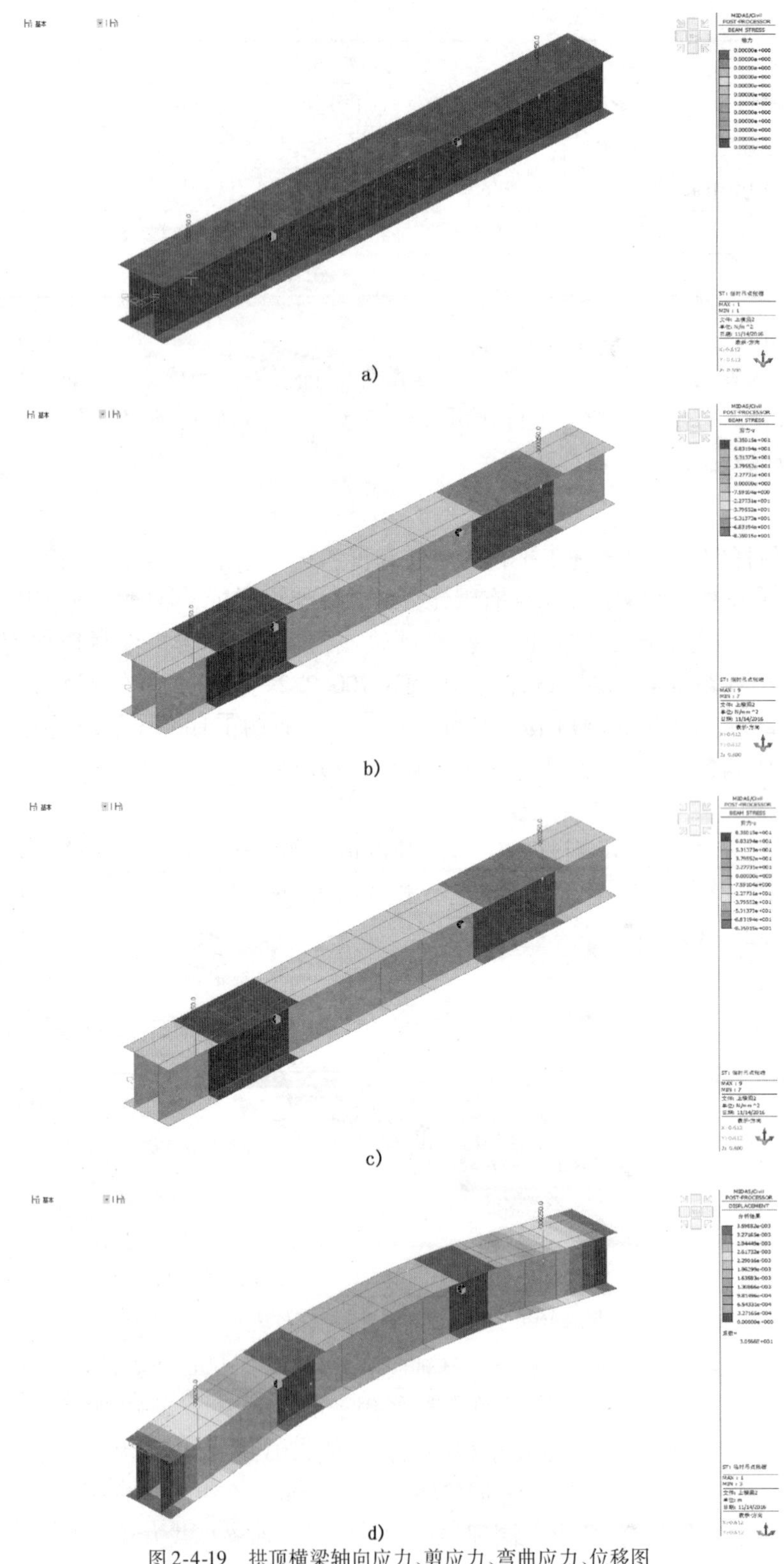

图 2-4-19　拱顶横梁轴向应力、剪应力、弯曲应力、位移图

梁底施工平台根据本桥实际环境情况，以桥面结构为支点设置吊篮作为梁底施工平台。考虑到该桥结构形式及吊杆位置，工具吊杆系统的桥下施工平台以人行道纵梁为支点布置，采用可移动的独立吊篮结构，吊篮尺寸（长×宽×高）为4m×2m×1m。

经计算吊篮满足施工要求，其安全系数在规范允许范围内。经计算，拱上施工平台的弯曲应力最大值为16.0MPa，小于材料的允许值140MPa。因此，拱上施工平台的强度满足要求。

（2）更换吊杆工艺流程

主要施工工序：施工准备—兜吊体系制作及安装—旧吊杆拆除—新吊杆安装与张拉—新吊杆调索—新吊杆防护。在进行更换吊杆时，按照桩号顺序先两侧跨后中跨，每跨更换时从跨中往两端的顺序进行。吊杆更换施工工艺流程见图2-4-20。

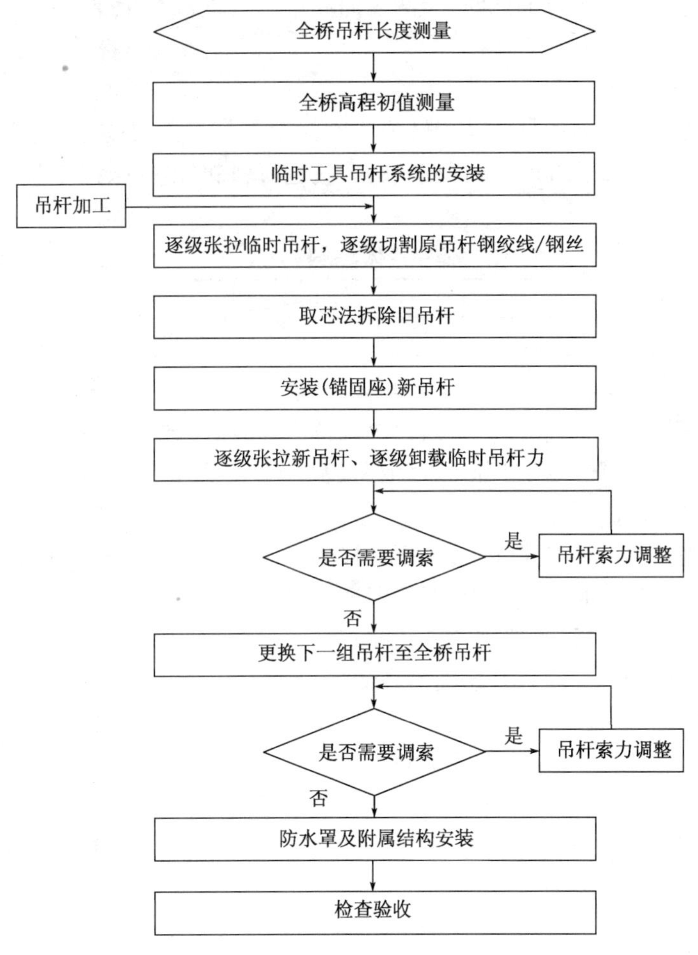

图2-4-20　吊杆更换施工工艺流程图

（3）临时工具吊杆系统安装

①开孔。根据大桥特点及维修加固的内容，在安装临时工具吊杆系统时将桥面人行道板掀开或根据吊杆系统的位置钻孔，孔径为ϕ110mm。

②作调平块。支架搭设完成后，按照工具吊杆施工图进行调平块的制作，采用C30混凝土现场浇筑，并保证在安装临时工具吊杆前，混凝土强度满足规范要求。

③制作扁担梁与钢绞线下料。

④安装临时工具吊杆系统。将扁担梁安装在拱端调平块上,扁担梁居中安装,以避免扁担梁两端受力不均。将钢绞线一端穿过拱端扁担梁上的预留孔、临时吊杆锚板,预留好张拉长度后,安装夹片及防松板。临时吊杆钢绞线另一端穿过桥面的开孔、梁底锚垫板预留孔、锚板,安装夹片及防松板。钢绞线上下端均采用夹片和防松板锚固。

⑤按图纸要求将钢绞线、拱端扁担梁、梁底托梁组装好。

(4)工具吊杆系统的预紧

①兜吊系统组装完成后,调整托梁位置,安装好限位装置,使结构保持可靠连接。

②预紧调平辅助索钢绞线。在张拉时要求左右及上下游四根辅助索同步进行受力。

③对辅助索进行预紧张拉的同时,监测桥面高程。桥面高程上下位移不能超过设计要求的误差范围。

(5)第一次体系转换

第一次体系转换即将旧吊杆的拉力转换为临时工具吊杆系统受力。在转换过程中,采用分级张拉临时吊杆,并分级割断旧吊杆钢丝的方法进行,临时吊杆张拉与旧吊杆钢丝的割断量可按表 2-4-10 控制。

第一次体系转换分级 表 2-4-10

旧吊杆拆除步骤	步骤 1	步骤 2	步骤 3	步骤 4	步骤 5
临时吊杆张拉量(%)	20	40	60	80	100
割断旧吊杆钢丝数(根)	22	22	22	22	22

在割断旧吊杆的过程中,应注意记录每次张拉与卸载后的桥面高程变化、千斤顶顶升行程与顶升力,同时在每一级的张拉过程中控制桥面高程变化值在 ±10mm 之内,以便为下一根吊杆的拆除提供参考。

临时吊杆的张拉端设置在拱肋上,单根吊杆的 4 束临时吊杆用 4 台千斤顶同步分级张拉。张拉过程必须保持每根临时吊杆受力相等,保证整个施工过程中,施工荷载在拱肋拱轴线上受力。待吊杆力转换完成以后,静置观察 5h(前 4 根吊杆需要观察 12h),待临时吊杆系统完全稳定、没有发生不良情况后,方可开始旧吊杆的拆除。

(6)旧吊杆拆除

①在拱端用索夹片将索体固定,安装起重架及卷扬机,将起重卷扬机的钢丝绳与索夹片连接;②开动卷扬机提升旧吊杆直至下锚头从预埋管上端脱离,横向牵引下锚头至桥面,放在锚头运输小车上;③起重卷扬机缓慢下放上锚头,同时桥面牵引卷扬机牵引下锚头,直至吊杆下放至桥面,完成吊杆拆除,见图 2-4-21。

(7)新吊杆安装

①把吊杆上下端的各配件组装好。将吊杆的上端螺母安放在对应的吊杆上锚头锚垫板上,吊杆下端的螺母则先放至梁下平台。

②将连接头与张拉杆组装好旋入上端锚具的内螺牙,并与卷扬机钢丝绳头扣接,做好起吊准备。

③用卷扬机上提吊杆,提升的同时下端锚头用牵引卷扬机反向拽拉,防止吊杆突然串动。将吊杆提到拱肋钢导管附近,将吊杆导入拱肋钢导管。

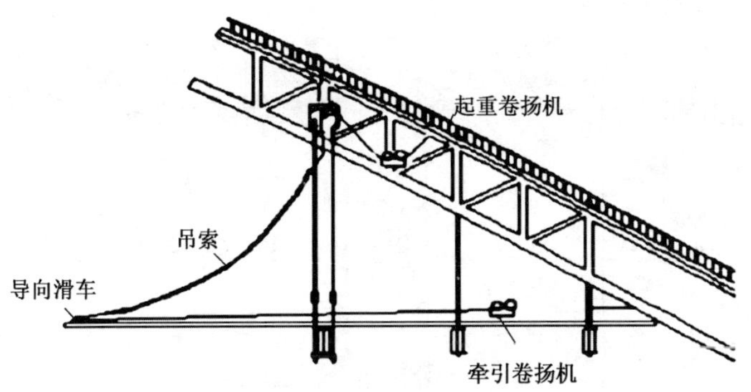

图 2-4-21 旧吊杆下放示意图

④启动卷扬机将吊杆上端提高,然后下放导入桥面系钢横梁钢导管内。吊杆上端高过钢垫板 20cm 时,拧上螺母临时锁住吊杆。安装撑脚、YCW250B 千斤顶及张拉杆等配件。

⑤利用张拉系统将吊杆下放,直至吊杆下锚头穿过下横梁钢导管垫板,按设计位置拧好下锚端螺母完成新吊杆安装。

(8)新吊杆体系转换

①体系转换中用千斤顶进行拱上平台位置调整。

②采用分级张拉,在张拉过程中,对桥面高程要进行实时监测,控制桥面高程上下位移不能超过 ±5mm。

③吊杆张拉时对索力及标高进行双控,吊杆力不超过 ±5%。

④吊杆逐级张拉时,相应逐级放松辅助索钢绞线,新吊杆张拉到位后,辅助索力下降至 0。

⑤依据桥面系高程情况,如有需要,用吊杆张拉体系可对吊杆索力再进行调整,吊杆上下端锚具用专用油脂涂抹后用防水膜包裹密实作为临时防护措施。

(9)吊杆索力调整与安装附属构件

①在全桥吊杆更换完成及桥面系加固完成后,由监控单位测量全桥吊杆力和桥面控制点高程。通过计算分析确定吊杆力和桥面高程是否达到设计要求,如果存在偏差,则需要进一步调整吊杆索力。全桥调索完后再测一次索力和高程,作为施工记录予以保存。

②吊杆索力调整完成后按照设计图纸安装防水罩、散水坡、不锈钢护套、锚头保护罩等附属结构。

(二)案例 2

1. 工程概况

丫髻沙大桥主桥为三跨连续自锚中承式钢管混凝土拱桥,跨径组合为 76m + 360m + 76m,桥宽 36.5m,双向 6 车道,其主跨以 360m 一跨跨过珠江的主航道。大桥立面示意图如图 2-4-22 所示。

2. 主要病害

该桥于 2000 年 6 月 26 日建成通车,随着车辆流量逐年增加,超重现象十分严重,伴随自然环境的侵蚀,大桥出现如下病害:部分吊杆出现破损、老化及腐蚀;桥面系钢横、纵梁焊缝开裂锈蚀;支座钢板、螺栓锈蚀,支座卡死;桥面板、边拱拱肋系杆锚头区、立柱、拱座的混凝土开裂等。

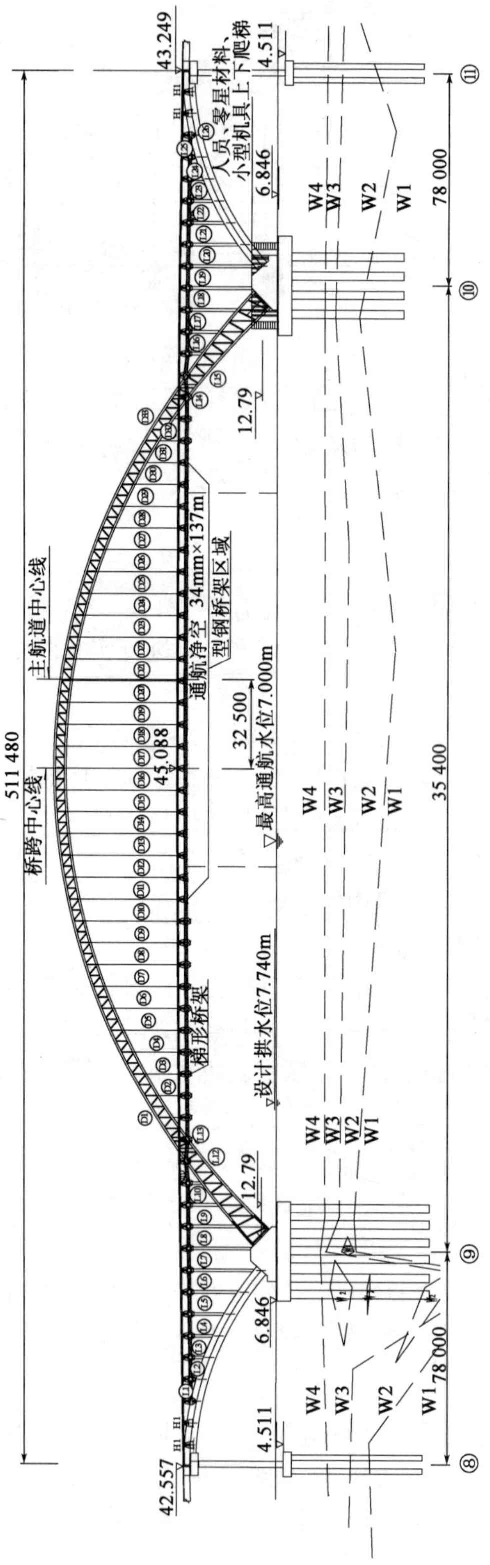

图2-4-22　丫髻沙大桥立面示意图（单位：高程以m计，其余以mm计）

3. 加固维修

针对上述病害，于2011年采取如下措施对该桥进行加固维护：在钢横梁下翼缘板加贴钢板，在钢横梁间设置大纵梁；更换吊杆和支座；对焊缝开裂的拱肋腹杆在连接处采用加劲板加劲；对拱座、边拱系杆锚固区增大截面法加固；对拱肋内孔隙率较大的截面采用钻孔注浆补强。

丫髻沙大桥三维效果图如图2-4-23所示。

（三）案例3

1. 工程概况

南京长江大桥是长江上第一座由中国自行设计和建造的双层式公铁两用特大桥梁，是20世纪60年代中国经济建设的重要成就之一，创造了中国桥梁建设史上的许多纪录，具有划时代的里程碑意义。南京长江大桥始建于1958年，1967年主体完工，1968年9月铁路桥（全长6 772m）通车运营，同年12月公路桥（全长4 588m）正式投入使用。

公路桥全长4 588m，公路桥部分由北岸引桥、正桥、南岸引桥、回龙桥四部分组成。南京长江大桥现状如图2-4-24所示。

图2-4-23　丫髻沙大桥三维效果图

图2-4-24　南京长江大桥现状照片

南岸引桥双曲拱桥（图2-4-25）位于主线桥端部，内侧同T梁桥相接，外侧连接引道，从45号墩至63号墩止，共计18跨，设计起点桩号为K1010 + 914.41，设计讫点桩号为K1011 + 567.49，长653.08m，共计18跨。全桥宽20.1m，车行道宽15m，两侧各有2.55m宽（含栏杆）的人行道。各跨均为等截面悬链线无铰拱，矢跨比为1/5 ~ 1/4，跨径27.68 ~ 34.9m不等。

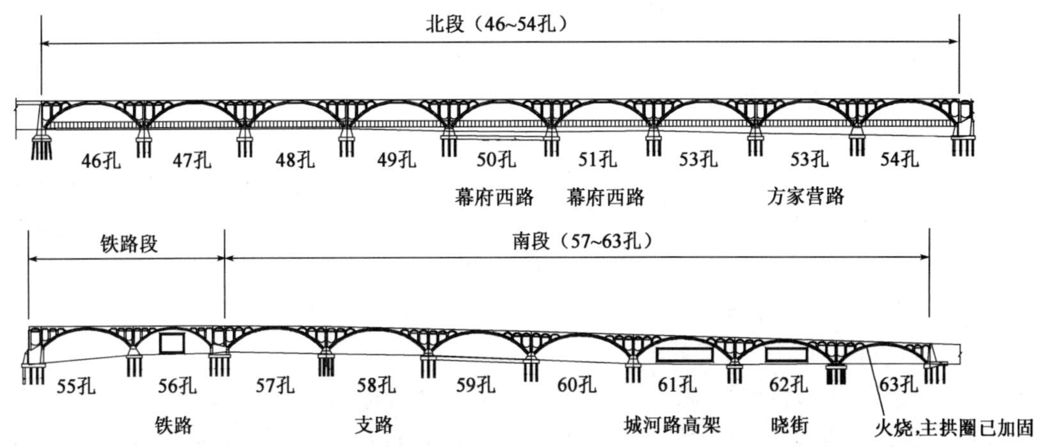

图2-4-25　南岸引桥双曲拱桥立面布置图

主拱圈由16根拱肋、15个拱波组成，主拱圈高度78.5cm。拱肋为250级钢筋混凝土预制构件，中心间距1.3m；拱波为200号混凝土预制构件，系圆弧拱，拱波厚6cm，净跨径1.04m，矢跨比1/3；拱板为填平式现浇构件，与拱波形成整体；拱肋之间的横向连杆为预制构件，断面为8cm×11cm，连杆的最大间距为1.8m，抗震加固时增设截面为25cm×38cm大拉杆（每跨三道）。拱上填料为石灰煤渣土（15∶70∶15），填料重度$\gamma=16.5kN/m^3$，顶面为6cm沥青混凝土+2.5cm沥青砂。南岸引桥双曲拱桥断面布置如图2-4-26所示。

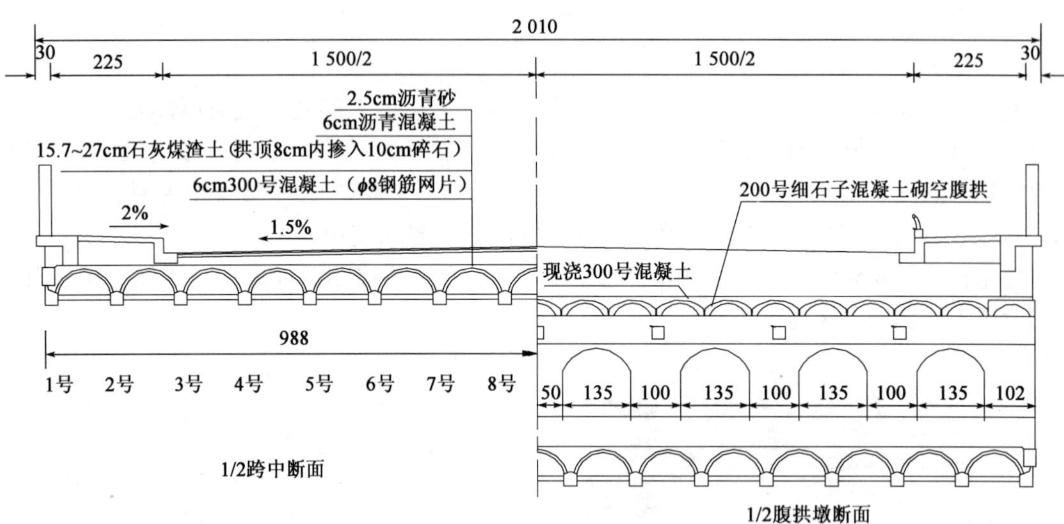

图2-4-26　南岸引桥双曲拱桥断面布置图（尺寸单位：cm）

南引桥双曲拱桥下部结构均采用群桩基础，在南岸54号、56号墩设有止推墩。桥墩均为实体桥墩，灌注桩基础。

2. 主要病害

拱肋混凝土开裂、剥落、碳化严重，钢筋锈蚀、露筋；拱波有纵向裂缝、混凝土碳化严重；腹拱波有横向裂缝；横系梁有裂缝、混凝土剥落、混凝土碳化严重、露筋；桥梁渗水严重，桥面和附属设施破损严重。

3. 加固维修

2017年对双曲拱桥进行加固维修，其主要维修内容：

（1）主拱圈加固

对原拱肋表面松散混凝土进行凿除并凿毛，通过植筋外包混凝土（侧面7cm、底面10cm）对主拱肋进行加固。为提高拱桥横向整体性能，对靠近顶部的6根横系梁进行外包混凝土加固。对拱背加厚8cm钢筋混凝土。

标准跨主肋拱增大截面断面如图2-4-27所示。

（2）拱上填料更换为泡沫混凝土

采用人工配合小型机械设备，双向分层、纵横向分区对称拆除原拱上填料（石灰煤渣土）。采用A06等级泡沫混凝土浇筑，在距泡沫混凝土顶面10cm设置玻璃纤维格栅，防止泡沫混凝土开裂。

(3)外露混凝土防腐涂装

对双曲拱桥加固后拱肋、横系梁外表面、拱波下表面、腹拱外表面等其他外露面采用水性水泥基涂装体系进行防腐涂装。

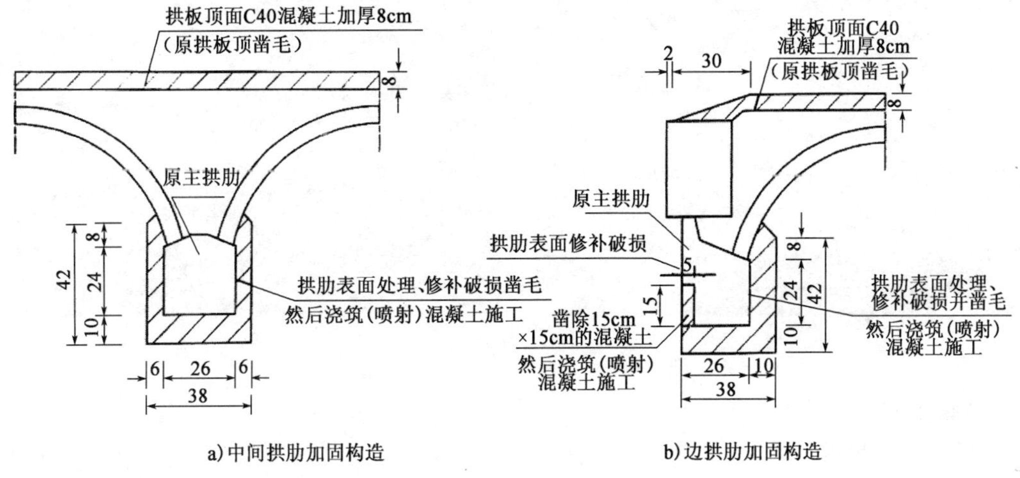

图 2-4-27　标准跨主肋拱增大截面断面图(尺寸单位:cm)

(四)案例 4

1. 工程概况

某桥为主跨 40m 空腹式石拱桥。桥长 54.15m,净跨径 40.0m,桥面宽 9.0m。主拱为悬链线无铰拱,跨径 40m,矢高 9.0m,拱圈厚 0.9m。腹拱为圆弧拱,跨径 3.0m,矢高0.75m,拱圈厚 0.35m。桥面两侧各设 0.75m 宽人行道,中间车行道宽 7.5m。桥梁现况如图 2-4-28 所示。

图 2-4-28　桥梁现况

2. 主要病害

根据检测报告,大桥主要病害包括:①主拱、腹拱及桥台结构表面大面积渗水泛碱病害,部分腹拱圈存在横向、纵向裂缝;②全桥各处植被覆盖,腹拱圈变形缝处植被生长、变形缝被堵死;③两侧桥台均存在大量渣土堆放现象,且各桥台左右两侧堆载不均;④桥面积土,栏杆破损。各处病害详情如下。

(1)主拱圈

主拱圈中间存在部分裂缝，拱圈下表面存在大量渗水、泛碱现象，典型照片如图2-4-29所示。

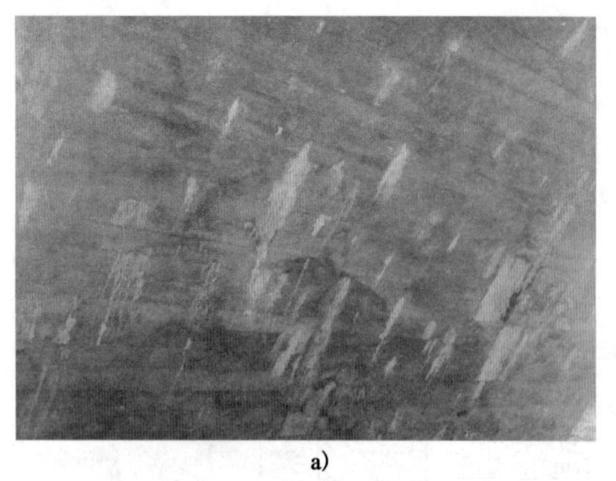

a)

b)

图 2-4-29　主拱圈渗水、泛碱典型照片

(2)腹拱圈

全桥共 6 个腹拱，均存在裂缝病害且部分裂缝宽度大于 0.2mm 以上，4 号腹拱底面存在 1 条宽 0.95mm 的纵向裂缝。腹拱底面普遍存在大量渗水、泛碱现象，两侧边腹拱已被土方、碎石覆盖。典型照片如图 2-4-30 ~ 图 2-4-33 所示。

a)

b)

图 2-4-30　腹拱圈裂缝典型照片(一)

a)

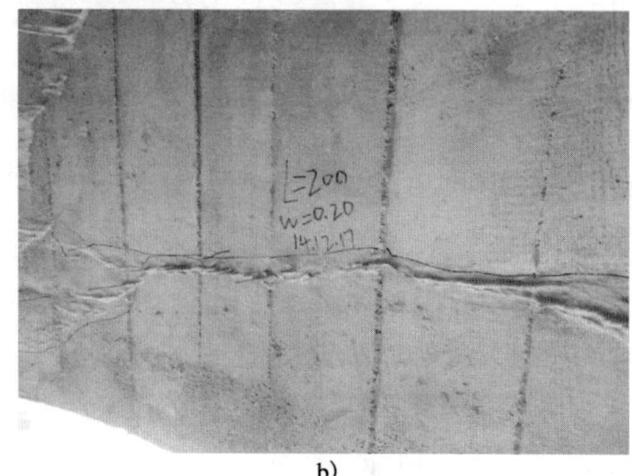

b)

图 2-4-31　腹拱圈裂缝典型照片(二)

a)

b)

图 2-4-32　腹拱圈渗水、泛碱典型照片

a)

b)

图 2-4-33　腹拱圈土方、砂石覆盖典型照片

(3)拱上填料

腹拱圈上方拱上填料变形缝被大量植被覆盖,典型照片如图 2-4-34 所示。

(4)桥台

桥台被大量植被及碎石、土方覆盖,且左右两侧不平衡堆载严重,桥台表面存在渗水、泛碱现象,典型照片如图 2-4-35 ~ 图 2-4-38 所示。

a)

b)

图 2-4-34　变形缝大量植被覆盖典型照片

图 2-4-35　桥台植被覆盖典型照片

图 2-4-36　桥台渗水、泛碱典型照片

图 2-4-37　桥台侧方不平衡堆载

图 2-4-38　桥台上方不平衡堆载

(5)桥面系

桥面积土严重,栏杆破损,典型照片如图 2-4-39 所示。

3. 加固维修

针对以上病害,提出主要加固措施如下:

(1)主拱圈增大截面

主拱圈下表面经清洗、凿毛后,植入直径为 16mm 的钢筋,挂钢筋网,立模,浇筑 30cm 厚混凝土,形成新拱圈。新拱圈通过植筋与原拱圈连接成整体。施工时,要求先浇筑拱脚及拱顶处混凝土,在 $L/4$ 处预留 30cm 宽后浇带,待已浇筑混凝土强度和弹模达到设计值的 90% 后,再浇筑后浇带混凝土。新浇筑混凝土采用自密实混凝土,掺入适量微膨胀剂,减小混凝土收缩量,但不可掺入含氯的掺合剂。

图 2-4-39　桥面积土、栏杆破损

(2)腹拱圈增大截面

腹拱圈下表面经清洗、凿毛后,植入直径为 16mm 的钢筋,挂钢筋网,立模,浇筑 30cm 厚混凝土,形成新拱圈。新拱圈通过植筋与原拱圈连

接成整体。腹拱圈混凝土浇筑不设湿接缝,一次浇筑成形,新浇筑混凝土采用自密实混凝土,掺入适量微膨胀剂,减小混凝土收缩量,但不可掺入含氯的掺合剂。

(3)新建门式框架

在各腹拱拱顶下方一道门式框架,顺桥向宽分别为0.6m、0.5m、0.4m,横桥向宽均为1.2m,其高度根据各腹拱实际情况定。门式框架与腹拱增大截面一体浇筑。其下方通过植筋与主拱圈连接。

(4)桥面整平修补

清理并整平桥面,重新浇筑20cm厚混凝土桥面板,以满足行车平顺性的要求。

(5)立墙病害处理

立墙表面的渗水、泛碱病害经清洗后,应找到渗水、泛碱的裂缝位置,并进行表面裂缝灌浆及封闭处理。

(6)桥台增大截面与其他病害处理

为保证新增主拱圈的传力需要,桥台新增30cm厚混凝土,通过植筋与原桥台连接。

桥台表面的渗水、泛碱病害经清洗后,应找到渗水、泛碱的裂缝位置,并进行表面裂缝灌浆及封闭处理。

桥台两侧的护坡被土石堆积、植被覆盖严重,对大桥产生较大的不平衡推力,严重情况下将可能导致桥梁倒塌事故。因此,应清理锥坡处渣土,重新铺砌锥坡,使拱脚两侧土压力平衡。

(7)其他

其他构件的渗水、泛碱病害经清洗后,应找到渗水、泛碱的裂缝位置,并进行表面裂缝灌浆及封闭处理。

对于腹拱圈下方,主拱拱背处的植被及渣土应予以清除。清楚腹拱变形缝处的植被及堵塞物,恢复腹拱变形缝的功能。清除后若混凝土表面存在裂缝、破损等病害,应进行处理。

对于全桥结构表面的可能存在的风化、剥落等病害,视严重程度,采用表面封涂修补法或浇筑涂层修补法,修补材料可采用改性聚合物砂浆。

大桥采取上述措施加固后,进行了静载试验,试验表明加固后大桥主拱圈、腹拱圈承载力均有明显提高,刚度显著增加,取得了较好的加固效果。

第三节　斜拉(悬索)桥加固

一、斜拉桥加固

(一)基本规定

(1)斜拉桥整体计算、验算应按照《公路斜拉桥设计细则》(JTG/T D65-01—2007)相关要求进行。

(2)可采用更换斜拉索、增设辅助墩、增设纵横向主梁限位装置、增设斜拉索减振装置等方法进行整体加固;可采用增大截面、粘贴钢板等方法进行索塔和加劲梁的局部加固。

(3)斜拉索更换顺序、张拉吨位应按照不损伤原结构的原则,根据施工过程结构分析确定。

(4)钢构件应按腐蚀环境、构件工作条件、养护条件等进行涂装防腐或其他防腐措施设计。

(5)如将原桥梁平行钢丝拉索更换为钢绞线拉索时,应充分考虑二者弹性模量、松弛率对主梁结构受力影响,桥梁整体计算与验算应按现行斜拉桥设计规范的相关要求进行,并采用可靠的防水或防腐措施。

(二)案例一

1. 工程概况

1)桥型与结构形式

铜陵长江公路大桥全长 2 592m,其中主桥长 1 152m,桥跨布置为 80m + 90m + 190m + 432m + 190m + 90m + 80m,主跨为 432m 的双塔双索面预应力混凝土斜拉桥。桥型布置如图 2-4-40 所示。

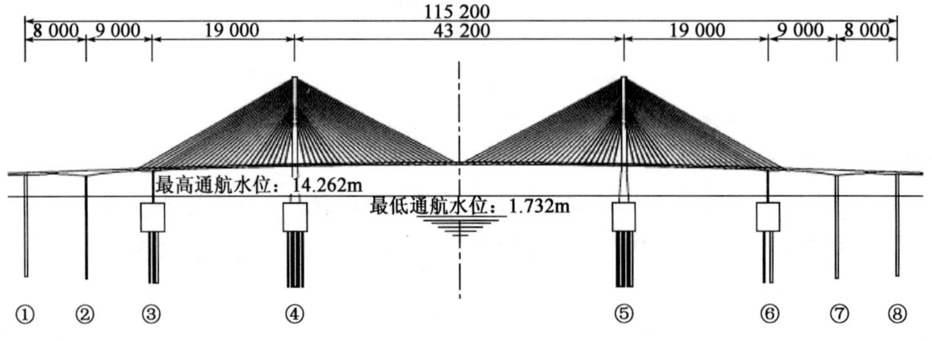

图 2-4-40　主桥桥型布置图(尺寸单位:cm)

桥塔为 H 形塔,总高 153.03m,桥面以上塔高 105.5m,高跨比 0.244。下塔柱横桥向底宽 20.4m,逐步向上放宽,至中、下塔柱交界的下横梁处,即放置梁处最宽,为 33m。中塔柱向上略收窄,至上横梁处宽 26m,垂直至塔顶。顺桥向下塔柱底宽 13m,逐步缩小至 7m,直至塔顶。塔截面呈八角形,在下塔柱中部以下,为四箱室截面,外壁厚 1m,内壁厚 0.5m。下塔柱中部以上均为单室箱截面,外壁厚 1m,见图 2-4-41。

主梁采用肋板式截面,边实心梁高 2m,顶宽 1.5m,底宽 1.7m,全宽 23m,板厚 32cm,高跨比为 1/194。梁上索距 8m,每节段设一横梁。3 号、6 号墩由于悬臂施工每侧 28m 的需要,根部肋板式截面边梁高度增大至 3.5m。河侧悬臂 28m 处,高度降至标准节段的 2m;岸侧悬臂 28m 处,高度降至 2.5m,并带底板,以便与 2、7 号墩悬臂施工的箱梁连接,见图 2-4-42。80m 跨和 90m 跨的大部分梁采用箱形截面。箱梁顶宽 20m,底宽 10.5m,为单箱单室,箱梁根部 6m,岸侧 2m。在箱高较小的部分,为防止箱梁畸变,增加中腹板,形成双室箱,但中腹板下不设支座,同时为了不让中腹板承受剪力,在顺桥向一定长度设断缝,见图 2-4-43。

2)斜拉索

该桥斜拉索为扇形布置,每个索面有26对索,全桥共208根索,最长索约238m,最短索约53m。梁上的索距为8m,塔上13~26号索之间索距约1.5m,3~13号索之间索距约2.0m,1~3号索之间索距约为3.0m。

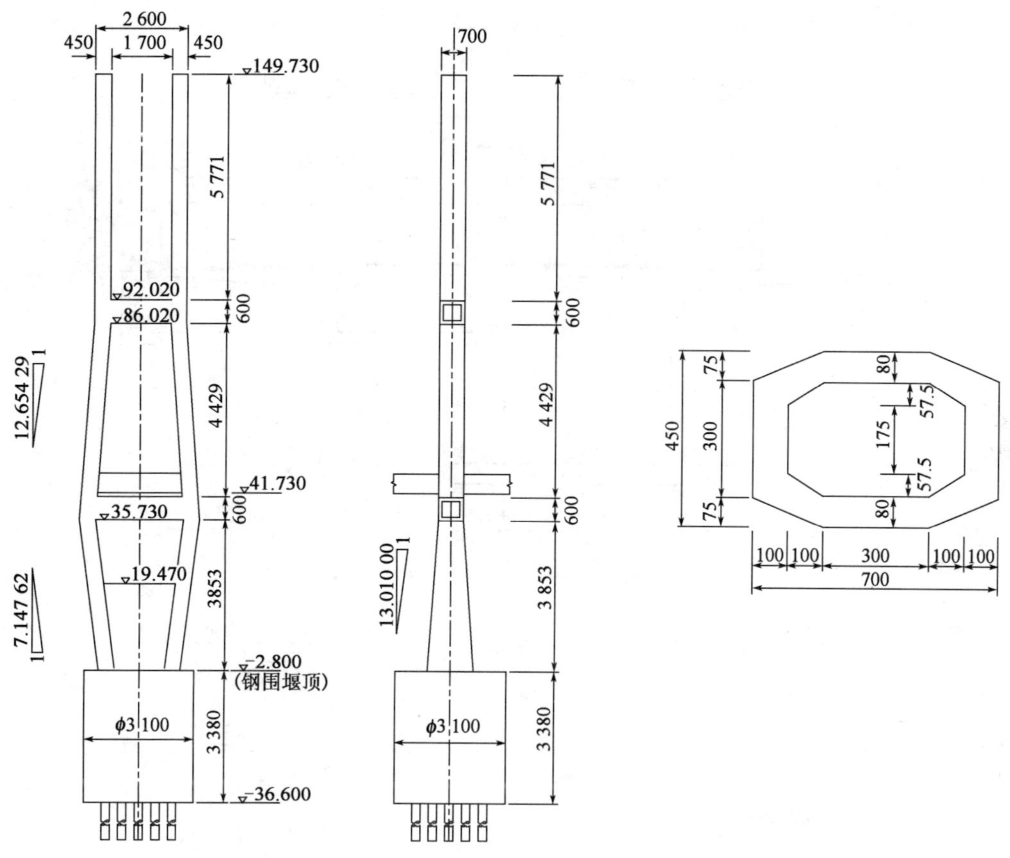

图2-4-41 桥塔构造图(尺寸单位:cm)

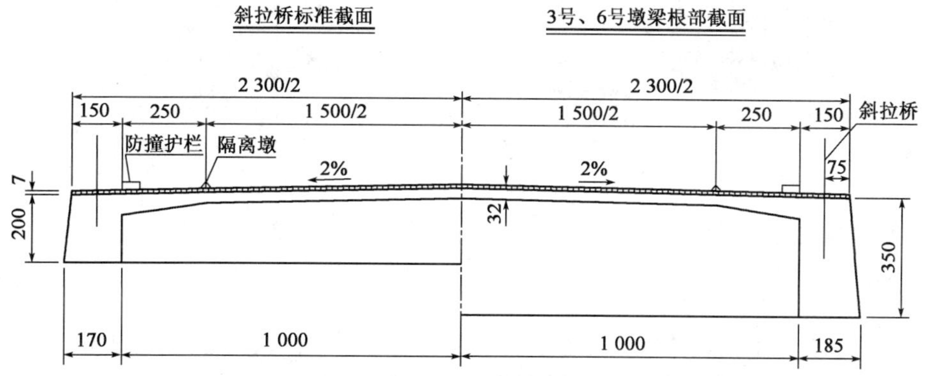

图2-4-42 主桥有索区主梁断面图(尺寸单位:cm)

斜拉索采用平行钢丝拉索,从现场检测来看,钢丝束外缠绕保护带,然后外挤高密度聚乙烯护套,PE层外还包裹一层PU护套,如图2-4-44所示。斜拉索的型号为SNS7-109、SNS7-

139、SNS7-163、SNS7-187、SNS7-241,拉索所用钢丝为7mm钢丝,抗拉强度为1600MPa左右。在2011年加固维修工程中,将外层PU护套全部更换为PVF防护胶带并在拉索上设置了螺旋线。

斜拉索采用冷铸锚,根据原设计图纸,斜拉索张拉端和锚固端采用锚具相同,张拉端位于塔上,如图2-4-45所示,锚固端位于梁上。斜拉索锚具及尺寸如图2-4-46所示。

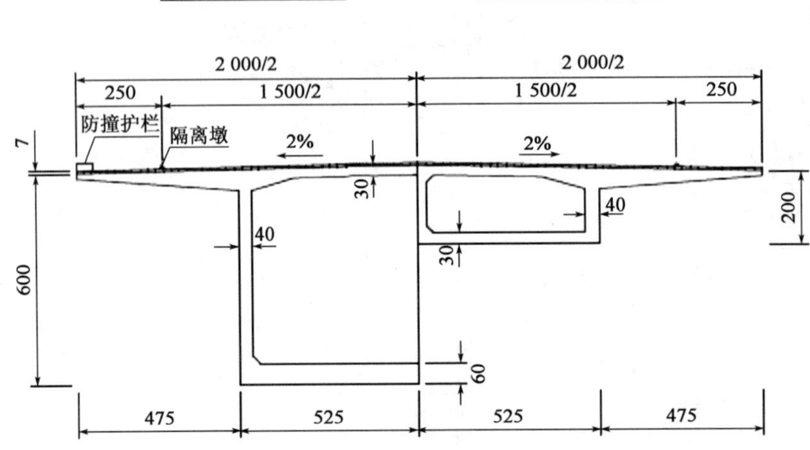

图2-4-43　主桥箱梁断面图(尺寸单位:cm)

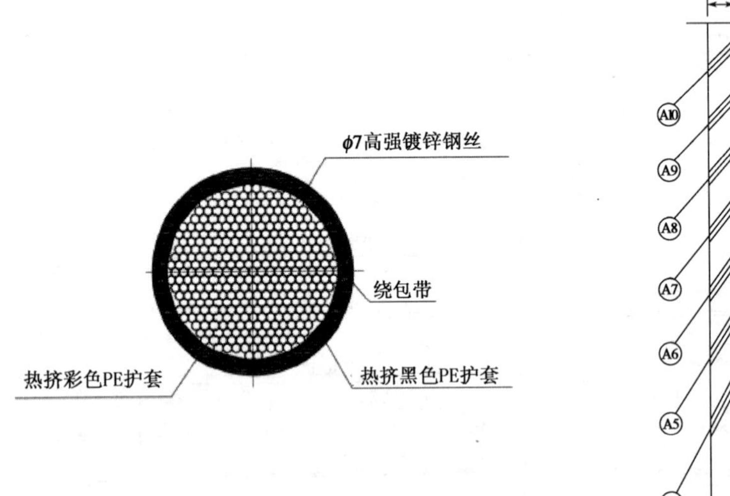

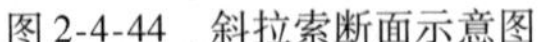

图2-4-44　斜拉索断面示意图

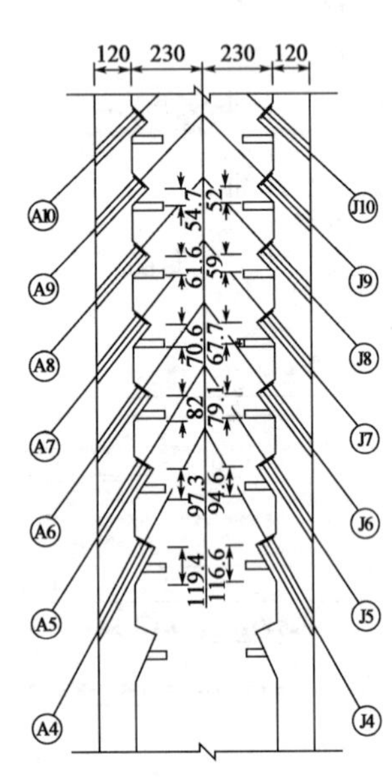

图2-4-45　斜拉索塔端锚固布置图(尺寸单位:cm)

在主塔上,在每根拉索预埋钢套管安装减振装置处,采用发泡填料填充封闭。在冷铸锚外设置护罩进行防护。每根拉索穿过主梁处预埋的拉索套管。拉索套管的上端部(桥面处)采用锥形护罩作为防水罩,锥形护罩由两个半圆形钢铸件对拼而成,用螺栓将两件合拢固定,再加工两端圆口内径及端面。安装时,锥形护罩与预埋钢管间用橡胶塞对中定位,锥形护罩小口端用橡胶嵌条嵌入凹槽中并露出护罩 6 ~ 10mm，利用橡胶的压缩变形后与拉索外周密贴来达到止水的目的。

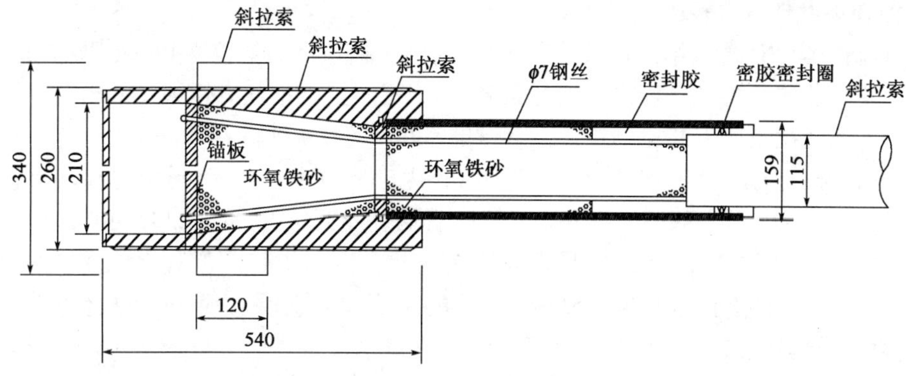

图 2-4-46　斜拉索锚固系统尺寸图（尺寸单位：mm）

斜拉索在梁上为固定端，锚固构造位于主梁边肋内部，见图 2-4-47。锚固点距离节段线 52cm（A23 距离为 32cm 除外），J1 ~ J26 和 A1 ~ A19 斜拉索锚固点距离主梁底缘 50cm，A19、A20 斜拉索锚固点距离主梁底缘 40cm，见图 2-4-48。斜拉索在主梁施工过程中，原开槽口横向宽 56cm。

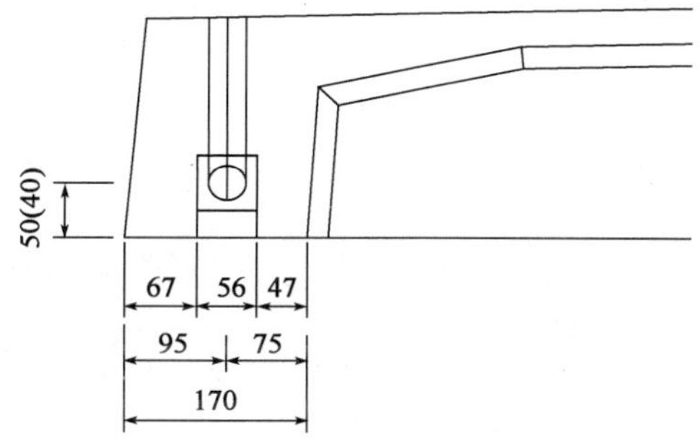

图 2-4-47　主梁处斜拉索锚固断面图（尺寸单位：cm）

图 2-4-48　主梁处斜拉索锚固立面示意图（尺寸单位：cm）

2. 试换索原因与目的

1）历年检查与分析

（1）索力。

经过近几年对索力测试资料分析来看，从 2009 年至 2013 年所测索力，除 4JX22、5JX21、5JX25 以及 5JX26 索力相差较大外（大于 10% 以上），绝大多数索力与 2009 年索力测试结果基本一致，但 2013 年与 2012 年结果相比，此 4 个位置拉索索力相差基本在 5% 以内。另外经分析，近塔处拉索（4AS01、4AXS01、4JS01、4JX01、5AS01、5AXS01、5JS01、5JX01）有统一的变化规律，即索力均有明显的增大。初步分析认为，近塔处斜拉索索力的增大应为盆式橡胶支座的压缩变形和下横梁收缩徐变导致的下挠引起的。

索力测试过程受到多方面因素的干扰，自身因素包括：斜拉索垂度影响、两端边界条件影响、斜拉索抗弯刚度等。外界环境主要是环境温度的影响。先后检测的现场环境存在一定程度的差异，会对测试结果造成一定程度的影响，上述因素共同作用导致数据存在差异。

(2)防护套。

该桥斜拉索PE层外包裹有一层PU护套,大部分斜拉索PU护套表皮有损伤。88%的斜拉索PU护套被发现存在轻微或严重的损伤。

通过对斜拉索PU检查结果进行分析比较后,将破损严重的斜拉索PU及PE护套开仓(21根斜拉索,开仓数量为21处)检查并恢复,其中有3根斜拉索钢丝有锈蚀。从出现锈蚀的斜拉索数量上看,锈蚀拉索所占的比例较低。从锈蚀程度上看,锈蚀处在初级阶段,尚未对拉索受力造成严重影响。但是,锈蚀现象的出现说明PE内已经有水分进入,需引起高度重视。钢丝锈蚀情况如下:5AS25号索的桥面端开仓后钢丝有锈迹及锈坑,无断丝,PE内有水分,PU内侧有渗水痕迹;PE表皮未老化。5JS25号索的桥面端开仓后钢丝有白色氧化物,PE内有少量水分,尚未老化,PU内侧有渗水痕迹。5JX26号索的桥面端开仓后发现PE有损伤,钢丝表面有白色氧化物以及锈迹和锈坑,PE内有水分,PU内有渗水痕迹。

对检测结果的分析,造成斜拉索系统现状的主要原因为:

①PU、PE护套防护作用的失效是造成索内钢丝锈蚀与氧化的关键,从现有的钢丝锈蚀情况判断斜拉索钢丝处于锈蚀初步阶段。

②通过对斜拉索上锚头的检查,并没有发现影响上锚头正常使用的病害。

③铜陵长江公路大桥斜拉索下锚头被混凝土封住,本次斜拉索检测由于条件所限,并没有打开下锚头进行检查。建议在加固施工时利用现场的施工设备进行抽检,以判定斜拉索锚固系统使用状况。

2011年对全桥斜拉索外套全部进行了更换,更换为PVF保护带,确保了斜拉索外套的防护作用,有利于保证该桥拉索的使用寿命。

(3)锚头。

4号索塔下锚头防水帽底部渗水34处,占比16.35%;防水帽变形1处,占比0.48%;防水帽锈蚀5处,占比2.4%;下锚头锈蚀11处,占比5.29%,上锚头混凝土缺陷10处,占比4.71%。5号索塔上下锚头缺陷与4号塔相比略多一点。

(4)桥面高程变化。

对近四年测量结果进行分析,截至2015年,桥面累计高程变化范围为:-7.7mm~9.0mm,累计高程平均变化值为0.1mm。主桥桥面上游高程的变化趋势和下游的基本一致,说明桥面未出现扭转现象,完全符合桥的线形,图2-4-49、图2-4-50所示。

2)原结构特性

该桥的换索具有较高的难度和风险性,在国内甚至世界上都具有很高的挑战性。从结构上讲,主要体现在以下三个方面:

(1)跨度大。虽然目前已有一些混凝土斜拉桥实施了换索施工,但大部分是200m左右及以下的斜拉桥,而该桥主跨为432m,远大于大部分已经换索的混凝土斜拉桥。跨度大使得桥梁的刚度相对较小,换索引起的内力变化及线形变化更大,实施的难度和监控难度也更大。因此,有必要对该桥的斜拉索更换进行科学研究,以确定换索的风险,并合理确定要换索的位置、顺序、根数、施工方式和交通组织等,科研成果可为后续大规模的换索提供技术支撑。

(2)主梁的梁高索距比小。该桥的梁高索距比为1/4(边肋高2.0m,索距8.0m),其他已实施换索的斜拉桥梁高索距比均小于此比例。梁高索距比小意味着主梁对换索的敏感性更大，与其他桥梁相比，其主梁弯矩变化更大，截面正应力的变化幅度甚至可达5MPa以上，因此在桥梁换索实施前，非常有必要对换索过程的主梁应力状态进行细致分析，并研究是否采取局部位置的临时加固措施，以确保换索的安全性。

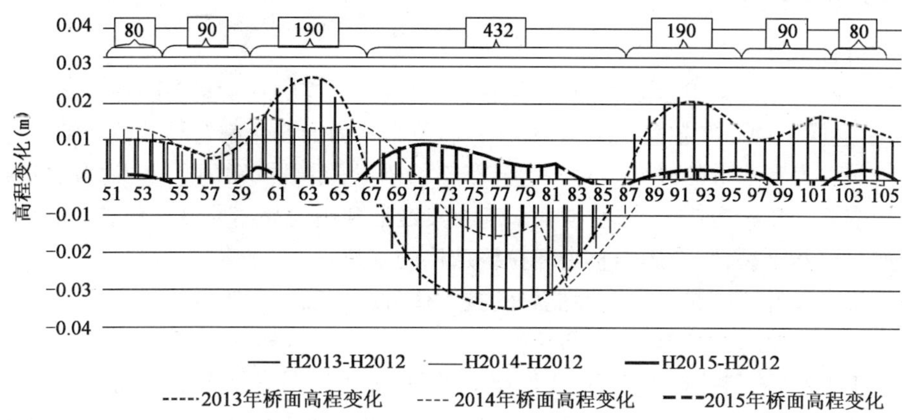

图 2-4-49　上游侧桥面 2013—2015 年高程变化（以 2012 年测量数据为基准）

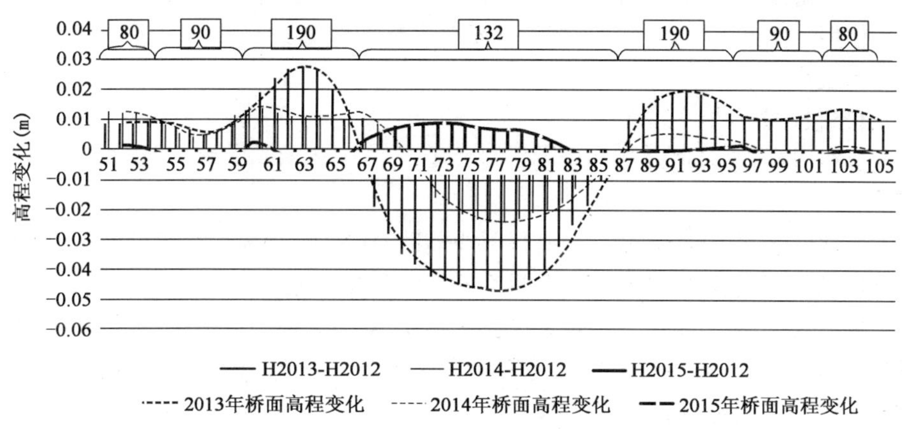

图 2-4-50　下游侧桥面 2013—2015 年高程变化（以 2012 年测量数据为基准）

（3）下锚头位于梁内。下锚头位于梁内也是该桥换索重点与难点。该桥的斜拉索下锚头位于主梁边肋内部，在施工阶段张拉完斜拉索后就用钢筋混凝土封闭于主梁内部，这给目前的换索工作带来了困难。据已掌握的情况，目前实施的大跨径斜拉索的换索工程中，还极少碰到这种情况，如李家沱长江大桥的下锚头虽也位于边肋梁内，但其底下仅用钢板遮盖并未封死；如广州海印桥、济南黄河大桥等的锚头则直接裸露于梁外。若要换索，则势必要对混凝土边肋进行开槽。因此，有必要通过科研手段研究开槽的方式及其影响，分析结构在截面削弱的情况下的受力变化和局部应力情况，确保结构的安全。

3）斜拉索防腐已达寿命期。

铜陵长江公路大桥已经运营20年，斜拉索已达到《公路桥涵设计通用规范》（JTG D60）所规定的斜拉索最低使用年限。另外，国内的学者认为，高密度的PE材料直接热挤在经过防腐处理的平行钢丝索上,其防腐寿命一般只有 20 ~25 年。而该桥的斜拉索防护体系已出现破坏,钢丝表面也发生锈蚀,而且斜拉索在高应力、反复荷载、风振的作用下钢丝更容易发生进一步腐蚀。

因此对该桥的斜拉索进行更换,从时间和结构安全两方面来看都是必要的。

3. 换索分析与设计

1)换索设计原则

斜拉桥是由塔、梁、索组合而成的空间结构。斜拉索支撑的主梁呈多跨弹性支撑连续梁状态,在斜拉桥这样一种高次超静定结构中,任一斜拉索索力的变化都会导致整个结构特别是刚度较小主梁的内力和线形的改变。对于运行多年的桥梁,因斜拉索的老化、索力的松弛、混凝土的收缩徐变等会使索力产生变化,从而引起主梁线形和内力偏离原设计状态;同时遭到腐蚀的斜拉索如果突然断裂,则会影响整个斜拉桥结构的安全。

斜拉桥换索设计原则是用防腐性能好的拉索代替遭到腐蚀而影响结构安全性或达到设计使用年限存在安全隐患的拉索,确保斜拉桥长期安全使用。同时根据需要,可利用换索时机,进行调索施工控制,对斜拉桥的内力、线形作适当调整,通过调索使主梁的线形和内力偏离原设计状态的情况得到改善。但由于混凝土斜拉桥在长期运营期受混凝土收缩徐变的影响,发生的变形以及内力重分配是不可逆过程,如果通过调索使主梁线形强行恢复到原始设计状态对结构受力不一定是有利的,而且桥梁目前的应力状态难以准确定量化,调索控制不好有时反而会带来负作用。因此本次斜拉索更换设计不对主梁的线形及全桥内力进行调整,只是对斜拉索更换进行设计。

2)换索位置选择

经研究分析,将对 5 号塔江侧和岸侧 2 对共 4 根 13 号索进行更换,选择 5 号塔 13 号索的主要原因:

(1)13 号索位于主梁标准梁段,与塔根部或辅助墩侧变截面梁段位置处的拉索相比,其更换施工风险低且更具代表性,能更好为日后全桥换索积累经验。

(2)13 号索索长、索力适中。与长索区拉索相比,对梁段应力影响小;与短索区拉索相比,对梁段影响更为匀顺(短索区拉索更换受墩顶中横梁及支座受力影响,局部效应明显,且更换短索区拉索影响构件较多,施工操作性差)。

(3)对比 4、5 号塔中索区 11 ~15 号拉索往年检查结果,5 号塔 13 号索病害相对较为典型、突出,同时 2015 年检查发现该索 PE 护套也存在破损痕迹。

3)拉索体系选择

目前新建斜拉桥的斜拉索索体,有两种结构形式可供选择:平行钢丝斜拉索及钢绞线斜拉索。虽然铜陵长江公路大桥原斜拉索为平行钢丝斜拉索体系,两端锚具均为冷铸镦头锚,但换索后更换的新斜拉索,索体除了选择原有体系外,也可以选择日后更易更换、施工更加便捷的钢绞线拉索体系。因此,需根据不同的斜拉索体系优缺点,对不同体系原桥套管及锚固构造、现场施工条件、技术成熟程度、强度和刚度、风荷载响应、抗疲劳效应、养护防护、减振系统等各方面因素进行综合比较,最终确定适合该桥的索体结构。

(1)平行钢丝斜拉索新索采用 ϕ7mm、强度级别为 1 670MPa/1 770MPa 的镀锌铝钢丝,索体外缠绕抗风雨振螺旋线。其主要特点如下:

①拉索的制造全部在工厂内完成，制造工艺成熟，质量稳定可靠；

②工厂内制造，使索股内钢丝整体扭绞成索，钢丝受力均匀；

③产品以成品索方式提供，安装架设工艺简单，施工现场工作量小，能较为有效地缩短斜拉索施工时间。

(2)钢绞线拉索使用 ϕ15.7mm 钢绞线，以减小钢绞线拉索的规格，根据需要增配垫板，采用无黏结钢绞线斜拉索锚具，安装及运营期间，可以进行斜拉索钢绞线单根安装、张拉及监测。主要特点如下：

①钢绞线拉索采用的钢绞线(1 860MPa 以上)比镀锌高强钢丝(1 670MPa、1 770MPa 左右)强度高。钢绞线工作应力水平较高，能适当减少钢材使用数量；可根据索力情况调整每束斜拉索中钢绞线根数，使安全系数均尽量接近 2.5，以降低高强钢材用量。

②在斜拉索体内，钢绞线拉索防护方式层次多，安全度高，在防护不破坏的情况下，索股整体的保护很有效。

③钢绞线拉索采用现场成索的方式，减少了长重拉索产品长距离运输的不便，特别在大跨径斜拉桥上，钢绞线斜拉索可以充分利用分散运输、分散吊装以及单股穿索成束的方式，从而避免了采用大吨位起吊运输设备和施工挂索过程中的风险。

④在桥梁结构合理使用年限内，钢绞线拉索在基本不影响交通和不需要大型起吊设备的情况下，可以实现单根钢绞线依次更换，比平行钢丝斜拉索整根换索施工便利，影响小。

⑤根据大桥设计资料，现有的拉索预埋钢导管长度满足安装钢绞线拉索定位器(也称减振器)的要求，即新索可以在现有拉索两端原钢导管的端部安装定位器(减振器)。近十几年以来建成的采用钢绞线斜拉索的斜拉桥，既有位于海边的如闽江青州大桥，也有位于长江上的大桥，如夷陵长江大桥、马桑溪长江大桥、润扬长江公路大桥、武汉二七长江大桥等，其斜拉索均未设置体外减振器。

针对上述两种类型的斜拉索，从斜拉索的材料、构造、性能、安装以及后期维护等方面做了进一步综合比较，见表 2-4-11 ~ 表 2-4-13。

平行钢丝斜拉索与钢绞线斜拉索构造及受力比较表　　表 2-4-11

项　目	平行钢丝斜拉索	钢绞线斜拉索
钢材	材料：1 670MPa； 材料：1 770MPa	材料：1 860MPa
防腐系统(包装、密封性)	2 层防腐保护屏障：内部保护(金属表面涂装)和 PE 包皮层	3 层防腐保护屏障：①内部保护(金属表面镀锌)；②外部保护(每一股钢绞线的 PE 套)；③HDPE套
安全储备	若外包 PE 破坏，钢丝立刻暴露于空气中，不能提供安全储备	若外包 PE 破坏，每股钢绞线分别有保护 PE，可以提供安全储备
与原结构的匹配	原桥为平行钢丝斜拉索，原有套管构造等与新索匹配度高	钢绞线斜拉索需要的套管直径与原桥预留套管尺寸略有不同，需要根据原有套管、锚垫板构造等进行锚固系统小规模改造及匹配设计
减振系统	均有相应成套产品	均有相应成套产品
索体面积	阻风面积小	阻风面积相对稍大，但对结构影响较小

平行钢丝斜拉索与钢绞线斜拉索安装比较表　　表 2-4-12

项　　目	平行钢丝斜拉索	钢绞线斜拉索
安装时缆索长度的调节能力	受锚具长度的限制	受锚具长度的限制小
安装期间桥面上的施工荷载	拉索整体安装,较重	钢绞线单股安装,较轻
提升设备能力	要求较高	要求较低
长索安装	需大吨位吊装设备,整体处理;增加了撑杆和外壳局部损坏的可能性;在安装期间某一处外壳损坏不能够处理,可能使全部拉索性能恶化	单根处理;安装期间每股钢绞线分别有保护管,即使一股损坏也不会危及另外的钢绞线的性能
张力调整设备	要求较高	要求较低
与交通的影响	整体安装,整股张拉,对交通影响小	单股安装及张拉,由于单根张拉过程中交通不中断,使得每根钢绞线的索力出现偏差

平行钢丝斜拉索与钢绞线斜拉索材料特性比较表　　表 2-4-13

项　　目	平行钢丝斜拉索	钢绞线斜拉索
材料弹模(MPa)	2.05×10^5	1.95×10^5
强度标准值(MPa)	1 670、1 770	1 860
规范要求最大控制应力(MPa)	668、708	744

通过上述两种类型的斜拉索比较,由于钢绞线斜拉索对施工要求较低,且具有单根更换的便利性,索力易调等优点,并根据施工图评审专家意见,本次换索工程选择钢绞线斜拉索为新索的索体类型。

4)新索钢绞线拉索防水构造

塔端索套管防水结构如图 2-4-51 所示,HDPE 热膨胀管上端伸入原钢导管内,其下端套在 HDPE 斜拉索外套管外面,使雨水无法进入斜拉索内部。

梁面索套管防水结构如图 2-4-52 所示,HDPE 防水接头与 HDPE 外套管制成一体,钢防护罩上端伸入防水接头内,其下端套在原钢导管外部,使雨水无法进入斜拉索内部。

5)钢绞线拉索锚固构造

新的斜拉索在主梁上锚固后,为便于后期的检查、养护及维修更换,不再灌注混凝土填实;原锚垫板及钢导管已安装和固定于混凝土梁中,不主张也不能取出,以免破坏现有结构。由于原平行钢丝斜拉索锚垫板孔径与现有钢绞线拉索锚具不相匹配,需增设垫板,改善锚具的受力状态。

对于塔端锚具,拟采用带调整螺母的锚具,可以利用螺母整体放张,如果此桥不需要整体放张,塔端也可采用梁端锚具的结构。原锚垫板内孔较小,增加垫板的内孔略大于锚板外螺纹,使全部索力由螺母承压在增加垫板上,如图 2-4-53 所示。对于梁端锚具,拟采用无调整螺母的锚具,原锚垫板内孔较大,故增加垫板的内孔小于原锚垫板内孔,以增加锚板的受力面积,如图 2-4-54 所示。

新的斜拉索在主梁上锚固后，为便于后期的检查、养护及维修更换，不再灌注混凝土，在开的斜向圆槽内设置一内衬钢套管，基本密贴混凝土壁；一端与锚垫板（或增加的垫板）固定形成整体一起安装，一端与槽口（梁底面）平齐，同时增设可开启的检查门。最终在钢管与混凝土壁之间进行压浆，使钢管与混凝土壁真正达到密贴。内衬钢管内壁与原锚垫板焊接固定后，涂抹密封胶密封，在最低点注浆，在最高点设置排气管；开启门板用螺栓固定在与粘贴的中心钢板上，并用密封压条密封，门板上预留排水孔。梁端锚固具体结构如图 2-4-55 所示。

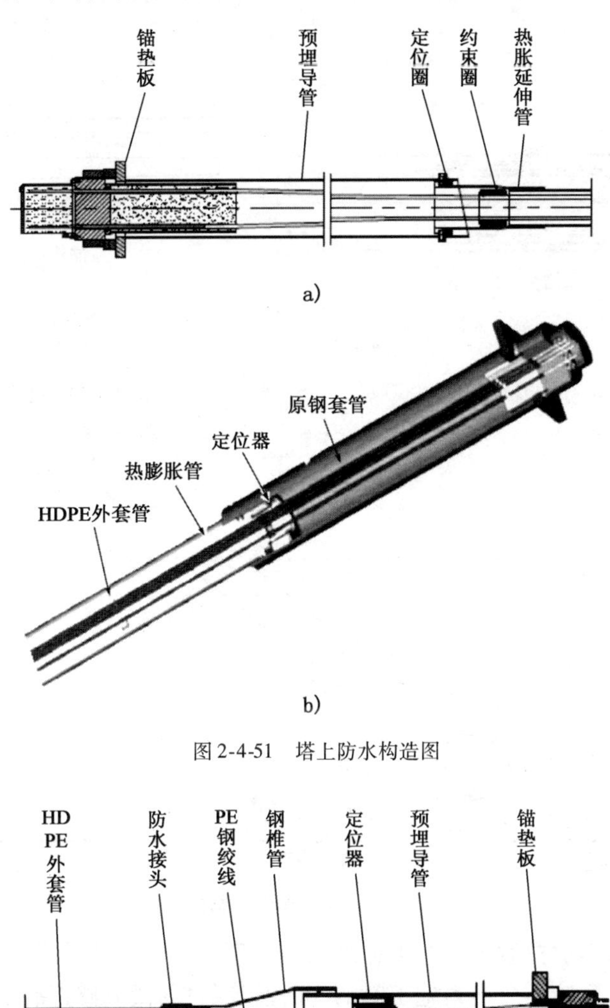

a)

b)

图 2-4-51　塔上防水构造图

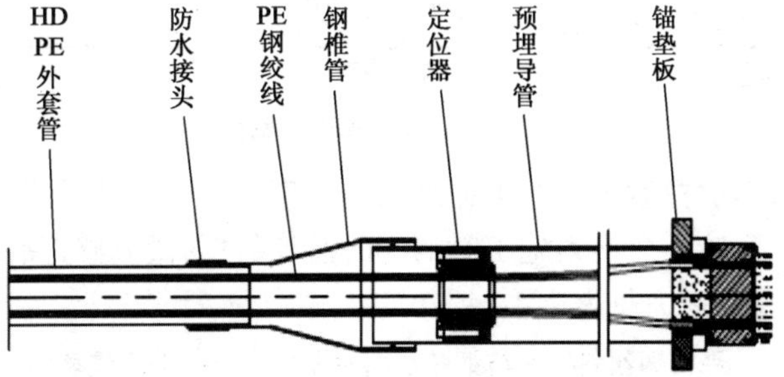

图 2-4-52　梁面索套管防水结构图

6）钢绞线拉索索力确定

铜陵长江公路大桥 2013—2015 年的定期检查报告中关于大桥整体状况的评估结论为“铜陵长江公路大桥重要部件功能与材料基本完好，通过对大桥进行荷载试验，并与往年检测结果进行对比，在各工况下的应变、挠度均满足设计要求，工作状况良好”。结合大桥目前状况，我们认为大桥的主梁受力状态较好，因此此次斜拉索更换应以大桥目前结构受力状态为基本目标，保证换索施工完成后拉索内力与换索前相接近，从而使全桥结构受力状态与换索前一致，达到较为理想的受力状态。进而本次换索不对主梁线形及拉索索力进行调整。

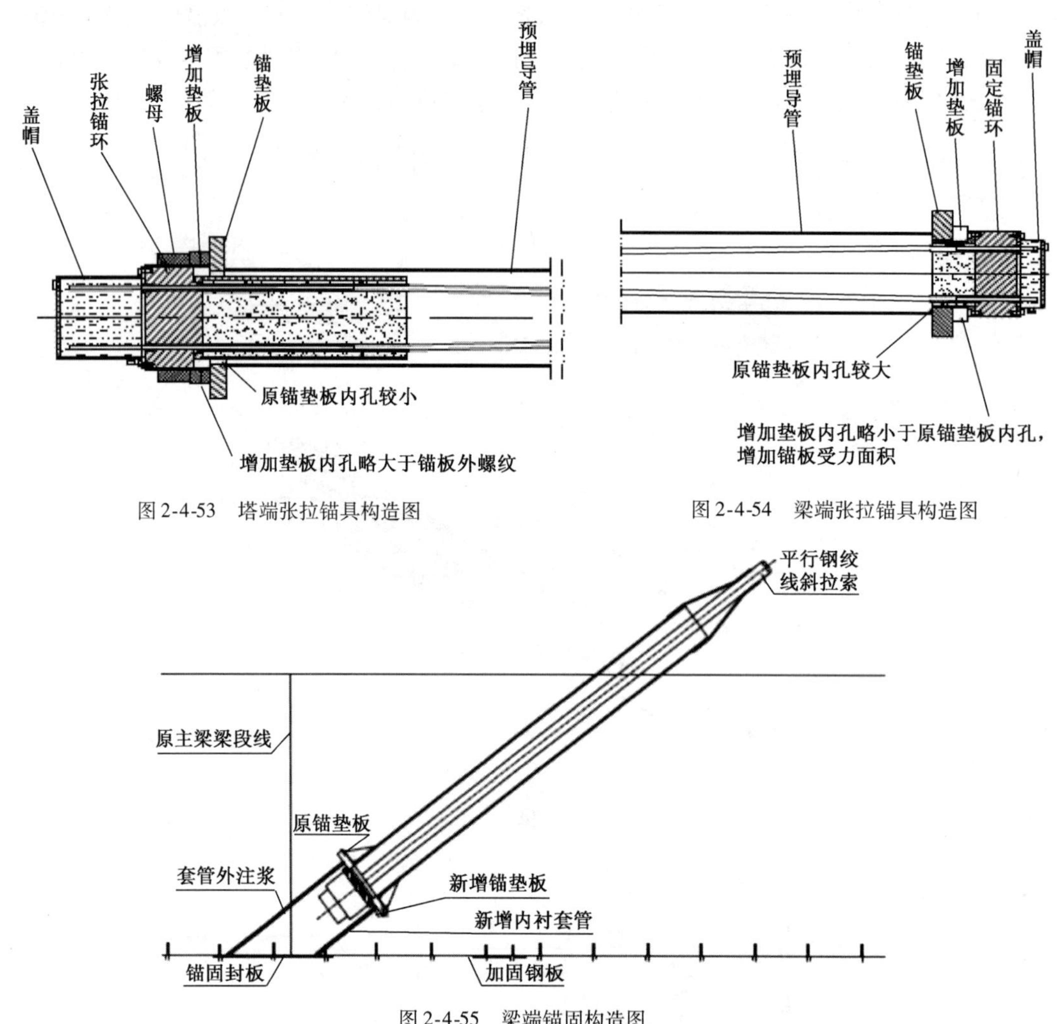

图 2-4-53　塔端张拉锚具构造图

图 2-4-54　梁端张拉锚具构造图

图 2-4-55　梁端锚固构造图

为实现以上目标，本次拉索施工的索力终张值应以成桥状态索力张拉值及往年大桥定期检查时索力检测值为基础，结合换索施工时的实时监控数据，微调修正后实时确定。5 号塔 13 号索设计索力及历年检测索力见表 2-4-14。

平行钢丝斜拉索与钢绞线斜拉索构造及受力比较表　　表 2-4-14

索　号	索　力					
	设计	2009 年	2012 年	2013 年	2014 年	2015 年
5AS13	2 705.4	3 025.6	3 018.7	2 933.5	3 015.3	2 906.5
5JS13	2 662.4	3 082	3 108.6	3 360.8	3 147	2 987.9
5AX13	2 705.4	3 001.6	2 974.3	3 098.2	3 015.3	2 893
5JX13	2 662.4	3 047.4	3 133	3 182.2	3 147	3 175.1

7)换索计算分析

根据铜陵长江公路大桥结构特点,运用有限元软件 Midas2012 及 ANSYS15.0 分别建立换索整体及局部结构分析模型,分析换索过程中的桥梁内力变化情况,如图 2-4-56、图 2-4-57 所示。

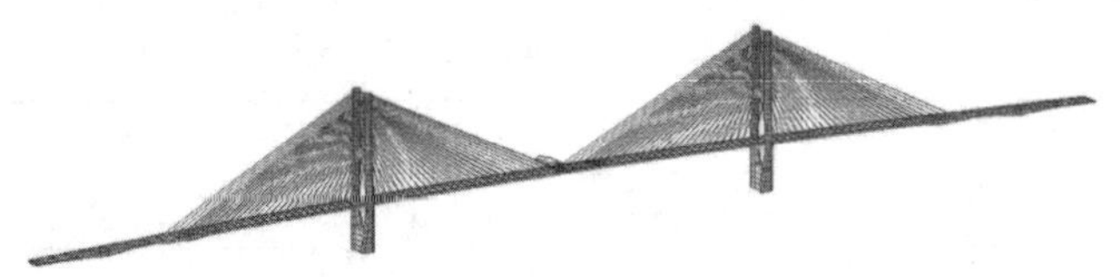

图 2-4-56　铜陵长江公路大桥主桥 Midas 模型

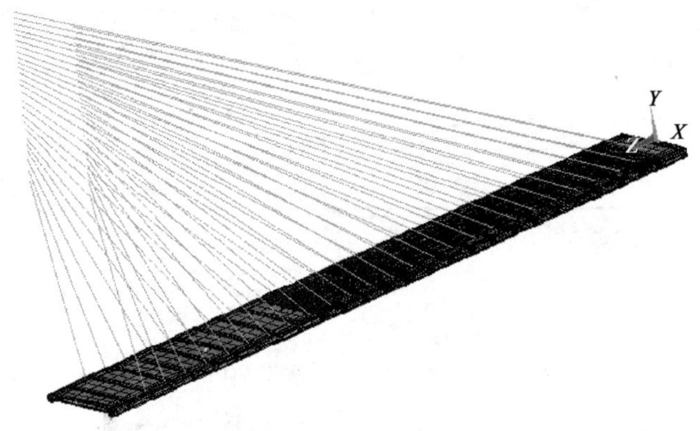

图 2-4-57　ANSYS 有限元模型图

(1)计算荷载取值

①车辆荷载:整体模型、局部模型均按汽车—超 20 级,均按 2 车道布载,如图 2-4-58、图2-4-59 所示。

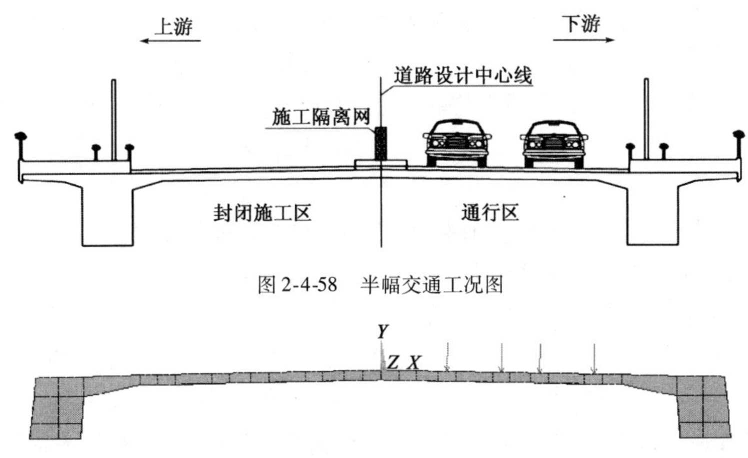

图 2-4-58　半幅交通工况图

图 2-4-59　汽车荷载布置

②人群荷载:整体模型 3.5kN/m^2,局部模型未考虑。

荷载组合为:恒载 + 收缩 + 徐变 + 活载。

(2)计算工况

换索工况:恒载、索下锚头混凝土开槽、卸索、2 车道通行。

(3)计算分析

①主梁应力。

经计算,各工况及荷载组合下 12 ~ 14 号拉索所在梁段主梁应力变化情况见表 2-4-15。

12 ~ 14 号梁段主梁应力表(MPa)　　表 2-4-15

工况	12		13		14	
	主梁上缘	主梁下缘	主梁上缘	主梁下缘	主梁上缘	主梁下缘
恒载	-6.1	-10.9	-6.6	-10.9	-7	-10.9
恒载 + 升温	-10.34	-9.33	-10.79	-9.38	-11.17	-9.4
恒载 + 降温	-3.69	-11.98	-4.25	-11.91	-4.73	-11.79
恒载 + 升温 + 卸索	-11.54	-2.63	-16.79	0.62	-12.37	-2.7
恒载 + 降温 + 卸索	-4.89	-5.28	-10.25	-1.91	-5.93	-5.09
恒载 + 升温 + 卸索 + 活载	-12.24	-0.83	-18.07	3.12	-13.07	-2.00
恒 + 降温 + 卸索 + 活载	-5.59	-3.48	-11.53	0.59	-6.63	-4.39

注:表中卸索、活载均为 ANSYS 模型中换索位置应力变化。

②主梁位移。

计算表明,13 号拉索梁段的主梁位移有如下特征:

混凝土凿除对主梁的位移影响可忽略不计,在凿除附近发生最大竖向位移约为 0.5mm。

当释放 J13 其中一根索的索力,卸索侧的竖向位移较未卸索侧的大。卸索侧主梁最大竖向位移为向下 8cm,发生在 J13 卸索的位置。未卸索侧竖向位移均非常小,最大竖向位移为 1cm。卸索影响的变形区段大致为 6 个梁段。梁底梁肋粘钢对主梁竖向位移的影响可忽略不计。

车辆荷载作用下,主梁在未卸索侧竖向位移比卸索侧位移大,最大竖向位移为 4.2cm,发生在 J13 号索未卸索位置,卸索位置主梁向下竖向位移约为 2.0cm。

(4)实施工况分析

①当更换 A13 索时,经计算分析对中跨侧主梁顶板应力影响较小,更换 J13 索对边跨侧主梁顶板应力影响也较小,同时更换 A13 和 J13 索对主梁顶板应力的影响与单独更换两根索的影响一致。

②当卸 J13 号索前,调整 J11、J12、J14、J15 号索的索力,适当增加 J11、J12、J14、J15 这 4 根索的索力,然后卸索更换新索,再对这 4 根索进行放张,恢复原索力,采取这一施工工序方法,能增加主梁下缘压应力储备,改善主梁受力状态。

③当适当单根张拉 J11、J12、J14、J15 4 根索时,主梁底板均在张拉索的位置增加约为 1MPa 的压应力,其他位置主梁底板应力变化较小。如适当同时张拉 J11、J12、J14、J15 4 索时,主梁底板在张拉索位置增加最大约 1.6MPa 的压应力,在 J13 号索位置主梁底板压应力增加约 1MPa。

根据上述数据分析可看出,临时张拉 11、12、14、15 号索的方法对提高 13 号索处主梁压应力储备的贡献度有限,且这一施工方法操作复杂,施工周期长、难度大、风险点多,要求施工精度高,因此,不易采用此方法更换拉索。

(5)计算结论

经分析,在最不利工况下,换索过程梁底会出现3.12MPa的拉应力,小于规范在施工阶段的应力限值$1.15f_{tk}$(纵向配筋率0.4%,$1.15f_{tk}=3.151$MPa),主梁承载力及位移也满足规范要求。

另外,从计算结果可知,虽然最不利工况下主梁应力满足规范要求,但安全储备小,存在一定施工风险。为降低主梁安全隐患,施工时应对通行车辆实施交通管制,严禁2辆55t重车同时通过换索施工范围内主梁区域,同向或相向行驶的重车应保持400m以上间距。同时考虑日照对主梁应力的影响,宜将卸索后的无索状态安排在夜间。

4.施工监控

1)施工监控目的与控制指标

(1)监控目的

施工监控的目的就是确保结构在施工过程中桥梁结构的应力、变形与稳定性处于安全可控状态,拉索换完交工后桥梁的内力和几何线形符合设计要求的容许值范围之内,最大限度地符合换索前桥梁的技术状态。经分析计算,对于铜陵长江公路大桥应以控制主梁线形、索力为主,同时兼顾主梁和索塔应力不超限,且索力最大程度接近原结构的索力,控制及监测的精度满足施工控制技术要求。

①线形控制。

线形是大跨度桥梁换索施工控制的最直接控制指标。通过对桥梁实施线形控制,使其结构在换索过程中的实际位置(平面位置、立面位置)与预期状态之间的误差在规范允许范围之内,保证换索后线形最大程度符合设计要求。

②内力控制。

通过对主梁和主塔塔柱主要截面的应力监控,实时了解结构的实际应力状态,使之在允许范围之内变化,避免结构发生较大的变形。对斜拉索索力进行控制,保证换索结束后索力满足设计要求。

(2)控制指标

①斜拉索索力更换前后偏差控制在5%以内。

②换索前后结构线形偏差控制在1cm以内。

③换索过程及换索后结构不应出现新裂缝。

④应力变化控制在±20%(应力变化计算值≤1MPa)或±10%(应力变化计算值>1MPa)。

换索监控总体以线形、索力控制为主,应力控制为辅。

2)换索工序与监控流程

(1)换索工序

根据本桥结构的特点,经分析计算,确定换索施工工序如下:施工准备→梁肋底部粘钢→上游侧梁肋底部开槽→拆卸上游侧一对旧索→上游侧槽口内壁处理→安装上游侧新索→调整索力→下游侧梁肋底部开槽→拆卸下游侧一对旧索→下游侧槽口内壁处理→安装下游侧新索→调整索力。

(2)监控流程

施工监控工作包括资料收集、计算分析、监测仪器准备、监测、计算与判断、预测、下达指令。除了计算分析重点之外，首先要有一套完整的具有足够精度的线形、索力及内力等的量测手段。其次，为了避免在施工过程中对斜拉索不必要的张拉和换完索后对斜拉索再进行张拉调整，要求控制系统除了具备常规的结构分析计算基本功能之外，更重要的是根据斜拉桥的特点在施工现场具备消除设计与实际不一致的自检能力，并能及时提供线形、索力及内力的修正值。控制系统还应当有很强的适应性，以适应施工中结构体系的多变性而引起的误差。

施工前期的计算是根据前期施工单位提供的施工方案对施工过程中每个阶段进行详细的变形计算和受力分析，确定桥梁结构施工过程中每个阶段在受力和变形的理想状态，以此为依据来控制施工过程中每个阶段的结构行为。施工过程中的结构计算是根据施工监测的数据、进行分析处理，分析现阶段状态与理论状态之间的偏差原因，对计算数据进行参数识别、修正，使计算模型逐步与实际状态接近，误差能控制在设计容许的范围内，再根据模型进行后续阶段的预测分析。施工过程中的结构计算分析是一个不断对结构计算参数进行识别、进行修正的过程，贯穿于整个施工过程中。

施工监控采用事前预测、现场监测控制的方法，其基本步骤如下：

①首先以设计的成桥状态为目标，以施工单位提供的实施方案中进度安排、施工荷载等为依据，按照规范规定的各项设计参数取值，计算每一施工步骤的结构理论状态，并建立施工过程跟踪分析程序。

②施工过程中，根据监控的需要，测量实际结构在各工况下的结构空间变形与应力等数据。

③根据实测的数据分析和调整各设计参数，预测并调整下一阶段结构的施工。通过全过程对结构的跟踪监测与数据分析，逐步实现施工监控的目标。详见图 2-4-60。

3）监控内容

施工监控内容如下：

（1）变形：换索前后主梁线形。

（2）应力：混凝土梁在换索过程及换索前后的变化。

（3）温度：塔、梁的温度变化。

（4）索力：换索前后及过程中被换拉索及附近拉索的索力变化。

（5）裂缝：观测换索施工前后及过程中主梁、索塔既有裂缝（如有）和新裂缝产生与变化趋势。

4）监测方法

（1）测点布置

①主梁线形测点布置。

对于扇形斜拉索，每个索面层包含上、下游两根斜拉索，则每层索面对应主梁 1 个几何变位测试截面。1 个几何变位测试截面，包括挠度及上下游偏位各 1 个测点。在换索前及全部换索完成后对全部测点进行测试。在换索过程对换索前后各 2 个索面测点进行测试。

②主梁应力及温度的测点布置。

南侧 A13\J13 斜拉索对应横梁处分别布置应力、温度监测断面和测试断面。应力测试断面应力测点根据换索根数进行布置，全桥共布置应力、温度测点 $2\times12=24$ 个。其中 1 号、2

号、3 号、4 号测点布置于钢板上，5 号、6 号测点布置于边主梁侧面。主梁温度测点布置与应力测点相同。环境温度测试选取梁面。

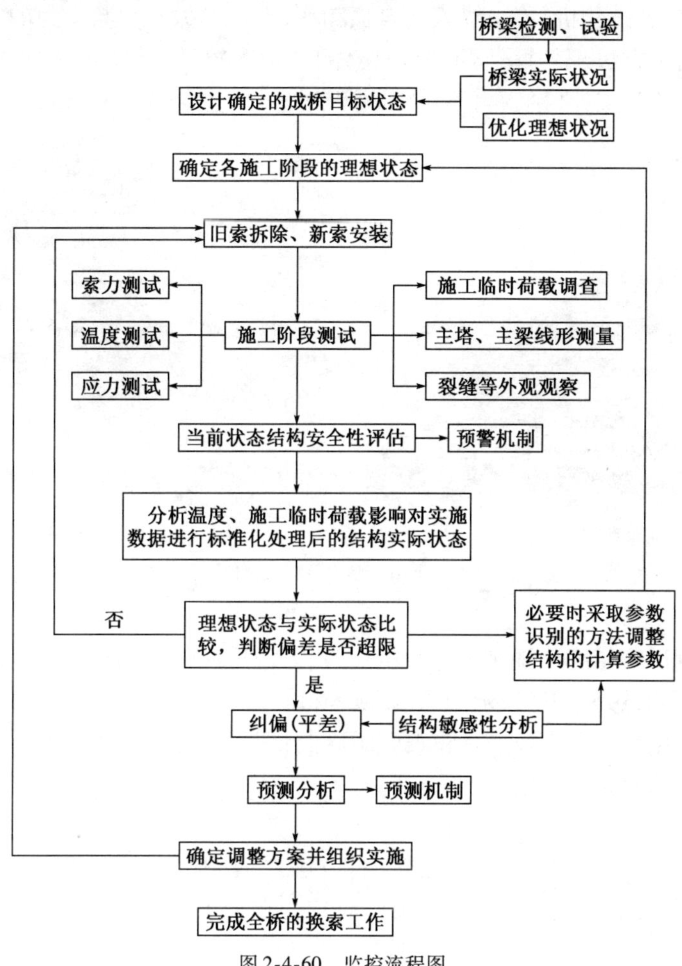

图 2-4-60　监控流程图

(2)测试频率

本次换索测试工况包括：初始状态观测、斜拉索拆除、斜拉索张拉等工况，具体测试项目及频率见表 2-4-16。

测试工况及频率表　　表 2-4-16

测试工况	测试项目					
	索力	主梁标高	主梁应变	主塔偏位	温度	裂缝发展或产生
初始状态	通测	通测	是	是	是	是
拆除斜拉索	相邻 2 对	相邻 2 对	是	是	是	是
张拉斜拉索	相邻 2 对	相邻 2 对	是	是	是	是

注：换索前及全部换索完成对全桥的线形及索力进行测试。

(3)索力监测

通过相同工况下压力传感器法、频谱分析法测试数值的对比、分析，按照“等索力、同标高”原则更换拉索,并需把握两个环节,一是旧索拆除,二是新索安装。

频谱分析法是利用紧固在缆索上的高灵敏度传感器,拾取缆索在环境振动激励下的振动信号,经过滤波、放大、谱分析,得出缆索的自振频率,根据自振频率与索力的关系来确定索力,这是一种间接的测量方法,不对吊索造成损伤,测试精度较高,一般可达到3%以内。本桥索力测试以塔端千斤顶为主,其余索力测试以频谱法测试为主,见图2-4-61。

a)拾振器

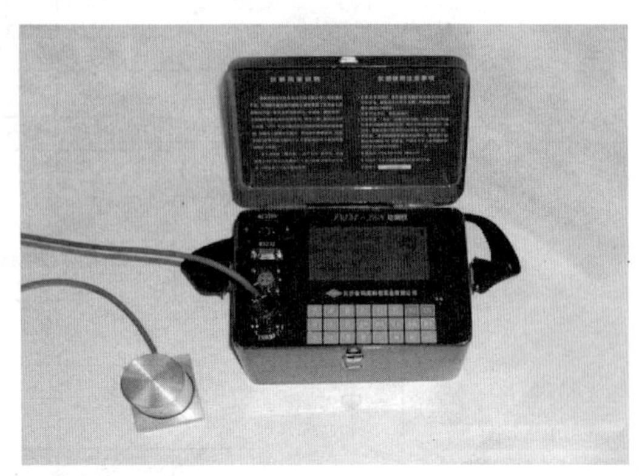

b)测试仪

图2-4-61　频谱分析测试仪

(4)温度监测

本项目温度测试将始终伴随施工监控的全过程,温度测试分为环境温度测试、构件表面温度测试。环境温度测试是指施工场地(如梁顶、塔顶等处)的大气温度,测试时使用普通水银温度计测量。测量精度为0.1℃。构件表面温度测试是指对构件表面进行温度测试,利用应力温度一体式传感器测试,测试精度为0.1℃。

(5)裂缝监控

裂缝监测是判断结构安全性较直接的一种方法评估,因此,在换索施工过程中,需加强桥梁结构的裂缝观测,控制断面安排专人监测。预应力混凝土斜拉桥换索时,控制截面主梁和索塔的混凝土裂缝监测是换索过程中的一项重要工作,它包含已有裂缝的开展及新裂缝产生的观察、测定。

(6)主梁挠度监测方法

主梁挠度监测采用Leica NA2水准仪,配备使用塔尺,采用附合导线测量法,按三等水准测量进行闭合测量。因换索项目重点为换索前后的高程改变量,因此在5号塔根处设置基准点。

(7)主塔偏位监测

利用智能型全站仪采用坐标法进行测量。由于主塔受日照、温度、风力等影响会发生偏位,测量选在夜间进行。如图2-4-62所示。

(8)应力监测

①由于钢弦应变传感器具有长期稳定性好、抗损伤性能好、埋设定位容易及对施工干扰小等优点。通过以前测试经验和对国内元件及仪器综合分析比较,主梁选用表面粘贴式ZX-212AT型应变传感器。如图2-4-63所示。

技术参数:

量程：±1 500με；

灵敏度：1με；

ZX－212AT 型测量标距：128mm；

使用环境温度：－10－＋70℃；

温度测量范围：－20－＋110℃；

温度测量精度：±0.1℃。

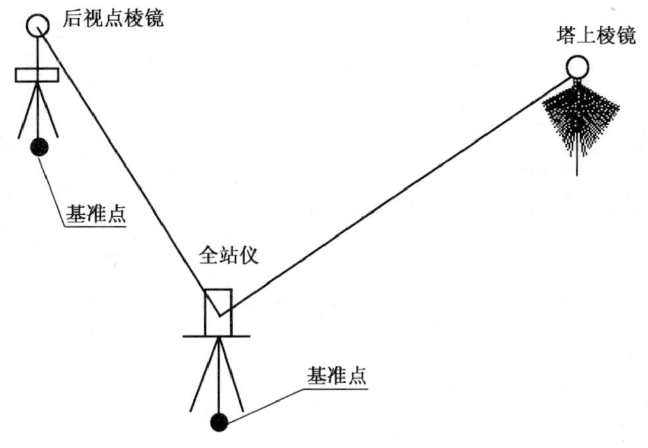

图 2-4-62　水准仪及全站仪设置图

a)

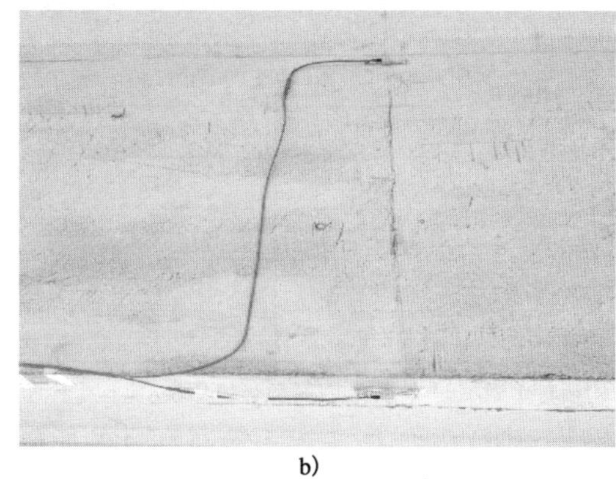

b)

图 2-4-63　应变传感器

②应力测试数据识别。

通过传感器测出的结构应变包含的无应力应变成分主要是温度变化引起的应变。因此要想得到结构实际应力，必须剔除温度等引起的无应力应变。利用振弦式应变计测量结构应变，对温度变化引起的无应力应变等影响因素进行了分析探讨，做了相应的剔除。

既有混凝土结构受力应变主要为荷载引起的弹性应变，非受力应变主要为自由温度的变化引起的应变。

5）监测成果分析

（1）桥面高程

①上游侧拉索更换监测。

上游侧拉索放索过程高程分级实测数据见表2-4-17。对于斜拉索更换项目监控，监控重点是换索前后主梁线形的变化量，因此线形测试独立布点，在5号塔根处设置独立高程基准点。

上游放索过程高程实测数据表(m) 表2-4-17

测点号		初始值	放张20%	放张50%	放张70%	放张100%
江侧测点	11-1	0.557	0.550	0.544	0.549	0.543
	11-2	0.570	0.569	0.575	0.584	0.592
	12-1	0.622	0.613	0.606	0.607	0.596
	12-2	0.637	0.637	0.644	0.655	0.653
	13-1	0.733	0.724	0.713	0.717	0.706
	13-2	0.753	0.754	0.761	0.774	0.782
	14-1	0.785	0.777	0.770	0.772	0.765
	14-2	0.801	0.801	0.810	0.821	0.830
	15-1	0.842	0.834	0.830	0.834	0.827
	15-2	0.853	0.855	0.864	0.877	0.882
岸侧测点	11-1	-2.625	-2.631	-2.643	-2.648	-2.660
	11-2	-2.627	-2.629	-2.630	-2.628	-2.634
	12-1	-2.841	-2.851	-2.859	-2.867	-2.884
	12-2	-2.840	-2.851	-2.838	-2.837	-2.842
	13-1	-3.140	-3.146	-3.163	-3.170	-3.187
	13-2	-3.136	-3.143	-3.138	-3.138	-3.147
	14-1	-3.247	-3.256	-3.271	-3.279	-3.296
	14-2	-3.242	-3.246	-3.244	-3.240	-3.249
	15-1	-3.439	-3.446	-3.460	-3.467	-3.486
	15-2	-3.448	-3.448	-3.453	-3.449	-3.452

注：11-1表示11号索面上游测点；11-2表示11号索面下游测点；其余类似。

根据主梁测点实测高程变化计算分级放索过程的主梁变形结果，与理论值比较分析见表2-4-18和图2-4-64。

高程变化实测值与理论值对比(mm) 表2-4-18

测点号		放张20%		放张50%		放张70%		放张100%	
		实测	理论	实测	理论	实测	理论	实测	理论
江侧测点	11-1	-7	-12	-13	-29	-8	-41	-14	-59
	12-1	-9	-14	-16	-36	-15	-50	-26	-72
	13-1	-9	-16	-20	-39	-16	-55	-27	-78
	14-1	-8	-15	-15	-37	-13	-52	-20	-75
	15-1	-8	-13	-12	-32	-8	-45	-15	-65

续上表

测点号		放张 20%		放张 50%		放张 70%		放张 100%	
		实测	理论	实测	理论	实测	理论	实测	理论
岸侧测点	11-1	-6	-12	-18	-29	-23	-41	-35	-59
	12-1	-10	-14	-18	-36	-26	-50	-43	-72
	13-1	-6	-16	-23	-39	-30	-55	-47	-78
	14-1	-9	-15	-24	-37	-32	-52	-49	-75
	15-1	-7	-13	-21	-32	-28	-45	-47	65

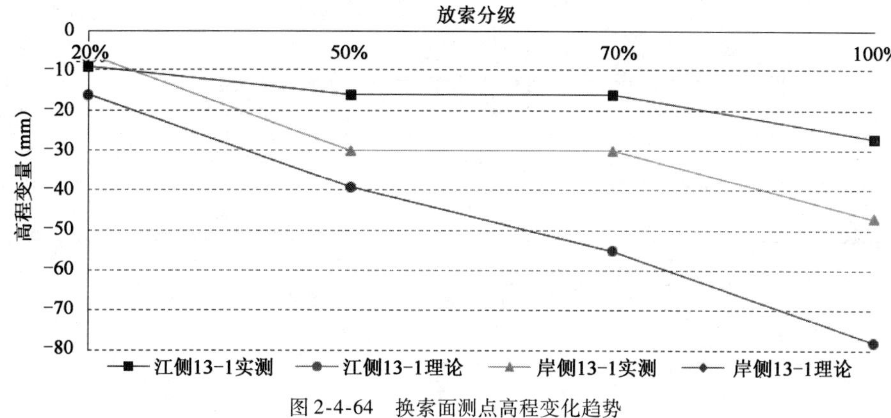

图 2-4-64　换索面测点高程变化趋势

从监测结果来看,有以下特点:

a. 在放索过程中主梁实测高程的变化趋势同理论值较为接近。

b. 放张 100% 后,江侧 13-1 测点实测值与理论值差值 51mm,岸侧 13-1 测点实测值与理论值差值 31mm,实测值均比理论值小;

c. 在测试过程中,风雨较大,视线不清,对测试工作造成很大影响,是误差的主要来源。

换索完成后主梁高程与换索前主梁高程比较分析见表 2-4-19 和图 2-4-65。

换索前后高程比较表　　表 2-4-19

测　点　号		换索前高程(m)	换索后高程(m)	换索前后差值(mm)
江侧测点	11-1	0.557	0.568	11
	11-2	0.57	0.575	5
	12-1	0.622	0.631	9
	12-2	0.637	0.642	5
	13-1	0.733	0.740	7
	13-2	0.753	0.761	8
	14-1	0.785	0.792	7
	14-2	0.801	0.808	7
	15-1	0.842	0.848	6
	15-2	0.853	0.862	9

续上表

测　点　号		换索前高程(m)	换索后高程(m)	换索前后差值(mm)
岸侧测点	11-1	-2.625	-2.622	3
	11-2	-2.627	-2.628	-1
	12-1	-2.841	-2.842	-1
	12-2	-2.840	-2.839	1
	13-1	-3.140	-3.138	2
	13-2	-3.136	-3.136	0
	14-1	-3.247	-3.243	4
	14-2	-3.242	-3.238	4
	15-1	-3.439	-3.434	5
	15-2	-3.448	-3.444	4

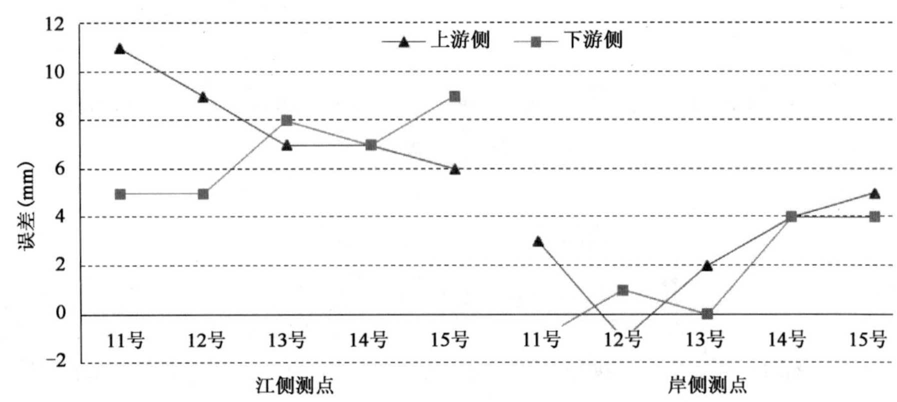

图 2-4-65　主梁测点换索前后高程差值

从上游侧监测结果分析来看：

a. 上游侧两根索更换前后，大部分测点高程差值均在 1cm 之内，上下游高差未见明显变化。

b. 其中测点 11-1 最大差值在 11mm，从其他测点来看主梁高程未发生明显变化，因此可判定高程误差主要来源于正常测量误差。

②下游拉索更换监测。

a. 在下游侧拉索放索过程主梁实测高程的变化趋势同理论值较为接近。从关键测点13-2 变化量分析，在各放索工况下，主梁变形实测值与理论值均较为接近。

b. 换索后，上游侧两根索更换前后，主梁高程差值均在 1cm 之内，上下游高差未见明显变化，如图 2-4-66 所示。

(2)索力

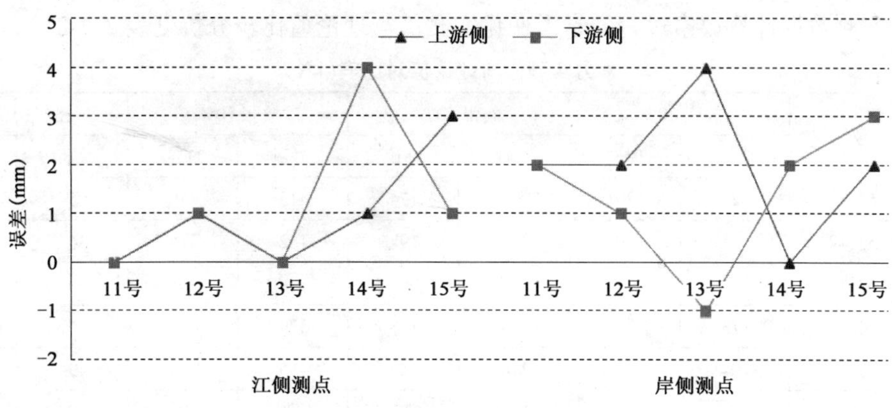

图 2-4-66　主梁测点换索前后高程差值

①上游拉索更换监测

上游侧拉索在放索过程主要利用频率法对索力进行测试，各级实测索力（kN），见表2-4-20。

上游放索过程索力实测数据表（kN）　　表 2-4-20

索号		初始值	放张 20%	放张 50%	放张 70%	放张 100%
江侧拉索	5JS11	2 850	2 972	3 145	3 263	3 107
	5JS12	2 999	2 998	3 259	3 181	3 342
	5JS13	3 001	—	—	—	—
	5JS14	3 126	3 299	3 259	3 505	3 586
	5JS15	3 190	3 294	3 466	3 645	3 684
	5JX11	2 981	2 954	3 119	3 042	3 143
	5JX12	2 898	3 053	2 880	3 035	2 905
	5JX13	3 256	3 379	3 223	3 418	3 248
	5JX14	3 130	3 229	3 213	3 043	3 237
	5JX15	3 390	3 618	3 593	3 471	3 546
岸侧拉索	5AS11	2 961	2 924	3 069	3 360	3 405
	5AS12	2 736	2 942	2 981	2 878	3 309
	5AS13	3055	—	—	—	—
	5AS14	3 209	3 343	3 261	3 298	3 476
	5AS15	3 297	3 453	3 264	3 634	3 759
	5AX11	3 050	3 422	3 391	3 347	3 343
	5AX12	3 012	3 293	3 243	3 171	3 218
	5AX13	2 997	3 064	3 089	3 118	2 946
	5AX14	3 111	3 274	3 131	3 275	3 232
	5AX15	3 190	3 167	3 306	3 207	3 351

注：5 表示 5 号塔；J 表示江侧；A 表示岸侧；S 表示上游；X 表示下游；下同。

根据实测数据计算放索过程的索力变化实测值与理论值比较分析见表2-4-21。

索力实测值与理论值对比表(kN)　　表2-4-21

索号		放张20%		放张50%		放张70%		放张100%	
		实测	理论	实测	理论	实测	理论	实测	理论
江侧拉索	5JS11	122	70	295	174	413	279	257	349
	5JS12	-1	79	260	197	182	315	343	394
	5JS13	—	—	—	—	—	—	—	—
	5JS14	173	71	133	178	379	285	460	356
	5JS15	104	58	276	144	455	230	494	288
	5JX11	-27	9	138	23	61	36	162	46
	5JX12	155	10	-18	25	137	40	7	51
	5JX13	123	10	-33	25	162	40	-8	51
	5JX14	99	9	83	23	-87	37	107	47
	5JX15	228	8	203	20	81	32	156	39
岸侧拉索	5AS11	-37	69	108	173	399	277	444	346
	5AS12	206	78	245	195	142	312	573	390
	5AS13	—	—	—	—	—	—	—	—
	5AS14	134	70	52	176	89	281	267	351
	5AS15	156	57	-33	142	337	227	462	284
	5AX11	372	10	341	24	297	38	293	48
	5AX12	281	11	231	27	159	43	206	54
	5AX13	67	11	92	28	121	44	-51	55
	5AX14	163	10	20	26	164	42	121	52
	5AX15	-23	9	116	23	17	37	161	46

其中,5JS12/5JS14、5AS12/5AS14拉索在放索过程变化量较大,索力变化实测值与理论值比较趋势如图2-4-67、图2-4-68所示。

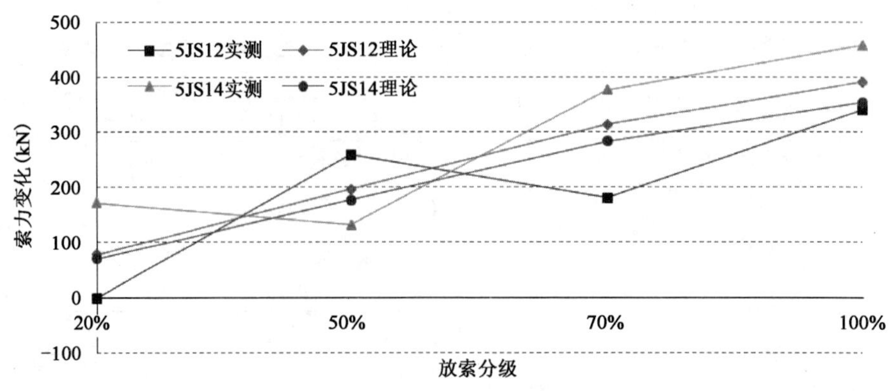

图2-4-67　江侧5JS12/5JS14拉索索力变化趋势

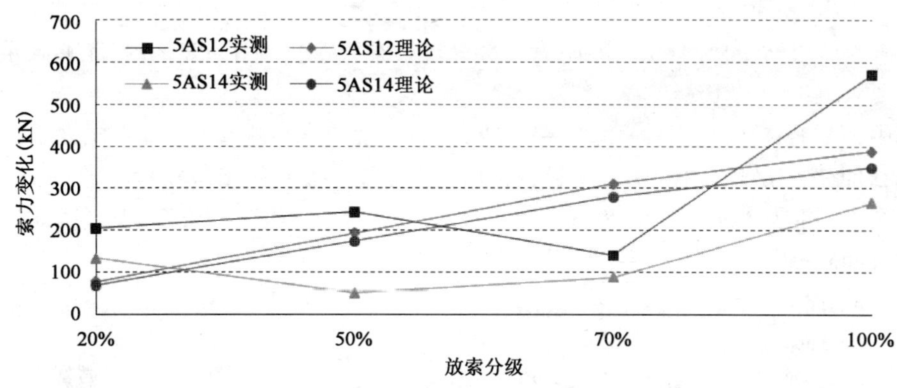

图 2-4-68　岸侧 5AS12/5AS14 拉索索力变化趋势

从上图可知:

a. 在放索过程附近拉索的实测索力变化趋势同理论值较为接近;

b. 在放索过程中,风雨较大,由于斜拉索索力采用频谱法测试,外界环境对拉索测试影响较大,索力频谱图噪声较多,较难识别索力基频,导致部分实测索力与理论索力相差较大。

换索完成后索力实测值与换索前索力比较分析见表 2-4-22 和图 2-4-69、图 2-4-70。

换索前后索力比较表　　　　表 2-4-22

索　号		换索前索力(kN)	换索后索力(kN)	差值(kN)	差值(%)
江侧拉索	5JS11	2 850	2 946	96	3.4
	5JS12	2 999	3 049	50	1.7
	5JS13	2 856	2 857	1	0
	5JS14	3 126	3 056	-70	-2.2
	5JS15	3 190	3 301	111	3.5
	5JX11	2 981	2 904	-77	-2.6
	5JX12	2 898	2 953	55	1.9
	5JX13	3 256	3 168	-88	-2.7
	5JX14	3 130	3 092	-38	-1.2
	5JX15	3 390	3 316	-74	-2.2
岸侧拉索	5AS11	2 961	3 091	130	4.4
	5AS12	2 736	2 988	252	9.2
	5AS13	2 875	2 819	-56	-1.9
	5AS14	3 209	3 105	-104	-3.2
	5AS15	3 297	3 247	-50	-1.5
	5AX11	3 050	3 122	72	2.4
	5AX12	3 012	3 100	88	2.9
	5AX13	2 997	3 000	3	0.1
	5AX14	3 111	3 083	-28	-0.9
	5AX15	3 190	3 152	-38	-1.2

注:斜拉索 5JS13 与 5AS13 索力由塔端千斤顶油表测得。

对上图进行分析可知:

a. 上游侧两根索更换前后,换索附近大部分拉索索力变化均在5%之内,能够满足相关规范及设计要求。

b. 其中,5AS12 拉索换索前后索力差别较大,与换索前索力相差9.2%。拉索5AS12 在现场索力测试时,索力频谱图阶次不明显,存在测量误差。查询往年常规检测数据,2009 年为3020.5kN,2014 年为3 063.9kN,2015 年为2 966.7kN,此次换索后为2 988kN,同前期检测数据较为接近,经分析换索前索力识别有误,索力值有偏差。

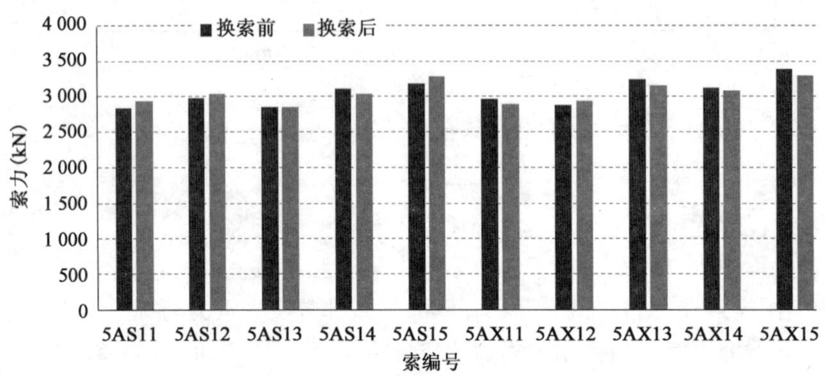

图 2-4-69 江侧拉索换索前后索力比较

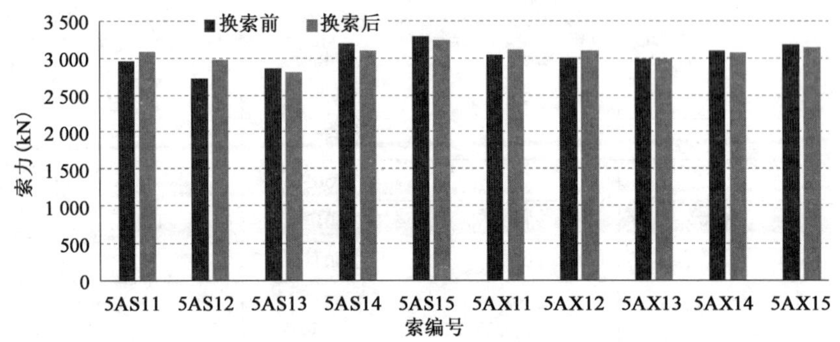

图 2-4-70 岸侧拉索换索前后索力比较

②下游换索更换监测。

a. 下游侧扩索在放索过程中,在放索过程附近拉索的实测索力变化趋势同理论值较为接近;非换索侧索力变化均较小,由于频谱法测试的固有误差,非换索侧索力参考意义较小;换索侧附近索力实测值均和理论值较为接近。

b. 下游侧两根索更换前后,换索附近大部分拉索索力变化均在5%之内,能够满足相关规范及设计要求。其中,5AS12 拉索索力经多次测试,索力频谱图不稳定,基频变化较大,导致索力有一定误差,参照其他拉索的索力变化,可推测5AS12 索仍处于安全状态。建议在后续常规检测过程中,可对5AS12 索进行复测比较。

(3)应力

①上游换索更换监测。

上游侧拉索放索过程中应力测试在结构外表面布设钢弦应力计进行测试,应变及温度实测数据见表2-4-23。

上游放索过程应变与温度实测数据表　　表 2-4-23

测点位置	测点编号	初始值		放张 20%		放张 50%		放张 70%		放张 100%	
		应变读数(με)	温度(℃)	应变读数(με)	温度(℃)	应变读数(με)	温度(℃)	应变读数(με)	温度(℃)	应变读数(με)	温度(℃)
江侧测点	1	2 084	17.2	2 115	17.5	2 183	—	2 241	—	2 296	—
	2	2 444	16.8	2471	16	2 550	—	2 595	—	2 640	—
	5	2 491	17.2	2 511	16.7	2 553	—	2 578	—	2 595	—
	6	2 443	17.1	2 476	17.1	2 562	—	2 614	—	2 656	—
	7	2 477	17.3	2 475	16.1	2 482	—	2 485	—	2 489	—
	8	2 368	16.5	2 368	15.9	2 399	—	2 399	—	2 406	—
	9	2 514	17.7	2 516	17.2	2 550	—	2 555	—	2 563	—
	10	2 526	16.5	2 529	16.3	2 550	—	2 554	—	2 550	—
	11	2 471	17.8	2 430	17.4	2 484	—	2 500	—	2 502	—
	12	2 367	17.4	2 367	16.4	2 382	—	2 375	—	2 369	—
岸侧测点	1	2 621	17.7	2 655	18.6	2 737	—	2 791	—	2 848	—
	2	2 415	17.9	2 461	18.2	2 570	—	2 645	—	2 718	—
	5	459	16.7	464	17	467	—	511	—	546	—
	6	2 186	17.4	2 217	17.5	2 268	—	2 292	—	2 305	—
	7	2 457	17.4	2 459	17.6	2 492	—	2 490	—	2 495	—
	8	622	17.5	621	17.8	612	—	635	—	632	—
	9	849	16.9	791	17.3	769	—	747	—	732	—
	10	2 380	16.9	2 386	17.3	2 429	—	2 434	—	2 448	—
	11	1 077	18.2	1 075	18.5	1 068	—	1 065	—	1 060	—
	12	2 274	17.3	2 267	17.7	2 294	—	2 278	—	2 271	—

根据实测数据计算放索过程的主梁断面应力值与理论值对比见表 2-4-24。

应力实测与理论对比表(MPa)　　表 2-4-24

测点位置	测点编号	放张 20%		放张 50%		放张 70%		放张 100%	
		实测	理论	实测	理论	实测	理论	实测	理论
江侧测点	1	1.07	1.33	3.42	3.32	5.42	4.65	7.31	6.65
	2	0.93	1.45	3.66	3.63	5.21	5.08	6.76	7.25
	5	0.69	1.29	2.14	3.21	3.00	4.50	3.59	6.43
	6	1.14	1.27	4.11	3.19	5.90	4.46	7.35	6.37
	7	-0.07	-0.37	0.17	-0.93	0.28	-1.31	0.41	-1.87
	8	0.00	-0.01	1.07	-0.01	1.07	-0.02	1.31	-0.03
	9	0.07	-0.11	1.24	-0.26	1.41	-0.37	1.69	-0.53
	10	0.10	-0.04	0.83	-0.11	0.97	-0.15	0.83	-0.22
	11	-1.41	-0.12	0.45	-0.31	1.00	-0.43	1.07	-0.62
	12	0.00	0.21	0.52	0.53	0.28	0.74	0.07	1.05

续上表

测点位置	测点编号	放张 20%		放张 50%		放张 70%		放张 100%	
		实测	理论	实测	理论	实测	理论	实测	理论
岸侧测点	1	1.17	1.33	4.00	3.32	5.87	4.65	7.83	6.65
	2	1.59	1.45	5.35	3.63	7.94	5.08	10.45	7.25
	5	0.17	1.29	0.28	3.21	1.79	4.50	3.00	6.43
	6	1.07	1.27	2.83	3.19	3.66	4.46	4.11	6.37
	7	0.07	-0.37	1.21	-0.93	1.14	-1.31	1.31	-1.87
	8	-0.03	-0.01	-0.35	-0.01	0.45	-0.02	0.35	-0.03
	9	-2.00	-0.11	-2.76	-0.26	-3.52	-0.37	-4.04	-0.53
	10	0.21	-0.04	1.69	-0.11	1.86	-0.15	2.35	-0.22
	11	-0.07	-0.12	-0.31	-0.31	-0.41	-0.43	-0.59	-0.62
	12	-0.24	0.21	0.69	0.53	0.14	0.74	-0.10	1.05

其中 1 号、2 号测点在放索过程变化量较大，做主要参考点，应力实测值与理论值变化趋势如图 2-4-71、图 2-4-72。

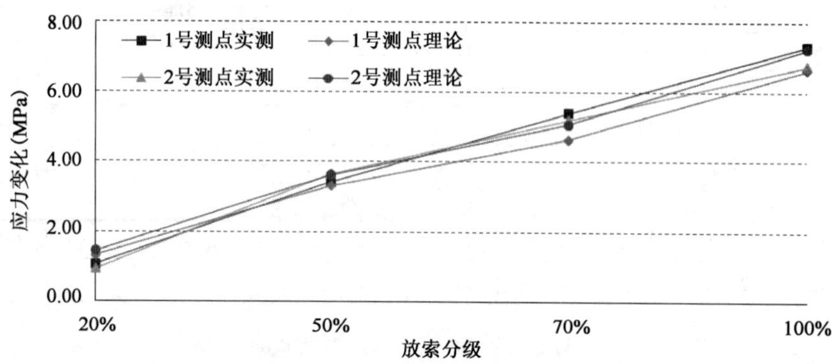

图 2-4-71　江侧 1 号、2 号测点应力变化趋势

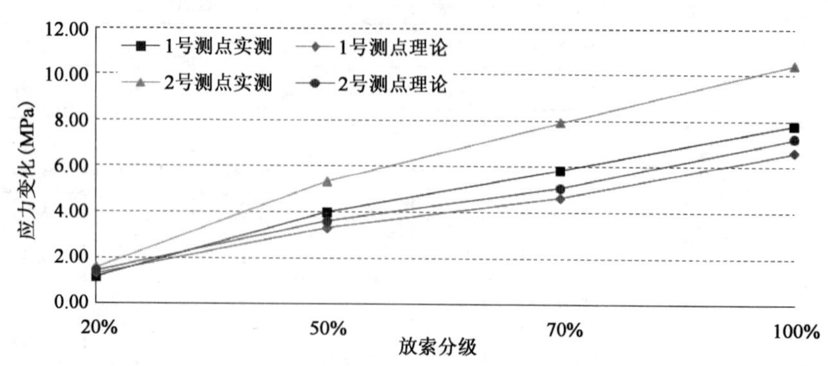

图 2-4-72　岸侧 1 号、2 号测点应力变化趋势

监测表明，放索后应力变化有如下特点：

a. 放张 50%、70%、100% 等工况，由于仪器进水，导致测点的温度未测得；

b. 从放索侧梁肋上 1 号、2 号、5 号、6 号测点来看，实测应力均较为接近理论值，其余测点由于应力变化量较小，实测值离散性较大。同时由于测点应力未进行温度修正，对实测应力数据有一定影响。

上游侧换索前后主梁断面应变实测值与放索初始值比较分析见表 2-4-25。

换索前后应力比较表　　表 2-4-25

测点位置	测点编号	换索前读数(με)	换索后读数(με)	换索前后差值(με)	换索前后差值(MPa)
江侧测点	1	2 084	2 099	15	0.52
	2	2 444	2 432	-12	-0.41
	5	2 491	2 475	-16	-0.55
	6	2 443	2 443	0	0.00
	7	2 477	2 471	-6	-0.21
	8	2 368	2 376	8	0.28
	9	2 514	2 513	-1	-0.03
	10	2 526	2 532	6	0.21
	11	2 471	2 473	2	0.07
	12	2 367	2 355	-12	-0.41
岸侧测点	1	2 621	2 629	8	0.28
	2	2 415	2 446	31	1.07
	5	459	625	166	5.73
	6	2 186	2 177	-9	-0.31
	7	2 457	2 465	8	0.28
	8	622	467	-155	-5.35
	9	849	576	-273	-9.42
	10	2 380	2 399	19	0.66
	11	1 077	1 049	-28	-0.97
	12	2 274	2 282	8	0.28

监测表明，换索后应力变化有如下特点：

a. 岸侧测点 5 号、8 号、9 号由于在测试过程中读数较小，分析原因为传感器在安装完成后由于钢弦松弛或基座不牢固导致应变读数不稳定，同时结合其他测点应变读数，可判定为非结构受力原因。

b. 上游侧两根索更换前后，关键断面应力变化较小，变化最大值在 1MPa 左右，从总体上看换索对结构应力影响较小。

②下游换索更换监测。

a. 下游侧拉索放索过程中应力测试表明：从总体变化趋势分析，实测应力与理论应力变化较为一致；从放索侧梁肋上测点来看，部分测点实测应力比理论值略大，由于梁肋实际测点均布置于梁底槽口附近，槽口附近的局部应力对测试结果有一定影响。其余横梁及非换索侧测点由于应力绝对变化量较小，实测值存在一定离散性，参考意义不大。

b. 下游侧两根索更换前后，关键断面应力变化较小，变化最值在 1MPa 左右，从总体上看换索对结构应力影响较小。

(4)结论

①线形。全桥线形测试均在通车状态下测试,桥梁振动对标高测试影响较大,在现场测试时主梁上下跳动约2~3cm。从实测数据分析,换索前后测点最大差值为36mm。从总体测试结果来看,换索对于全桥主梁线形影响较小。

②索力。全桥索力均在通车状态下测试,桥梁振动对索力测试有一定影响。更换的13号索为钢绞线斜拉索,利用频谱法测试存在一定误差,4根拉索换索后测试索力比换索前索力均偏小。利用塔端千斤顶测试时换索前后索力变化较小。其余斜拉索换索前后索力偏差均在5%以内,从测试结果来看,换索对全桥索力影响较小。拉索5AS12索力经多次测试,索力频谱图不稳定,基频变化较大,导致索力有一定误差,参照其他拉索的索力变化,可推测5AS12索仍处于安全状态。建议在后续常规检测过程中,可对5AS12索进行复测比较。

③应力。从下游侧两根索更换前后分析表明,关键断面应力变化较小,变化最大值在1MPa左右,从总体上看换索对结构应力影响较小。

综上所述,在上游侧拉索放张过程中,高程、索力、应力变化趋势同理论值较为接近,同时由于放索过程测试环境较差,部分高程测点及拉索测试值同理论值有一定误差。上游侧新索张拉后,大部分主梁高程测点差值均在1cm之内,索力变化在5%内,应力变化最值在1MPa左右,能够满足要求,表明在新索张拉后,结构恢复到了原始状态。在下游侧拉索放张过程中,高程、索力、应力变化趋势同理论值较接近,变化量同理论值较吻合。

在整个换索过程中,未见主梁新裂缝产生,在换索前后,索力线形变化不大,从总体结果来看,换索对结构状态影响较小。

5. 施工

1)安全措施

根据本次换索的特点,采用封闭半幅交通的方式进行拉索更换施工。交通组织方案分为三个阶段:下游双向单车道通行方案(上游换索施工阶段)、双向单车道通行方案(上下游换索施工场地转换阶段)、上游双向单车道通行方案(下游换索施工阶段),如图2-4-73~图2-4-75所示。

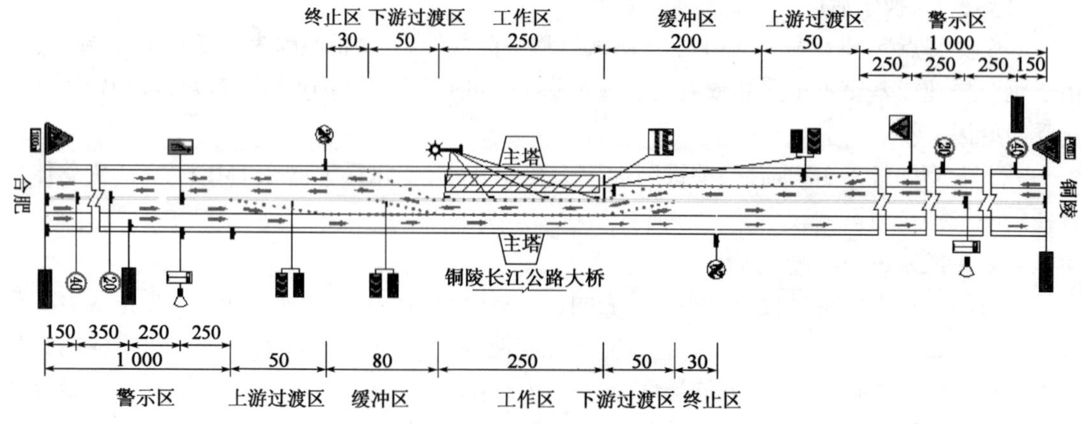

图2-4-73 上游换索阶段交通组织平面布置图(单位:m)

采用该交通组织方案，既有利于交通安全组织实施，又能快速进行调整，保证交通安全，有效降低了施工成本，同时也降低了施工起重、转运等安全风险。

2）旧索拆卸

（1）设备选择

①混凝土凿除设备与选择。

a. 水钻。水钻具有无粉尘作业、效率高、孔壁光滑、尺寸精确的特点。考虑梁底操作的方便性和安全性，拟采用台湾德丰 DF-320 型手持钻孔机水钻，外形尺寸为 72mm × 39mm × 20mm，钻头直径根据实际情况来选用。

b. 高压水射流设备。为保证减少施工过程对原桥斜拉索锚头、钢筋、预应力钢束的损伤，避免凿除部位混凝土边角开裂，经过多年的施工经验综合比较，采用超高压水射流技术剥离混凝土，可实现凿除混凝土而不损伤钢筋及钢绞线，且效率高。经多方比较，德国法尔狮生产的超高压水射流设备 T25，水压可达 250MPa，7h 可凿除 $1m^3$ 混凝土，可满足本项目下锚头区域凿除的要求。

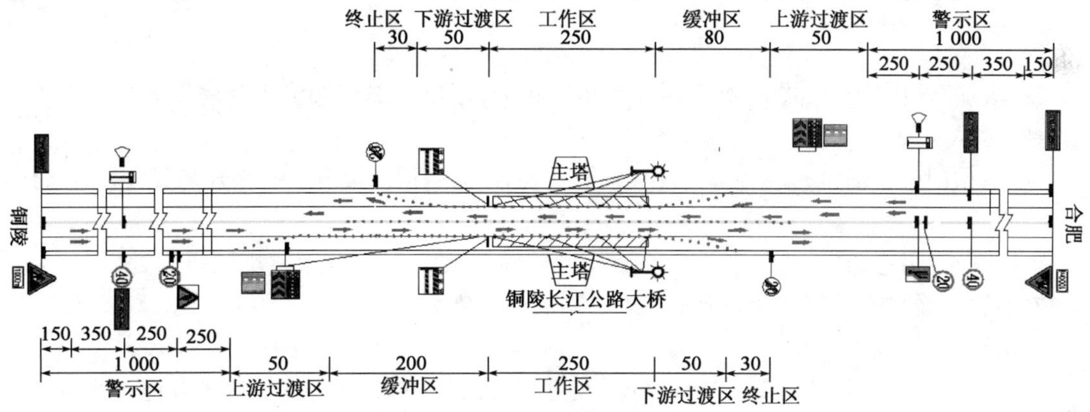

图 2-4-74　上下游转换阶段交通组织平面布置图（单位：m）

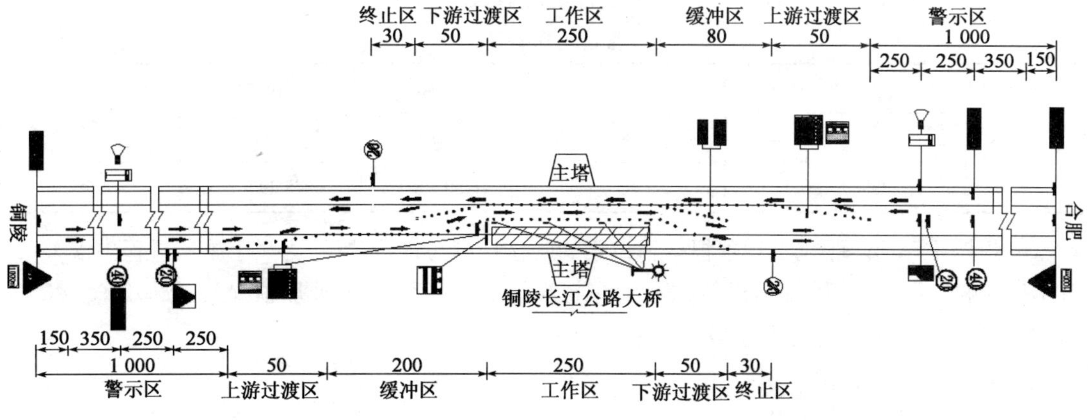

图 2-4-75　下游换索阶段交通组织平面布置图（单位：m）

②起重、牵引设备的造型及布置。

汽车吊选择：汽车吊为桥面主要吊装设备，负责索盘的吊装，梁端拉索角度调整，配合展索。该桥最重拉索6.83t,选用16t汽车吊,完全可满足施工要求。

卷扬机的选型与布置:为确保斜拉索拆除,塔、梁端挂设、桥面展开等工序的操作方便、控制准确,作为重要施工设备的卷扬机应选用状况良好的可调速型卷扬机,各卷扬机均配置滑车组。根据卷扬机用途不同分为下面几种类型(以一塔柱为例进行说明):卷扬机布置见图2-4-76。

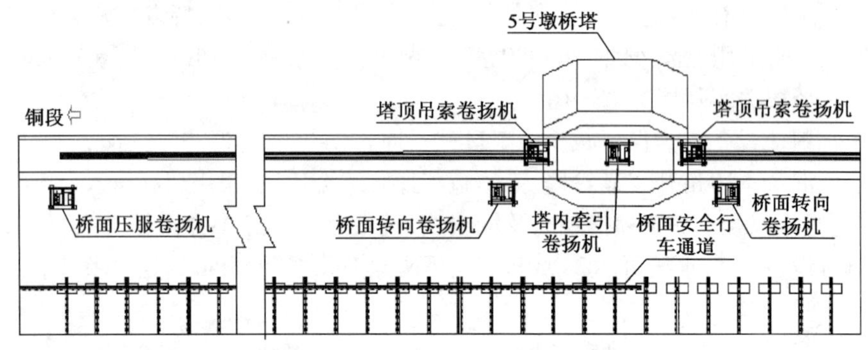

图2-4-76 斜拉索施工卷扬机布置图

a.塔顶牵引卷扬机,共1台,布置于索塔塔顶处,用以牵引塔端锚头及塔端张拉杆进入索套管临时锚固。

b.塔顶门架卷扬机,共1台,布置于索塔顶处,作为塔顶门架滑车组提升装置,用以提升斜拉索。

c.桥面牵引卷扬机,共2台,1台布置于岸侧前端梁,1台布置于索塔底桥面处,用于牵引斜拉索及放索机构、纵向移动完成斜拉索桥面展开及梁端挂设。

③拉索张拉设备。

a.张拉丝杆加工材质42CrMo,材料需经过超声波检验,并达到《锻造钢棒超声波检验方法》(GB/T 4162—2000)规定B级以上,表面硬度达到HRC26-30,屈服强度为835MPa。按安全系数2.5进行张拉丝杆的设计。张拉丝杆的选择见表2-4-26。

张拉丝杆型号表

表2-4-26

型号	直径(mm)	长度(m)	螺纹	允许张拉力(kN)	数量
A	180	1.8	Tr180×8	8 490	4
B	180	0.45	Tr180×8	8 490	6

b.张拉千斤顶。张拉千斤顶根据斜拉索的张拉控制力进行选择,为减小施工过程中误差、确保千斤顶的使用安全,尽量每根斜拉索的张拉控制力只达到所用千斤顶允许能力50%~85%范围内。张拉千斤顶的具体选型如图2-4-77所示。

(2)塔顶门架设计与安装

①塔顶门架设计与安装。

塔顶门架为塔顶主提升设备,在斜拉索更换施工中,用于将旧索塔端锚头下放至桥面,将新索塔端锚头提升至塔端索套管口处进行挂设。设计最大起吊重量为70kN,由桥面卷扬机动力系统和塔顶门架组成。动力系统由放置于桥面5t卷扬机配备20t 2柄滑车绕3线而成,起吊绳选择强度 1 670MPa 的 $\phi21.5$ 无扭转钢丝绳。塔顶门架安装时,先人工将一台小型组装扒杆吊至塔顶,利用桥面 2t 卷扬机将塔顶门架杆件提升至塔顶来进行拼装,为了方便塔顶门架组装,将塔顶门架焊接成几个部分,吊至塔顶后再进行整体拼装。

图 2-4-77 YCW 穿心式千斤顶

由于塔顶工作空间有限,为操作方便、安全,在塔顶门架周边安装工作平台及安全防护栏杆,悬挂安全网,防止高空坠落等事故发生。

塔顶门架设计如下。

塔顶门架由主体门架以及套管节点系统组成,塔顶门架高为 2m,挑出主塔边墙 1.5m,主体框架宽 2m,吊索吊点与在役斜拉索中心线间距 1m。塔顶门架具体布置如图 2-4-78 ~ 图 2-4-80 所示。

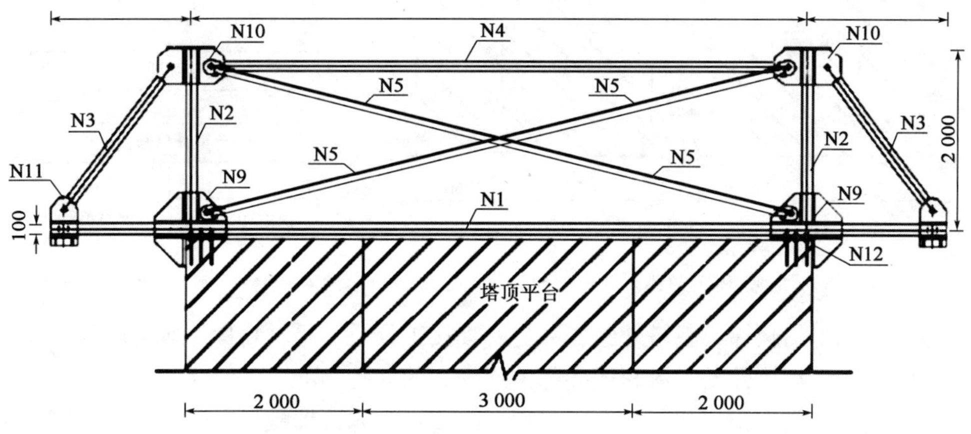

图 2-4-78 塔顶门架布置立面图(尺寸单位:mm)

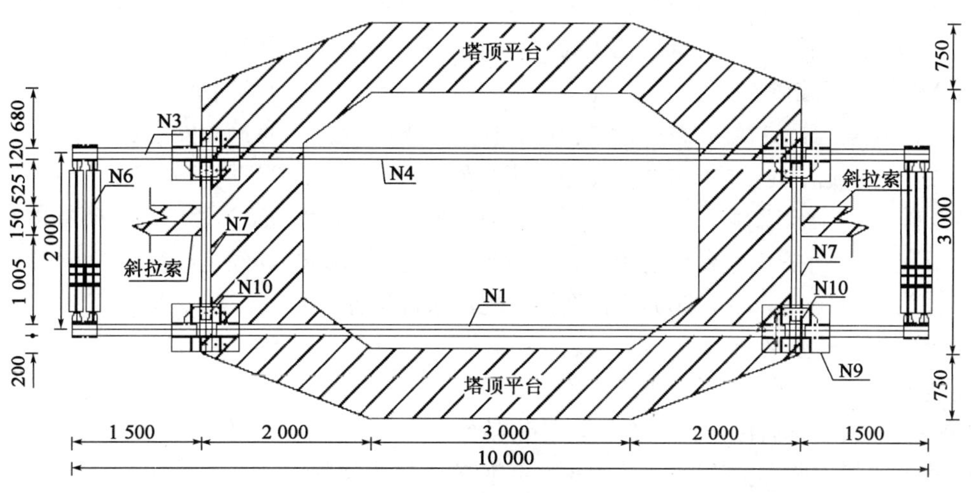

图 2-4-79 塔顶门架布置平面图(尺寸单位:mm)

②塔顶门架安装

塔顶门架安装工艺流程如图 2-4-81 所示。塔顶门架安装时,先人工将一台小型组装扒杆吊至塔顶,利用桥面 2t 卷扬机将塔顶门架杆件提升至塔顶来进行拼装,为了方便塔顶门架组装,将塔顶门架焊接成几个部分,吊至塔顶后再进行整体拼装。

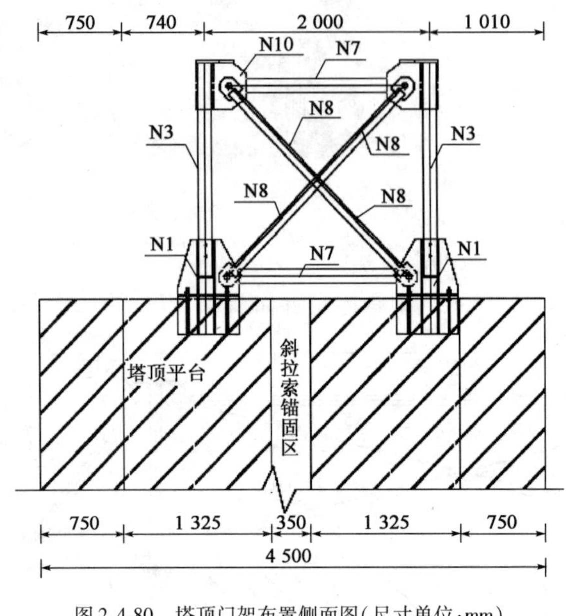

图 2-4-80 塔顶门架布置侧面图(尺寸单位:mm)

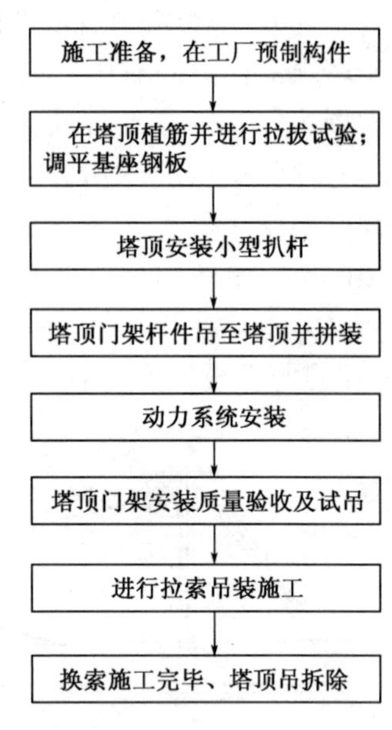

图 2-4-81 塔顶门架安装工艺流程图

通过塔身原有的爬梯或者塔外施工平台将焊接工具及零星材料构件运至塔顶。按照设计图纸在工厂进行型钢构件的下料和连接部位螺栓孔的开孔。

桁架系统安装是塔顶门架装置安装过程中的重点。先预埋螺杆,并进行拉拔试验,达到规范要求后,安装基座钢板并用水平尺调平。安装套筒节点板支座及横向连接件,通过螺栓将套筒节点板支座锚固于塔顶;将分为三段的主纵梁两端的端部杆件从内往外,穿插于套筒节点板支座之内;将主纵梁中间杆件插于两根端部杆件之间,通过节点板螺栓连接。

(3)塔外施工挂篮

在对斜拉索进行更换过程中,因更换的斜拉索为 4 根,为了确保施工安全及方便施工,拟用钢筋焊接小塔外施工挂篮挂设在斜拉索塔端索孔处,防止碎渣高空坠落,塔外施工平台采用建筑塔外施工挂篮进行施工,施工平台外侧利用安全网进行防护避免施工过程中高空坠物以及保证施工人员安全,塔外施工平台拟选用建筑塔外施工挂篮 ZLP630,其额定载质量为 630kg,篮框外形尺寸为宽 700mm × 高 1100mm,长度根据现场条件选择 2m。

塔外施工挂篮安装与调试:

①将底板垫高 200mm 以上平放,各基本节对接处对齐,装上篮片,低的篮片放于工作面一侧,用螺栓连接,预紧后保证整个平台框架平直。

②将提升机安装在侧篮两端,安装时注意使安全锁支架朝向平台外侧。

③每台塔外施工挂篮有 4 根钢丝绳分别从屋顶悬臂垂下,2 根工作用钢丝绳分别穿过提升机用于提升塔外施工挂篮上、下工作,2 根安全用钢丝绳分别穿过安全锁,用于防止塔外施

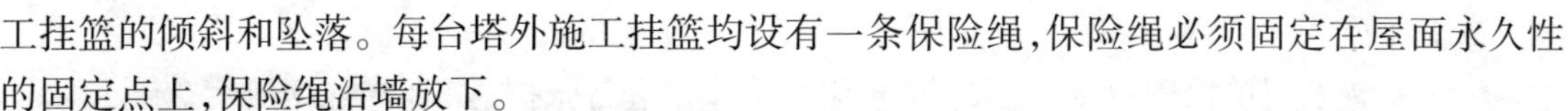

工挂篮的倾斜和坠落。每台塔外施工挂篮均设有一条保险绳,保险绳必须固定在屋面永久性的固定点上,保险绳沿墙放下。

④装成后均匀紧固全部连接螺栓。在支架和篮体安装之后,安装人员必须完成工作中的自检和互检程序,并重点检查各连接点的销轴是否缺少和松动,以及塔外挂篮提升机、安全锁、电器箱的安装。

⑤塔外挂篮穿绳检查

将电器箱面板上的转换开关拨至待穿钢丝绳的提升机一侧,工作钢丝绳从安全锁的限位轮与挡环中穿过后插入提升机上端孔内,启动上行按钮,提升机即可自动卷绕完成工作钢丝绳的穿绳进位(穿绳过程中要密切注意有无异常现象)。

⑥塔外挂篮重锤的安装

重锤是固定在钢丝绳下端用来拉紧和稳定钢丝绳,防止悬吊平台在提升时将钢丝绳随同拉起而影响悬吊平台正常运行。安装时,将两个半片夹在钢丝绳下端离开地面15cm,然后用螺栓紧固于钢丝绳上,且钢丝绳垂直绷紧。

⑦塔外挂篮安全绳和绳卡的安装

在塔外施工挂篮安装完毕使用以前,必须从屋面垂下一根独立的安全绳,安全绳在楼顶的攀挂点必须牢固,切不可将安全绳攀挂在悬挂机构上面,顶部挂完后安全绳放置于塔外施工挂篮的中间,自锁器直接安装在安全绳上面。

(4)旧索卸除

①下锚头混凝土凿除。

对于下锚头的取出,需在梁底沿着固定的角度斜向上钻出一个圆柱形的槽孔,自研了水钻开槽反力架装置,利用该装置,可调节水钻斜向上开槽的角度,以及水钻开槽的空间位置。首先按设计图纸尺寸用水钻进行钻孔,将钻孔连成一圆形,凿除中间混凝土,然后用小水钻或高压水枪进行修边,达到设计要求后,进行保护。

②塔端放张。

塔端安装变径螺母、张拉杆,直至锚杯内丝扣满丝,然后依次安装撑脚、500t穿心千斤顶及张拉杆螺母。采用千斤顶起动,顶松锚头螺母,并记录锚头螺母刚松动时的油压表读数(对监控测量索力进行复核)。用千斤顶对斜拉索进行放张,根据设计要求对斜拉索进行放张,起始按1cm放松、持荷3min,第二次松张1cm、持荷3min,以后按2cm放松,卸载时注意观测两侧变化。将张拉杆接长后通过千斤顶松出,直至锚头松出一定的长度,以索力小于200kN为塔端放索结束依据。当张拉杆长度不够时,可再接长张拉杆进行斜拉索放张。

拆除塔端千斤顶、撑脚,为保护好旧索,将梁端用汽车吊吊起,塔端拉索安装索夹通过塔顶门架将塔端锚头下放至桥面,见图2-4-82。

安装桥面5t卷扬机,穿32t 3柄滑车组走6线,安装索夹,启动卷扬机收紧斜拉索,至梁端锚头螺母松动,拆除梁端下锚头锚固螺母,汽车吊配合将梁端下锚头拉出,见图2-4-83。

3)新索安装

(1)安装主要设备

①HDPE套管焊枪。钢绞线套管运输至场地后进行现焊接成整体,具体采用挤出式HDPE套管焊枪,如图2-4-84所示。

②千斤顶。

新索安装采用单根逐根张拉，采用 20t 穿心千斤顶进行张拉，如图 2-4-85 所示。

图 2-4-82　塔顶索下放图

图 2-4-83　梁端索拉起图

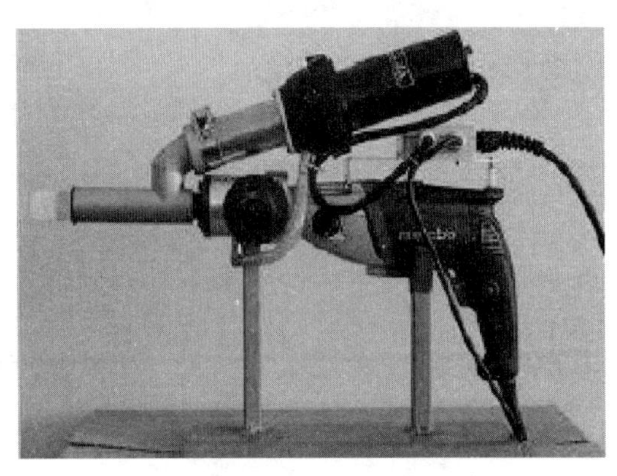

图 2-4-84　HDPE 套管焊枪

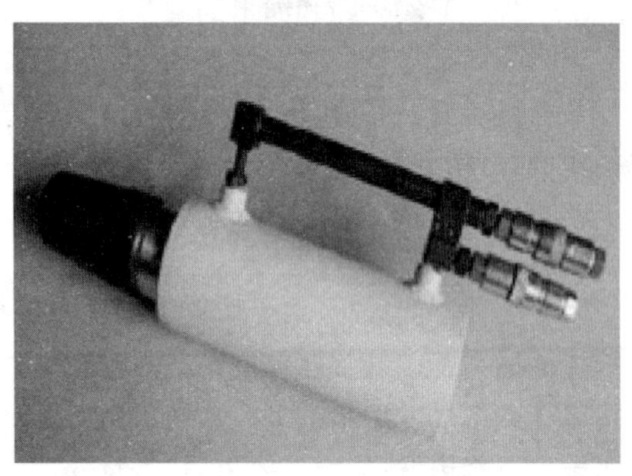

图 2-4-85　穿心千斤顶

③穿索板。

钢绞线牵引安装采用钢制穿索板，每次牵引两根钢绞线，穿梭板如图 2-4-86 所示。

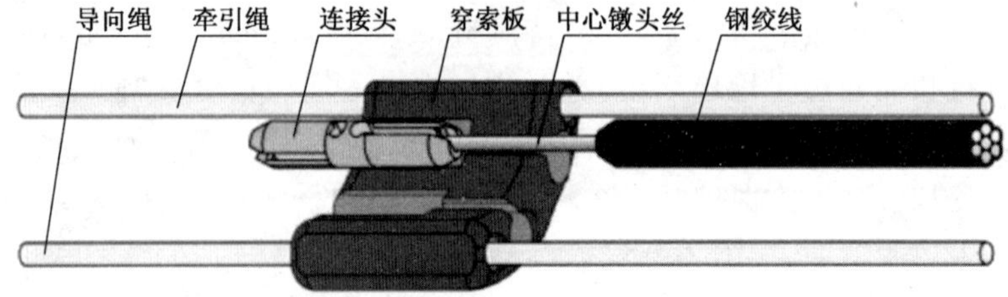

图 2-4-86　钢绞线穿索板安装图

(2)安装

①提放 PE 管。

在安装梁端减振器前将 PE 管的标准管部分连同其下的喇叭形钢罩提升留出安装减振器的空间。在安装塔端减振器前应将 PE 管上端的热胀外套管部分下放留出安装减振器的空

间。热胀外套管下放之前应用尼龙绳捆好倒挂在其塔端索导管上,缓慢下放以防滑脱。

②钢绞线夹紧。

在减振器安装之前索导管内的钢绞线是松散的,应首先用夹紧器将钢绞线夹紧,然后才能安装减振器,因为减振器橡胶圈的内孔大小是按照夹紧后的尺寸设计的,减振器安装后松动撤除夹紧器。由于每根索的钢绞线数量不同,故不可能全部构成规则的统一形状,对夹紧器设计时应考虑其通用性,确保钢绞线夹紧后的理论位置,然后再进行夹紧工作。

③减振器的安装。

用木棰慢慢将减振器沿钢绞线纵向滑向索导管内的理论位置,严禁用铁器敲打、搬撬橡胶圈就位,以防橡胶圈损伤。减振器安装好确认无误后,调整 HDPE 管位置,然后按照各种配件和螺栓。

④填充料注射。

HDPE 管与钢绞线束中间存在较大的空隙,需注入聚氨酯泡沫填充料,提高耐久性,填充料性能满足设计要求。注射方法:将 2.5% 的聚氨酯多元醇与 100% 的固化剂异氰酸酯通过两个管道分别输入至灌浆口混合。施工时应严格按照试验配比和操作方法进行。

⑤钢绞线的防护。

钢绞线斜拉索使用的是外包聚乙烯皮的钢绞线,聚乙烯皮对钢绞线起保护作用,在桥面上穿钢绞线时,钢绞线一定要绕过转向轮才能向塔上提。严禁在桥面上拖拉钢绞线,在穿钢绞线过程中发现聚乙烯皮缺陷应及时采取补救措施。

⑥钢绞线 PE 局部破损的处理。

施工时由于尚难确定套管的焊接长度以及施工前期拉索穿束过程中未对钢绞线外裹 PE 采取有效的保护措施,导致梁端及塔端预留的穿钢绞线操作空间不足,钢绞线在穿入梁端索导管时扭力过大,进而导致距离索导管边缘较近的 3 根钢绞线索在索道管上口 30cm 范围内 PE 局部破损,破损最大长度 4cm。

处理方法:采用 PE 热风焊枪对破损部位进行修补(钢绞线 PE 的热熔温度为 200 ~ 235°之间,在这个温度范围内钢材的弹性模量不受影响,从而保证了钢绞线的应力不发生变化),修补完成后用电羊毛刷对修补部位进行打磨抛光,基本消除了修补痕迹,如图 2-4-87所示。

a)PE焊枪修复

b)电羊毛刷打磨抛光

图 2-4-87 PE 破损修补图

6. 结论

该工程仅换索2对共4根，其位置根据主桥结构特点、受力特征以及对索体外观检查情况综合分析确定，对余下24对索进行全面更换时，应考虑以下几点：

(1)换索前应对主梁进行全面的专项检测，对于钢箱梁结构的主梁重点检测焊缝情况；对于预应力混凝土结构的主梁，应重点检测主梁横向预应力和竖向拉杆的情况。

(2)从施工与交通安全方面考虑，对于平行钢丝成品索的更换，在卸索或吊装新索时应暂时封桥30～60min，以确保卸吊索过程中的安全。

(3)考虑温度与日照温差对混凝土梁体内力的影响，换索在一年周期内选择4～6月或10～11月两个阶段进行换索是最佳期。

(4)施工监控是确保换索过程中结构的安全，换索前应制定详细的指导路线图，明确关键节点，工作循环方式：每次指令→设计代表→项目部总工→具体实施→反馈监控单位→发出第二道指令，直到卸索、安装新索完成。全部换索完成后应对全桥进行一次系统性的桥面线形、索力、主梁关键部位截面应力进行检测。

(5)如将原桥的平行钢丝成品索改变为钢绞线体系时，应考虑两者的弹性模量、松弛率等参数对主梁结构受力的影响。同时施工时，应特别注重钢绞线安装时每束钢绞线外层PE保护层的损伤，一旦发现钢绞线外保护层损伤时，应及时用PE热风焊枪进行修补，并经监理、设计现场确认修补质量。

(6)对于预应力混凝土结构的主梁，更换拉索时应充分考虑主梁结构特点与受力状态，如像铜陵长江公路大桥边墩主梁变截面结构特点，在换长索时，应进行临时加固处理，可采取设置临时拉索系统或反力托架方案以确保安全。临时拉索系统和反力托架分别如图2-4-88和图2-4-89所示。

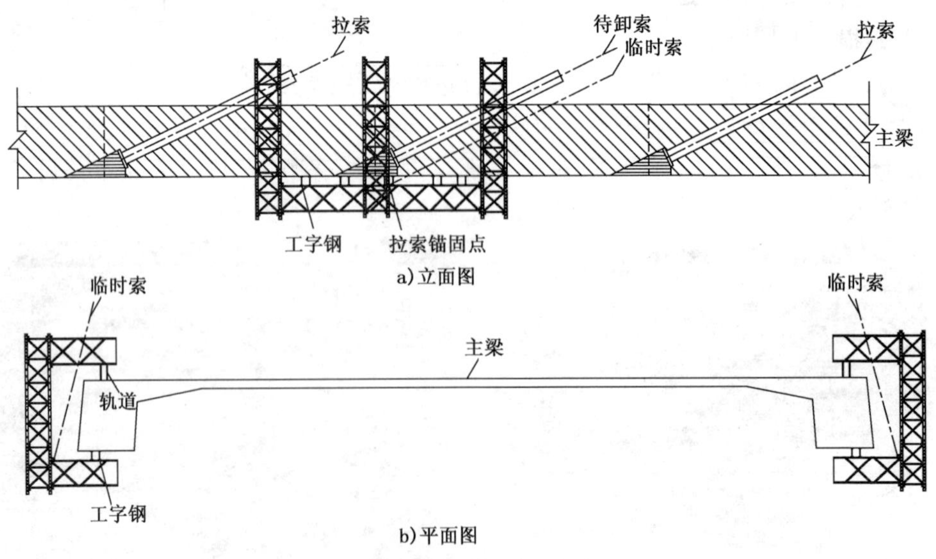

图2-4-88 临时拉索系统图

反力托架的上托梁由工字钢双拼焊接而成，工字钢的型号需要通过计算确定。梁的长度应保证待卸索相邻两个索间距和上下连接杆设置时有足够的空间及符合钢结构的构造规定。

使用过程中可以使用不小于30mm厚度的垫板，垫板尺寸不小于对应的横纵板组成的框架大小。焊缝等级达到Ⅱ级。

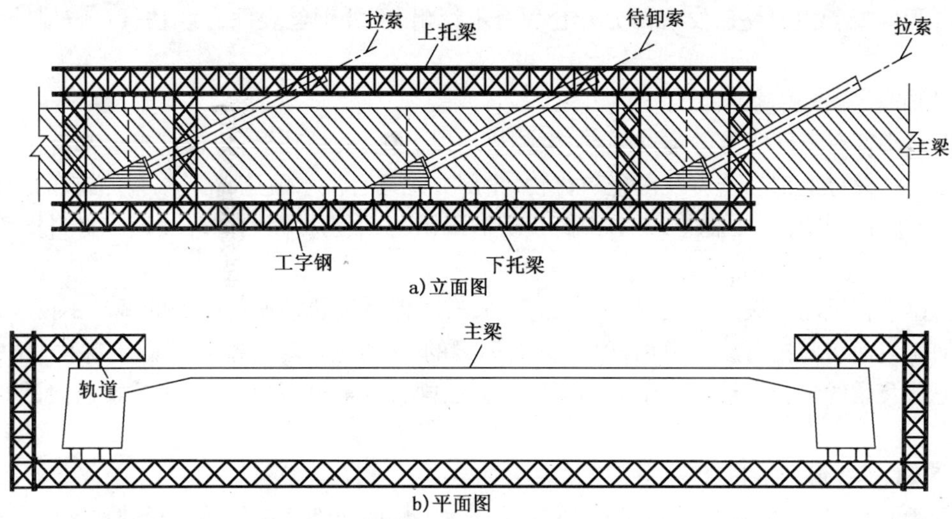

图2-4-89 反力托架图

下托梁主要用来传递梁下挠产生的垂直应力和外部荷载，由2根纵梁和2根横梁组成，上层纵梁与梁底接触，下层横梁与上下连接杆连接，托梁将下挠应力传到梁上部的上托梁。纵横梁都是由工字钢双拼焊接而成，至于工字钢型号的选取需要通过计算确定。所有材料均满足相关规范要求，焊缝等级达到Ⅱ级。

当采用反力托架方式进行换索时，应先将相邻两根索适当张拉索力，增加相应的压应力提高主梁下缘压应力储备，然后拆索更换新索，再对相邻2根索进行放张，恢复原索力。

每个系统都在桥面设置行走轨道，当完成一根索后，系统将沿桥面轨道纵桥向移动临时拉索系统或反力托架。全部更换完索后，拆除临时加固系统。

（三）案例二

1. 工程概况

郧县汉江大桥位于湖北省十堰市郧县城关小西峡口上，是G209道跨越汉江的重要桥梁工程，是我国20世纪90年代初同期首先设计、建成的主跨400.0m以上的特大型斜拉桥工程之一，系同期修建的亚洲第一、世界第二跨度的地锚式预应力混凝土斜拉桥。该工程最显著的特点是地锚式、不对称结构体系，大跨度预应力混凝土结构，为我国乃至世界斜拉桥建设从200～300m跨度级向400～500m跨度级跨越做出了重要贡献。

2. 主要病害

（1）斜拉索索力偏差过大

经一段时间运行后，经索力仪测定，实际索力与设计索力有较大的误差，最大索力误差甚至达到56.8%，索力误差超过5%的拉索达到48根占全桥斜拉索总数的24%。全桥现场索力与设计索力的总误差为2.695%。

(2)斜拉索钢丝锈蚀断裂

大部分斜拉索PE护套表皮有损伤。91%的斜拉索PE护套发现损伤。将PE破损严重的斜拉索PE护套开仓检查,发现部分开仓后有水流出,部分钢丝表面有浮锈,PE破损处钢丝有锈坑。

(3)斜拉索锚头锈蚀

下锚头都有不同程度的锈蚀现象:橡胶垫均以老化,极易破损;垫板基本上都有锈蚀;部分梁下锚头的螺母上都有锈斑及白色氧化物,少部分螺母有浸水痕迹;部分梁下锚头的护筒内有积水,少部分内部有腐蚀痕迹;梁上护筒及防护罩锈蚀;个别护筒内的环氧填充材料损坏严重。

(4)斜拉索振动异常

斜拉索在风雨中振幅增大,甚至剧烈摆动,有时伴有波状松振。剧烈的振动不仅会产生弯曲附加应力而引起拉索疲劳损伤,而且会损坏索的PE护套、套筒帽及其固定螺栓、拉索的防振阻尼器及索的护套。经常发生的异常振动会加剧斜拉索根部积水,加速拉索锈蚀,缩短其使用寿命。

(5)主梁线形变形过大

主梁波状起伏,桥面系开裂,跨中下挠比较大。桥面线性实测值与大桥建成运营一个月后1994年2月的实测值相比跨中下挠,最大值为188mm。

(6)预应力混凝土主梁开裂

主梁箱内有纵、横向裂缝、斜裂缝和剪力直缝多达379条,其总长度为365.24m。

(7)塔柱混凝土开裂

两岸主塔(包括塔柱和横梁)发现较多裂缝,其中,中、上塔柱部分裂缝长度达32m,缝宽最大达1.0mm。

(8)锚固桥台开裂

两岸地锚桥台裂缝多呈环向分部,其中最长的一条裂缝长度在38m左右,宽度0.6mm,而十堰侧桥台环向裂缝缝宽较大并且已延伸至桥台侧向填土中。

(9)跨中无轴力接头病害

四个钢箱梁均有不同程度向十堰方向滑移,且滑移量很大,造成限位角钢损坏。钢箱存在扭曲变形迹象。

3. 加固维修

(1)斜拉索更换

对全桥斜拉索进行更换,对减振器进行更换;

(2)桥面系改造

完全凿除原设置的混凝土桥面铺装及防水层,重新铺设新型桥面防水层,铺设改性沥青混凝土高级路面:4.0cm改性沥青混凝土AK-3和6.0cm改性沥青混凝土AC-20。改造后限制超重车辆通行,限制车辆通行速度。

(3)混凝土结构裂缝处理

预应力混凝土主梁裂缝,对所有宽度不小于0.15mm的裂缝采用化学灌浆法修复,进行灌浆处理;对所有宽度小于0.15mm的裂缝,采用表面涂抹法修复。

塔柱裂缝,首先对裂缝进行处理(处理方法同同主梁裂缝处理方法),然后用碳纤维布对

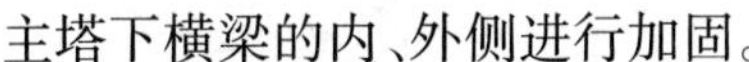
主塔下横梁的内、外侧进行加固。

(4)锚固桥台加固

采用边腹板施加竖向自锚预应力筋和箱室内填砂固结注浆相结合的方案对锚固箱体进行加固处置。

(5)跨中无轴力接头修复

恢复钢箱的扭曲变形，调整钢箱梁到设计位置，确保四氟板支座与混凝土箱梁和钢箱梁之间的接触紧密，恢复并加强限位角钢。

(四)案例三

1. 工程概况

涪陵长江大桥位于319国道上，跨越长江，于1997年5月建成通车。主桥为149m+330m+149m的双塔双索面斜拉桥，采用塔梁分离式悬浮体系。主梁为预应力混凝土双纵梁肋板式断面，索塔塔柱为倒Y形箱形断面。两边跨各设1处辅助墩，辅助墩与主梁采用刚性连接。桥面净宽18m(净15m+2×1.5m人行道)。斜拉索为双索面扇形布置，共212根。边跨外边4对为索距0.7m密索，其余索距为6m，斜拉索采用高强低松弛ϕ7镀锌钢丝，如图2-4-90所示。

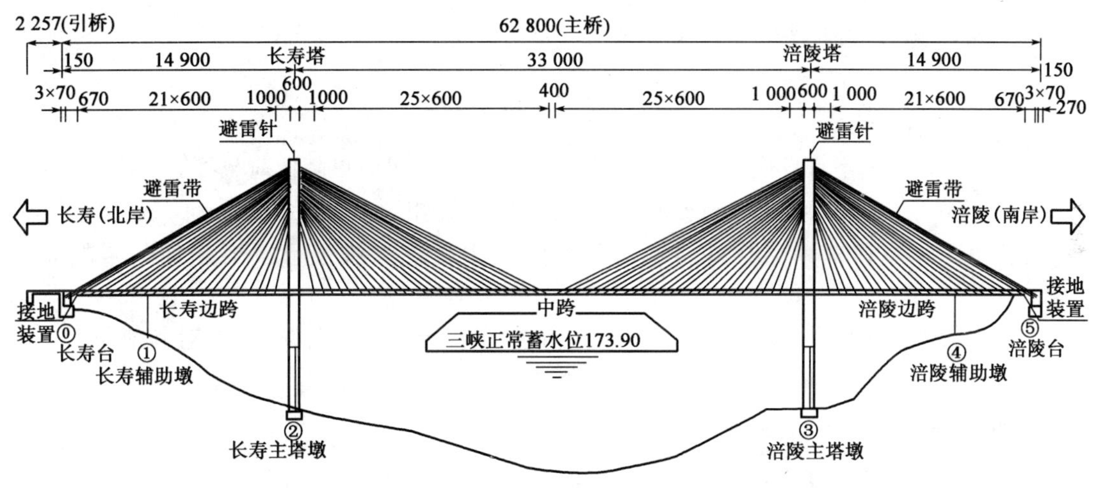

图2-4-90　涪陵长江大桥主桥桥型布置图(尺寸单位:mm)

2. 主要病害

2003年和2009年两次对斜拉索体系进行检查，发现斜拉索主要病害为锚头腐蚀、斜拉索PE护套开裂、钢丝锈蚀、防护罩锈蚀且破损严重、索力异常，存在严重的安全隐患。

(1)斜拉索锚头锈蚀

检查发现全桥424个锚头有399个锚头出现不同类型和不同程度的病害，病害比例为94%，锚头整体情况较差。多数病害为轻微和一般病害，少数个别病害为严重病害，其中:墩头严重锈蚀3个，锚箱严重锈蚀2个，锚垫板严重锈蚀1个，严重渗漏水1个。

(2)斜拉索PE护套

斜拉索PE护套普遍存在划痕、开裂、破损、孔洞、接头质量缺陷、修补质量缺陷、鼓包等病害。全桥212根斜拉索有154根存在PE护套病害,病害率为73%,其中存在较为严重的病害斜拉索61根,严重病害率为29%。

(3)斜拉索钢丝

对斜拉索PE护套出现不同病害类型和不同病害度的斜拉索进行抽样开仓检查。从检查结果来看,斜拉索钢丝的整体锈蚀情况处于轻微锈蚀至中度锈蚀。全桥共开仓抽查33根索36处,其中有7处钢丝无锈蚀,占19.4%;有8处钢丝处于轻微锈蚀,占22.2%;有18处钢丝处于一般锈蚀,占50%,有3处钢丝处于中度锈蚀,占8.3%;钢丝存在锈蚀的比例总的为80.6%。

(4)斜拉索索力异常

与1997年成桥相比,整体索力值的变化不很明显,索力变化主要由于混凝土结构受力体系的渐变造成,属于正常现象。但长寿侧中跨上游6号和7号、涪陵侧边跨上游17、18、20号共5根斜拉索索力存在异常,对结构影响大。

3.加固维修

鉴于斜拉索的病害情况,于2012年对全桥212根斜拉索及其锚固构造进行更换。

二、悬索桥加固

1.基本规定

(1)悬索桥主缆不宜更换加强,主缆或锚碇承载能力不足时可降低荷载等级使用。

(2)可采用更换吊索(杆)、增设斜拉索、设置中央扣、加强加劲梁风构等方法进行整体加固;可采用更换加劲梁构件、增大截面、粘贴钢板等方法进行索塔和加劲梁的局部加固。

(3)钢构件应按腐蚀环境、构件工作条件、养护条件等进行涂装防腐,或对其他防腐措施进行设计。

2.加固计算

(1)悬索桥整体计算、验算应按现行公路悬索桥设计规范相关规定进行。

(2)当采用增大截面法加固混凝土索塔时,应按增大截面加固法的规定、计算方法与构造要求进行。

(3)吊索(杆)抗拉安全系数:高强钢丝吊索不小于2.0、钢丝绳吊索和刚性吊杆不小于3.0。

(4)主缆抗拉安全系数:高强钢丝不小于2.0、钢丝绳不小于3.0。

3.其他

悬索桥主缆的构造决定了悬索桥加固不能依赖于主缆的更换或增强,具体加固方法应视情况而定,采用常用可行的加固方法进行加固。由于主缆为主要的承重结构,在主缆承载力不足或锚碇承载力有限时,不得提高使用荷载等级,必要时应降低使用荷载等级。

第四节　钢桥及钢—混组合结构桥梁加固

一、钢桥加固

1. 基本规定

(1)加固计算时,永久作用的取值宜采用实测的平均值乘以1.05作为其标准值。

(2)结构验算时,应考虑结构的实际有效截面面积和结构加固时的实际受力特点,进行承载能力极限状态的强度验算时应取各种作用效应的设计值,正常使用极限状态的应力、变形和疲劳计算时应取各种荷载作用的标准值,计算截面抗弯承载能力时须考虑加固材料的应变滞后效应。

(3)若有新增杆件,并导致结构体系发生变化或重量增加,应对相关结构构件及桥梁基础进行必要的验算。

(4)控制截面的应力、变化状态按弹性理论方法计算,截面极限承载能力可根据塑性理论及其他方法计算。

(5)根据钢桥不同病害部位设计相应补强方案,宜用高强度螺栓拼接加固,慎用现场焊接拼接、补焊加固。

(6)对符合国家现行标准的钢材,其容许应力值按表2-4-27取用。

钢材容许应力值表(MPa)　　表2-4-27

应力种类	钢材种类						
	Q235(A3)	Q345(16Mn)	ZG25II	ZG35II	ZG45II	45号钢	35号钢
轴向应力	140	200	130	150	170	210	—
弯曲应力	145	210	135	155	180	220	220
剪应力	85	120	80	90	100	125	110
端部承压应力	210	300	—	—	—	—	—
紧密接触承压应力	70	100	65	75	85	105	105
自由接触承压应力	5.5	8.0	5.0	6.0	7.5	8.5	8.5
节点销子孔壁承压应力	210	300	195	195	255	—	180
节点销子弯曲应力	210	340	—	—	—	360	—

注:1. Q345(16Mn)钢的各类容许应力可按屈服点的比例调整。

2. 验算紧密接触和自由接触的承压应力时,其面积取枢轴或辊轴的直径及其长度的乘积。容许承压应力取两接触钢材强度较低者。

3. 节点销子的孔壁容许承压应力系指被连接件钢材的孔壁承压应力;节点销子的容许弯应力仅适用于被连接构件之间只有极小缝隙的情况。

(7)当控制截面钢材锈蚀严重,其截面面积损失大于25%,或其钢板件剩余厚度小于8mm时,其材料强度设计值尚应根据环境条件乘以表2-4-28所列的降低系数。

钢材强度腐蚀环境降低系数　　表 2-4-28

桥梁结构使用环境	降 低 系 数	桥梁结构使用环境	降 低 系 数
I 类环境	1.00	III 类环境	0.90
II 类环境	0.95	IV 类环境	0.85

注:表中使用环境的分类方法与现行《混凝土桥涵设计规范》相同。

2. 加固方法

(1)结构加固时可采用高强度螺栓连接、局部黏结和焊接等方法。应优先采用栓接,亦可采用焊接和高强度螺栓的混合连接。对于桥梁的非主要构件可谨慎采用焊接。当原桥连接点的铆钉脱落时宜用高强度螺栓更换。

(2)当截面刚度或承载力不足时,可采用粘贴钢板、增加混凝土桥面板厚度、施加体外预应力或粘贴钢板 + MPC 高强复合材料或环氧砂浆混凝土组合式结构等方法加固。如钢桁梁疲劳点主要在上、下桁梁与竖向及斜撑节点处,采用粘贴钢板 + MPC 高强复合材料或环氧砂浆混凝土组合式结构加固,如图 2-4-91 所示。

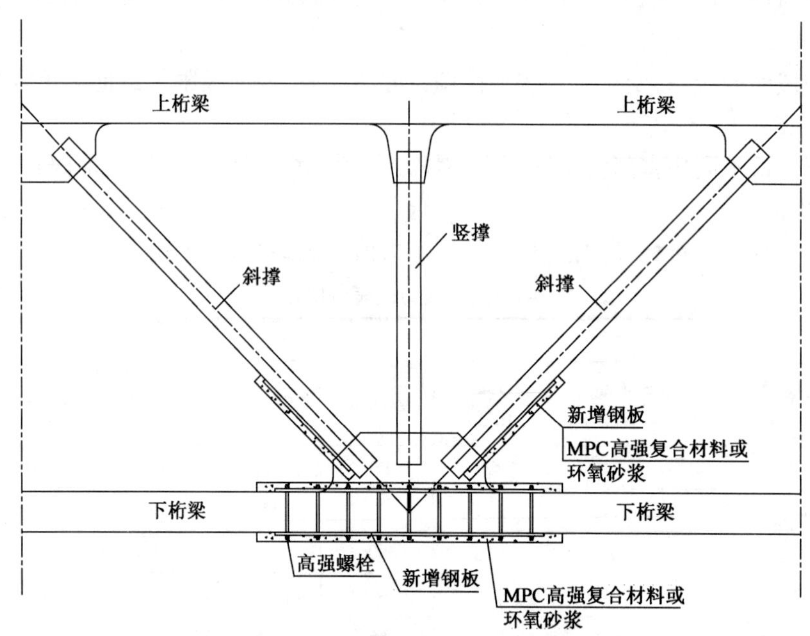

图 2-4-91　局部增强刚度组合加固法

(3)梁端混凝土桥面板与钢梁之间发生较明显的相对滑动时,必须增加连接件的数量确保混凝土桥面板与钢梁间的连接。必要时可重新设置混凝土桥面板。

(4)钢梁加固的构造设计应遵循下列原则:降低应力集中程度,选择对原结构影响小的构造形式和加固工艺,并应采用厚度较薄的轧制板件。

(5)对于可能会重复发生裂纹的部位,可采取改进构造细节的方法;对于因裂纹扩展而造成结构断面削弱较大的部位,可采用增加拼接钢板,然后高强度螺栓连接的方法进行补强。

(6)若钢桥面板出现大量疲劳裂纹,则需要增强其局部刚度,改进铺装层结构,以减小整个钢桥面板所有部位的应力,或直接对发生疲劳裂纹的局部构件部位进行补强加固。或在改进铺装层结构时,先在钢桥面板上横向粘贴碳纤维板,或在钢桥面板上横向与纵向组合式粘贴碳纤维板,碳板粘贴后再铺铺装层(图 2-4-92),也可以在 U 肋与桥面面板角隅处采用粘贴钢板 + MPC 高强复合材料或环氧砂浆混凝土组合结构进行加固。

(7)对于钢桥面铺装层结构的改造可采用加筋高性能混凝土铺装、夹心钢板系统、钢纤维加强混凝土铺装、聚合物改性混凝土铺装等方法。

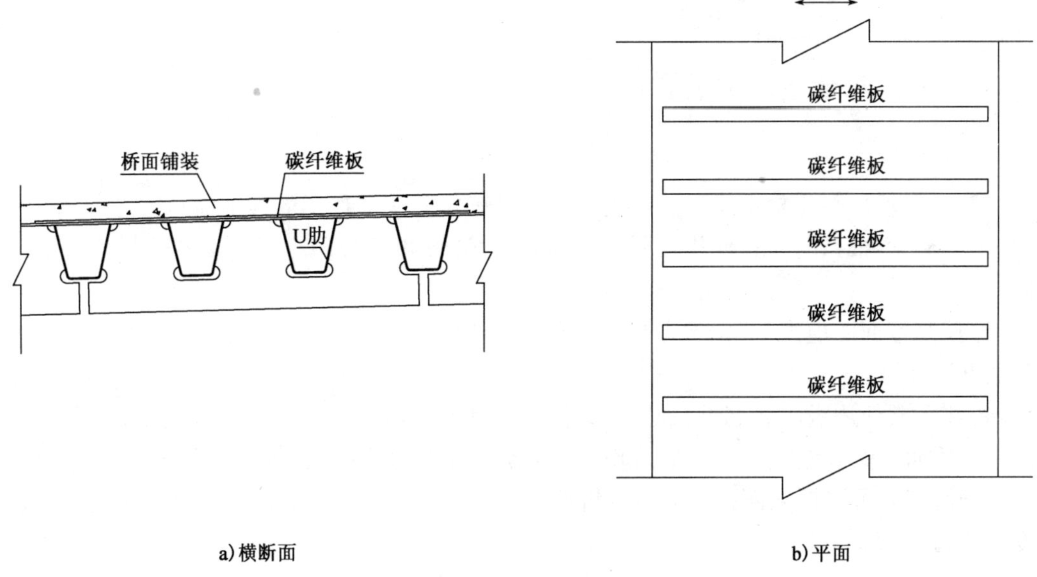

图 2-4-92　钢桥面粘贴碳纤维板加固方法

3. 加固计算

(1)按弹性理论计算钢桥加固后的控制截面应力应满足下式要求:

$$\sigma \leqslant k[\sigma]$$

式中:σ——可能出现的作用效应标准组合的截面最大计算应力;

$[\sigma]$——钢材的容许应力;

k——不同作用组合下的容许应力提高系数,见表 2-4-29。

容许应力的提高系数 k 表　　表 2-4-29

构造物类型	荷 载 组 合	k
永久性结构	仅考虑自重、恒载和活载的组合 在上述组合基础上考虑其他作用的组合 偶然组合	1.0 1.25 1.30 ~ 1.40
临时性结构	仅考虑自重、恒载和活载的组合 在上述组合基础上考虑其他作用的组合 偶然组合	1.30 1.40 1.40

(2)按弹性理论计算加固后结构的整体稳定性时应计入加固材料对截面面积、刚度以及构件纵向弯曲的影响。

(3)对加固后结构的构件和连接宜进行疲劳强度验算。

(4)当采用焊接连接加固时,焊缝的形式、构造及计算应按现行桥涵钢结构规范进行;当采用高强螺栓连接加固时,须验算连接处高强度螺栓的承载力和构件连接截面的承载力,包括单个螺栓的容许抗剪承载力、容许抗拉承载力和在受拉状态下的容许抗剪承载力。

(5)承载力计算可按塑性理论或桥梁钢结构设计相关规范进行承载能力极限状态验算。验算时应按现行《公路桥涵设计通用规范》(JTG D60)中的基本组合和偶然组合要求进行。

二、钢—混组合结构桥梁加固

1. 基本规定

(1)加固计算时,宜根据实测的结构尺寸计算确定其永久作用的标准值。

(2)结构验算时,对正常使用极限状态的应力、变形和疲劳计算时应取各种荷载作用的标准值。

(3)控制截面的应力、变化状态按弹性理论方法计算,截面极限承载能力可根据塑性理论及其他方法计算。

(4)在正常使用极限状态下,加固后结构在不计冲击的活载短期效应作用下,负弯矩区段的混凝土桥面板的裂缝宽度可近似按现行《混凝土桥涵设计规范》规定中的轴心受拉构件计算。其钢筋应力可取按截面弹性应力分析得到的混凝土桥面板中的上层纵向钢筋应力。裂缝宽度限值为0.15mm。

(5)在计算混凝土桥面板时,可参照现行《混凝土桥涵设计规范》中有关混凝土板(梁)的规定。

2. 加固方法

(1)当截面刚度不足时可采用粘贴钢板、增加混凝土桥面板厚度等方法加固;当截面承载力不足时,可采用粘贴钢板、施加体外预应力等方法加固。

(2)当桥的墩顶负弯矩区裂缝的宽度超过限值时,可采用体外预应力方法或在混凝土桥面板顶面粘贴碳纤维复合材料或其他材料进行加固。

3. 加固计算

(1)粘贴钢板、碳纤维复合材料或体外预应力加固钢—混凝土组合梁在正常使用极限状态下截面的法向应力、剪应力和主应力计算可采用截面法。计算截面应力和结构变形时,荷载效应取其标准值。

(2)粘贴钢板时,宜卸除桥梁的部分永久作用。

(3)钢梁截面为密实型截面时,加固后钢—混凝土组合梁的抗弯承载力可按塑性理论计算。荷载效应采用基本组合设计值。

(4)组合梁的翼缘板计算宽度,对于结构整体内力及变形计算可取构件的全宽;对于承载能力极限状态和正常使用极限状态的截面计算,截面有效宽度按桥梁钢结构设计相关规范取用。

(5)加固的组合梁桥通常采用栓钉连接件、槽钢连接件和钢筋连接件来保证混凝土桥面板与钢梁共同工作。当连接件失效或更换混凝土桥面板和连接件时,连接件的数量必须经计算确定。连接件的承载力、数量计算及其构造要求必须参照钢结构设计相关规范的规定执行。

三、钢桥及钢—混组合结构桥梁加固构造要求

（1）采用加大截面法的构造要求如下：

①应保证加固构件有合理的传力途径，加固件与原有构件能够共同工作，且支点连接可靠。

②加固件的布置应适应原有构件的几何形状或已发生的变形情况，以利于施工。

③不应过多削弱原有构件。栓接时应选用较小直径的高强度螺栓。焊接时应尽量避免采用与原构件应力方向垂直的焊缝。

（2）钢板梁的加固可用水平盖板或角钢加固梁体翼缘，可增设普通的加劲杆或体外预应力钢筋（束）。

（3）对下承式桥梁，可采用在原钢主梁上翼缘安装与之共同工作的钢筋混凝土桥面板，即加固后形成钢梁与钢筋混凝土桥面板共同工作的钢—混组合结构桥梁。混凝土桥面板的构造要求同钢筋混凝土结构。抗剪连接件构造可参见桥梁钢结构设计相关规范。

（4）钢桁梁常用的加固方法有更换杆件、增加杆件、对构件施加预应力、变更连续梁支承位置、对结构卸载、局部黏结、改变桁梁体系等方法。加固上承式钢桁架叠合梁桥时，可将原桥面板拆除，设置抗剪连接件并重新浇筑钢筋混凝土或预应力混凝土桥面板，形成钢—混组合结构桥梁，其抗剪连接件构造可参见桥梁钢结构设计相关规范。

（5）沿钢桁梁桥的杆件施加体外预应力时，应验算钢桁梁的每一根杆件。

（6）在钢桁梁加固设计中，应尽量避免在杆件截面及连接中产生附加的偏心，并应使加固杆件拆卸的铆钉数量达到最小。钢板加固工字形和箱形截面的主桁弦杆时，宜用高强度螺栓更换原铆钉。应避免同时沿板束全宽拆掉弦杆加固区段的铆钉，可将整块水平钢板分成两窄条钢板分别进行加固，亦可使用角钢代替。

四、案例

1. 工程概况

某大桥主桥为双塔双索面钢箱梁斜拉桥，全桥纵向共有 93 个节段，纵隔板采用实体式纵隔板与桁架式纵隔板两种结构形式。主梁为全焊扁平流线型封闭钢箱梁，其上翼缘为正交异性板结构。桥面按双向六车道布置，桥面总宽度为 35.6m，钢箱梁总宽为 38.2m，梁高为 3.5m。主梁横断面设置两道纵隔板，纵隔板分为实腹式和桁架式两种，桁架式纵隔板采用 T 形肋与顶底板焊接，腹杆采用 ϕ203mm×6.5mm 钢管。

2. 主要病害

根据检测报告钢箱梁主要病害为钢结构裂缝，裂缝类型：U 肋焊缝裂纹、U 肋母材裂纹、U 肋焊缝裂透母材、横隔板接板母材裂纹、其余焊缝裂纹。

3. 加固维修

（1）针对 U 肋与桥面板焊缝裂纹，在该类裂缝修复前，在发生该类裂纹的节段内扩大 U 肋

与面板角焊缝的检查范围,首先采用超声波检测方法确定隐性裂纹位置及范围,再用专用工具钻探孔,通过目测及介质渗透检测是否存在隐性裂纹(焊缝已萌生但未扩展至表面),然后采用焊接法对该类裂纹进行修复。

(2)针对已扩展至U肋母材的裂纹,铲除裂纹区域(比拼接板稍大)涂层,清磨钢板达到St3.0级,然后采用栓接修复法修复。

(3)针对接板槽口圆弧切口裂纹:由焊缝端部萌发,沿焊趾向顶板方向延伸的裂纹,采用焊接法修复,先用碳弧气刨刨除原有开裂焊缝,并按照相关标准、规范及设计要求进行重新施焊。

(4)针对由圆弧切口萌发沿接板母材向顶板延伸后趋于水平发展,直至相贯通的裂纹,采用栓接修复法修复。接板母材裂纹较短者,采用打止裂孔方式维持现状;裂纹较长者,采用止裂孔及拼接法综合修复。

第五节　桥梁下部结构加固

一、基本要求

(1)桥的盖梁加固可采用施加体外预应力、增大截面、粘贴钢板等方法。

(2)墩柱可采用增大截面、钢套管内灌注混凝土、粘贴钢板等方法加固。

(3)台身可采用外包钢筋混凝土套箍、更换台后填土、增设辅助挡土墙、框架梁加注浆锚杆等方法加固。

(4)基础可采用增大基础底面积、增大桩头面积或增加基桩、增设支撑梁等方法加固。地基可采用高压旋喷注浆、土体注浆等方法加固。当墩台基础冲刷过大,可采用抛石、石笼、砌石防护、板桩防护等方法进行加固。

(5)采用预应力加固盖梁、柱、薄壁墩台、空心墩等钢筋混凝土构件时,原构件混凝土强度等级不宜低于C25;采用其他方法加固时,原构件混凝土强度等级不宜低于C15。

二、加固计算

(1)采用增大基础加固地基时,计算应考虑两个阶段受力,基底面积应根据现行《公路桥涵地基与基础设计规范》(JTG D63)的规定由地基强度验算确定。

(2)增补桩基加固计算应考虑两阶段受力和新、旧桩基支撑条件、桩径等方面的差异。增补桩基数量及群桩基础沉降量计算应根据现行《公路桥涵地基与基础设计规范》(JTG D63)规定进行。

(3)基础冲刷加固计算时,基础的冲刷深度应取现有河床断面计算最大冲刷深度;桩基承载能力验算应考虑冲刷深度变化的影响。采用抛石防护的桩基,其承载力应计入抛石的负摩阻力。

(4)对未设置防护设施、可能受撞击的桥梁,应进行防撞验算或专题研究。

(5)下部加固后,应对全桥进行整体验算。

三、构造要求

(1)钢筋混凝土套箍加固。

①钢筋混凝土墩台出现环向裂缝时,沿裂缝布置一道套箍,套箍高度不小于1.5m,厚度250~400mm。

②钢筋混凝土墩台竖向裂缝可用数个套箍加固,每隔一定高度设置一道,其宽度视裂缝分布和宽度而定,厚度采用100~200mm。

③被加固墩台为圬工结构时,套箍宜与注浆锚杆共同使用,锚杆间距根据墩台结构尺寸确定,一般为1.5~2.0m。外露锚具应进行防腐处理。

④套箍混凝土强度等级不低于C20,配筋率不小于0.4%。

⑤套箍钢筋应与原结构可靠连接,当采用植筋技术时,其构造按现行《加固设计规范》的相关规定执行。

(2)增补桩基加固。

①增补桩基时,新增桩的构造、布置、间距等应考虑对既有基础的影响。新增桩与原桩的间距可适当减小。

②增补的新桩与原桩相连接时,应考虑两个阶段受力特点,整体验算沉降和连接处的剪应力。

③采用补桩加固时,常见的新旧桩连接加固形式见图2-4-93~图2-4-97。

(3)用支撑梁法加固扩大基础桥台时,钢筋混凝土支撑梁顶面高程不得高于计算冲刷线。

(4)扩大墩台基础加固,当抗剪承载力不足时,应采取增加承台厚度、在重力式桥台两侧加设钢筋混凝土侧墙等措施,有条件时可在台前新基础下增加短桩。

(5)基础冲刷加固。

①浆砌片石铺设范围:桥墩上游6~8m,下游8~12m。

②对于中小桥扩大基础(或承台)底掏空时宜采用抛石、钢丝石笼等措施防护,其加固高度要达到基础底面以上1.0m,坡度不大于1:1。

③对于深水扩大基础冲刷深度超过设计容许值时,宜采用块石、袋装级配碎石、格宾网笼石等方式或采用组合方式进行三维精准定投实施。

四、增补桩基加固形式

(1)增加对称辅助墩,如图2-4-93所示。

(2)I字形辅助桩基,如图2-4-94所示。

(3)哑铃形承台辅助桩基,如图2-4-95所示。

(4)多边形承台辅助桩基,如图2-4-96所示。

(5)H形承台辅助桩基,如图2-4-97所示。

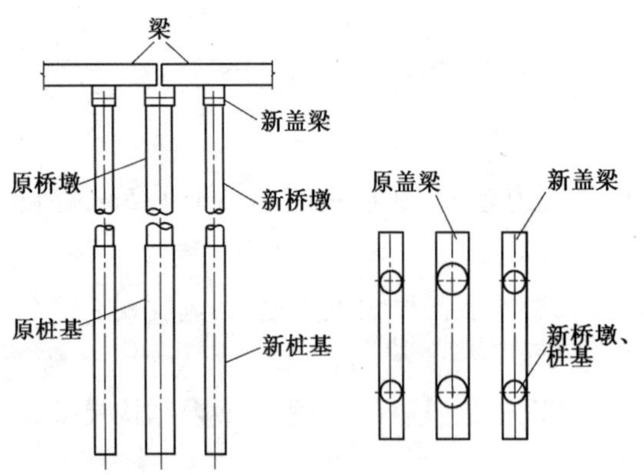

图 2-4-93 增加对称辅助墩示意图

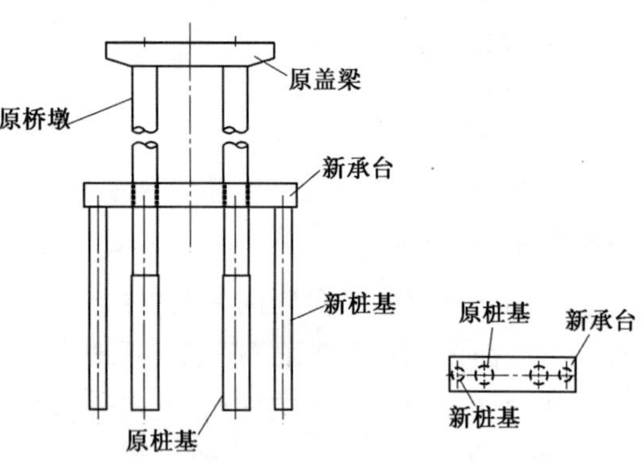

图 2-4-94 I 字形辅助桩基示意图

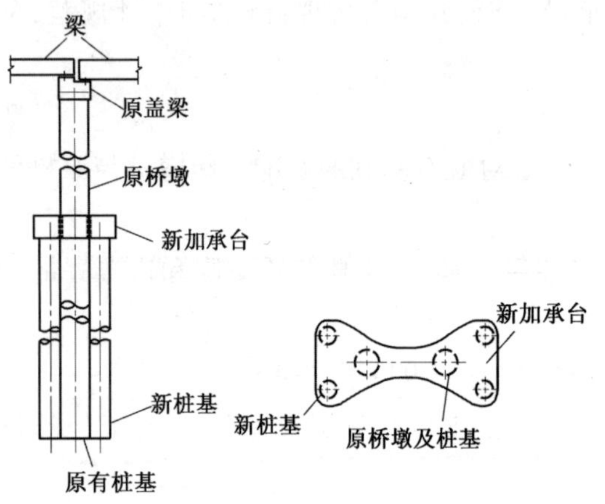

图 2-4-95 哑铃形承台辅助桩基示意图

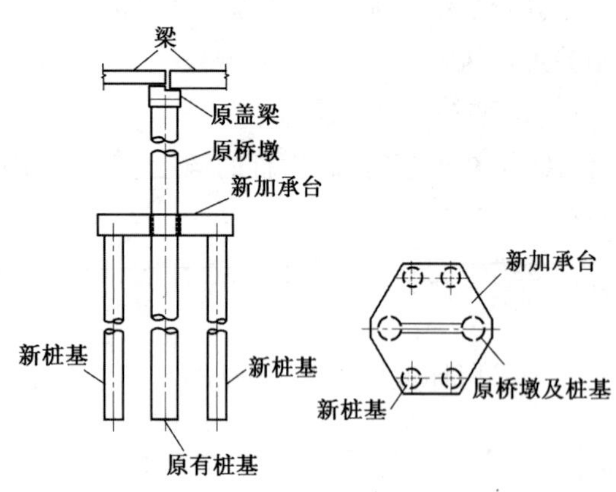

图 2-4-96 多边形承台辅助桩基示意图

五、案例一：桥墩加固

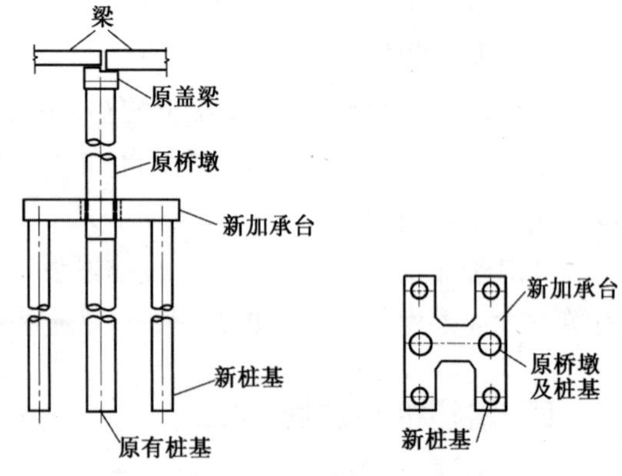

图 2-4-97 H 形承台辅助桩基示意图

（一）桥墩加固设计

1. 桥梁概况

某大桥引桥为 50m 跨径的 T 梁结构，桥面宽 20m，桥面铺装层为 5cm 混凝土 + 10cm 沥青混凝土结构形式。

2. 桥墩病害

经检测该桥桥墩存在如下病害：两个桥墩倾斜，其垂直度不满足规范要求，其中一桥墩的盖梁宽度达不到设计尺寸，同时该桥墩处河床冲刷较大，原设计冲刷深度为 11m（高程 −16.27m），现已达到 −18.271m，超出原设计最大冲刷线 2.001m，导致桩基自由长度较原设计增大等综合性病害问题。

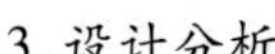

3. 设计分析

(1)考虑桥墩倾斜的几何状态,对桥墩及桩基础进行承载能力极限状态下桩身强度验算、正常使用极限状态短期效应组合下的裂缝宽度验算以及单桩承载能力验算。桩基内力计算时,采用现行《公路桥涵地基与基础设计规范》(JTG D63)推荐的m法进行计算。利用m法计算竖向及水平抗力系数模拟桩土相互作用。利用有限元程序 Midas 建立下部结构模型,以节点弹性约束的形式模拟土弹簧约束。

活载效应以横向加载的形式,施加于盖梁单元上,考虑活载的偏载效应。上部结构引起的恒载效应以节点集中力的形式施加于各自支座位置。

(2)加固设计的原则:对原桩基础进行补强,保证结构承载能力满足现行规范要求;对现有病害进行有效处理,改善原桩使用性能。原结构与加固结构属于共同受力体系,考虑结构两阶段受力特点,即原桩基础承担原有恒载作用,原桩与加固桩共同承担加固二期恒载作用及活载作用。

(3)加固桩基础采用对称布置形式,利用植筋的形式将原桩与加固承台相连接,加固桩钢筋深入加固承台内部,形成整体受力结构。

4. 方案比较

在安全可靠的基础上,综合考虑经济性指标以及加固结构与原桥梁总体造型和防撞性,在具体桩基布置和墩身加固方面考虑了三种方案,见表 2-4-30。

加固方案比选表　　表 2-4-30

比选指标	多边形方案	哑铃形方案	I字形方案
安全性	加固基承载能力及使用性能均满足要求	加固基承载能力及使用性能均满足要求,可利用高桩承台及相应桥墩承受船舶撞击作用,避免船舶直接撞击原桥墩	加固基承载能力及使用性能均满足要求,可利用高桩承台及相应桥墩承受船舶撞击作用,避免船舶直接撞击原桥墩。但水位超越新增墩身高度,形成行船障碍物,对行船造成危害
经济性	低桩承台,桩基主要工程材料少。承台施工采用封底钢套箱工艺	高桩承台,桩基主要工程材料用量较多。承台施工模板搭设复杂,施工风险高	高桩承台,桩基直径大于哑铃方案,新增墩身较高,工程材料用量大于第二方案,承台模板用支架搭设,施工方便
功能性	新加承台可明显增大桥墩的横向刚度,提高横向稳定性	新加桩基及承台可以作为防撞墩,抵御船舶撞击	新加桩基及承台可以作为防撞墩,抵御船舶撞击
美观性	新加承台位于常年枯水位线以下,对桥梁整体造型影响小	高桩承台位于正常水位线以上,与桥梁整体结构造型协调性差	高桩承台位于正常水位线以上,与桥梁整体结构造型协调性差

5. 施工方案

经过比选最终选定多边形方案进行施工,具体如图 2-4-98、图 2-4-99 所示。

(1)加固桩采用钻孔灌注桩,共新加桩基础 4 根,加固桩桩基直径 2m,加固桩桩底位置与原桩桩底位置相同;新增一棱形支承结构,纵桥向长 14m,横桥向长 15.6m,高为 3m 的承台。加固桩桩底位置与原桩桩底位置相同。加固桩采用水下 C30 混凝土,加固承台混凝土材料采用 C30 混凝土。原桩与加固桩桩身承载能力均满足规范要求,正常使用极限状态短期效应组合下,裂缝宽度满足现行规范限值要求。

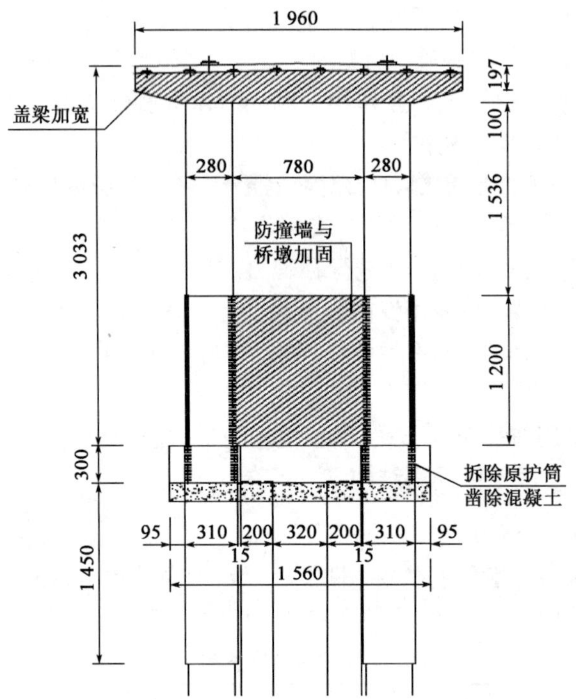

图 2-4-98　桥墩加固立面图(尺寸单位:cm)

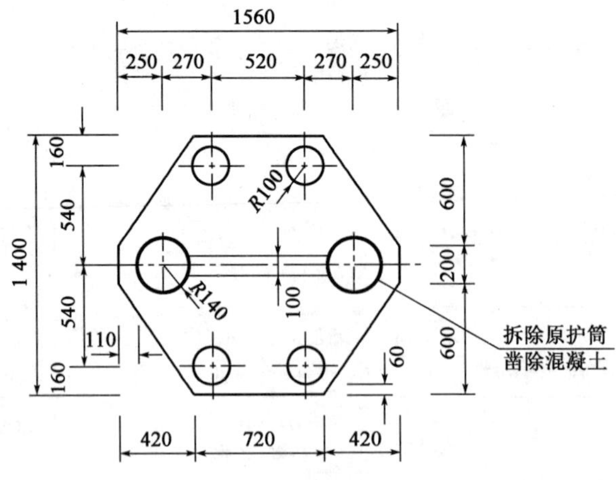

图 2-4-99　新增承台平面图(尺寸单位:cm)

(2)在原桥墩盖梁两侧各加宽 50cm,采用植筋的方式,将原盖梁与加宽构造部分联系在一起。考虑现有桥墩的倾斜状况,加固二期恒载施加以后,会引起墩顶一定程度的倾斜偏位,经过计算,桩顶位移为 0.338mm,可以认为加宽盖梁所增加的恒载不会加剧墩身的倾斜变形。加宽盖梁部分,混凝土材料选用 C40 混凝土,比现有盖梁混凝土材料提高一个等级。

(3)为保证桥墩结构的稳定性,减小横向桥墩自由长度,提高桥墩横桥向承载能力,在盖梁底缘以下 9m 位置新增一道横系梁,横系梁尺寸为 100cm(厚)×200cm(高),混凝土材料选用 C40 混凝土,使新增横系梁与原二桥墩联系在一起,形成口字形结构,增强桥墩整体稳定性。

(二)施工

既有桥梁水中桥墩基础加固时,对于新增承台顶低高程比桥墩处水位低很多时,为满足新增承台的施工,就需要设置临时挡水结构形成干施工环境。目前,这种临时挡水结构有:石围堰、钢板桩围堰、单壁钢围堰、双壁钢围堰和钢吊箱等形式。对于深水河段桥墩加固,一般采用钢吊箱围堰,对于跨度不大的作业空间宜采用单壁钢吊箱施工较为经济合理。因此,根据工程所在地多年以来长江水位资料分析,施工时间应安排在枯水期,且采用单壁钢吊箱作为承台施工的围水结构既经济又合理。

由于水下钻孔灌注桩和承台混凝土浇筑工艺已是常规方法,故本案例施工内容重点介绍钢栈桥与单壁钢吊箱的设计与施工工艺。

1. 栈桥设计与施工

钢栈桥的稳定性应综合地基承载能力、水流速、冲刷深度、平台承受荷载等因素进行分析计算。本工程施工水深达 30m,栈桥长度近 100m。为确保施工平台安全,结合施工经验,采取钢管桩和贝雷架作为栈桥结构,其钢栈桥结构形式如图 2-4-100 所示。

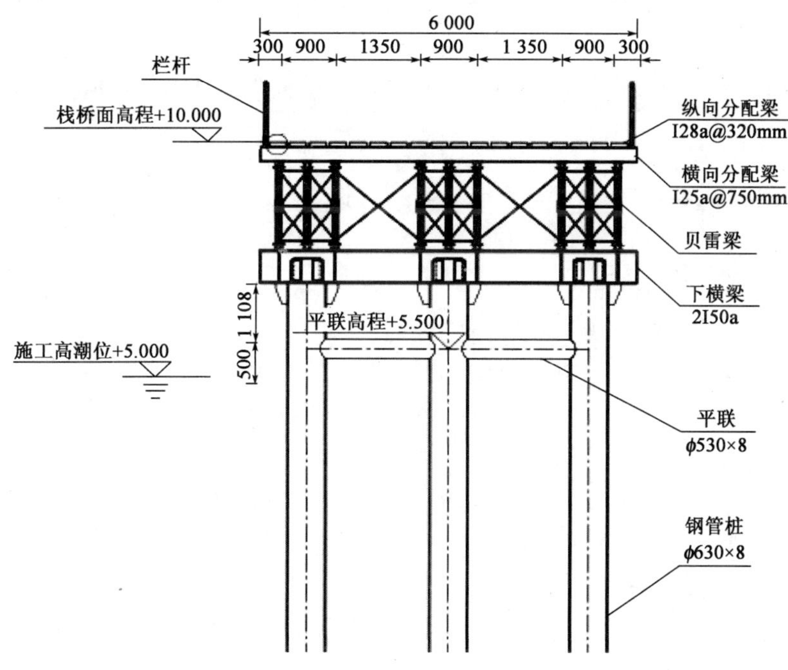

图 2-4-100　栈桥剖面示意图(尺寸单位 mm;高程单位 m)

根据工程工况情况,其栈桥承台荷载包括结构恒载和活载两部分,其活载包括人群荷载及物件堆载、混凝土搅拌运输车、履带吊车、钻机等荷载。设人群荷载为 3.0kN/m^2,混凝土及钻机等堆载为 40kN/m^2。车辆荷载考虑三种工况情况:8m^3 混凝土搅拌运输车其载重为 300kN;

50t 履带吊按作业时吊钢筋笼 20t 质量其总按 70t 考虑,在计算时按全部重量作用在同一条履带的最不利情况考虑;20t 平板车按总重 280kN 考虑。

1)栈桥承载力计算

(1)钢管桩局部冲刷计算

钢管桩打入江中,将导致钢管周围河床局部冲深,根据《公路工程水文勘测设计规范》(JTG C30—2015)计算河床局部冲刷深度:

当时$\frac{h_p}{B_I} \geqslant 2.5$时

$$h_b = 0.83 k_\xi B_I^{0.6} I_L^{1.25} V$$

当时$\frac{h_p}{B_I} \leqslant 2.5$时

$$h_b = 0.55 k_\xi B_I^{0.6} h_p^{0.1} I_L^{1.0} V$$

式中:k_ξ——桥墩系数,圆形截面取 1.0;

B_I——桥墩计算宽度,取 0.63m;

h_p——一般冲刷后的最大水深,取 0.887 + 5 = 5.887(m);

I_L——冲刷范围内黏性土液性指数,取 1.281;

V——一般冲刷后桥墩前行流速,取 1.76m/s。

根据桥墩工程地质勘察报告,经计算,钢管桩打入水中,河床局部冲刷深度为 1.509m。

(2)栈桥承载力验算

根据《港口工程桩基规范》(JTS · 167 -4)计算单桩极限承载力特征值为:

$$Q_d = \frac{1}{\gamma_R}(U \sum q_{fi} l_i + q_R A)$$

式中:γ_R——为单桩轴向承载力分期系数,根据《港口工程桩基规范》(JTS 167—4)表 4.2.2 取 1.45;

U——桩身截面周长(m);

q_{fi}——第 i 层土侧摩阻力标准值,取 25kPa;

l_i——桩身穿过第 i 层土厚度,取 22m;

q_R——桩端阻力标准值,取 1000kPa;

A——桩身截面面积。

经计算,单承载力特征值为 701.9kN,桩端反力设计值为 675.38kN,满足施工要求。

2)平台稳定性计算

(1)纵横向梁强度计算

根据不同工况条件下计算混凝土搅拌运输车或履带吊车作业时梁的强度,现以履带吊作业时分析计算 I25a 工字钢强度。

分配梁间距为 0.75m,取最不利荷载即跨中承重梁受履带吊重量,则单根梁纵向受力分析如下:

弯矩:

$$M = 6.33 \text{kN} \cdot \text{m}$$

最大正应力：

$$\sigma = \frac{M}{W} = \frac{6.33 \times 10^2}{35.7} = 177(\mathrm{MPa}) < 215\mathrm{MPa}$$

最大剪应力：

$$\tau = \frac{V}{S} = \frac{34 \times 10^2}{4000} = 8.5(\mathrm{MPa}) < 125\mathrm{MPa}$$

满足设计要求，同理，可计算梁的横向受力情况，贝雷梁的受力情况按上述方法分析计算。

(2)平台整体稳定性分析

栈桥设置深水与浅水两个区，在深水区钢管桩排架采用 ϕ800mm × 8mm，在浅水平为 ϕ630mm × 8mm 的钢管桩排加，钢管桩之间用 ϕ530mm × 8mm 规格钢管平联，上设置贝雷架，贝雷梁之间用支撑架联结成整体，按间距 750mm 铺设 25a 工字钢作为主分配梁，主分配梁与贝雷梁之间采用特制 U 形螺栓固定，然后按照间距铺设次分配梁，两层分配梁间断焊接固定。其水平受力按承受水流力和最大风荷载同一方向时作用工况条件下整体稳定性分析计算。

①垂直方向稳定应力计算。

深水区钢管桩排架采用 ϕ800mm × 8mm，桩端反力设计值为 856.95kN，面积为 19 905.1mm²，最大长度为 33 318mm，回转半径 $i = 280$mm，长细比 $\lambda = l/i = 118.993 < 150$，$\phi$800mm × 8mm 为焊接钢管，属于 b 类构件，则 $\varphi = 0.442$，则：

$$\sigma_1 = \frac{N}{\varphi A} = \frac{856.95 \times 10^3}{0.442 \times 19\,905.1} = 97.402(\mathrm{MPa})$$

②水平方向应力计算。

水平方向最大弯矩为：$M_{max} = 800.32\mathrm{kN \cdot m}$

选择 ϕ800mm × 8，则 $W = 7\,804.403\mathrm{cm}^3$

则水平方向荷载作用下最大压应力为：

$$\sigma_2 = \frac{M_{max}}{\gamma_x W} = \frac{800.328 \times 10^6}{1.15 \times 7\,804.403} = 89.172(\mathrm{MPa})$$

最大压应力：

$$\sigma_1 + \sigma_2 = 97.402 + 89.172 = 186.574(\mathrm{MPa}) < 215\mathrm{MPa}$$

满足施工稳定性要求。

3)施工

钢栈桥施工主要由钢管桩制作与振打、贝雷架架设、桥面铺装三部分组成，栈桥基础施工采用履带吊配合打桩锤施打钢管桩。栈桥施工工艺流程与具体施工方法如下：

(1)钢管制作与运输。钢管桩采用 Q235 钢板卷制拼焊而成。钢管桩的制作流程：画线、号料和切割→矫正钢板边缘加工→卷板→单件组装→装配→焊接→分段接长。钢管焊接均采用对接焊缝，接长时采用环向焊缝。每根管节只准有一条纵向焊缝，相临管节的焊缝须错开并不应小于 90°。

栈桥与施工平台的钢管桩统一采用 12m 每节段，使用普通 12m 运输车运输。

(2)测量放样。根据提供的坐标基准点，采用全站仪进行测量控制。

(3)振沉钢管桩。采用“钓鱼法”沉桩施工工艺。根据钢管桩打入土层的深度和土层摩擦力选择 DZ150 振动锤配以 70t 履带吊进行钢管桩搭设，则振动锤的振动力 1 779.556kN。履带吊通过振动锤及备用钢丝绳直接起吊钢管桩，在测量引导下调整钢管桩到测量标定的桩位后快速下钩，钢管桩靠自重入土稳定后，开启振动锤振动下沉钢管桩。在打下一跨桩时，可以先安装好贝雷架作导向架，利用夹具夹住钢管桩，同时用履带吊通过备用钢丝绳吊住钢管桩，依次类推打入钢管桩。

(4)贝雷梁安装。单排钢管桩施打就位后，开始平联的连接。平联采用 ϕ530mm × 8mm 规格钢管，钢管桩与平联之间的连接通过“哈弗接头”焊接连接。横梁安装完毕后，在横梁上测量放样定出贝雷梁位置，将拼装成 12m 一节的贝雷梁用 70t 履带吊安装就位，各组贝雷梁之间再用支撑架联结成整体。贝雷梁安装后按间距 750mm 铺设 25a 工字钢作为主分配梁，主分配梁与贝雷梁之间采用特制 U 形螺栓固定，然后按照间距铺设次分配梁，两层分配梁间断焊接固定。栈桥与施工平台如图 2-4-101 所示。

图 2-4-101 栈桥与施工平台图

(5)待工程结束后，钢栈桥与施工平台的拆除工作同搭设的工作顺序基本相反，依次拆除桥面附属设施、桥面槽钢、型钢分配梁、贝雷、桩顶分配梁及钢管桩，拆除方法基本与搭设方法相同，从钢栈桥深水区一端倒退拆除施工，一边拆除，一边利用原钢栈桥运送材料到岸上指定的位置。

4)施工要求

(1)沉桩开始时，可依靠桩的自重下沉，然后吊装振桩锤和夹具与桩顶连接牢固，开动振动锤使桩下沉。施工过程中可采用高程和贯入度进行双控。

(2)振动时每次振动持续时间不宜超过 10 ~ 15min，不可中途停顿，以免桩周土恢复造成持续下沉困难，振动下沉过程中随时监控垂直度。

(3)振动锤与桩头法兰盘连接螺栓必须拧紧，无间隙或松动，如发现桩顶有局部变形或损坏，要及时修复。

(4)悬臂导向支架应固定，以便打桩时稳定桩身；但桩在导向支架上不应钳制过死，使桩身产生超过许可的拉力或扭矩。

(5)测量人员用 GPS 现场指挥精确定位，沉桩时要不断检测桩位和桩的垂直度，并控制好桩顶高程。

(6)钢管桩之间的接头必须满焊,各加长加劲板也需满焊并符合设计的焊缝厚度要求,按规范要求进行超声波探伤。经现场技术员检查钢管桩接头焊接质量合格后方可打设钢管桩。

(7)为确保安全,栈桥设计高程应高于正常平均水位 1m 以上。

(8)考虑安全,设置防滑装置,在栈桥与施工平台的连接处,间隔 50cm 焊接一道 8mm 圆钢用于车辆转弯时防滑。

(9)为保证施工人员安全,在栈桥和工作平台均设立防护栏杆。

(10)钢管桩基础拆除时,需采用水下切割的方法,将钢管沿河底冲刷面齐平切割,以确保船行安全。

2. 单壁钢吊箱围堰设计与施工

对于新建项目所使用的钢吊箱围堰目前已经有栓接拼装式单壁钢吊箱围堰,但适用于新建的钢吊箱围堰一般以桩基钢护筒作为吊装支架的支撑点,封底抽水后需要进行受力结构体系转换,且对封底厚度要求高,增加钢吊箱自重和施工难度,不能很好地适用于旧桥桥墩加固承台施工。

1)单壁钢吊箱结构

单壁钢吊箱主要由底板、侧板、水平内撑和拉压杆等四大部分组成,底板由横肋、纵肋、底模和水平环撑组成。单壁钢吊箱平面内口尺寸为 15.600m × 14.000m,封底混凝土厚度初步拟定为 1.0m,钢吊箱露出水面不低于 0.3m,钢吊箱总高度设计为 8.0m。横肋采用 2I25a 间距,分别为 1 730mm、1 870mm 和 3 080mm,为底板受力骨架;纵梁由 I20a@ 500mm 组成,为底板分配梁;底模由 10mm 厚钢板组成;水平环撑由[25a 组成,在钢板四周形成一圈。为使钢吊箱围堰底板顺利穿过 2 根原有桩基和 4 根新增桩基,将钢吊箱围堰底板钢板在水平方向分为 2 块,现场焊接成整体。

侧板为单壁肋板式焊接结构,水平方向分为 4 块,高度方向分为 3 节。由侧模、竖肋、块间竖肋、水平环撑、节间水平环撑焊接而成。侧模由 6mm 厚钢板构成;竖肋由 I22a@ 50cm 型钢组成;块间竖肋由[22a 型钢组成,布置在竖向两侧;水平环撑由 I25a 组成,第二节和第三节连接处的节间水平环撑由[28a 组成,其他节间水平环撑由[25a 组成,水平环撑间距为 1m 左右。

为了增加钢吊箱整体稳定性,在第二节和第三节以及顶层水平环撑之间增设两道米字形水平内撑,水平内撑采用 ϕ203mm × 10mm,水平内撑与拉压杆交叉时将其与拉压杆焊为整体;水平内撑与钢吊箱侧壁连接时端部增设盖板、加劲肋和肋板等加强件。

为平衡抽水后钢吊箱向上的浮力和承台浇筑后混凝土自重,在钢吊箱底部设置 9 根拉压杆,拉压杆顶部与钢吊箱工作平台相连。拉压杆为 ϕ337mm × 10mm 型钢组成。

2)单壁钢吊箱结构计算

单壁钢吊箱所受的荷载有:自重(钢吊箱、封底混凝土和承台混凝土)、水压力(钢吊箱外流水压力和静水压力)、桩基对封底混凝土的黏结力及承台混凝土浇筑侧压力。

(1)自重

钢结构重度取 78.50kN/m^3,混凝土重度 γ_c 取 24.5kN/m^3,混凝土浮重度 γ_c 取 14.5kN/m^3。承台厚度为 3m,承台自重对钢吊箱底板的压力荷载为 $q_c d = 24.5 \times 3 = 73.5$(kN/m^2)。

封底混凝土厚度为1.0m,封底混凝土初凝前浮重对钢吊箱底板的压力荷载为 $q_f d = 14.5 \times 1.0 = 14.5(kN/m^2)$。

(2)水压力

流水对钢吊箱产生的流水压力作用在侧板外侧,故流水压力为:

$$q_{流水} = C_w \frac{\rho}{2} v^2 = 2.98kN/m^2$$

式中:C_w——水流阻力系数,取1.49;

ρ——水密度,取1.0t/m³;

v——流水速度,取2.0m/s。

静水压力:钢吊箱内外水位差为6.5m,故静水压力为65kN/m²。

(3)承台侧压力

承台混凝土浇筑采用一次浇筑,其浇筑时对钢吊箱侧板的侧压力 q_c 按下列两式计算,取其最小值22.77kN/m²。

$$q_c = 0.22\gamma_c t_0 \beta_1 \beta_2 v^{1/2} = 22.77kN/m^2$$

$$q_c = \gamma_c H = 73.50kN/m^2$$

式中:t_0——新浇混凝土的初凝时间,取5h;

v——混凝土的浇灌速度,取0.375m/h;

H——承台高度,取3.0m;

β_1——外加剂影响修正系数,掺缓凝作用的外加剂时,取1.2;

β_2——混凝土坍落度影响系数,坍落度为11~15cm时,取1.15。

(4)桩基对封底混凝土的黏结力

混凝土的握裹力取150kN/m²;封底混凝土厚度为1.0m,原有和新增桩基直径分别为2.8m和2.0m。

则原有和新增桩基对钢吊箱底板最大黏结力 F_1 和 F_2 分别为1319.46kN和942.47kN,当钢吊箱有向上的运动趋势时向下,当钢吊箱有向下的运动趋势时向上。

(5)强度和变形计算

根据钢吊箱施工作业情况,将荷载组合分为如下三个工况:

组合Ⅰ(封底混凝土初凝前):钢吊箱自重(1.2)+流水压力(1.4)+封底混凝土自重(1.4)。

组合Ⅱ(抽完水后):钢吊箱自重(1.0)+封底混凝土自重(1.0)+流水压力(1.4)+静水侧压力(1.4)+静水底压力(1.4)+向下桩基黏结力(1.0)。

组合Ⅲ(承台混凝土浇筑后):钢吊箱自重(1.2)+封底混凝土自重(1.2)+承台自重(1.4)+流水压力(1.4)+静水侧压力(1.4)+静水底压力(1.0)+承台侧压力(1.4)+向上桩基黏结力(1.0)。

在各荷载工况下梁单元(图2-4-102)、板单元和封底混凝土实体单元的应力分别如表2-4-31、表2-4-32所示,由表可知钢吊箱在各荷载工况下的强度均满足要求。

在各荷载工况下钢吊箱整体变形如表2-4-33所示,钢吊箱在各荷载工况下变形均满足要求。

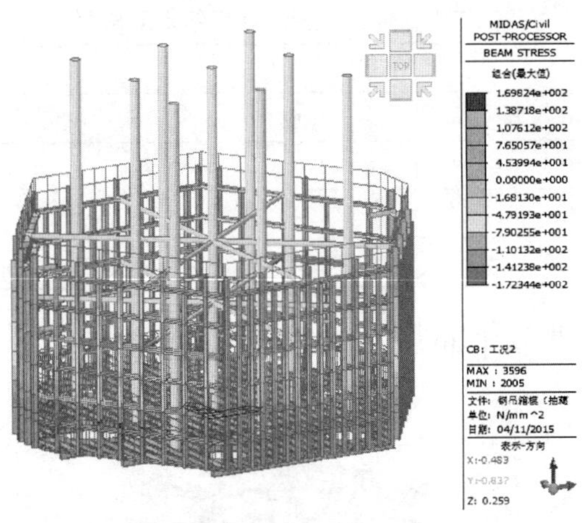

图 2-4-102　组合Ⅱ钢吊箱梁单元应力云图(应力单位:MPa)

梁和板单元应力计算结果汇总表　　表 2-4-31

工　况	梁应力(MPa)		板应力(MPa)	允许值(MPa)
	拉应力	压应力		
组合Ⅰ	45.505	56.827	24.158	215
组合Ⅱ	169.824	172.344	63.353	
组合Ⅲ	115.025	142.943	48.902	

梁和板单元应力计算结果汇总表　　表 2-4-32

工　况	应　力　(MPa)		
	拉应力	压应力	允许值
组合Ⅱ	1.661	0.049	拉应力 1.710 压应力 19.100
组合Ⅲ	1.701	0.038	

钢吊箱变形计算结果汇总表(mm)　　表 2-4-33

工　况	变　　形	变形允许值
组合Ⅰ	5.6	23
组合Ⅱ	42.2	58
组合Ⅲ	51.6	58

在各荷载工况下钢吊箱吊点荷载或拉压杆内力的最大值如表 2-4-34 所示。

钢吊箱支反力计算结果汇总表　　表 2-4-34

工　况	荷 载 类 型	荷 载 数 量	荷载值(kN)
组合Ⅰ	吊点荷载	30	152.652
组合Ⅱ	拉压杆压力	9	308.912
组合Ⅲ	拉压杆拉力	9	450.666

工作平台在钢吊箱三种荷载工况的吊点荷载和拉压杆内力作用下计算结果如表 2-4-35 所示。

工作平台应力和变形计算结果汇总表　　表 2-4-35

<table>
<tr><th rowspan="2">工　况</th><th colspan="3">应　力　(MPa)</th><th>最大支反力(MPa)</th></tr>
<tr><th>拉应力</th><th>压应力</th><th>允许</th><th>压应力</th></tr>
<tr><td>组合Ⅰ</td><td>183.83</td><td>170.32</td><td rowspan="3">215</td><td>170.32</td></tr>
<tr><td>组合Ⅱ</td><td>126.78</td><td>134.06</td><td>134.06</td></tr>
<tr><td>组合Ⅲ</td><td>189.41</td><td>179.20</td><td>179.20</td></tr>
</table>

组合Ⅲ工作平台梁单元应力云图如图 2-4-103 所示。由上可知,工作平台在各荷载工况下的强度和变形均满足要求。

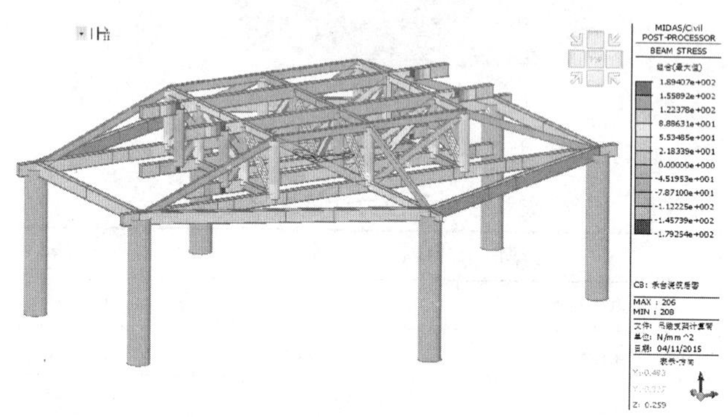

图 2-4-103　组合Ⅲ工作平台梁单元应力云图(应力单位:MPa)

3)单壁钢吊箱安装施工

(1)侧板工厂加工制造

严格按照钢吊箱侧板设计图纸及要求,在工厂分节、分块进行侧板单元件制作,制作完成需对构件结构尺寸、焊接质量进行检查,合格后对其进行试拼装、渗水试验,满足要求后对单元件进行分组编号,运至施工现场。

(2)工作平台和底板现场制造安装

钢吊箱工作平台需要借助钻孔桩施工平台的钢管桩和原有墩柱的钢牛腿作为支撑点,工作平台实际高度根据具体现场水位情况决定。现场安装时,首先拆除钻孔桩施工平台并接长钢管桩至工作平台主梁下缘,通过钻孔植筋安装原有墩柱钢牛腿;然后依次安装工作平台各杆件,并对所有节点和吊装点增设加劲板;最后预安装钢吊箱拉压杆顶端加强预埋件。工作平台搭设完毕后应认真检查各连接部位的连接情况、焊缝质量及构件结构尺寸,检查合格后进行吊装试验,满足设计要求后方可投入使用。

工作平台现场拼装完成后即可进行钢吊箱底板现场拼装。首先通过在原有墩柱上植筋增设钢牛腿搭设底板拼装工作平台,然后依次安装底板横梁、底板纵梁和底板底模;其次在拉压杆的吊装点的位置增设加劲板;再次安装第一节拉压杆和吊装钢丝绳,并将吊装钢丝绳与工作平台相连;最后在钢吊箱底板与原有桩基之间的间隙安装固定钢吊箱弹簧式自动封堵装置,压缩弹簧体,利用限位销来临时固定弹簧装置的压缩。

(3)钢吊箱拼装下沉就位

当钢吊箱底板现场安装完毕后即可进行钢吊箱侧板拼装及钢吊箱下沉。钢吊箱侧板拼装利用吊车或工作平台葫芦辅助吊装，拼装顺序为从下往上、平面对称依次逐块拼装，拼装方式采用螺栓连接，在各块与节之间采用橡胶止水条进行止水处理。

当钢吊箱第二节侧板拼装完成后即可进行第一次钢吊箱下放。首先通过吊装点提升钢吊箱，使钢吊箱底板完全脱离钢吊箱底板拼装平台；其次切割拆除钢吊箱底板拼装平台；最后下放钢吊箱，当钢吊箱第二层侧板顶面高出水面约 0.7m 的位置停止下放，临时固定钢吊箱。

当第三节侧板拼装完成后进行钢吊箱下沉就位，首先下沉钢吊箱使钢吊箱高程低于设计位置，接长拉压杆；然后上提钢吊箱使得拉压杆顶部与工作平台挤紧拉压杆产生初压应力；将拉压杆与工作平台的拉压杆预埋件连接牢固完成钢吊箱下沉就位。

(4)钢吊箱封底抽水

钢吊箱拉压杆增设完毕后即可进行钢吊箱封底混凝土的施工。在封底混凝土浇筑前在钢吊箱侧板距水面 10cm 位置对称开 4 个圆形排水孔，确保封底混凝土浇筑时钢吊箱内外不出现过大的水头差。封底混凝土施工前拉开弹簧式自动封堵装置的限位销，使得封堵装置紧贴桩基。封底采用垂直导管法灌注水下混凝土，即从一端灌注到另外一端。浇筑过程中确保封底混凝土厚薄均匀，封底混凝土浇筑的最小厚度满足设计要求时，结束封底混凝土的浇筑，封堵排水孔。封底混凝土浇筑后必须时刻注意控制好钢吊箱内外水头差，以免混凝土被水压力击穿。

待钢吊箱封底混凝土强度达到 100% 强度后即可进行钢吊箱内抽水。当钢吊箱内水位低于每道水平内撑安装位置时停止抽水，增设该道水平内撑。当水平内撑增设完毕抽干钢吊箱内的水，形成干施工环境，图 2-4-104 为钢吊箱内结构与浇筑混凝土施工。

a)

b)

图 2-4-104　钢吊箱内结构与浇筑混凝土施工图

(5)钢吊箱拆除及其处理

待钢吊箱使用完成后，即可根据其安装顺序逆向进行拆除。首先将拉压杆从承台顶部切割拆除；然后向钢吊箱内边注水边拆除水平内撑；最后由潜水员拆除钢吊箱节与节、块与块之间的螺栓连接，利用钢吊箱工作平台分块将其吊至施工栈桥上，运至加工场进行修整，以备下次使用。

六、案例二：桥墩基础防护

某大桥位于长江中下游，桥墩处深水达到 40m 左右，其中一桥墩河床冲刷深度已接近设计值，处于较安全状况，必须对桥墩进行防冲刷工程。

通过分析，认为产生桥墩冲刷变大的原因是长江上游水库陆续建成后，其多年（5～10月）平均输沙率变小（由23 500kg/s变为8 185kg/s），清水下泄，导致桥墩局部冲刷变大。

1. 桥墩基础防护设计

（1）桥墩防护基本形式

一般来说桥墩局部冲刷防护措施可以分成两类：抗冲型措施和改变水流型措施。①抗冲型措施是通过布置一些实体型抗冲防护措施来增强墩柱周围床面抵抗水流冲刷的能力，从而达到防护墩柱的效果，主要包括抛石防护、砂枕防护、扩大基础防护、混凝土铰链排防护等。②改变水流型措施是通过改变水流流态进而削弱水流对床面冲刷的能力来达到防护墩柱的效果，主要包括护圈防护、墩前排桩防护、墩体开缝防护等。

但是，对于深水桥墩抛石防护难点是水深，落距难掌握，通过研究自行设计了一种自动脱钩装置将抛石投放到指定位置，达到了预期效果。将水深在20m以内的抛石称为浅水抛石，当水深在20～30m内的抛石称为深水抛石，当水深超过30m的抛石称为超深水抛石。

根据本桥工程特点，拟定三个方案。

①笼石防护——对桥墩周边一定区域抛填格宾网笼石（图2-4-105）。

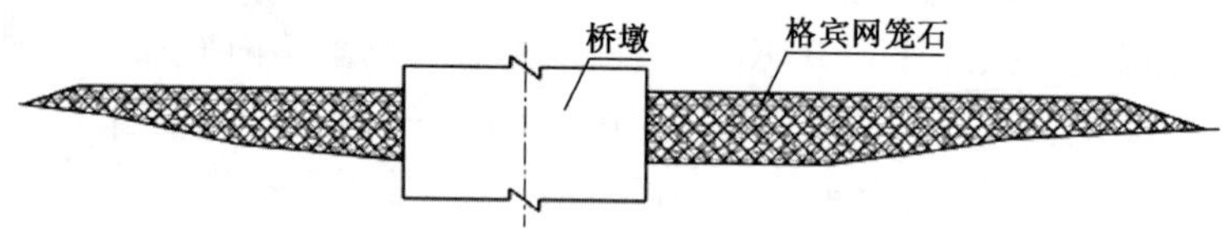

图2-4-105　笼石防护示意图

②砂枕防护——采用"砂枕层+级配碎石层+护面块石层"三层防护体系对桥墩附近河床进行防护（图2-4-106）；

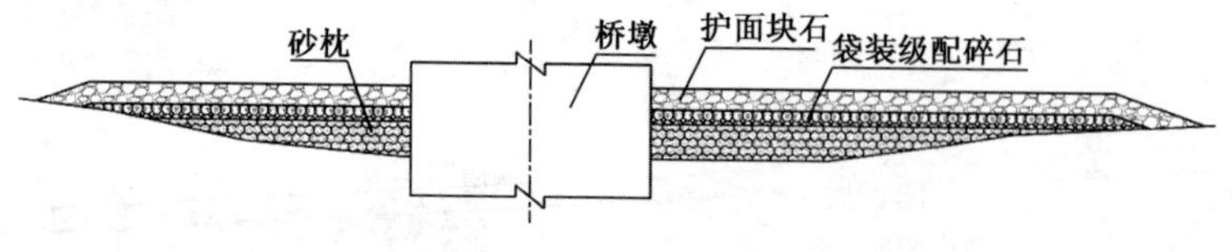

图2-4-106　砂枕防护示意图

③水下钢筋混凝土防护——在桥墩周围形成一道完整的钢筋混凝土防冲护坦，护坦四周设置垂裙，防止或者减小护坦底部的土层被水流淘刷（图2-4-107）。

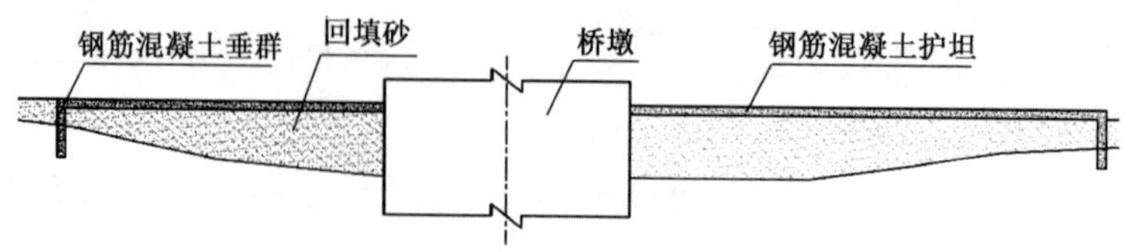

图2-4-107　水下钢筋混凝土防护示意图

（2）防护方案设计

经模型试验论证与分析比较，从施工条件、防护效果、后期维护、模型试验等多方面进行综合考虑，采用了"砂枕层+级配碎石层+护面块石层"组合结构的防护方案。它具有取材方便、综合防护能力强，结构耐久性好，后期维护较少等优点。

①将防护平台划分为两个区域：一个是精抛区域，采用水上吊放、水下到位脱钩的施工方法，范围是垂直桥轴线方向桥墩钢围堰外上游 5m，下游 25m，沿着桥轴线方向桥墩钢围堰外东西两侧各 5m，形成一个沿着及垂直桥轴线尺寸为 34.8m × 54.8m 的矩形区域，防护面积 1424.00m^2（未含桥墩面积）；另一个是粗抛区域，采用水上抛投、自然落水施工方法，位于整个防护范围内精抛区域的外围，防护面积 6 773.90m^2，如图 2-4-108 所示。

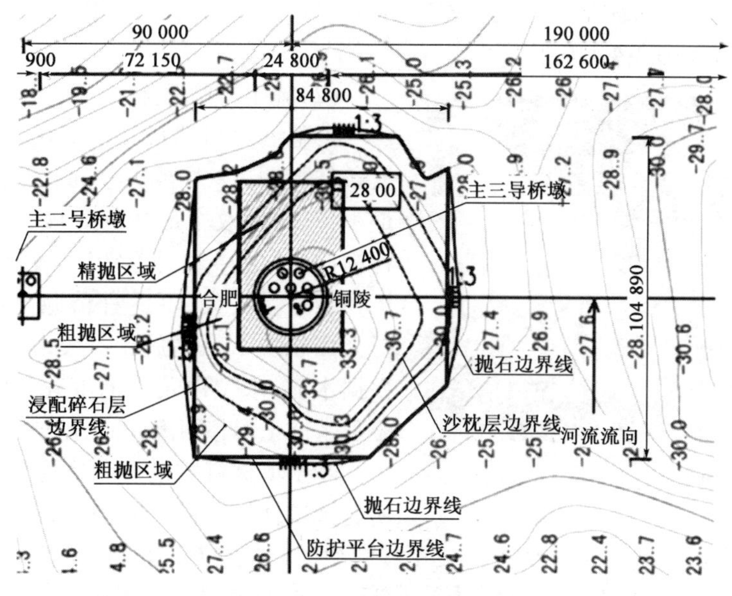

图 2-4-108　桥墩防护平面布置图（尺寸单位：mm）

②最下层采用砂枕对桥墩部位冲刷坑进行局部调平至 −30.50m 高程，层厚 1 ~ 3.0m，砂枕尺寸为 0.5m × 1.5m × 1.5m；然后以 1m 厚袋装级配碎石加以覆盖，起导滤作用，可防止河床泥砂及砂枕年久老化后的中粗砂被河水淘走流失，袋装级配碎石尺寸为 0.5m × 1.5m × 1.5m；最上层覆盖 1.5m 厚的护面块石层，起到压实、固定及防止洪水冲刷的作用。平台边界高于河床地面的位置通过 1:3 的抛石边坡实现顺接，如图 2-4-109 所示。

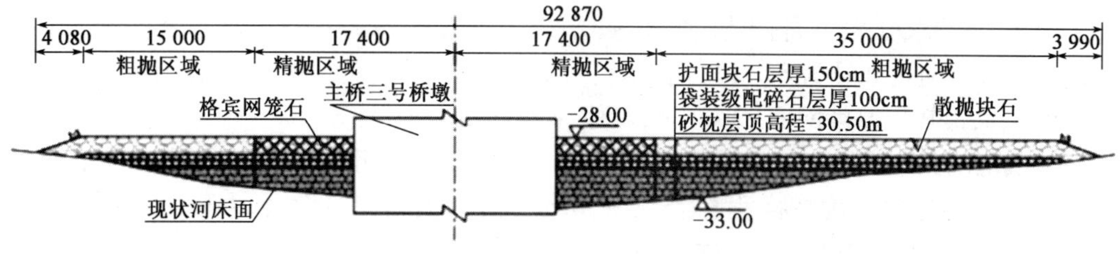

图 2-4-109　防护结构断面图（尺寸单位：mm）

2. 施工

长江中上游桥墩水流为旋涡型扰流，对抛投施工会产生不利条件，抛投物在桥墩周围抛投后，由于扰流影响，漂距和落点不固定，难以达到准确抛投目的。为达到设计要求，研究了三维精准定投施工工艺，即在水平面上用 GPS 定位抛石船和抛石点，用水下自动脱钩装置将抛石投放到指定位置。施工期选在长江枯水期的12月至次年1～3月。

（1）砂枕和袋装级配碎石精抛施工工艺

针对砂枕和袋装级配碎石的水下定位精抛研发一种由主槽、挂钩和锁卡件组成的水下自动脱钩装置。抛填时，首先通过吊机主钩缆绳与主槽的第一销孔钢销相连，通过吊机副钩缆绳与锁卡件的第四销孔的钢销相连；然后将待抛填物挂好在挂钩根部上，将挂钩向主槽方向推，压下锁卡件，完成抛填物的挂钩和锁钩；最后通过启动吊机下放主钩缆绳，使抛填物抵达水中指定位置的河床后，通过副钩钢丝缆收缩转动锁卡件，抛填物的缆绳自动脱钩，即完成水下定位自动脱钩抛填，如图2-4-110所示。

图2-4-110　水下自动脱钩装置施工图

（2）施工控制要点

①抛填时间选择。根据施工区域的历年水文条件可知，12月至次年的3月水位最低，流速最小，是抛填效率最高的时段，在该时间段内进行精抛、补抛；4月水位相对较高，水流较急，抛填物漂移量较大，不适宜精抛，该时间段只能进行大面积块石散抛施工。袋装砂抛填过程中应根据水流、水位以及流向变化，适当调整施工船位置来修正偏移距离，确保抛填位置准确。

②抛填材料质量控制。为了确保施工质量，所有抛填材料质量均需满足设计要求，且按照规范要求进行取样检测，合格后才能投入使用。中粗砂，要求粒径0.25～0.5mm的颗粒含量大于85%，含泥量不得超过3%，砂袋袋体采用230g/m^{2}的聚丙烯编织布缝制而成，采用机械或人工方式灌包和封口，充满度控制85%左右。级配碎石规格为30～150mm，可采用各类岩石（软质岩石除外），碎石中针片状颗粒的总含量不超过20%，不应有黏土块、植物等有害物质不超过20%，袋体采用300g/m^{2}的聚丙烯编织布缝制而成，采用机械或人工方式装包和封口，充满度控制85%左右。

抛石石料选用坚硬未风化的岩石，遇水不易破碎或者水解，饱和状态下抗压强度≥50MPa，软化系数>0.7，密度≥2.65t/m^3，格宾网笼石粒径为10～30cm、散抛块石为30～50cm，含泥量不得超过1%，不符合设计要求粒径的石料不超过5%～10%。

格宾网选用网孔型号为8×10，钢丝直径网面为2.2mm、其他为2.7mm，钢丝抗压强度350～550MPa，镀锌层厚度网面230g/m^2，其他为245g/m^2。

③抛填范围和厚度控制。精抛区达到设计规定的100%，粗抛区和散抛区不低于设计规定的85%。每层抛填厚度按高程控制在±30cm。抛填范围和厚度通过在抛填过程中利用GPS和超声测深仪随时测量进行控制。

七、案例三：承台增大截面加固

1.工程概况

厦漳高速公路西溪大桥全长1389.98m。该桥上部结构为9×25m预应力混凝土T形准连续梁+（35.4m+11×50m+35.4m）预应力混凝土箱形连续梁+22×25m预应力混凝土T

形准连续梁；下部结构为钢筋混凝土实心双柱式墩，钢筋混凝土肋板式台；钢筋混凝土钻孔灌注双排桩基础。承台为工字形断面，长6m、宽5.8m、高2m，混凝土强度等级为C30。

2. 主要病害及产生的原因

因该桥第16、17孔跨航道，跨航道的承台均未设置防撞设施，且由于该桥上游100m新建铁路桥上跨该桥，其新设主墩干扰了原航道方向，使得桥下航道更窄，造成承台多处严重撞伤：①承台跨中有多条竖向贯穿超限裂缝，端部斜向开裂（图2-4-111）；②混凝土掉块露筋（图2-4-112）；③混凝土表面剥落露筋，蜂窝麻面。

图2-4-111　承台斜向开裂

图2-4-112　承台混凝土掉块露筋

造成承台产生主要病害的原因有：

(1)外界撞击造成缺损破坏。因桥墩未设置防撞设施，通航船只撞击造成承台缺损破坏。

(2)超载造成竖向裂缝。由于桥梁通行车辆超载造成承台实际承载能力超过设计承载能力，造成承台产生竖向裂缝。

(3)河床冲刷改变受力体系。由于河道变迁和河道新建筑的修建，改变了河道水流流向，造成桥墩附近河床冲刷严重，使得承台受力体系改变，造成承台局部冲刷破损严重。

3. 加固维修

首先对裂缝进行封闭处理；然后在承台侧面增加40cm厚的混凝土，顶面增加100cm厚的混凝土并增加钢筋网片；增加与剪切缝垂直的斜向弯起钢筋1ϕ25mm，如图2-4-113所示。

八、案例四：桥墩维修加固

1. 工程概况

济广高速公路（张庄互通）共16联，有连霍互通式立交A、B、C、D匝道桥。主要结构形式有：

(1)连霍互通A匝道桥

连霍互通A匝道桥分为五跨，上部结构为$4\times20m+4\times20m+4\times20m+26m+35m+26m+5\times20m$的钢筋混凝土连续箱梁。箱梁梁体顶板宽8.5m，底板宽5.1m。第一联、第二联、第三联、第五联梁高为1.2m，第四联梁高1.6m。

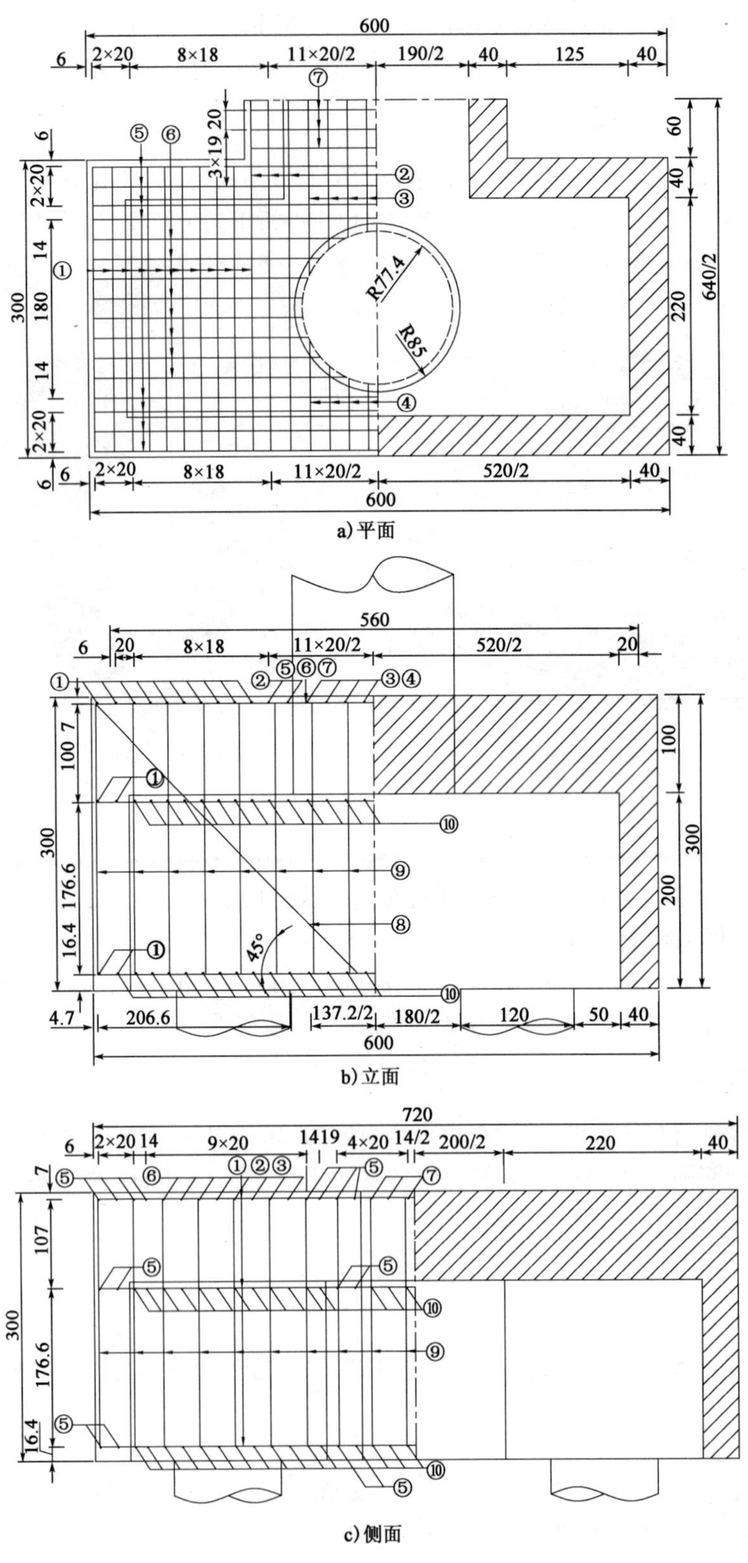

图 2-4-113　增大截面布置图(尺寸单位:cm)

下部结构:1-3、5-7、9-11、13-14、16-19 号桥墩为独柱墩,立柱直径为 1.4m;桥墩基础为钻孔桩基础。全桥均设置盆式橡胶支座:12、16 号桥墩和 0 号桥台支座型号为 GYZ(Ⅱ)2.5SX/DX,4、8、13 号桥墩和 20 号桥台的支座型号为 GPZ(Ⅱ)3.0SX/DX,1、3、5、7、9、11、15、17、19 号桥墩支座型号为 GPZ(Ⅱ)4DX,2、6、10、14、18 号桥墩支座型号为 GPZ(Ⅱ)5GD。

(2)连霍互通 B 匝道桥

连霍互通 B 匝道桥分为五联,上部结构为(4×20m)+(4×20m)+(4×20m)+(26+35+26)m+(5×20m)的钢筋混凝土连续箱梁。箱梁梁体顶板宽 8.5m,底板宽 5.1m。第一联、第二联、第三联、第五联梁高为 1.2m,第四联梁高 1.6m。

下部结构:1-3、5-7、9-11、13-14、16-19 号桥墩为独柱墩,立柱直径为 1.4m;桥墩基础为钻孔桩基础。全桥均设置盆式橡胶支座:12、16 号桥墩和 0 号桥台支座型号为 GYZ(Ⅱ)2.5SX/DX,4、8、13 号桥墩和 20 号桥台的支座型号为 GPZ(Ⅱ)3.0SX/DX,1、3、5、7、9、11、15、17、19 号桥墩支座型号为 GPZ(Ⅱ)4DX,2、6、10、14、18 号桥墩支座型号为 GPZ(Ⅱ)5GD。

(3)连霍互通 C 匝道桥

连霍互通 C 匝道桥共分为三联,上部结构为 5×20m+(26+35+26)m+5×20m 的钢筋混凝土连续箱梁。箱梁梁体顶板宽 8.5m,底板宽 5.1m;第一联、第三联梁高 1.2m,第二联梁高 1.6m。

下部结构:1-4、6-7、9-12 号桥墩为独柱墩,立柱直径为 1.4m;桥墩基础为钻孔桩基础。全桥均设置盆式橡胶支座:1 号、5 号和 9 号桥墩支座型号为 GYZ(Ⅱ)2.5SX/DX,6 号桥墩和 0、13 号桥台支座型号为 GPZ(Ⅱ)3.0SX/DX,2、4、8、10、12 号桥墩支座型号为 GPZ(Ⅱ)4DX,3、7、11 号桥墩支座型号为 GPZ(Ⅱ)5GD。

(4)连霍互通 D 匝道桥

连霍互通 D 匝道桥共分为三联,上部结构为 5×20m+(26+35+26)m+5×20m 的钢筋混凝土连续箱梁。箱梁梁体顶板宽 8.5m,底板宽 5.1m;第一联、第三联梁高 1.2m,第二联梁高 1.6m。

下部结构:1-4、6-7、9-12 号桥墩为独柱墩,立柱直径为 1.4m;桥墩基础为钻孔桩基础。全桥均设置盆式橡胶支座:1 号、5 号和 9 号桥墩支座型号为 GYZ(Ⅱ)2.5SX/DX,6 号桥墩和 0、13 号桥台支座型号为 GPZ(Ⅱ)3.0SX/DX,2、4、8、10、12 号桥墩支座型号为 GPZ(Ⅱ)4DX,3、7、11 号桥墩支座型号为 GPZ(Ⅱ)5GD。

2. 主要病害

桥梁的抗倾覆安全系数均不满足要求。在超载车辆作用下,支座的安全系数与抗倾覆性能均不能满足相关规范要求,在极不利荷载作用下,桥梁有可能产生倾覆破坏。

3. 维修加固

为避免倾覆事故的发生,对以上桥梁采取加固处理。对 A、B、C、D 匝道桥独柱墩采用增大墩身截面面积,横向加宽成圆端形墙式空心墩,墩顶安装两个板式橡胶支座。新增混凝土与原墩身混凝土接触面需做凿毛处理,在原基桩横桥向两侧增加 1.2m 直径基桩,新增桩顶增加承台,并通过植筋、混凝土浇筑与原承台连成整体。

九、案例五:墩柱维修加固

1. 工程概况

乐雍3号高架桥(图2-4-114)左幅桥最大墩柱高约为40m,共12孔30m装配式预应力混凝土先简支后结构连续T梁,均为四孔一联,采用D160伸缩缝,跨径组合为4×30m+4×30m+4×30m,全桥T梁简支端采用四氟滑板式橡胶支座,支座规格为350mm×350mm×65mm,处于12km连续长下坡路段,设计纵坡i为3.4%。

图2-4-114　乐雍3号高架桥左幅全景照片

2. 现状及病害

(1)墩顶水平偏位

依据检测单位所提供的数据可以看出,9号与8号盖梁外侧面几何中心的水平距离29.582m比设计值30.000m少0.418m,8号与7号盖梁外侧面几何中心的水平距离30.384m比设计值30.000m多0.384m。乐雍3号高架桥左幅第8跨处于平曲线要素$R-\infty$段落(即直线段),左幅8号盖梁与右幅7号盖梁应该是横向对齐的关系。然而通过测量发现左幅8号盖梁内侧相对右幅7号盖梁内侧向上坡(贵阳)方向偏移约30cm,如图2-4-115所示。

(2)墩底环向裂缝

乐雍3号高架桥左幅8号内、外侧墩柱发现墩顶及盖梁向上坡(贵阳)方向倾斜,桥墩底部下坡(都匀)方向侧距地面约4m范围内均匀分布环向裂缝,裂缝平均间距约40cm,裂缝最大长度2.63m,最大宽度0.58mm,详情如图2-4-116所示。

3. 加固维修

完成乐雍3号高架桥左幅8号墩柱顶推复位,同时更换8号墩支座,最后对墩柱的裂缝进行修补,主要包括以下项目:

(1)在左幅8号墩柱盖梁两侧边设置临时挂篮(吊篮),设置多个吊点,此挂篮主要用作施工平台。

(2)在左幅8号墩柱盖梁侧边上搭设顶升反力装置(12个),在左幅9号梁底上搭设顶推反力装置(6个)。

(3)顶升设备(24台)就位后进行试顶,试顶完成后进行第一次垂直顶升。

(4)取出旧支座,维修垫石,安装临时四氟滑板及轨道。

a)

b)

图 2-4-115　左幅 8 号盖梁内侧与右幅 7 号盖梁内侧相对关系

(5)顶推设备(6 台)就位后进行试顶,试顶完成后进行水平顶推复位。

(6)在左幅 8 号墩柱盖梁上对应横隔梁底部位置处设置顶升设备(24 台),进行第二次垂直顶升。

(7)测量确定楔形钢板尺寸,制作与安装楔形钢板,安装新支座。

(8)落梁复位,钢套包裹新支座,使新支座与垫石固结。

(9)对墩柱下部出现的裂缝进行修补,粘钢套筒加固墩柱。

图 2-4-116　乐雍 3 号高架桥左幅 8-2 号墩柱裂缝分布图

十、案例六:桥墩复位

1. 工程概况

鄂西高速沙坪大桥位于宜昌境内,为左右幅分离,左幅长 487m,右幅长 488.2m。上部结构为 3×40m+5×40m+4×40m 预应力混凝土连续 T 梁,下部结构为 ϕ1.6~1.8m 的桩柱式桥墩。桥梁纵坡为 2.9%,该桥于 2009 年 3 月建成通车。

2. 主要病害及原因

根据相关检测报告,L4 号桥墩主要病害为:

(1)桥墩向第 4 跨方向(上坡方向)偏移 29.5cm(图 2-4-117)。

(2)系梁以下靠近第 5 跨侧的墩柱存在大量环向裂缝,最大裂缝宽度达 0.75mm。

(3)支座垫石为梯形截面,且支座相对支座垫石向第 5 跨方向滑移,最大滑移量为 29.5cm(图 2-4-118)。

经现场检测分析,造成 L4 号桥墩病害主要原因有:

(1)由于施工误差、外部荷载等各种原因产生并逐渐积累起来的初始偏位和初始弯矩。

这种初始缺陷不仅影响桥墩的初始刚度，还会影响桥墩在受到荷载作用下的受力和变形情况。在后期水平力作用下，墩顶位移和墩底应力均有所增长。

图 2-4-117　桥墩偏位病害

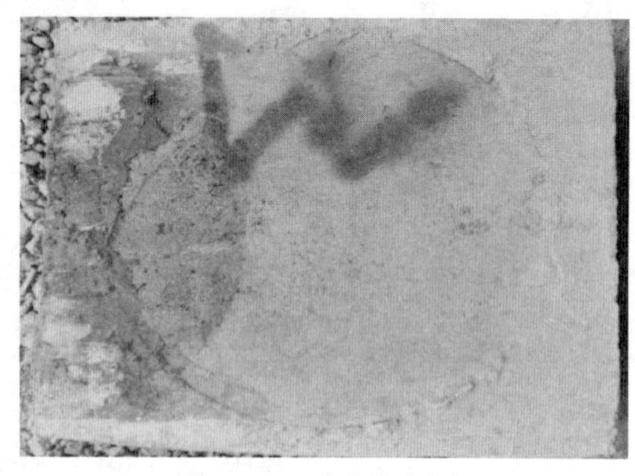
图 2-4-118　支座滑移病害

(2)墩顶支座处梁底钢板为等厚钢板且未调坡(设计要求梁底安装楔形钢板以调平梁底，从而使支座呈现竖向受压状态)，却将支座垫石做成楔形(图 2-4-119)，上部结构荷载通过支座垫石斜向传至桥墩，产生水平力，在墩身产生弯矩，墩底靠近第 5 跨侧截面出现拉应力。日积月累，偏位愈发严重，当拉应力超限时出现环向裂缝，且支座随梁体与支座垫石产生相对滑移。

由于上述桥墩初始缺陷的存在，造成墩柱承受偏心荷载，在偏心荷载作用下，墩柱渐渐产生更大的倾斜，这又增大了偏心距，从而产生更大的偏心荷载，使得裂缝宽度更大，墩柱倾斜更大。

3. 加固维修

于 2016 年 1 月对桥墩进行复位，桥墩复位施工时首先将 T 梁垂直顶升，使支座脱空，取出支座后，在梁底与盖梁顶之间建立滑道，落梁于滑道上后对桥墩施加一个与偏位方向相反的水平推力，以实现桥墩的复位。顶推反力系统纵桥向布置见图 2-4-120。

仅利用不足半月时间即恢复了桥墩偏位缺陷，及时确保桥梁春运期间的正常运营。施工后经过半年的观察，未发现桥墩向第 4 跨方向(不利方向)偏移，进一步证明了桥墩复位工程的成功。

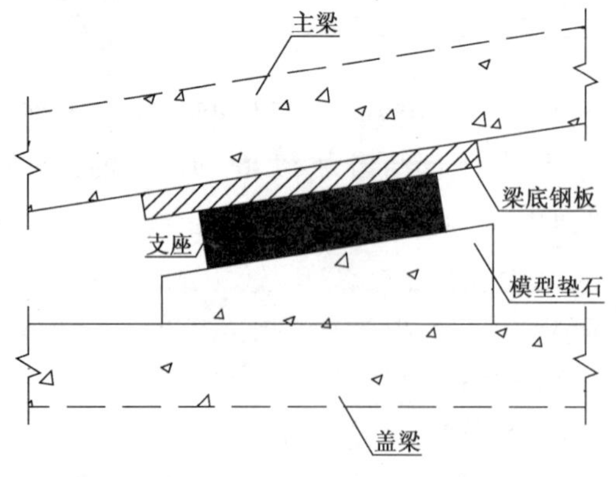

图 2-4-119　实际支座系统安装图

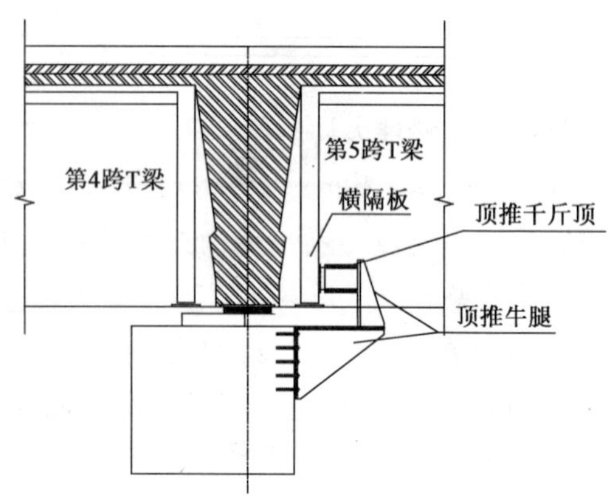

图 2-4-120　顶推反力系统纵桥向布置图

第五章　桥梁抗震加固

1. 常见桥梁震害

在相同地震烈度条件下，桥梁所处的地基土性质不同，桥梁的震害程度不同，可将地基土分为刚性地基和非刚性地基。在这两种地基中桥梁的动力图式和基本受力有着本质的不同，因而形成两种明显不同类型的震害。凡是在地震中基础不出现位移、倾斜，岸坡不出现滑移的地基，称为刚性地基。在刚性地基中，桥梁多发生支座的失稳、剪断与弯扭破坏，桥台胸墙及梁端撞裂，梁墩相对横移以及墩身弯曲、扭转裂缝，边梁倾覆失稳等震害。

地震中地表以下土层出现液化和岸坡出现滑动的地基，或者墩台出现位移、沉降的地基称为非刚性地基。在非刚性地基上桥梁震害，主要为两大类，即由于岸坡滑移造成的震害、由于地基液化导致承载力降低与基础沉降而产生的震害。

在相同烈度情况下，非刚性地基上桥梁震害要比在刚性地基上的震害为重，一般在 7 度或 6 度时也会出现严重震害或落梁。地震区桥梁受震后的病害详见表 2-5-1。

地震区桥梁受震后的病害表　　表 2-5-1

桥型与构件	病　害
梁桥	梁纵向、横向移动，梁断裂、落梁
拱桥	拱上建筑断裂、腹拱与立柱联结处开裂、拱圈变形、开裂，拱脚平移，开裂
支座	底板混凝土破损、锚固螺栓拨出或剪断，支座倾斜，剪断
墩台基础	墩、台基础下沉、滑移、断裂，墩柱剪断，桩承载力降低

2. 桥梁抗震加固原则

(1) 应根据现行《公路桥梁抗震设计细则》(JTG/T B02—01)(以下简称《抗震细则》)的设防标准，对桥梁进行抗震评估，确定不同地震水平下桥梁体系及构件的危险程度，确定桥梁是否需要加固以及加固后应达到的性能标准。

(2) 地震基本烈度为 7 度或 7 度以上地区的桥梁，按现行《抗震细则》的要求进行验算，采取相应的挡、联、固等抗震加固措施，对其抗震薄弱的部位进行加强，以提高桥梁抗震能力或减小惯性力。基本烈度小于 7 度地区的桥梁，除特殊规定外，可采取简易设防。

(3) 加固后的桥梁必须满足桥梁正常营运和正常情况下使用的要求。

(4) 桥梁抗震加固的重点为桥梁的顺桥方向。

(5) 抗震加固设计应根据桥梁的重要性、烈度的高低、修复的难易程度、地基土的情况分别对待。一般来说，对重要的、修复困难的、烈度高的、跨径大的桥梁应重点对待、全面加固，对于一般桥梁可作一般性加固。

(6) 采用减隔震技术加固后的桥梁固有周期宜为原结构的两倍以上。

(7)一般情况下,应分别考虑顺桥和横桥两个方向的水平地震力,对抗震设防烈度为 8 度及以上的拱式结构、长悬臂桥梁和大跨度结构,以及竖向作用引起的地震效应很重要时,还应考虑竖向地震力水平地震力的不利组合。

(8)当桥梁总长超过 600m 或桥墩位于显著不同的场地条件时,宜考虑地震动和空间变化。

(9)当桥梁中有刚性墩、桥的基本振动周期比较短、桥墩高度相差较大或桥址区的预期地面动力特性主要能量集中在高频段时,可采用减隔震措施。

3. 桥梁抗震预加固措施

(1)提高结构物承载能力、构件延性。

(2)防止落梁。

(3)防止地基土液化、流动。

(4)将普通支座更换为减(隔)震支座。

4. 桥梁抗震构造要求

(1)对简支梁、连续梁、系杆拱等梁式体系,必须设置阻止梁墩横桥向相对位移的构造,以阻止梁墩间在地震力作用下产生相对横桥向位移。对悬臂梁和 T 形刚构除采取上述措施,还应采取阻止上部结构与上部结构之间横桥向相对位移的构造措施。

(2)对于简支梁可采用挡块、螺栓连接(拉杆式)、钢夹板连接等措施防止落梁。

(3)当地基为可液化土层时,应采取深基础,并应将基础设置于可液化层以下一定深度。

(4)对于桩式墩和柱式墩,桩(柱)与盖梁、承台联系处的配筋不应少于桩或柱身的最大配筋,以加固地震中易于出现震害的薄弱部位之一。

5. 桥梁抗震常用加固方法

桥梁抗震常用加固方法见表 2-5-2。

桥梁抗震常用加固方法　　表 2-5-2

<table>
<tr><th colspan="2">结构部位</th><th>加固措施</th></tr>
<tr><td rowspan="4">上部结构</td><td rowspan="3">防落梁</td><td>连接上下部结构</td></tr>
<tr><td>安装限位器或阻力器</td></tr>
<tr><td>延长支承长度</td></tr>
<tr><td>系杆</td><td>加固连接端,置换杆或增大杆截面</td></tr>
<tr><td rowspan="3">下部结构</td><td>扩大基础</td><td>在原截面周围设置混凝土</td></tr>
<tr><td>桩</td><td>钢套管或增大桩截面</td></tr>
<tr><td>桩</td><td>增加桥墩数量</td></tr>
<tr><td rowspan="5">基础与基础</td><td rowspan="2">地基土液化</td><td>增大基础</td></tr>
<tr><td>增加桥墩</td></tr>
<tr><td rowspan="3">基础形式</td><td>增大基础</td></tr>
<tr><td>增加桥墩</td></tr>
<tr><td>设置侧梁</td></tr>
</table>

第六章　桥梁维修加固质量控制

1. 裂缝封闭

(1)基本要求

①裂缝封闭的材料、性能应符合设计要求。

②裂缝封闭前对混凝土表面进行打磨、开槽,并进行清洗。

③开槽的宽度、深度符合有关规范要求。

(2)检测方法与质量指标(表2-6-1)

裂缝封闭质量检测与标准　　表2-6-1

检测项目	检测方法与频率	质量标准
刻槽宽度	尺量;30%	>10mm 且≤20mm
刻槽深度	尺量;30%	5mm
封闭脱落长度之和与总封闭长度之比	尺量;全部	小于5%
外观	目测	表面平整、不应出现裂缝(指非混凝土裂缝)

2. 裂缝灌胶

(1)基本要求

①裂缝灌封材料的质量、安全技术性能应符合设计和有关技术规范的要求。

②灌胶工艺应符合设计和有关技术规范的要求。

③表面封缝材料固化后应均匀、平整、不出现裂缝,无脱落。

④裂缝灌胶的质量,可采用目测法、无损检测法和取芯法逐步进行检测裂缝灌胶质量的检查。

目测法:裂缝灌胶表面应均匀、平整、密实,无气孔或针眼,无污染,黏结面应牢固。目测法适应所有裂缝灌胶的质量检查。

超声波法或雷达法:当目测出现异常如灌胶表面不密实、不均匀,出现裂纹、脱落时应采用超声波法或雷达法检测。

取芯法:当采用超声波法或雷达法进行检测发现裂缝不密实时可根据实际情况采用取芯法进行检测,但此法不适用于构件应力集中区域或钢筋密集区域裂缝灌胶质量的检查。芯样检验应采用劈裂抗拉强度测定方法,当检验结果符合下列条件之一时其质量符合要求:

a. 沿裂缝方向施加的劈力,其破坏应发生在混凝土部分(即内聚破坏)。

b.破坏虽有部分发生在界面上，但其破坏面积不大于破坏面总面积的15%。

(2)检测方法与质量指标(表2-6-2)

裂缝灌胶质量检测与标准　　表2-6-2

检测项目	检测方法与频率	质量标准
均匀	目测：全部	表面固化均匀
平整	尺量:30%	±5mm
裂缝	目测：全部	无
脱落	目测：全部	无
密实性	超声波或雷达法，视目测结果确定抽检频率	符合规范
劈裂抗拉强度	取芯法，视目测结果而定	符合规范

3.混凝土缺陷修补

(1)基本要求

①混凝土缺陷修补所用材料应符合设计要求。

②混凝土缺陷修补前应对混凝土表面的蜂窝、空洞、剥落进行处理、凿毛，对已生锈的钢筋进行除锈、防腐处理。

③混凝土表面无油污、油脂等污物。

(2)检测方法与质量指标(表2-6-3)

混凝土缺陷修补质量检测与标准　　表2-6-3

检测项目	检测方法与频率	质量标准
修补面平整度	尺量：全部	符合设计要求或5mm
黏结结合力	敲击：全部	不得空鼓

4.植筋

(1)基本要求

①植筋用的钢筋及胶黏剂应符合设计及有关技术规范要求。

②植筋工艺应符合设计和有关技术规范的要求。

③钻孔前可用钢筋探测仪探测桥梁构件植筋部位钢筋位置，或凿去保护层暴露钢筋，若植筋孔位处存在钢筋，则应适当调整钻孔位置；当钻孔施工遇到钢筋或预埋件时应立即停钻，并适当移动钻孔孔位。

④钻孔直径、钻孔深度及垂直度应符合设计及有关技术规范要求。

⑤胶黏剂完全固化前，不得触动或振动已植钢筋，以免影响其黏结性能。

(2)检测方法与质量指标(表2-6-4)

植筋质量检测与标准　　表2-6-4

检测项目	检测方法与频率	质量标准
钻孔孔径(mm)	钢尺:30%	符合设计要求，或+2、-1
钻孔深度(mm)	钢尺:30%	符合设计要求，或+10
钻孔垂直度(°)	钢尺:30%	符合设计要求，或3°

5. 锚栓安装

(1)基本要求

①锚栓产品进场时,应有产品制造商提供的产品合格证书、使用说明书、检测报告或认证报告,其类别和规格应符合设计要求。

②锚固区基材应符合下列规定:基材上的抹灰层、装饰层、附着物、油污应清除干净;基材表面应坚实、平整,不应有蜂窝、麻面等局部缺陷。

③锚栓的锚孔可采用手动气筒等工具,清理孔内粉尘。锚孔清孔完成后,若未立即安装锚栓,应暂时封闭其孔口。邻近锚固区的废弃锚孔应采用高强度无收缩砂浆填充密实。

④模扩底型锚栓成孔和安装应采用专用工具,并应符合下列规定:模扩底型锚栓应采用专用设备钻孔、扩孔、清孔后,应量测锚孔孔深、孔径及扩孔直径,合格后方可安装锚栓。

⑤锚栓放入锚孔之后,应量测锚栓的钢筒和螺杆相对于基面的外露长度,满足要求后将锚栓钢筒击打到位。锚栓钢筒安装到位后,应复测钢筒与基面的距离,满足要求后再安装锚固件。

(2)检测方法与质量指标(表2-6-5)

锚栓安装质量检测与标准　　表2-6-5

检测项目	检测方法与频率	质量标准
锚栓强度等级	螺杆受拉性能试验,每5000个为一个检验批,不足5000个按一个检验批计算,每批抽检3根	符合设计要求或8.8级及以上
锚栓孔深度(mm)	尺量:每种规格随机抽检5%,且不少于5个	+5,0
最小锚栓孔间距	尺量:每种规格随机抽检5%,且不少于5个	符合设计要求
扭矩(%)	扭矩扳手按标定值测量:每种规格随机抽检5%,且不少于5个	±10
锚栓孔直径(mm)	尺量:每种规格随机抽检5%,且不少于5个	+0.4,0
锚栓孔垂直度(%)	尺量:每种规格随机抽检5%,且不少于5个	±2

6. 增大截面积(混凝土)

(1)基本要求

①增大截面积的混凝土所用的水泥、砂、石、水、外掺剂及混合材料的质量和规格必须符合有关规范的要求,按规定的配合比施工。

②必须采取措施控制水化热引起的混凝土内最高温度及内外温差在允许范围内,防止出现温度裂缝。

③不得出现露筋和空洞现象。

(2)检测方法与质量指标(表2-6-6)

增大截面积(混凝土)质量检测与标准　　表2-6-6

检测项目	检测方法与频率	质量标准
混凝土强度(MPa)	按注1规定取样检查或回弹法	在合格标准内
断面尺寸(mm)	尺量:检查3个断面	±20

续上表

检测项目	检测方法与频率	质量标准
轴线偏位(mm)	全站仪或经纬仪:纵、横各测量2点	10
顶面高程(mm)	水准仪:检查3~5点	±10
钢筋保护层厚度(mm)	钢筋保护层厚度仪:各侧面和顶面各测2~3点	±3

注:试件取样规定:(1)浇筑一般体积的结构物(如基础、墩台等)时,每一单元结构物应制取2组。(2)连续浇筑大体积结构时,每80~200m^{3}或每一工作班应制取2组。(3)上部结构的主要构件长度16m以下应取1组,16~30m取2组,31~50m取3组,50m以上者不少于5组。

7. 粘贴钢板

(1)基本要求

①粘贴钢板用的材料钢板、胶黏剂、锚固化学螺栓与对拉螺栓、植筋(锚固)胶等材料的质量和技术性能应符合设计和有关技术规范的要求。

②粘贴钢板的水泥混凝土黏结面应按设计要求进行修复。对修复后水泥混凝土黏结面应进行打磨。经处理后的混凝土表面应平整、洁净、粗糙、干燥,不得有油污、浮渣、粉尘等杂物。

③钢板应按设计图纸进行下料,并进行除锈、防腐处理,粘贴面应进行打磨拉毛,钢板不得有油污和杂物。锚固化学螺栓钻孔允许适当移动孔眼位置,避开内部钢筋。

④钻孔深度、孔径应满足设计图纸要求,孔眼应洁净、干燥。

⑤粘贴工艺应符合设计和有关技术规范的要求。

⑥钢板厚度应符合设计和规范要求,但直接涂胶粘贴钢板厚度不应大于5mm。

(2)检测方法与质量指标(表2-6-7)

粘贴钢板质量检测与标准 表2-6-7

检测项目	检测方法与频率	质量标准
钢板尺寸(长×宽)	钢尺测量;抽查30%	±5mm
钢板粘贴误差	钢尺测量;抽查30%	中心线误差≤10mm
混凝土粘贴面平整、清洁度	目测;全部	符合设计要求
空鼓面积之和与总粘贴面积之比	小锤敲击法;全部	小于5%
钻孔孔径(mm)	钢尺测量;抽查30%	-1,+2
锚固深度(mm)	钢尺测量;抽查30%	0,+5
预紧力	扭力扳手;抽查30%	+15%

8. 粘贴纤维复合材料

(1)基本要求

①粘贴纤维复合材料用的材料、胶黏剂等材料的质量和技术性能应符合设计和有关技术规范的要求。

②粘贴纤维复合材料的水泥混凝土黏结面应按设计要求进行修复。对修复后水泥混凝土

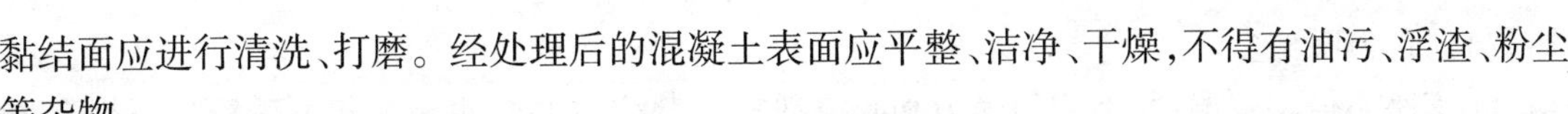

黏结面应进行清洗、打磨。经处理后的混凝土表面应平整、洁净、干燥，不得有油污、浮渣、粉尘等杂物。

③纤维复合材料宜在5～35℃环境温度下施工，且不宜在雨天或空气潮湿条件下施工。

④粘贴处阳角应打磨成圆弧状，阴角以修补材料填补成圆弧倒角，圆弧半径不应小于25mm。

⑤混凝土表面的黏结强度和粘贴工艺应符合设计和有关技术规范的要求。

(2)检测方法与质量指标(表2-6-8)

粘贴纤维复合材料质量检测与标准　　表2-6-8

检测项目		检测方法与频率	质量标准
钢板粘贴误差		钢尺测量;全部	中心线误差≤10mm
混凝土粘贴面平整、清洁度		尺量:检查3个断面	±20
空鼓面积之和与总粘贴面积之比		小锤敲击法;全部	小于5%
硬度(布材)		抽查30%	>70°
胶粘剂厚度(mm)	板材	钢尺测量;每件3处	2mm±1.0mm
	布材		<2mm

9. 伸缩缝更换

(1)基本要求

①伸缩缝必须满足设计和有关技术规范的要求，须有合格证，并经验收合格后方可安装。

②伸缩缝必须锚固牢靠，伸缩性能必须有效。

③伸缩缝两侧混凝土的类型和强度，必须符合设计要求。

④伸缩缝拆除施工时预留原结构锚固钢筋，不得损坏。

⑤伸缩缝处不得积水。

(2)指标与检测方法(表2-6-9)

伸缩缝更换质量检测与标准　　表2-6-9

检测项目	检测方法与频率	质量标准
长度(mm)	尺量:每道	符合设计要求
缝宽(mm)	尺量:每道2处	符合设计要求
与桥面高差(mm)	尺量:每道3～7处	±2
纵坡(%)	水准仪:测量纵向锚固混凝土端部	一般:±0.3
	水准仪:沿纵向测两侧,不少于3处	大型:±0.2
横向平整度(mm)	3m直尺:每道	3

10. 支座更换

(1)基本要求

①支座的材料、质量和规格必须满足设计和有关规范的要求，经检验合格后方可安装。

②支座底板平砂浆性能应符合设计要求，灌注密实，不得留有空洞。

③支座上下各部件纵轴线必须对正，当安装时温度与设计要求不同时，应通过计算设置支

座顺桥向预偏听偏量。

④支座不得发生偏歪、不均匀受力和脱空现象。滑动面上的四氟板和不锈钢板不得有划痕、碰伤等,位置正确,安装前必须涂上硅脂油。

⑤液压千斤顶、高压油表、高压泵等顶升设备必须进行校验标定合格后方可使用,不合格者不得使用。

⑥顶升起梁时应对梁顶起时的位移和千斤顶的起顶力进行双控制,保证起梁达到图纸规定位置,随时检查升高位移的均匀性,并即时调整。

⑦严格控制梁体在横向上的连续性及顶升力在横向上的分配,防止变形过大而开裂,严格控制起梁速度。

⑧加载应分级进行,加载的每个阶段或梁段每顶起 5mm 时,持荷观测,以使各千斤顶上的力均衡增加。

(2)指标与检测方法(表 2-6-10)

支座更换质量检测与标准　　表 2-6-10

检 测 项 目	检测方法与频率	质 量 标 准
支座中心与主梁中心线偏位(mm)	经纬仪、钢尺:每支座	2
支座顺桥向偏位(mm)	经纬仪或拉线检查:每支座	10
支座高程(mm)	水准仪:每支座	按设计规定;设计未规定时, ±5
支座四角高差(mm)	水准仪:每支座	±2

11. 预应力(体外)补张

(1)基本要求

①预应力筋的各项技术性能必须符合国家标准规定和设计要求。

②预应力束中的钢丝、钢绞线应梳理顺直,不得有缠绞、扭麻花现象,表面不应有损伤。

③单根钢绞线不允许断丝。

④千斤顶、油表、钢尺等器具应经检验校正。

⑤锚、夹具应符合设计要求,按施工技术规范的要求经检验合格后方可使用。

⑥压浆工作在 5°C 以下进行时,应采取防冻和保温措施。

⑦孔道压浆的水泥浆性能和强度应符合施工技术规范要求,压浆时排气、排水孔应有水泥浆溢出后方可封闭。

⑧应按设计要求浇筑封锚混凝土。

(2)指标与检测方法(表 2-6-11)

预应力钢束补张质量检测与标准　　表 2-6-11

检 测 项 目	检测方法与频率	质 量 标 准
张拉应力值	查看油压表读数:全部	符合设计要求
张拉伸长率	尺量:全部	符合设计规定,设计未规定时 ±6%
断丝滑丝数	目测:每根(束)	每束一根,且每断面不超过钢丝总数的 1%

12. 混凝土涂装

(1)基本要求

①涂料宜选用经过工程实践证明其综合性能良好的产品。

②涂料应有完备的材质证明资料,涂料的种类、规格以及附着力等各项技术性能必须符合国家标准规定和设计要求。

③同一涂装配套中的底漆、中漆、面漆应选用同一厂家的产品。

④涂料应符合涂装施工的环境条件。

⑤混凝土缺陷修补完成且质量鉴定后方可涂装,且涂装前应除去混凝土表面模板残渣、油污及杂物等,金属外露的锐边、尖角和毛刺应打磨圆顺。

⑥涂装的颜色应符合设计及业主的相关要求。

⑦涂装应在无雨的天气进行施工,应做好施工记录。

(2)指标与检测方法(表2-6-12)

混凝土涂装质量检测与标准　　表2-6-12

检 测 项 目	检测方法与频率	质 量 标 准
总干膜平均厚度	漆膜测厚仪:随机检测点数不少于30个	≥设计厚度
总干膜最小厚度	漆膜测厚仪:随机检测点数不少于30个	≥0.75倍设计厚度

13.斜拉索外护套修补

(1)基本要求

①护套修补用高密度聚乙烯(以下简称HDPE)材料的各项技术性能符合设计要求。

②拉索护套修补需采用专用焊接设备(挤出式焊枪或热熔焊枪)对破损处进行修复。

③挤出式焊枪修复采用HDPE筋条,热熔焊枪采用HDPE片。焊接后焊接位置和原索体处焊缝融合,无脱层和起皮等。

④焊接完成后对焊接位置进行打磨,打磨后外表面清洁光滑,外径偏差满足:(+2mm,-1mm)。

(2)指标与检测方法(表2-6-13)

斜拉索外护套修补质量检测与标准　　表2-6-13

检 测 项 目	检测方法与频率	质 量 标 准
焊接位置拉索外径偏差	游标卡尺,每处	(+2mm,-1mm)
外观	目测,每根	无脱层和起皮

14.斜拉索缠绕PVF保护胶带和螺旋线

(1)基本要求

①PVF氟化膜保护胶带(以下简称PVF带)、HDPE螺旋线材料的各项技术性能符合设计要求。

②PVF带由薄膜、压敏胶及一层离型材料构成,缠绕后实现改变索体外观颜色以满足桥梁景观需要,同时具有遮蔽紫外线的功能。

③HDPE螺旋线需具有一定的强度,一般要求其破断拉力不小于500N,外径应满足设计要求,一般取(3.5±0.5)mm。

④螺旋线缠绕在PVF带外面,PVF带和螺旋线的缠绕方向为从塔端向梁端进行。

⑤PVF 带缠绕时的搭接率为 50% 带宽，允许误差为 ±10% 带宽。机械无法缠包的区段或破损处可人工缠绕。

⑥螺旋线采用双线同时缠绕形式，缠绕螺距一般取 8 倍拉索直径 D，允许误差为 $\pm 1D$。两端采用专用的不锈钢夹具进行固定，中间固定带采用缠绕(21 ±1)mm 宽的加强胶带 + PVF 带膜，缠绕间距(30 ±5)m。

(2)指标与检测方法(表 2-6-14)

斜拉索缠绕 PVF 护胶带及螺旋线质量检测与标准 表 2-6-14

检测项目	检测方法与频率	质量标准
PVF 带带宽(mm)	尺量，每卷	61 ±1
PVF 带重叠率(%)	尺量，每根	50 ±10
螺旋线直径(mm)	游标卡尺，每卷头尾	3.5 ±0.5
固定带间距(mm)	尺量，每卷	30 ±5
螺旋线螺距	尺量，每根	$8 \pm 1D$

15. 斜拉索更换

(1)基本要求

①换索前应对桥梁进行全面检测，重点包括：索力和防护体系损坏程度、梁和塔的内力和变位、锚固区附近混凝土损坏程度以及主桥挠度情况。

②换索施工前应在索塔、主梁及锚固区缺陷进行修复、加固完成后进行。

③斜拉索的各项技术性能指标必须符合国家标准规定、行业标准规定以及设计要求。

④千斤顶、油表、钢尺等器具应经检验校正。

⑤锚、夹具应符合设计要求，按施工技术规范的要求经检验合格后方可使用。

⑥卸索和新索安装时，应严格按设计要求进行卸、张。

⑦换索施工前后应进行索力、梁塔内力和应变、桥面线形进行施工监控。

(2)指标与检测方法(表 2-6-15)

斜拉索更换质量检测与标准 表 2-6-15

检查项目		检测方法与频率	质量标准	
索力(kN)	允许值	测力仪；测每对索索力	满足设计要求	
	极值		符合设计规定，未规定时与设计值相差小于 10%	
梁锚固点或梁顶高程(mm)		全站仪；测量每个锚固点或梁中点	$L \leq 200$m	±20
			$L > 200$m	$\pm L/10000$
锚具轴线与孔道轴线偏位		尺量；抽查 25%	5(mm)	

注：L 为斜拉索主跨跨径。

16. 吊杆更换

(1)基本要求

①换杆前应对桥梁进行全面检测，重点包括：吊杆拉力、梁和主拱的内力和变位、主桥挠度

情况。

②换杆施工前应在主拱、主梁及拱脚等处缺陷进行修复、加固完成后进行。

③吊杆的各项技术性能指标必须符合国家标准规定、行业标准规定以及设计要求。

④吊杆顺直,无扭转现象,防护层完好,无破损、污物。

⑤卸杆和新杆安装时,应严格按设计要求进行卸、装。

⑥换杆施工前后应进行杆力、主拱内力和应变、桥面线形等进行监控。

(2)指标与检测方法(表2-6-16)

吊杆更换质量检测与标准　　表2-6-16

检测项目	检测方法与频率	质量标准	
吊杆长度(mm)	用钢尺量	±0.001L及±10	
吊杆拉力(kN)	测力仪;全杆	符合设计要求	
吊点位置(mm)	全站仪;每吊点	10	
吊点高程(mm)	水准仪;每吊点	高程	±10
		两侧高差	20

注:L为吊杆长度。

17. 系杆更换

(1)基本要求

基本要求与吊杆更换的要求相同。

(2)指标与检测方法(表2-6-17)

柔性系杆更换质量检测与标准　　表2-6-17

检测项目	检测方法与频率	质量标准
张拉应力(MPa)	查看油压表读数;全部	符合设计规定
张拉伸长率(%)	尺量;全部	符合设计规定

18. 主缆更换

(1)基本要求

①主缆更换全桥进行全面专项检测,重点包括:主缆和锚碇承载能力、主缆防护体系损坏程度、梁和塔的内力和变位、索鞍、主索锚固区附近混凝土损坏程度、主桥挠度以及索夹等情况。

②换缆施工前应在索塔、主梁及锚固区、锚碇等缺陷进行修复、加固完成后进行。

③主缆的各项技术性能指标必须符合国家标准规定、行业标准规定以及设计要求。

④主缆、吊(系)及防护层进行检查,防护层完好,无破损、污物。

⑤锚、夹具应符合设计要求,按施工技术规范的要求经检验合格后方可使用。

⑥卸缆索和新缆安装时,应严格按设计要求进行卸、装。

⑦换缆施工前后应进行主缆拉力、梁塔内力和应变、桥面线形、吊杆,锚碇室和塔的变位等进行施工监控。

(2)指标与检测方法(表2-6-18)

主缆更换质量检测与标准 表2-6-18

检测项目	检测方法与频率	质量标准
缠丝间距(mm)	插板;每两索夹间随机量测1m长	1
缠丝张力(MPa)	标定检测;每盘抽查1处	±0.3
防护涂层厚度(mm)	测厚仪;每200m测1点	符合设计要求

19. 钢构件

(1)基本要求

①更换的螺栓的质量和技术性能应符合设计和有关技术规范的要求。

②更换高强度螺栓时,初拧值宜取终拧值的40%~70%,不得超拧(实际预拉力大于设计预拉力10%)、欠拧(实际预拉力小于设计预拉力10%)、漏拧、断裂或缺栓。

③构件表面平整均匀,不允许有起泡、鼓泡、大熔滴、松散粒子、裂纹、气孔,允许有不影响防护性能的轻微结疤、起皱。

④更换高强度螺栓时,每次更换数量不得超过该节点处每根杆件上高强度螺栓总数的10%;对于螺栓数量较少的节点,则要逐个更换。更换应在桥上无车时进行。

⑤安装高强度螺栓时,螺栓头下及螺母支承面下都应放一个垫圈。垫圈孔边有45°倒角一侧应与螺栓头下的过渡圆弧相配合,不得装反。

⑥涂装前,构件表面均匀一致,不允许有起皮、油污,构件保持干燥。

⑦如采用抛丸机除锈时,抛前应保持干燥且无油污,抛丸机制抛丸直径为1.5~1.8mm。构件的抛丸速度应在设备正常情况下控制在1.4m/min左右。

⑧涂装环境温度宜为5~38℃,相对湿度不宜大于85%。

⑨构件的除锈等级、涂装漆膜厚度及涂装遍数应严格按照单项工程涂装工艺要求进行。

(2)指标与检测方法(表2-6-19)

钢构件加固质量检测与标准 表2-6-19

检测项目	检测方法与频率	质量标准
螺栓更换	扭矩扳手;抽检5%	欠拧值或超拧值不超过设计值的10%
涂层间	划格试验;抽检30%	附着力不低于一级
锌、铝涂层	切格试验;10% 或拉力试验;10%	方格内涂层不与基体剥离;或附着力≥5.9MPa

参 考 文 献

[1] 姚玲森. 桥梁工程[M]. 2 版. 北京:人民交通出版社,2004.

[2] 中华人民共和国行业标准. JTG H11—2004 公路桥涵养护规范[S]. 北京:人民交通出版社,2004.

[3] 中华人民共和国交通部. 交公路发〔2007〕336 号公路桥梁养护管理工作制度,2007 年 6 月 29 日.

[4] 中国工程建设标准化协会. CECS 02:2005 超声回弹综合法检测混凝土强度技术规程[S]. 北京:中国计划出版社,2000.

[5] 中华人民共和国行业标准. JTG/T 23—2011 回弹法检测混凝土抗压强度技术规程[S]. 北京:中国建筑工业出版社,2011.

[6] 中华人民共和国行业标准. JTG/T 384—2016 钻芯法检测混凝土强度技术规程[S]. 北京:中国建筑工业出版社,2016.

[7] 中国工程建设标准化协会. CECS 69:2011 拔出法检测混凝土强度技术规程[S]. 北京:中国计划出版社,2011.

[8] 中国工程建设标准化协会. CECS 21:2000 超声法检测混凝土缺陷技术规程[S]. 北京:中国计划出版社,2000.

[9] 中华人民共和国行业标准. JTG/T H21—2011 公路桥梁技术状况评定标准[S]. 北京:人民交通出版社,2011.

[10] 中华人民共和国行业标准. JTG/T J21—2011 公路桥梁承载能力检测评定规程[S]. 北京:人民交通出版社,2011.

[11] 交通运输部工程质量监督局,等. 公路水运工程试验检测专业技术人员职业资格考试用书[M]. 北京:人民交通出版社股份有限公司,2016.

[12] 中华人民共和国行业标准. JTG/T J21-01—2015 公路桥梁荷载试验规程[S]. 北京:人民交通出版社股份有限公司,2016.

[13] 中华人民共和国行业标准. JT/T 1037—2016 公路桥梁结构安全监测系统技术规程[S]. 北京:人民交通出版社股份有限公司,2016.

[14] 中华人民共和国行业标准. JTG/ D60—2015 公路桥涵设计通用规范[S]. 北京:人民交通出版社股份有限公司,2015.

[15] 中华人民共和国行业标准. JTG D62—2012 公路钢筋混凝土及预应力混凝土桥涵设计规范[S]. 北京:人民交通出版社,2012.

[16] 中华人民共和国行业标准. JTG/T 22—2008 公路桥梁加固设计规范[S]. 北京:人民交通出版社,2008.

[17] 中华人民共和国行业标准. JTG/T J23—2008 公路桥梁加固施工技术规范[S]. 北京:人民交通出版社,2008.

[18] 中华人民共和国行业标准. JTG D61—2005 公路圬工桥涵设计规范[S]. 北京:人民交通出版社,2005.

[19] 中华人民共和国行业标准. JTG/T D65-01—2007 公路斜拉桥设计细则[S]. 北京:人民交通出版社,2007.

[20] 刘德品,黄新民. 铁路钢桥常见病害[M]. 建材世界,2009,30(05).

[21] 张美娜. 桥梁养护加固技术[M]. 北京:北京师范大学出版社,2012.

[22] 夏禾. 铁路桥梁养护维修[M]. 北京:中国铁道出版社,2010.

[23] 王国民. 论长大桥梁日常养护[C]//中国公路学会2012年全国桥梁学术会议论文集. 北京:人民交通出版社,2012.

[24] 王国民. 铜陵长江公路大桥桥墩冲刷与防护研究[C]//中国土木工程学会第21届全国桥梁学术会议论文集(下册). 北京:人民交通出版社,2012.

[25] 中华人民共和国行业标准. TB/T 1527—2004 铁路钢桥保护涂装[S]. 北京:中国铁道出版社,2004.

[26] 吴中鑫,王国民. 深水急流桥墩砂枕防护施工关键技术研究[J]. 公路,2016(1).

[27] 王国民. 深水钢栈桥稳定性分析与施工[J]. 山西建筑,2017,43(5).

[28] 王国民. 预应力混凝土箱梁桥裂缝成因与对策研究[J]. 公路,2017(6).